MITOLOGIA GRIEGA

ANGEL MARIA GARIBAY K.

MITOLOGIA
GRIEGA

DIOSES Y HEROES

VIGESIMOCUARTA EDICION

EDITORIAL PORRÚA
AV. REPÚBLICA ARGENTINA, 15
MÉXICO, 2009

Primera edición, 1964

Las características de esta edición son propiedad de la
EDITORIAL PORRUA, S.A. DE C.V.-2
Av. República Argentina 15 06020, México, D.F.

Queda hecho el depósito que marca la ley

Derechos reservados

ISBN 978 970-07-6453-2 (Rústica)
ISBN 978 970-07-6422-2 (Tela)

IMPRESO EN MÉXICO
PRINTED IN MEXICO

ESTUDIO PREVIO

1. NOCIONES GENERALES

L A palabra mitología en las lenguas modernas relacionadas con la cultura de Occidente significa una relación de historias legendarias, engendros de la fantasía, con fundamento más o menos histórico.

Etimológicamente sólo diría tratados de palabras, cuentos, historias, relaciones populares. Y aún queda margen para más amplios sentidos en la voz griega *mythos*. Han usado otros la palabra mitografía. Poco varía el sentido, que fuera, en el primer caso, tratado más o menos científico, y en el segundo pura descripción de los mitos. Sigo el uso general y llamaré mitología a la relación de historias referentes a muchos hechos y personas que salen de los ámbitos de la historia y entran en la esfera de la creación poética.

En un trabajo de orden general y de intención de divulgación popular, como pretende ser éste, no es posible profundizar las cuestiones que entraña el estudio de los mitos. Sin embargo, tampoco puede uno dispensarse de dar datos y nociones que ayuden a la comprensión.

Mito llamamos hoy a algo fingido. No que sea totalmente producto de la fantasía, sino adornado y embellecido por ella, a base de datos muchas veces reales. Estas historias y leyendas de los pueblos griegos son las que intento catalogar en forma sumaria. Y aun hay que hacer aclaraciones: griegas las llamo por las fuentes inmediatas de que podemos tomarlas. De hecho, muchas son de procedencia muy anterior a la cultura griega y muchas también de pueblos que se hallaron en contacto con los pueblos helénicos. Estas cuestiones hondas y muchas veces sumamente complejas, no las trato en este libro. Son para disquisiciones de sabios. Y si tienen gran interés, tampoco son para el público general de los lectores. En la Bibliografía que se agrega habrá índices que sigan los que anhelen mayor profundidad.

No se trata solamente de una diversión la relación de los mitos. Si tiene pábulo para la fantasía y logra divertir, tiene una validez más alta. En todos los pueblos el mito ha precedido a la filosofía. Si es que la filosofía no es otra cosa que la mitología sublimada. Y ésta es una de sus primeras utilidades: conocer la evolución mental, las ideas, las cuestiones que eternamente preocupan al hombre tocante a su destino propio y a la explicación del mundo en que vive, atado al tiempo y al espacio.

Otra utilidad del estudio de los mitos se halla en que son como una abreviatura de la historia de la cultura en los pueblos. Casi cada mito entraña una cuestión cultural. Da en sus pormenores el cuadro y ofrece muchas veces el modo de la creación de nuevas formas de vida y de pensamiento.

Tienen los mitos el don de darnos las ideas religiosas de los pueblos, por bajas y aun degeneradas que parezcan en muchas ocasiones.

Son indicio de cómo ideaban y creaban los poetas de antaño. La sustitución del poema en la antigüedad, o lo que es mejor, la incorporación del poema a la historia, es una de las mejores aportaciones. No sabemos quién crea el mito, pero sí sabemos de qué pueblo procede. Y en esto vemos los juegos de las fantasías individuales y colectivas, que dan fruto de creación. Individuales, porque cada mito es creación de un hombre, y colectivas, porque cuando el hombre ha forjado su poema, lo da a los demás y ellos lo rehacen, lo modifican y al correr por bocas y memorias, son como los ríos: al correr crecen. Se enriquecen a veces, se empobrecen otras. Pero en tiempos en que no había la tiranía del alfabeto y del libro, su hijo, la boca y la memoria hacían todo. Y en eso está un nuevo valor de la mitología.

Al dar en cuanto puedo los mitos griegos ésta ha sido mi intención. Distraer e informar al ligero; hacer reflexionar al sabio.

No es posible, aun en obra sumaria como ésta, desentenderse de los sistemas de interpretación de los mitos y de su clasificación. Aunque esto es para toda mitología, aplicado a la helénica puede cifrarse en estas observaciones:

La interpretación de los mitos puede ceñirse a estos sistemas:

1. *Alegorismo.* Son los mitos lecciones puestas al alcance de los niños, jóvenes y rudos. Algo así como la fábula o apólogo, que sería el embrión de la doctrinación filosófica y moral. De hecho la fábula casi siempre termina en el repertorio de Esopo y otros, con el consabido *o mythos délei:* la historia fantástica muestra... Y no hay que olvidar que fue la fábula, recogida y embellecida por Lafontaine y Samaniego e Iriarte, para no mencionar sino a los famosos, la primera lección de los sencillos. Niños y pueblo son los que la gustan y la comprenden. Eso serían los mitos más elaborados. Una lección en forma figurada, que al mismo tiempo que deleita la imaginación, da normas al entendimiento y contribuye a la formación del carácter.

Sin que podamos decir que es absolutamente errónea, pues tiene sus buenos fondos de verdad, hay que reconocer que no satisface la explicación.

2. *Simbolismo.* Muy semejante a la anterior. Principal fautor de esta teoría fue Friedrich Creuzer (1771-1858). En un libro famoso, bastante apelmazado y un tanto confuso, *Symbolik und Mythologie der alten Völker,* 1836 ss. da su doctrina interpretativa: Para dar a conocer a los hombres sin gran estudio era necesario que se les pusieran en símbolos las verdades fundamentales. La existencia de un dios único, del mundo, del hombre en sus evoluciones no hubieran sido captadas en términos precisamente metafísicos. Era necesario dar formas simbólicas. Eso serían los mitos. Demasiado simplista esta teoría, ha sido totalmente abandonada. No puede negarse que haya, o pueda fundarse, algún símbolo de verdades en los mitos, pero presuponer que todos ellos son pura elaboración simbólica es inadmisible. Es suponer una escuela de filósofos, destinada a dar en formas accesibles las verdades fundamentales de la metafísica. Nada verosímil en etapas en que la humanidad empezaba a desarrollarse. El simbolismo lo han hecho los filósofos que especularon acerca de los mitos. Fueron un pretexto para sus elucubraciones.

3. *Trasposición cósmica.* Los mitos serían puras personificaciones de fenómenos naturales. Zeus, por ejemplo, no es sino la concepción del cielo como persona; Efesto sería la personificación del fuego, y así en serie. Quien principalmente puso en orden y razonó esta teoría fue Max Müller, sabio maravilloso que dio a conocer los tesoros de la literatura sánscrita entre los primeros en Europa *(Lectures on the Origin of Religion,* 1882). Pero aunque tiene un buen fondo de verdad, no da la debida explicación a todos los mitos y pone en su interpretación la imaginación de quien los interpreta, no de quien los creó. Esta doctrina influyó mucho en otros campos. Bastará citar a Seler, que en muchos casos funda sus interpretaciones en principios de Müller. No siempre con acuerdo.

4. *Teoría racionalizante.* Traspone el hecho a la esfera de la razón. Un solo ejemplo nos basta. El Centauro —mitad hombre, mitad caballo—, nunca existió en la realidad. Pero el hombre para explicarse la existencia de admirables jinetes, que vivían sobre el caballo y tenían en él la fuerza y ayuda de su vida, idearon la existencia de estos seres híbridos. Muy sencilla para dar la clave y en infinitos casos, inútil, porque no explica la existencia del mito ante un hecho que pudiera racionalizarse. Da en otros casos una explicación aceptable.

5. *Euemerismo.* Estuvo en boga gran tiempo. Su nombre se debe a un sabio cercano a la época de Alejandro el Grande, que llevaba el

nombre de Euémero. En sustancia es tener por raíz de los mitos la deificación de los hombres. Un héroe famoso pasa al rango de dios en la mente popular. No puede negarse que hay casos en que tiene que admitirse esta teoría. Pero no en todos. Muchos mitos no se ajustan a la relación de lo humano con lo divino. Y quedan tantos cabos sueltos que es sumamente difícil hacer que entren en este cartabón.

6. *La creación popular.* Debe admitirse en límites bien ceñidos. Pero tampoco explica todos los mitos. Aunque Müller K. O. —diferente del ya mencionado— desde antes de 1840 expuso su teoría, no ha sido aceptada por los sabios. El pueblo colectivamente no crea: es una persona la que forja las historias, como es una la que compone los poemas. Y si el pueblo se apodera de ellas, aumenta, modifica, varía interminablemente y da un mito tan diferente que ni el primitivo autor lo conociera.

7. *La proyección psicológica.* Muy gustada de los modernos, desde Freud, que apoyó algunas de sus teorías en mitos antiguos (cf. vgr. el complejo de Edipo, tan famoso en el psicoanálisis). Pero tampoco da la suficiente explicación. El hombre crea lo que no tiene. Lo que anhela y no consigue en la realidad, lo transporta al mito. Puede ser en muchas ocasiones. No siempre. Hay creaciones mitológicas que no pudieran entrar en este marco. En todas las culturas hallamos muchos ejemplos que no es pertinente aducir ahora. El pueblo que es el que transmite oralmente estas leyendas, antes de que los sabios las encarcelen en el alfabeto, no hace más que dar lo que recibe. Un creador individual es el autor: el que transmite es el pueblo.

Ante tal maraña de teorías que van sobre los hechos, es preferible quedarnos con la sencilla de que un poeta, un sacerdote, un sabio, un mago, un adivino, inventa el mito. Lo dice y agrada y va de boca en boca y llega a ser recogido por los entendidos y aun a cristalizarse en ligas con determinados lugares y hechos, con personas y realidades que históricamente fijan el mito y aun lo hacen en cierta medida invariable. En una obra más alta pudiéramos dar una comprobación muy larga: aquí tenemos que prescindir. Baste gustar y leer con curioso amor lo que nos dan las fuentes. Eso mismo ayudará a la comprensión de la cultura y de la historia misma. Lo que hemos dicho es aplicable a cualquier mitología: ahora nos importa darlo para la inteligencia de la griega, que es la que traemos entre manos.

Algo similar acontece con la clasificación de los mitos. Se han dado varias. Sin tener por segura ninguna daré la que Graves propone, no totalmente invulnerable. Da él doce categorías. Algunas pueden discutirse o refundirse con otras. Son así:

1. Alegorías filosóficas. Fuera la creación del mundo en Hesiodo. (Véase lo dicho acerca de la teoría alegórica arriba.)
2. Explicación etiológica, un tanto confusa. Como el famoso mito de los que ha de uncir a su carro Admeto (vid), que son un oso y un león.
3. Sátiras y parodias, como el certamen de Sileno tocante a Atlantis.
4. Fábulas románticas, como la de Narciso y Eco.
5. Historias complejas, como la del delfín en su relación con Arión.
6. Narración de bardos ambulantes que van de tierra en tierra dando sus poemas. Pone a Céfalo y Procris como ejemplo.
7. Propaganda política. Da a Teseo en su tendencia a federizar a Atica.
8. Leyendas morales. Pone a Erifile como ejemplo.
9. Anécdotas humorísticas, como la de Heraclés en casa de Onfale.
10. Melodrama teatral, como la historia de Testor y sus hijas.
11. Saga heroica, de que sería el mejor ejemplo la Ilíada.
12. Ficción realista como la de Ulises, en su ida a la región de los feacios.

Creo que es demasiada clasificación y poca consistencia. Sin pretender más, propongo ésta mucho más sencilla, si es que han de clasificarse los mitos:

A) Mitos divinos (todo lo referente directamente a los dioses, su genealogía, su acción, su vida y su elevación).

B) Mitos heroicos. Todo lo que se refiere a los famosos hombres que dejaron estela en su vida (Heraclés, Minos, etc.)

C) Mitos novelescos, o sea historias de personas de poca monta, que en su aventura fantástica adquieren interés para la comunidad. Pongamos por caso, Narciso en la fuente, que se trueca en flor, por admirar su propia belleza.

Sin ser acaso completa esta clasificación tiene la ventaja de dar una visión sencilla. Por lo demás, nadie nos obliga a clasificar los frutos de la fantasía.

2. MITOGRAFOS ANTIGUOS

Voy a dar aquí cuenta sumaria de los que iniciaron la investigación sobre los mitos griegos y de las obras que nos dejaron. No es ésta una bibliografía del tema y solamente se fija en las figuras más relevantes. Damos las siguientes:

Apolodoro. Nacido en Atenas hacia el 180 a. C. Hizo estudios allí con Aristarco. Tras una serie de emigraciones, vino a morir en el mismo lugar de su nacimiento. Para el tema que ahora nos interesa hay que señalar: *Biblioteca*. Es un estudio de los mitos griegos. Data de la segunda centuria antes de Cristo. Dada a luz por R. Wagner, Lipsia, 1894, con el nombre de *Apollodori Bibliotheca*. Da datos sumamente interesantes y a veces es la fuente única.

Higinio. Dos obras deja de gran importancia. Pero su personalidad se pierde en la neblina.

Las *Genealogías*, llamadas comúnmente *Fábulas*, por el primer editor. La data probable de esta obra es el siglo II después de C. La edición primera se hizo en Basilea, 1535. De allí las citas a Fábulas, como las llamó el editor. La edición crítica más accesible es la de Rose, H. J. 1934.

Astronomía Poética, un repertorio de datos en que pone muchos mitos. Muchos le discuten la autoridad y piensan que proviene de un anónimo del siglo II a. D. y a base de textos antiguos.

Diódoro de Sicilia, que escribió cuarenta libros acerca de la historia antigua, recoge muchos datos referentes a materia mitológica. M. hacia el 21 a. D. Y en su primera parte, que llama arqueología, es donde pueden espigarse grandes noticias. Ed. Loeb, 1933 ss.

Publio Ovidio Nasón, famosísimo autor romano. En una monumental obra suya llamada *Metamorfosis*, o sea Transformaciones, recopila innumerables mitos de la antigüedad griega. Las fuentes son sumamente variadas y a veces inseguras. Aporta datos que no sabemos si son de la tradición primitiva, o se deben a su estro personal. Es sumamente útil y muy divertida esta obra. El poeta nace por 43 y muere por 17 a. D. Sumamente notable por haber dado en su obra pábulo a muchas creaciones de la civilización de Occidente. Ediciones innumerables. La más accesible y mejor es la de la Sociedad Budé de París, 1928 ss. Ver a G. Highet. *The Classical Tradition*, Oxford, 1949. Hay edición en español, en México, 1954.

Fulgencio, Favio Planciades. Un africano de c. fin del siglo V de nuestra era. Escribió una mitología en tres libros. Ed. en Teubner, 1898 y en Migne, PL. LXV. Datos algunas vez muy aprovechables.

Los Trágicos griegos son un gran repertorio de mitos, o hacen referencia a ellos. Pueden verse en la edición que de ellos hicimos en esta misma Colección en los dos años anteriores.

Homero, Hesiodo, los poetas y especialmente Teócrito, dan muchos informes sobre materia mitológica. No hago de ellos nota por ser infinita la referencia de autores y libros. Pueden verse los libros de Homero en esta misma Colección. Y de los demás hay que buscar la información

de ediciones. Usé las de Budé, si están publicadas, o las de Loeb.
Sobre obras modernas, muy abundantes, doy adelante una nota
bibliográfica de las mejores.

En esta labor de divulgación no intento sino dar un cuadro general
de lo que fueron los mitos griegos, supervivientes aún en el agitado
mundo moderno.

3. BIBLIOGRAFIA

De obras modernas doy aquí un sumario recuento para quien desee
profundizar en la materia. Van por orden alfabético del nombre de
los autores.

CREUZER, Fr. *Symbolik und Mythologie der alten Völker*. Leipzig,
1836 ss.

DECHARME, P. *Mithologie de la Grece antique*, París, 1884. ed. post.

FERNELL, D. G. S. *The Cults of Greek States*. Oxford, 1896 ss. 5 vls.

FRAZER, A. *The Golden Bough*. Londres, 1911. Hay edición española
en México.

GRAVES, R. *The Greek Myths*. Baltimore, 1955 ed. post.

GRUPPE, G. *Griechische Mythologie*. Munich, 1906.

NILSSON, M. P. *History of Greek Religion*, Oxford, 1925 ed. post.

Id. — *The Minoan-Mycenean Religion*, Londres, 1950.

PRELLER, L. *Griechische Mythologie*. Diccionario muy amplio, Ber-
lin, 1896-1926.

ROSE, H. I. *Handbook of Greek Mythology*. Londres, 1928, ed. post.

4. METODO Y ORDEN DE ESTA OBRA

Dividido en tres partes el tratado:

1. Los grandes dioses.
2. Diccionario general de dioses menores y héroes o personajes
relacionados con la concepción fabulosa.
3. Breve cotejo con la mitología romana y germánica.

A cada nombre se agregan las fuentes principales en que se recogen
los informes.

El fin de esta obra es de divulgación general y facilitación de la lec-
tura de los autores griegos. Voluntariamente se omiten muchos datos
que en obra de mayor vuelo deberían incluirse.

México, 1964.

ANGEL MA. GARIBAY K.

PRIMERA SECCION

LOS GRANDES DIOSES

Los romanos, hombres prácticos, dividieron a los númenes en dos categorías: *Dii maiores* y *Dii minores*. Transparente el significado, es fácil de captar: Dioses mayores y Dioses menores.

Los primeros eran los más antiguos, los más generales y los más fáciles de comprender en la vaguedad del pensamiento de esos pueblos. Esta división corresponde enteramente al modo griego de comprensión. En la mitología romana no puede negarse originalidad, pero en suma quedó dominada y absorbida por la de los griegos.

La mayor parte de estos dioses se nos presentan en parejas divinas. Quiero decir, a un numen de carácter masculino corresponde otro de concepto femenino. Hecho que pide grandes reflexiones que no haré ahora, por la índole de este libro. En forma muy sencilla pongo a los

DOCE DIOSES MAYORES DE GRECIA

Zeus y Hera. Poseidón y Démeter. Apolo y Artemis. Hermes y Atena. Efesto y Afrodita.

Cinco parejas, como es fácil ver. Los dos restantes quedan al aire. Son: Ares y Dióniso.

Las parejas no se corresponden siempre por razón de enlace de carácter sexual: hay de hermanos, pero apareados en forma tradicional. Los dos últimos quedan solos. Aunque a Ares también se le da un lugar al lado de Afrodita.

La razón de esta constante dualidad exigiría una larga y honda exposición que no puede hacerse aquí. Debo dar algunas nociones, por someras que sean.

En el complejo mítico de los griegos se juntaron dos grandes culturas hasta cierto punto independientes:

De una parte, la de los pueblos que habitaban los territorios que ocuparon las tribus helénicas. Estos tenían su propia cultura, tanto material, como intelectual e ideológica. No murió, como no muere nunca, lo que tenían aquellos pueblos, por subyugados que quedaran. De ella toman los invasores gran cantidad de elementos de ambas fases de la cultura humana. Y esos quieren pervivir, se aferran a lo nuevo y se conservan en sincretismos de suma importancia para la cultura humana en general.

La otra parte era la aportación de mitos de orden nativo, o sea de la cepa indogermánica, o indoeuropea, como se quiera, que los recién llegados traían. Es la mitología de los primitivos ancestros de las grandes culturas que iban a florecer más tarde en Irán, India, Grecia, Roma, Germania y sus adjuntos.

Es un fenómeno cultural que nosotros podemos comprender en México con gran claridad: hechos semejantes a la historia de los mitos entre nosotros. Los pueblos que hallaron los conquistadores españoles, en especial nahuas, mayas; huastecos y tarascos, por no mencionar sino a los más destacados, eran tributarios de ideas y concepciones míticas mucho anteriores. Pero es difícil, en la madeja que habían tejido los siglos, asignar a cada cultura la aportación. Tenemos que tomar los mitos en globo y ver muchas veces ideas muy semejantes en diversas culturas que parecían independientes.

Así en Grecia. Hallamos parejas en mitos anteriores a la venida de los indoeuropeos, que al parecer son idénticos a los que más tarde crearon como suyos. Y en otros casos tenemos que conceder que son infiltraciones de mitos de Hititas, Hurritas, Babilonios, etc. No vamos a entrar en el complejo asunto de esta clasificación, sino a dar los datos que hallamos en los autores de la época clásica y subclásica, principalmente en los alejandrinos.

Para no citar sino un ejemplo, tenemos la pareja de Rea y Cronos que pertenece a los llamados pelasgos, pero fue enlazada con la otra pareja de Hera y Zeus. La cultura minoica y micénica tiene importaciones de los pueblos de la hoy Anatolia, y a través de ellos, de Babilonia, y de etapa tan antigua como el 3 000 a.C. Como esta manifestación pueden señalarse otras, que a su tiempo, en forma sumaria, voy haciendo notar al hablar de cada deidad, o héroe elevado al rango divino, o mantenido en una esfera superior en los pensamientos del pueblo.

Para tener una visión, por general que sea, de las causas de estos hechos, a veces confusos en sus datos de trasmisión, conviene tener en cuenta los principios que formularé brevemente:

1. El pensamiento religioso y fantástico, con ribetes de magia, entre los griegos no tenía normas dogmáticas como sucede con religiones elaboradas a un grado superior. Es natural que el pueblo y aun los sabios modificaran a su placer a veces los datos tradicionales.

2. Es reconocido por todos que el pueblo, o pueblos helénicos, era sumamente imaginativo, y los mitos son de origen fantástico, la mayor parte de las veces, no sin que entre mucho el entendimiento razonante.

3. No habiendo autoridad dogmática, tampoco hubo entre los griegos libros sagrados que fijaran las creencias, como pasa en el judaísmo, cristianismo, mahometismo y otros sistemas. Tenemos así una gran libertad para los que creaban y repetían historias acerca de lo divino.

Por estas razones hallaremos varias versiones, a veces vagas, a veces contradictorias, referentes a seres y acontecimientos. Todos tratamos de mencionarlos a base de las fuentes que se van indicando en cada uno de los artículos.

Teniendo en cuenta estas nociones, vamos a exponer cada deidad en forma jerárquica, al punto que ello es posible, al hablar de los grandes dioses. Y en ellos trataremos de dar todo lo referente a sus historias míticas.

Para los dioses menores y héroes he preferido dar en forma alfabética lo que de ellos puede decirse, sin agobiar con erudición que en un libro como este resulta improcedente. Deberá buscarse en ese orden al personaje de que se intenta tener información. Esta es la forma en que se da la Segunda Sección, la más larga ciertamente de esta obra. Considero que de necesidad ha de haber deficiencias y la breve bibliografía que se ha dado en la Introducción y las notas que se irán agregando en muchos casos ayudarán a subsanarlas.

ZEUS

Es una deidad de origen netamente indoeuropeo y acaso la única que con certeza absoluta puede atribuirse a los pueblos derivados de ese tronco. Como tal tiene un carácter que debemos tomar en cuenta. Más tarde su figura se identifica y enlaza con los númenes del pueblo invadido y da origen a una gran multitud de leyendas y mitos que tienen gran variedad de concepción, de los más altos a los más rastreros. Exige este doble aspecto tratar en dos partes el tema.

I. *Zeus indoeuropeo.* Su nombre indica el cielo luciente. La forma casi segura de su primitivo nombre era *Dyaus Piter.* De allí el Divos, Dios, Zeus de los griegos y el Júpiter de los romanos (primitivamente Dius Pater, el Tius de los germanos, que hallamos en el nombre de un día de la semana pronunciado *tiusday,* aunque escrito de otro modo. La versión más sencilla es "Cielo Padre". Y en el cielo como principio de vida veían los primitivos grupos de esta progenie al autor de la luz, manifestada en el sol, de la lluvia que fecunda los campos, del rayo que era al mismo tiempo fuente de vida, pues daba el fuego, y de destrucción, pues mataba hombres y bestias y calcinaba campos y árboles.

Esta concepción del dios sumo se mantuvo en el fondo de los corazones y el pueblo dispuesto siempre a pocas mudanzas, mantuvo la imagen del dios de la luz, del rayo, de las tormentas y de las amables lluvias hasta el fin, fueran las que fueran las ideas que iban elaborando poetas y pueblo ya elevado intelectualmente.

En los grupos que emigraron hacia el oriente y constituyeron los núcleos iránicos e indios, se mantuvo más bien el nombre general del cielo: Uranos en griego, —que es también un dios (vid)— y Varuna en sánscrito.

Una concepción que raya en abstracción era difícil que se conservara en su estado de sencillez primitiva.

II. *Zeus helénico.* Es característico de la cultura griega el sentido de asimilación al hombre: "el hombre es la medida de todo", dijo uno de sus filósofos. Y trató de crear todo a su imagen y semejanza. No es la hora de indagar de donde proviene esta tendencia, que hay quien atribuya más bien a los pueblos dominados que comunicaron sus creencias e ideas a los invasores. Dejando esta cuestión a los sabios, vamos a recorrer la historia del Zeus que concibieron los griegos en su afán de asimilarlo al hombre, dándole todas las normas y pasiones de la vida humana. A veces hasta una repugnante crudeza. Al parecer esta amalgama de ideas y sentimientos se inicia en Creta y en las ciudades del continente que le eran tributarias en el orden de la cultura.

Es hijo de Cronos y Rea. Su padre, adverso a la prole, devora a los hermanos que le han precedido en el nacimiento. Al nacer él, que es el sexto en orden, la madre hace una trampa a Cronos: le da un pedrusco envuelto en pañales. Más tarde habrá de vomitar ese pedrusco y con él a los hermanos de Zeus (vid. Cronos).

Zeus fue puesto en salvo por su madre y pudo no solamente vivir, sino destronar a Cronos y subir a la soberanía de los dioses. Esta historia se cuenta a la larga en el artículo referente a Cronos.

Cuando Rea su madre vio su potencia e ímpetu y la fuerza del rayo y la tormenta de que había sido dotado, le impidió que se casara, para que no engendrara una prole funesta.

El tanto caso le hizo que empezó por intentar violarla a ella misma. Rea se trasformó en serpiente, lo cual no arredró a Zeus, sino que él a su vez igualmente se hizo una serpiente macho. Entrelazado con ella en funestos giros realizó su deseo.

Esta fue la primera de una interminable cadena de aventuras en el orden de sus satisfacciones sexuales que es improcedente catalogar ahora. Muchas se dirán en cada nombre de la persona que con él tuvo parte. Menciono aquí, por ejemplo las que siguen: cada una ha de verse con mayor detenimiento en el artículo respectivo.

Ligado con Mnemosine dio vida a las Musas. Una musa cada noche era el fruto de sus consorcios. Nueve noches yació con ella.

De su unión con Eurinome nacieron las tres Gracias, o Járites, como las llamaban los griegos.

De Temis nacen por obra suya las Estaciones, u Horas, y los tres Hados, o Hadas.

De la ninfa Estix nace Persefone, que más tarde se casará con su hermano Hades. Y así en larga serie.

Casado con su hermana Hera (vid), vive en querellas interminables. Es toda una trasposición de la vida conyugal humana de un hombre alborotado y una mujer celosa: la historia de sus conflictos, que dieron a los novelistas y poetas de la antigüedad infinitos motivos de creación imaginativa. Algunos se dan en los nombres de las personas que fueron objeto del amor de él y blanco del odio de su esposa. Es uno de los campos en que vemos más la humana proyección a lo concebido como divino. Las disputas interminables, los ardides de Hera para dominar los ardores del marido y, al contrario, aun la petición del cinto de Afrodita para enardecerlo.

Uno de los más divertidos episodios es el que hallamos en esta historia: también uno de los menos dignos de la divinidad que se le atribuye al numen. Es índice de la manera de concepción helénica de que hablé al principio.

Tan irritada se halló un día Hera que convocó a los dioses y pidió que la ayudaran a vengar la infidelidad habitual de su marido. Vinieron en su auxilio Poseidón, Apolo y algunos otros. Se negó a venir Hestia. Zeus dormía, hondamente fatigado de sus correrías amorosas. Hera y sus acompañantes lo ataron a su cama con correas de cuero bruto, con tantos nudos que parecía imposible romperlos o desatarlos. Despertó Zeus y los amenazó con matarlos con su rayo. Pero habían sido precavidos: habían puesto el rayo lejos de su alcance. Estaban seguros de haber logrado la victoria. Pero de improviso se presenta Tetis en guerra contra los olímpicos. Trajo consigo a Bríareo. Este tenía cien manos y en un momento desató las ligaduras. Fue la razón del odio de Hera contra él.

Al recobrar el dios su libertad, lo primero que hizo fue colgar a Hera de lo más alto del cielo con un bracelete de oro y un yunque atado a cada pierna. Los demás dioses no se atrevieron a intervenir. Zeus les intimó que hicieran juramento de jamás rebelarse contra él.

A Poseidón lo castigó enviándolo a ser esclavo de Laomedonte, y lo forzó a edificar a Troya. Igual pena dio a Apolo, y más tarde ponerlo como esclavo de Admeto.

El mito anterior hace ver la forma que daban a su concepción de lo divino aquellos demasiado humanos griegos primitivos.

Imposible mencionar todos los mitos que tienen a Zeus como personaje interveniente, daré algunos más como muestra y me remito a los artículos de los participantes en las historias.

Enamorado de Metis, una de los Titanes, ella se le escapaba y el dios la iba siguiendo. Mudaba ella de formas y al fin pudo captarla y le dio un hijo. Dijo el oráculo que daría a luz una hija, pero si después volvía a concebir, seria un hijo que destronaría a su padre. El dios la engaña y al yacer con ella se la traga. Más tarde siente una tremenda jaqueca y va a las orillas del lago Triton a vomitar. No podía hasta que llegó Hermes y le dijo que Efesto debía darle golpes en la cabeza para lograrlo. Al fin de su esfuerzo vino a salir de su boca Atena. Nace ella toda armada, con yelmo y con brío guerrero (vid Atena)

Unido a Dione da nacimiento a Afrodita, según alguna versión (vid Afrodita).

Rapta a Ganimedes, para sus placeres personales y para copero de los dioses (vid).

Aunque cada uno se estudia aparte, sus hijos más famosos son, con las madres de quien proceden:

Hermes, hijo de Maya, hija de Atlas. Lo dio a luz en el monte Cilene, en Arcadia.

Apolo y Artemis, hijos de Leto, la cual era hija de Coeo y Febe, titanes. Para lograr su intento se convirtió en codorniz, lo mismo que a su consorte (ver Leto).

Dióniso también es hijo de Zeus, pero en cuanto a la madre difieren las fuentes. Se mencionan a Démeter, a Io, a Dione, a Persefone, a Lete (ver Dióniso).

Heraclés, hijo de Alcmena, con la cual hizo obra por tres noches para lograr su existencia (ver Heraclés, leyenda general).

Dejo los demás que irán apareciendo en diversos artículos.

Es imposible reunir todos los mitos en que entra de alguna manera Zeus. En sus correspondientes colaboradores, consortes o favorecidos y adversarios irá apareciendo mucho mayor cantidad de datos que solamente pudieran apurarse hasta el mínimo en una obra especial acerca de esta divinidad primaria en el cielo y en la fantasía de los griegos.

Fuentes: Muy abundantes, como es fácil de comprender, a la vista de lo dicho en este artículo. Doy las más importantes; otras irán apareciendo en cada uno de los seres míticos que están en relación con Zeus.
Hesiodo, Teog. 433 ss. Higinio, Fábulas 118 y 139. Id. Teog. 56. Homero, Ilíada, XIX, 407; XVI, 458; XV, 17; VIII, 397 ss.; XIV, 197 ss. y muchos lugares más. Hesiodo Teog. 918. Himno Homérico a Aplo, a Afrodita, Higinio, Fábula 140. Apolodoro, I, 4; III, 4; Apolonio de Rodas, Arg. IV, 1137, etc.

HERA

Divinidad ciertamente anterior a la llegada de los indoeuropeos. El nombre, sin embargo, es de raíz de la lengua de estos. Hera es tanto como "señora" (cf. *herus,* latino y *herr,* germánico, con similar significado). Otros dan la etimología de *he era,* que sería la tierra.

Considerada como comparte femenina del cielo. Es un dato de la tendencia a hacer dual todo el universo, de que he dicho algo en la nota de introducción a esta primera Sección. Como tema general se halla en muchos pueblos y es siempre el complemento cósmico del cielo.

En Grecia toma sus caracteres fantásticos, debido a la viveza de la imaginación. Muchas veces se funden en ella mitos anteriores de los pueblos que vivían antes de la llegada de los helenos. Los datos que tienen mayor consistencia son los que ahora resumo.

Hija de Cronos y Rea, nace en Samos, o en Argos, según otros testimonios. Fue criada en Arcadia por Temeno, hijo de Pelasgo. Fueron sus nodrizas las Horas, o sea las diosas de las estaciones.

Cuando Zeus hubo destronado a Cronos, su padre, Zeus la sacó de Creta, en Gnoso o en el Monte Tornax, y comenzó a hacerle manifestaciones de amor. Ella se resistió al principió. Cuando vio al dios tan rendido de amores, le mandó que se disfrazara de manchado cuclillo. Entonces lo guardó en su seno. El dios toma figura natural y la domina haciéndola suya. Lo cual disgustó a Hera. Al fin consintió en la boda. Todos los dioses le dieron regalos con ocasión de ella. Alguno como las tres manzanas de oro que se guardaron en el jardín de la Hespérides (ver Heraclés, Trabajos). Otros se dicen en diferentes artículos.

La noche de bodas de Zeus y Hera duró trescientos años. Naturalmente esta cifra tiene un sentido oculto, que en forma simbólica dice la duración de largos períodos para la recta armonía de los fenómenos cósmicos, uránicos y telúricos, que se dan a conocer bajo el emblema de las bodas de estos dos dioses.

Para renovar su virginidad en modo permanente Hera se bañaba en la fuente de Canato, cercana a Argos.

De la unión de Zeus y Hera nacen Ares, Efesto y Hebe, con las dos gemelas Eris. Es curiosa la forma en que dicen haber sido hecha la concepción: Eris son concebidas, al tocar una flor Hera. Hebe, al tocar una lechuga. Efesto es hijo de ella, siendo virgen. En otras versiones tiene orígenes diferentes (ver Efesto).

De Hera hay pocos mitos independientes. Los más de ellos están implicados con los de Zeus (vid). Algunos es conveniente hacer resaltar.

Ella, por odio a Zeus, provoca grandes penas contra Heraclés, entre las cuales, los famosos Doce Trabajos (vid).

Hace grandes empeños contra Dióniso (vid).

Interviene en varias formas en la batalla de los Gigantes.

Constantemente mata a los hijos de los adulterios de su marido.

Escapa Escila, que logra mantener su vida (vid).

Dirige la vida de muchos héroes, v. gr. Atamas (vid.)

Es sumamente difícil unir en una breve relación todos los mitos. De muchos se habla en los artículos personales de dioses o héroes en ellos implicados.

Fuentes: Tan abundantes como las que se refieren a Zeus. Menciono solamente: Homero, Ilíada, IV, 441 ss. Ovid. Fastos, V, 255 ss. Las que se dieron acerca de Zeus, en su conjunto corresponden a Hera.

POSEIDON

Un dios probablemente de origen indoeuropeo, que no tenía mucha relación directa con el mar al principio. Es dios del agua en general y de las conmociones de la tierra. Los terremotos son una manifestación de su actividad. Posteriormente entra en la fusión de dioses nuevos y antiguos. Los mitos fundamentales son los que se dan abajo.

Hay quien vea en él una de las fases del dios único personificado en Zeus. Es discutible el sentido de unidad en la cultura griega.

Fue venerado como dios de los mares y de las fuentes. Algunos piensan que también de las lluvias. No hay comprobación segura.

Ya en la imaginación popular, que se hizo tradición luego, tenemos estas historias:

Hermano de Zeus y Hades, con ellos destrona a Cronos. Cuando han triunfado, echan suertes en un yelmo para ver a quién toca cada región del universo. La tierra se deja a la autoridad de los tres, pero se deben repartir el cielo, el mar y el mundo inferior. Hecha la rifa, se ve que a Zeus toca el cielo, a Hades el Averno y a Poseidón el mar.

El fue a poner su palacio submarino en Eubea. En él guardaba en establos amplios y muy bellos sus caballos marinos, que tenían cascos de bronce y crines de oro. También una carroza de oro en que iba a aquietar las tormentas y a domar a los monstruos marinos.

Quiso tener una esposa que fuera la reina del mar como él. Escogió primero a Tetis, una nereida, pero la dejó por un oráculo de Temis, que afirmaba que todo varón nacido de ella superaría a su padre en poder. Ella se casó con Peleo y fue madre de Aquiles.

Anfitrite fue la segunda a quien pretendió unir su vida. Ella no lo quiso y huyó al monte Atlas para escapar de sus pretensiones.

No desistió Poseidón y envió a Delfín para que la persuadiera.

Lo consiguió Delfín (vid) y ella desposada con el dios del mar, le dio por hijos a Tritón, Rode y Bentecisime. Era sumamente celosa y el dios, como su hermano Zeus, tenía constantes aventuras con ninfas y nereidas. Ella tomó dura venganza de Escila que era una de las amadas del dios (vid). La convirtió en un monstruo de seis cabezas y doce pies, que está ladrando constantemente. Para ese fin se sirvió de hierbas mágicas que echó en el agua del baño de aquella.

Uno de los caracteres más famosos de este dios es su antagonismo con Atena por la posesión y dominio de Atica. Clavó él su tridente en el sitio en que se alza la acrópolis y pretendió ser dueño de la tierra. Pero Atena vino y plantó el olivo y con ello dio muestra de tomar posesión de ella. El dios la retó a un duelo y ella aceptó, pero no lo permitió Zeus. Sometió a un fallo de los dioses la contienda y los varones estaban de parte de él, como las mujeres de parte de ella. Un solo voto dirimió la duda. Y era que la diosa había dado a la región un fruto muy benéfico, como es el olivo, para el aceite que es alimento, combustible y medicina. A ella se le atribuyó el dominio.

Despechado Poseidón, envió grandes corrientes a la llanura de Triasia en donde Atena había edificado su ciudad. Ella la mudó al sitio en que se halló posteriormente y le dio su nombre. También tuvo contienda por la ciudad de Troezen, y Zeus dispuso que la tuvieran entrambos por partes iguales. Igual contienda tuvo el mismo Zeus por Egina y con Dióniso por Naxos, lo mismo que con Helio por Corinto. Zeus le prohibió hacer inundaciones y él se fue al extremo opuesto, provocando sequías.

El se jactaba de haber creado al caballo. La leyenda dice que Rea había dado a comer a Cronos un caballo cuando Poseidón era aún muy pequeño. Tampoco la brida, que era invención de Atena; puede atribuirse a él. Sí las carreras, por un curioso mito que apunto.

Cuando Démeter andaba buscando a Persefone el dios se enamoró de ella y la fue persiguiendo. Ella se mudó en yegua y al momento se trasformó él en caballo. La cubrió cuando andaba pastando en los campos con la manada de Onco, hijo de Apolo y de esta unión nació la ninfa Despena y el caballo Arión (vid)

Hay alguno que otro mito relacionado con este dios que se irá viendo en algunos casos de los en que interviene él.

Fuentes: Homero, Ilíada, VIII, 210 s. XIII, 21 ss. XV, 187 ss. Odis. V, 381. Apolodoro, III, 13. Higinio, Fábula 164. Astron. poet. II, 17. Pausanias, I, 24; II, 1. VIII, 25.

DEMETER

Deidad terrestre y materna. La fundieron los romanos con Ceres.

Su *nombre* ha sido materia de discusión. *Méter* de seguro es "madre", pero en cuanto al primer elemento hay al menos las hipótesis que doy:

a) *Dea Méter:* Diosa madre. Rara contracción, pero no improbable.

b) *Gea Méter:* Tierra madre (como sabemos Gea es la deidad de la tierra). Rara trasmutación de *De* por *Ge*.

c) *Zeia-méter:* Madre de lo cereales, en especial de la espelta y la cebada. Hallamos la raíz *zeia* en *zea*, que se ha aplicado al maíz. *Y* aun no siendo imposible la mudanza de *zeia* en *deai, de,* queda problemática la etimología del nombre.

Sea lo que fuere del nombre, sus *atribuciones* son:

Es la protectora de la agricultura, principalmente del trigo y de toda semilla o grano de que el hombre saca pan. Más tarde hallamos a Koré (vid), que la sustituye en este oficio. Es probablemente solo su duplicado, en aspecto juvenil (cfr. en la mitología náhuatl a Cihuacoatl, Chicomecóatl y Xilonen).

Precisamente, por estar relacionada con la superficie de la tierra, es también la que impera y domina en la tierra inferior, en el Hades. Resulta así la suegra, y Koré, o Persefone, la esposa del dios de la muerte (vid Koré y Persefone). De esta concepción nacieron muchos mitos, de los cuales daré abajo los más importantes.

Sus fiestas más famosas eran las tesmoforias, "transporte de tesoros", que en Atenas se celebraban en el mes pianopsio, 11-13, y era una serie de ritos mágicos que hacían la mujeres para propiciar la fecundidad de la tierra.

En las regiones de Arcadia la concepción de Démeter tiene diferencias. Se la hace consorte de Poseidón, personificación del mar (vid).

Madre supone consorte y ese es vago en las leyendas y en los textos. Acabamos de ver que se le atribuye Poseidón. En otros mitos es madre de Persefone por obra de Zeus.

Resumo los principales *mitos*.

Era soltera y estaba en su viñedo. De repente lo invade Erisicton, hijo de Tropías al frente de veinte hombres. Era un viñedo sagrado. Ella les intima que salgan, bajo la figura de Nicipe, sacerdotisa guardiana de la vid. Pero él intenta atacarla con su hacha y ella aparece en su mayor belleza. Le da como castigo jamás saciar su hambre.

Era ella la que presidía las bodas, y la secreta unión de los casados, aunque, ya dije, no se le señalaba uno seguro.

Koré o Persefone no se sabe con exactitud de quien procede. De ella hay mayores datos para el mito de su rapto y muerte.

Hades (vid) se enamora de Koré y la pide a Zeus. El dios duda. No quiere ofender al hermano mayor, ni quiere ofender a Démeter. Su respuesta ambigua anima a Hades a raptarla. Lo hace él, en tanto ella cortaba flores. Se pierde y la madre y las hermanas la buscan con ansia nueve días y nueve noches, sin probar comida ni bebida y dando lamentos sin fin. El décimo día Démeter, tras haber tenido un encuentro con Poseidón, se va a buscar a su hija. Toma informes en forma novelesca que no es posible dar en su totalidad aquí: Ha seguido buscando a su hija y al fin Zeus le da alguna noticia de seguridad. Va Hermes al abismo con este mensaje para Hades: O la entregas, o terminamos la amistad tú y yo. Y otro para Démeter: Recobrarás a tu hija, si ella no ha probado aún el alimento de los muertos.

En efecto no ha comido Koré. Cuando llega Hermes. Hades la entrega de mala gana: No estás contenta aquí, allá tu madre llora, regresa a la tierra, le dice. Koré se alegra. Hermes la lleva en una carroza. Al llegar a Eleusis la encuentra su madre, pero como Ascalapo, servidor de Hades dice que Koré comió en el Averno unos granos de granada de allá, la madre se resuelve a regresar al Olimpo y dejarla que se vaya al Hades. Desde entonces se hace un compromiso: La hija estará tres meses en el Averno con Hades y nueve meses sobre la tierra con su madre Démeter. Hay muchos datos que he omitido por demasiados. Más se darán al hablar de Persefone.

Fuente: Sumamente abundantes: Doy: Homero, Ov. V, 125 ss. Hesiodo, Teog. 969 ss. Higinio, Fábula, 250. Calimaco, Himno a Démeter, 34 ss. Aristófanes, Ranas, 338. Himnos órficos, 51. Homero, Himno a Démeter. Nicandro, Teriaca, Ovidio Metam, V, 450-563, etc.
Ver reunidos muchos datos en *The Cults of the Greek States*, de L. R. Farnell, 1841-1870.

APOLO

Con Atena es acaso el más celebrado y representativo de los dioses griegos. Es el tipo de la belleza masculina en su flor. Todos los más altos y útiles menesteres humanos se le atribuyen, o se ponen bajo su tutela: música y medicina; profecía y arte de las armas; ganadería y agricultura. La ley y la moral también se hallan supeditadas a su influjo. Es probablemente uno de los dioses más genuinamente indoeuropeo. De ahí que sus mitos son interminables. Apuntaré los fundamentales. Otros aparecen en diversos artículos, relacionados con los personajes que en ellos intervienen.

Leto, hija del titán Coeo y Febe, es la madre de Apolo. Se enamoró de ella Zeus y la persiguió. Para lograr sus intentos la mudó en codorniz, al par que él mismo. No quedó oculto el hecho a Hera, que envió a la serpiente Pitón a perseguir a Leto por todo el mundo. También estableció que no había de dar a luz en ninguna región donde luciera el sol.

El viento del sur llevó a Leto en sus alas y fue a dar a Ortigia, junto a Delos. Allí dio a luz a Artemis, y se fue hacia Delos, en donde dio a luz a Apolo, entre un olivo y una palma, precisamente en el monte Cinto. Delos era uña isla flotante, que desde ésta fecha quedó fija.

Nacido Apolo lo alimentó Temis con néctar y ambrosía. Al cuarto día de su nacimiento ya pidió arco y flechas, que Efesto se apresuró a proporcionarle.

Salido de Delos, se encaminó al Parnaso y buscó a la serpiente Pitón, que era perseguidora de Leto. La hirió con sus flechas y ella huyó al oráculo de la Madre Tierra en Delfos. Llegó Apolo hasta allá y la mató, precisamente al lado de la gran hendedura que sirve de base al oráculo.

La diosa de la tierra se quejó con Zeus y él mandó a Apolo que fuera a purificar el templo y fundó los juegos en honor de Pitón. No hizo caso Apolo y fue más bien a buscar a Pan, que le dio el secreto del oráculo y el dios se adueñó de la sede y de las sacerdotisas de Delfos, que fueron desde entonces sus súbditas.

Leto fue con Artemis a Delfos y trató de hacer las debidas purificaciones. El gigante Titio trató de violarla. Cuando Apolo y Artemis lo supieron vinieron y lo mataron: Titio, hijo de Zeus, está en el Averno con brazos y piernas atados al suelo y ocupando una enorme superficie. También mató a Marisias, sátiro del séquito de Cibeles, por intentar contender con él en la música (vid Marisias).

Tuvo un segundo hecho de contienda con Pan. Puso de árbitro a Midas, con mal resultado para los dos (ver Pan y Midas).

Fue Apolo adverso al matrimonio, pero dejó varios hijos en diversas ninfas y mujeres. Estos son los principales:

Pitia, que dio como hijos a Doro y sus hermanos.

Talia, la musa, de quien hubo a los Coribantes (vid).

Coronis, de quien tuvo a Asclepio (vid).

Aria, de quien nació Mileto.

Cirene, madre que fue de Aristeo.

La seducción de Driope es novelesca. Estaba ella en el monte Eta cuidando los rebaños de su padre. Apolo se trasformó en tortuga. La joven junta con sus amigas las Hamadriadas, se puso a jugar con ella. Al fin, la alzó y la puso en su seno. La tortuga se convirtió en serpiente, ahuyentó a las amigas y poseyó a Driope. Ella dio a luz a Anfiso. La madre fue sacerdotisa de un templo que el hijo levantó a su padre hasta que las Hamadriadas la corrieron.

Tuvo también malas aventuras Apolo. Una vez intentó raptar a Marpesa del Monte Ida, pero ella se opuso, muy fiel a su marido. Cuando persiguió a Dafne, de quien estaba locamente enamorado, ella con la ayuda de su padre el dios del río Peneo, se convirtió en laurel (ver Dafne); El dios tomó como adorno las ramas del árbol para consolar su desdén.

Como todos los dioses griegos, amó también a los hombres. Jacinto fue amado por Apolo y como le fue desdeñoso, lo mudó en la flor de su nombre.

Una aventura de otro género tuvo ante su padre. Asclepio había resucitado a un hombre y Hades fue a quejarse a Zeus. El dios mató con un rayo a Asclepio, y Apolo su padre, en venganza, mató a los Cíclopes. Enojadísimo el rey de los dioses quiso relegarlo para siempre al Hades, pero intervino Leto y la sentencia fue conmutada por un año de trabajo como esclavo en casa de Admeto, rey de Tera. El dios Apolo se sometió y cumplió con su pena y ayudó a su amo (ver Admeto).

Desde entonces fue más pacato. Y se dice que a él se deben los lemas helénicos: Conócete a ti mismo. Nada hay que hacer en extremo. Fuera de esas aventuras pueden mencionarse otras, como los amores con Casandra, hija de Príamo, que vino a tener tan mal fin. Lo más notable de Apolo eran los oráculos de Delfos (vid la especial nota sobre ellos).

Belleza, poesía, música y arte de la guerra: todas las ilusiones masculinas se encarnan en este dios, con la suma virilidad de que da muestra en sus varios hijos y aventuras. Tuvo por eso gran culto en Grecia y en las regiones todas del Imperio Romano.

Fuentes: De casi innumerables doy: Higinio, Fábulas 140. 55, 165, 191. 203. Apolodoro, I, 4, 7, 9. Homero, Ilíada, 1603 ss. Odis. XI, 576 ss.

ARTEMIS

Era sumamente popular en Grecia entera, pero tiene caracteres de haber sido una diosa prehelénica que se asimiló el grupo de los invasores. Se tienen restos en Micenas y tierras de Minos y es probablemente diosa muy antigua venerada allí. Algunas veces se confunde con Hecate o con Selene.

Su campo de acción es la tierra, pero en especial la no cultivada, como selvas, llanuras esteposas, montañas indómitas. Es diosa de algunas ciudades, pero por razón de algún hecho relacionado con la parte selvática y eso en etapa ya tardía.

Era diosa de los nacimientos y de la fecundidad masculina, lo mismo entre los hombres que en las bestias. Era concebida como virgen perpetuamente intacta.

En etapas ya muy tardías se asimila a diosas orientales, como la que era venerada en Efeso en el primer siglo.

Los mitos más importantes son estos, fuera de los que algunos otros artículos aparecen en función con otros personajes:

Hermana de Apolo, es hija de Zeus y Leto. Como su hermano lleva arco y saetas y es capaz de curar enfermedades, pero también de matar funestamente.

Protege a los niños pequeños, pero ama la caza, principalmente de ciervos.

Un día la tenía Zeus en sus rodillas, cuando ella tenía apenas tres años y le preguntó qué regalo especial quería. Ella dio una larga lista de regalos que deseaba:

Virginidad perpetua, muchos nombres como Apolo, arco y saetas, la capacidad de dar a luz a otros, una túnica color de azafrán con ribetes rojos que le llegara a las rodillas, seis ninfas del mar que tuvieran su misma edad y le sirvieran de escolta, veinte ninfas de los ríos para que le cuidaran sus aderezos de caza y sus perros, cuando no anduviera en los montes siguiendo ciervos, y todas las montañas de la tierra. Quería además una ciudad no muy grande, para reposar de tiempo en tiempo.

El dios le respondió que ahora no temía a Hera y le concedía todo lo pedido y aun más. Le concedía treinta ciudades y parte en el dominio de otras y la constituía guardiana de caminos y puertos.

Le dio ella las gracias y se fue a Creta y en el mar escogió ninfas de nueve años que formaran su séquito.

De camino invitada por Efesto fue a visitar la fragua de los Cíclopes y vio como estaban forjando una gran cuba para los caballos de Poseidón, y el cíclope Brontes, que le enseñó a hacer cuanto ella quiso, la tomó y sentó en sus rodillas. Ella disgustada le arrancó un mechón de los vellos que tenía en el pecho, y le quedó para siempre la mancha desnuda.

Sus acompañantes las ninfas quedaron aterradas ante la figura de los Cíclopes y la negrura de su fragua. Por eso era usual en Grecia espantar a los niños con la fragua de los Cíclopes, o mencionarles a Brontes, Esteropes y Arges, que eran los tres principales (vid Cíclopes).

Artemis pidió que le hicieran un arco y un carcaj de plata y les prometió en recompensa la primera caza que cobrara.

Ya armada se fue a Arcadia. Allí encontró a Pan que estaba destazando un lince para alimentar a sus perras y los cachorrillos de ellas. Le hizo el obsequio de perros de su jauría: tres grandes mastines, dos bicolores y uno manchado, y siete perros de husmeo que traía de Esparta.

Prosiguió su marcha y al fin capturó dos pares de ciervas que unció a su carroza de oro con correas de oro. Ya en ella se encaminó a la Tracia. Llegó hasta el monte Hemo. Cortó árboles, encendió teas y ensayó su arco y sus flechas que le habían fabricado los Cíclopes. Dos flechas fueron a dar en los troncos de los árboles, la tercera mató a una fiera y la cuarta a un malvado.

Hecha esta primera correría, regresó a Grecia. Las ninfas del Amnisio desuncieron las ciervas, las limpiaron y les dieron de comer, de la misma pastura que comían los caballos de Zeus, y de beber en cubas de oro.

Otras fábulas que se atribuyen a Artemis son:

Alfeo, hijo de Tetis, dios del río de su nombre, se enamoró de ella y la persiguió por toda Grecia. Cuando iba a caer en sus manos ayudada por sus ninfas, se untó de fango la cara y el dios ya no pudo reconocerla. Tuvo que volverse despechado.

Era sumamente rigurosa con sus ninfas y exigía que fueran castas. Cuando Zeus sedujo a Calisto (vid), y Artemis advirtió que iba a ser madre, la convirtió en osa y la echó a la selva entre los demás animales. Otros dicen que a su jauría. Pero Zeus vino en ayuda de ella y la llevó al cielo: es la Osa Mayor. Varía esta versión diciendo que el que la convirtió en osa fue Zeus mismo. Y que por error Artemis la mató cazando. El hijo de Calisto fue Arcas, tronco de los de Arcadia.

Un día Acteón, hijo de Aristeo, vio a Artemis bañándose y se solazaba con su hermosura. Más tarde hizo alarde de que la diosa se había desnudado para que él la viera. Ella en venganza lo mudó en ciervo y azuzó sus cincuenta perros que lo hicieron pedazos en un momento (vid Acteón).

Fuentes: Calímaco, Himno a Artemis, todo. Higinio, Fábula, 181 y Astrpoet. II, 1. Apolodoro, III, 8. Ovid. Metamorf. III, 143 ss.

EFESTO, HEFESTO

Dios del fuego y de todo lo que con él se relaciona. Por eso, dios de herreros, orfebres, alfareros, etc.

Hijo de Zeus y Hera. Ella quedó disgustada de verlo feo y lo echó fuera del Olimpo. Con eso quedó cojo. Cayó en el mar pero Tetis y Eurinome lo acogieron. Lo refugiaron en una gruta submarina, en la cual él se encargó de labrar para ellas todas las joyas que apetecieron.

Un día Hera, al cabo de nueve años, se encontró con Tetis, que llevaba un hermoso joyel. Preguntó el origen de esa bella presea. Aunque con renuencias, la ninfa lo explicó. Hera llamó a Efesto al Olimpo y le dio el cargo de joyero divino, y procuró su boda con Afrodita.

Efesto envalentonado reprendió a Zeus por haber suspendido a Hera de los puños. Zeus irritado le echó del Olimpo.

Al caer violentamente arrojado, fue a dar contra la isla de Lemnos y se quebró las dos piernas. Estaba para morir, cuando lo hallaron los habitantes de ella. Fue perdonado y restituido al Olimpo.

Feo en apariencia, posee una gran fuerza muscular y una maravillosa pericia técnica, y gran potencia en brazos y piernas.

Fabricó una vez mujeres de oro, por arte mecánica, para que le ayudaran en la herrería. Podían hablar y hacer los más difíciles hechos de artesanía.

No tiene mayores mitos y su intervención se nota en otros artículos.

Fuentes: Homero, Ilíada, XVIII, 394 ss. Id. XVIII, 360 ss.

AFRODITA

Una de las más famosas deidades del panteón griego. Diosa del amor en todas sus formas, de la fertilidad y de la belleza. Su nombre es aun discutido en su etimología. Parece la más segura la que apuntaba Hesiodo con referencia a *afros:* espuma, por el mito de su nacimiento (vid inf.).

Era muy venerada en toda la región de la cultura griega sus principales santuarios se hallaban en Pafos, Amatos, de Chipre, en Citera y en Corinto, de donde sus nombres de Pafia, Cipris, Citerea, etc.

Como base se puede tener la concepción del poder sexual personificado. De ahí la protección a la generación humana, a la fertilidad de los campos, a la santidad del matrimonio. Es curiosa su representación como de doble sexo y de ella deriva el mito de Hermafrodito (vid). Se la representaba con barba alguna vez. Protegía la prostitución de aspecto sagrado, como la que se practicaba en Corinto.

En estos y otros aspectos que aparecen abajo se ve la persistencia de una concepción anterior y de tenor universal en la región del Mediterráneo. Solamente en estudio especial se darían todos los pormenores y su razonada comprobación. Doy abajo los mitos que corrían en Grecia.

Entre sus atribuciones inocentes estaban las que indico:

Era diosa de la vegetación y la unían en su culto con Adonis, como personificación de la doble base de toda vida: los dos principios, el masculino y el femenino. Poder de vegetación que venía del fondo de la tierra, pero daba a conocer el origen de la vida.

Era diosa de la marina, acaso por el mito de su nacimiento, y con esta especial atención la llamaban Afrodita Pontia o Euploia.

En Esparta, Chipre y Citera la veneraban como diosa de la guerra. Este aspecto tiene probablemente raigambre oriental.

El título de Afrodita Urania acaso es una pura invención de especuladores posteriores y no tiene gran apoyo en las fuentes. Se debe a la confusión con una diosa oriental adorada en Chipre con nombre similar.

Un hecho digno de notar es que más bien era objeto, de la celebración personal que de la pública. Nunca tuvo juegos propios y era celebrada en forma muy ligera exteriormente.

Los mitos sobre su vida y obra son muy variados, tanto en su forma de expresión, como en su contenido. Pongo los más famosos.

Nace entre las espumas del mar y va en una gran concha a dar a las playas de la isla de Citera. Le pareció muy pequeña y se fue hacia el Peloponeso y de paso se estuvo en Pafos, en Chipre. Donde ella pisaba brotaban hierbas, plantas y flores. Cuando estuvo en Pafos las Estaciones hijas de Temis la ataviaron gallardamente.

A esta leyenda común hay que contraponer la que dice que nació de los órganos genitales de Cronos, cuando Zeus lo mutiló y arrojó al mar. Y aun la otra versión de que nació de una unión de Zeus con Dione, hija de Océano y Tetis.

En todas las versiones va acompañada al nacer de palomas y gorriones, aves que le están consagradas, tal vez por su fertilidad y salacidad.

Ya en la congregación de los dioses tuvo gran fama. Llevaba un cinto que tenía el don de encender en amores al que lo portaba. Todos lo deseaban y ella a nadie quería darlo.

Zeus la casó con Efesto el herrero del Olimpo. Era este cojo y nunca pudo tener a gusto trato con ella. Tres hijos procreó: Deimos, Fobos y Harmonía, pero los tres eran hijos de Ares según las más autorizadas fuentes. Dios de vigor y belleza varonil, era natural que se diera como tronco de personas de valor físico y moral.

Es curiosa la leyenda (vid Ares), que nos cuenta que una noche cuando Efesto dormía en una casa de Ares de la Tracia, vino Helio y le dijo cómo Ares y Afrodita lo engañaban. Al momento se levantó Efesto del lecho y fue a urdir una malla de duro hierro o bronce, muy bien tejida y dura, y llegó con ella a la sala en que yacían los dos amantes en dulce unión. Habló Efesto invitando a Afrodita para ir a otra región. Ella se negó. Entró el marido y los encarceló en la red. Luego llamó a los dioses para que se divirtieran con el espectáculo. Vinieron los dioses a ver, pero las diosas quedaron en su sitio, por pudibunda pena.

Apolo le hizo esta pregunta a Hermes: ¿Te pesaría estar en la posición de Ares, aunque estuvieras ceñido con esa red? Hermes dijo: Te juro por mi cabeza que ni aunque fueran tres redes y estuvieran todas las diosas moviendo de enojo la cabeza.

Soltaron ambos la carcajada, lo cual disgustó a Zeus, quien dijo que ese era un asunto de marido y mujer y que él no quería intervenir en tales querellas. Después reprendió a Efesto por haber dado tanta publicidad a un hecho tan vulgar.

Poseidón al ver a Afrodita desnuda se enamoró de ella e hizo causa común con Efesto, por aversión a Ares. Si Zeus no interviene, yo sí, dijo. Pero pidió que Efesto le diera una cantidad tan grande como habían sido los regalos de boda.

Condescendió el marido, con tal de que se pusiera bajo la red.

—Lo hará con mucho gusto, si está con él Afrodita, dijo Apolo riendo. —Yo no sé si podrá hacerlo Ares, pero yo lo haré si me caso con ella, dijo Poseidón.

Quedó libre la pareja y Ares se fue a Tracia y Afrodita a Pafos. Al bañarse en el mar volvió a ser virgen.

Quedó prendada de Hermes y le concedió una noche. De ese concurso nació . Hermafrodito (vid). Lo mismo concedió a Poseidón de su unión nacieron Rodo y Herófilo.

Nadie sin embargo pagó los regalos de boda. Efesto estaba tan enamorado de ella que ya no quiso repudiarla.

Más tarde la diosa tuvo amores con Dióniso y dio a luz a Priapo. Pero Hera intervino en venganza de su ligereza y dotó al hijo de un feo cuerpo y de enormes atributos de la virilidad.

No es cierto que Zeus haya tenido también tratos con ella en ese campo, pero sí su cinto le atraía tanto que quiso probar fortuna con ella. Para eso la enamoró locamente de un hombre que fue Anquises. Esta es su historia:

Era este un hermoso joven hijo del rey de los Dárdanos, y apacentaba sus rebaños en el Monte Ida. Una noche la diosa se disfrazó de princesa frigia y, vestida de rojo, fue a la cabaña en que yacía Anquises y se acostó a su lado sobre la cama de pieles de leones y osos en que el príncipe dormía. En torno de ellos rumoraban volando las abejas. Pasó una larga noche de amor y se sintió complacida de haber tenido concurso con un mortal.

Al despedirse por la mañana descubrió quien era el azorado joven.

Sumamente espantado al saber que había yacido con una diosa, le rogó que le perdonara la vida y no fuera a morir, como es fama que mueren los que intiman con seres divinos. Ella le dio la seguridad de que su vida sería larga y feliz y que el hijo que de esta unión iba a nacer habría de ser muy famoso.

Zeus irritado le envió el rayo, pero interpuso su cinto Afrodita y en él se quebró. Fue a dar roto a los pies de Anquises. Quedó baldado de los pies y cuando el hijo hubo nacido, la diosa lo olvidó por completo. Ese hijo famoso fue Eneas.

Una hija de rey, que varía mucho en las fuentes, pues indican ya a Tías, de Asiria, a Fenix, de Biblos, o a Ciniras de Chipre, se estaba jactando de ser tan hermosa como Afrodita. Y aun superarla en gracia. Otros dicen que el que se jactaba era el rey y no su hija. Y aun que era padre de la joven. Esta muchacha, llamada Esmirna fue castigada por la diosa con un amor loco hacia su propio padre y su entrada a su lecho, una noche en que la nodriza de ella, por su encargo, lo había embriagado.

El rey, cuando se dio cuenta de que él era el autor de su embarazo, sin haberlo sabido ni querido, la desterró de su palacio con espada en mano. La hizo llegar a la falda de un cerro y allí Afrodita la transformó en planta llamada mirto.

Cuando nació el hijo, que fue Adonis, la diosa estaba arrepentida de su dureza y lo encerró en un cofre que dio a guardar a Persefone, reina del Hades, con el encargo de que lo colocara en el lugar más sombrío de su palacio.

Persefone curiosa abrió el cofre y vio al niño. Lo sacó y lo llevó a las mejores estancias de su palacio.

El hecho llegó a conocimiento de Afrodita, que vino a reclamar su encargo. La diosa del Averno Persefone se negó a devolver al niño, ya casi joven, por estar enamorada de él. Para dirimir la contienda apeló a Zeus. El dios sabía que también Afrodita estaba enamorada de Adonis y lo deseaba para sí. Zeus dejó el fallo a la musa Calipe. Esta dio un fallo contemporizador. Las dos amaban al joven, las dos tenían derechos iguales: una por intervenir en su nacimiento, otra, por haber guardado su vida en depósito. Entonces sentenció que el joven debía estar medio año con Afrodita bajo la luz del sol y a la alegría del mundo y medio año con Persefone en la honda tiniebla del Hades. Otra versión es que el año quedó dividido en tres partes: una para Afrodita, otra para Persefone y la tercera para él mismo en plena libertad. Y que Afrodita no contenta con esta solución le pidió al joven que le cediera su parte y viviera dos terceras con ella y una con Persefone.

Esta no quedó satisfecha. Fue a ver a Ares a Tracia y le contó que ahora la diosa del amor prefería a Adonis y lo desdeñaba a él. ¡Y es un puro hombre mortal! —exclamaba— ¡y además afeminado!

Ares lleno de ira, se disfrazó de jabalí y fue a buscar a Adonis, que andaba de caza en el Monte Líbano. Se echó sobre él y lo hizo trizas, a los ojos mismos de Afrodita. Al caer herido, brotaron anémonas en el prado.

Afrodita fue a ver a Zeus y a quejarse de la mala acción de Ares. Le rogó que Adonis solamente permaneciera en el Hades en los meses de sombra, y el resto del año, con ella. Versión que varía de la anterior, como otras tantas en la mitología. Hay quien diga que el jabalí era el mismo Apolo que se vengaba por la ofensa que le había hecho Afrodita.

Una vez la diosa para dar celos a Adonis se entregó a Butes, uno de los argonautas, por varias noches. De esa noche nació Erix, rey de Sicilia.

Los hijos que hubo con Adonis son: Golgos, que fundó la ciudad de su nombre en Chipre, Beroa, una mujer que fundó la ciudad que se llama como ella en Tracia.

La complicación de mitos, de los cuales se han dado los más famosos, nos sirve de indicio de lo divulgado y popular del culto de la diosa, tan arraigado en lo humano, y de la versátil imaginación de los griegos.

Téngase en cuenta que hay algunos más que aparecerán en diversos artículos, relacionados con los seres que intervienen en ellos. En un resumen, por largo que sea, es imposible darlos todos.

Fuentes: Muy abundantes y variadas. Escojo las más importantes. Homero, Odis. VIII, 266 ss. Himno a Afrodita, 45 ss. Hesiodo, Teog. 203 s. Higinio, Fábulas 94, 58, 164, 251. Apolonio de Rodas, Srg. I, 932. IV, 914 ss. Teócrito, Id. I, 105 ss. XV, 100, Higinio Astron poética, II, 7.

HERMES

En este dios hallamos también elementos de las culturas anteriores a la venida de los indoeuropeos y los traídos por ellos. El sincretismo es complejo en extremo y daré, al relatar los mitos más importantes, las reflexiones que se ofrezcan.

Hijo de Zeus y Maya, nace en una caverna del monte Cilene. La madre lo deja bien envuelto en sus pañales y ante la admiración de todos, se trasforma en un niño que salta de la cama y se va en busca de aventuras.

Llega a Pieria, en donde Apolo criaba una gran manada de bueyes y se propone robárselos. Para que el rastro no lo descubra, hace unas como sandalias de corteza a las pezuñas de las bestias y arrea con ellas, andando la noche entera. Cuando Apolo se da cuenta de la pérdida de su ganado, va por todos rumbos buscando. Llega hasta Pilos, por el poniente y hasta Orcomenos por el oriente, sin descubrir nada. Desesperanzado ofrece una recompensa a quien le descubra al ladrón.

Sileno con sus sátiros, interesado por la recompensa, comienza la busca, con el mismo resultado: nada pudo hallar. Cuando un grupo de sátiros pasaba por Arcadia oyó el mugido de los bueyes y una agradable música que salía de una caverna. La ninfa Cilene les dice que allí está el niño más maravilloso que haya nacido y ella le está sirviendo de nodriza. Había fabricado un instrumento de caparazón de armadillo y tripas de vaca con el cual adormecía a su propia madre.

—¿De dónde esas tripas de vaca? —preguntaron los sátiros.

Pero advierten un montón de pieles amontonadas a la puerta de la cueva. —Ha sido un robo —exclaman. ¿Un robo este niño tan pequeño? —responde la ninfa.

Hubo un gran altercado entre ellos y en ese momento sobreviene Apolo, que acaba de comprender quién ha sido el ladrón de sus bueyes. Un ave que veía socarronamente hacia la cueva le dio el norte. Y entra furioso y despierta a Maya para decirle que su hijo es un ladrón.

—Vaya tontera —dijo Maya—... mira qué pequeño es: imposible que haya cometido el delito que le acumulas.

Apolo toma las pieles y al chico y lo lleva al Olimpo a presentarlo a su padre, con el cuerpo del delito en las manos.

Zeus se resiste a creer que su hijo tan pequeño sea el ladrón y no quiere admitir la falta. Pero al fin Hermes queda convicto.

—Bien, dijo. Toma tus bueyes. He aprovechado sólo dos para hacer el sacrificio a los Doce Dioses. —¿Cómo doce? —dice Apolo. ¿Quién puede ser el doceavo? —Yo soy, dijo Hermes, y como tenía hambre, he comido la parte que me corresponde y he quemado lo que quedaba.

Dicen que este fue el primer sacrificio sangriento hecho en el mundo.

Regresaron los dos dioses al monte Cilene y Hermes dio las gracias a su madre y le ofreció algo que guardaba en una piel enrollada.

—¿Qué guardas allí? —dijo Apolo.

—Mira lo que es —respondió Hermes. Y sacó el instrumento de su invención, o sea la concha de armadillo con las cuerdas de tripa de res. Se puso a tocar una dulce melodía con un plectro que también él había inventado. Su canto alababa a Apolo y lo llenaba de tales elogios que el dios quedó conmovido y perdonó la ofensa. Fue por delante Hermes tocando su instrumento y tan dulcemente cantando que Apolo iba extasiado. Lo llevó a Pilos y allí le entregó los bueyes que faltaban.

—Ah, pícaro —dijo Apolo—. Dame la musical cítara y quédate con los bueyes.

—Convenido —dijo Hermes—. Y entregando a Apolo su instrumento, se guardó los bueyes.

Los bueyes se pusieron a pastar, hambrientos como estaban de estar recluidos en cuevas. Y entre tanto Hermes cortó cañas y forjó una flauta y se puso a modular dulces tonos.

Apolo queda de nuevo extasiado con el tono y la melodía. Y vuelve a decirle:

—Malvado, dame esa flauta y te daré mi cayado de oro con que gobierno a mis bueyes. Y desde ahora se te concede ser el guardián de todos los rebaños.

—Eso no, —respondió Hermes—. Mi flauta vale mucho más que tu cayado: Haremos un trato: yo te doy la flauta y tú me enseñas a formular oráculos. Eso vale mucho más que la música.

—Yo no puedo darte ese arte, sino que debes ir a mis nodrizas en el Parnaso. Ellas, que son las Trías, te enseñarán a adivinar sirviéndote de guijarros.

Se pusieron de acuerdo y la emprendieron nuevamente hacia el Olimpo. Dieron cuenta a Zeus de todo y el dios dijo que Hermes en lo sucesivo debía respetar la propiedad ajena. Y también no decir mentiras. Quedó complacido de la astucia y la frivolidad de su nuevo vástago y le ofreció darle alguna encomienda en el Olimpo.

—Hazme el mensajero divino —dijo Hermes—. Yo te prometeré no tocar lo ajeno, no decir mentiras. Pero tú debes darme el ejemplo haciendo otro tanto.

—Es mucho pedir —dijo Zeus— pero todo te otorgo. Tú serás el mensajero de los dioses, presidirás los tratados, lo mismo públicos que privados, fomentarás el comercio, custodiarás los caminos y serás el amparo de los viajeros en todo el mundo.

En señal de sus oficios le dio un bastón con cintas, para que todo el mundo lo respetara, un sombrero de alas anchas, para defenderse de la lluvia y unas sandalias con alas para que volara más que el viento.

Ingresó a la familia divina y los dioses le enseñaron el modo de sacar el fuego con el frotamiento de dos maderos.

Como lo había dicho Apolo, las Trías le enseñaron a adivinar con el juego y rejuego de las matatenas. El por su cuenta inventó el juego de la taba y de los dados y también la adivinación por medio de él.

Hades a su vez le dio también cargos. Tenía que ir a anunciar a los que estaban ya cercanos a morir con su bastón de oro y blandirlo repetidas veces ante sus ojos.

Hay mitos menores:

El enseñó a Parcas a formular el alfabeto. Inventó la astronomía, la escala musical, el arte del pugilato y en general los juegos deportivos, los pesos y medidas y la elaboración del aceite y el cultivo de la oliva.

La lira o cítara que inventó Hermes tenía siete cuerdas, o tres, según otras fuentes. Algunos ponen cuatro, por las estaciones del año y los puntos cardinales. Apolo sería el que aumentó hasta siete.

También Hermes sucumbe a la propagación de la vida humana.

Se señalan como hijos suyos a:

Equión, heraldo de los Argonautas.

Autólico, ladrón insigne.

Dafnis, que inventa la poesía bucólica.

Este fue expuesto por su madre en un plantío de laureles en la montaña de Hera. Pan le enseñó a tañer la flauta y Apolo se enamoró de él. Artemis lo llevaba en sus cacerías para que la deleitara con su música. (ver. Dafnis, con mayores datos).

Esta historia casi popular entraña varias ideas antiguas. Es probablemente un dios fálico, y la rápida evolución en que recién nacido llega a varoncito es un símbolo sexual muy fácil de percibir.

En época tardía llegó a tener auge su culto y se le dedicaron algunos misterios, lo mismo que el patronato de los magos. Dio origen a una forma de simbólica filosofía que llaman hermética.

Hay que tener en cuenta, aun en forma sumaria, la forma de *Hermes Trismegistis,* que dicen ser una versión mal hecha del egipcio *Tot el muy grande.* Se le atribuyen la invención del alfabeto, la magia en general y algunos modos de adivinar y también filosofías ocultas. Sale de nuestra esfera.

Fuentes: Himno Homérico a Hermes, fundamental, todo. Sófocles, frag. de un drama. Apolodoro, III, 10. Higinio, Fábula 277. Diódoro de Sicilia, V, 75. IV, 84.

ATENA, PALAS

Después de Hera, no había diosa más importante para los griegos que Atena. Comencemos por sus nombres que varían, aun sin calificativo: Además del dado arriba, y su forma alternante Atene, tenía el de Atenaia, Atana, Palas y muchos con calificativo que se darán abajo.

Era una diosa prehelénica, con seguridad casi absoluta. Protectora de la ciudad y el pueblo, con su soberano a la cabeza, es lo que parece insinuar la documentación arqueológica y gráfica de Micenas.

Al principio parece tener aspecto bisexual, como en otras culturas sucede, cuando se intenta acumular en un solo ser mítico la múltiple riqueza de los atributos. Era guerrera, era pacífica; era tutora de los hogares, era destructora de los pueblos; era amparo de sabios y artistas, patrocinadora de jueces, defensora del derecho y la justicia, y era también la que castigaba con crueles tormentos al malvado, pero defendía al delincuente que había caído ofuscado por la pasión, y vencido por un principio más alto. Basta recordar el caso de Orestes.

Hay otra implicación en su culto: era también tutora de las aguas. De esta base dimana su nombre de Tritogenia. Creen los más de los sabios que el prefijo *tri-* es una vieja raíz de otra lengua y tiene que ver con el agua.

Tiene como carácter la virginidad. El que la llamaran Madre los de algunas ciudades nada significa. Era en el sentido de su ejercicio de funciones maternales.

Como numen de la guerra tiene su sitio frente a Ares (vid). Es la parte femenina que ha de entrar en esta tremenda y necesaria epopeya de defensa y ataque de la humanidad en todo tiempo. En la guerra tiene más que el campo de la fuerza y valor directamente, el de la mente y discreción. Hoy diríamos, con términos griegos naturalmente, que a Ares le quedaba la técnica y a Atena la estrategia y la táctica militar.

Patrocinadora de la industria y el arte se deja ver por qué. Todo arte supone inteligencia y pericia. La primera se trae de natural, la otra se adquiere por el ejercicio. Y los atenienses artesanos y artistas hallaron en ella modelo y amparo. Varios mitos que se darán abajo, hacen ver su relación legendaria con hechos de artesanía o bellas artes. Artes femeninas, como la de hilar, tejer, bordar, era natural que se le dedicaran; pero también se le dan los de la platería, escultura, pintura y subiendo más alto, la misma filosofía y poesía hallan en Atena protección y luz.

No entra en el plan presente hacer un paralelo con divinidades similares de otras culturas, pero es fácil señalar casos como el suyo en Egipto, Asiria, Libia, Indostán y en nuestro antiguo México.

Voy a resumir ahora los mitos populares, recogidos por poetas y filósofos que ayudan a perfilar su imagen. No es posible darlos todos, sino en obra especial, y en otros artículos irán apareciendo otros.

El de su nacimiento es el primero. En la versión pelásgica nace en Libia, junto al Lago Tritonio. La hallan, la crían y la hacen fuerte tres ninfas de Libia que andan vestidas con pieles de cabra.

Jugando un día con Palas, accidentalmente la mata y desde entonces toma su nombre como suyo propio. Va a Grecia y el sitio primero que habita es Atenas.

Muy diferente es el mito netamente helénico.

Varían muchos datos:

Su padre fue Palas, un gigante de forma caprina, con alas, que después de nacida, intentó violarla. (Eurípides, Ion, 995.)

Su padre fue Itono, que fue muerto por su hija Yodama, porque ella lo dejó ver la cabeza de Gorgona.

Su padre fue Poseidón, pero ella no quiso ser su hija y acudió a Zeus para ser adoptada. (Herodoto, IV, 180.)

La versión más corriente era ésta Zeus se enamoró de Metis y la persiguió por todas partes, aunque ella se iba mudando en varias figuras. Al fin pudo aprisionarla y la dejó grávida de un hijo. Esta criatura fue niña y dijo el oráculo que si había otra más tarde, sería varón que destronaría a Zeus. Cuando Metis hubo concebido, la adormeció Zeus y se la tragó. Pasado el tiempo estaba dolorido de la cabeza, y al fin corrió al borde del lago Tritonio. Allí le golpearon la cabeza los dioses y le rompieron el cráneo: Atena brotó de entre la herida. (Hesiodo, Teog. 886 ss. Apolodoro, 1, 3.)

Otros mitos:

Los inventos que se atribuyen a Atena son, entre otros: la flauta, la trompeta de guerra, el arado, el yugo, con la coyunda, la brida, la carroza, tanto de deporte, como de uso industrial, el barco y la alfarería, en toda su extensión. La ciencia de los números y el arte doméstico, telar, huso, agujas, la cocina y sus artificios.

Hubo muchos dioses y semidioses que ansiaron sus nupcias: a todos se negó esquiva. En la guerra de Troya se necesitaron ciertas armas y ella las pidió a Efesto. Este se negó a recibir paga, indicando que la paga sería ella misma. Ella entra a la fragua y él trata de ultrajarla. El dios en su ansiedad se derrama antes de tiempo y la diosa toma su simiente en lana y la arroja al suelo. Cayó en la tierra y ésta quedó fecundada en forma maravillosa.

De esa fecundación nació Erictonio, mitad hombre y mitad serpiente. La tierra declaró que no era hijo suyo, al igual que Efesto. Atena por su parte tomó a su cargo al niño. Lo escondió en un cesto y lo dio a cuidar a Aglauro, la hija mayor de Cécrope, rey de Atenas. Este que era hijo de la tierra y también mitad hombre y mitad serpiente, adoptó al niño. (ver Aglauro).

Atena es muy generosa. Un día la vio Tiresias bañándose y ella tendió sus manos sobre la cara del curioso y lo dejó ciego. Pero le dio en cambio, el don de adivinar el futuro.

Una de las más curiosas historias es la de Aracne. Esta era una princesa de Lidia, muy famosa por su arte de tintura y bordado. Dijo una vez que ni Atena podía competirle. La diosa irritada se dispuso a acabar con ella. Uno de los raros mitos de venganza de ella es éste. Mudó a la princesa en araña y la condenó a hilar perpetuamente.

Fuera de éstos hay otros mitos, no tan abundantes como en los demás dioses, que se irán dando en los artículos relativos.

Fuentes: Apolonio de Rodas, IV. 1310. Apolodoro, III, 2. Homero, Ilíada I, 199 ss. Higinio, Fábula 166, 127. Astr. poet. II, 13. Píndaro, Olimp. XIII, 79. Higinio, Fábula, 274. Y las dadas en el texto.

ARES

Un mito de vigencia universal. El sentido de defensa y ataque llevado a la calidad de persona y de deidad. En todos los pueblos se halla. En los de la región que ocupaban después los griegos también hay cultos a Ares. Para los helenos fue un dios del sentido bélico y de virilidad acometiva más que propiamente de la guerra. Eran ellos mucho más inclinados a la paz.

Aparece ligado con Eris (vid). Es como su comparte femenina. Hermana gemela, de acuerdo con la concepción más divulgada, representa la lucha en que se ejercita el espíritu de defensa y de ataque.

Hijo de Zeus, en el mito griego, la madre, Hera, no lo quiere. Ella como los demás dioses lo aborrecen. Solamente Eris, su hermana, y Afrodita, por las razones que se apuntan abajo lo tienen en estima, y cuando pueden lo ayudan.

Tiene una gran potencia masculina. Es de sumo atractivo para la mujer, como todo lo que entraña fuerza y valor. De ello tenemos estos indicios en el mito:

Está asociado a Afrodita y a Atena, y a Enyo. En los templos se daba culto a alguna de estas parejas, con el dios y una de estas deidades femeninas.

Afrodita lo amaba con furia y lo deseaba ardientemente. Un día logra hacerlo caer en sus redes y cuando Efesto descubre el echo, forja una cadena en torno de los dos amantes en el acto mismo de su unión.

Las mujeres lo adoraban en Tegea bajo el nombre de *Gynaikotoinas,* es decir, festejo de las mujeres, en el doble sentido de que ellas le hacen su fiesta y él es fiesta para ellas.

Se mencionan varios hijos de diferentes madres que el dios habría dado al mundo:

Ascálafo (Ilíada, XIII, 518). Diómedes, de Tracia, relacionado con Heraclés (vid). Cieno (vid). Meleagro (Higinio, Fáb. 14). Flegias, que fue raíz de una nación de piratas y asaltantes (Pausanias, IX, 36).

Su hijo con Afrodita sería Eros (vid), aunque esta versión es tardía y poco fundada. Hesiodo (Teog. 934), lo hace padre de Deimos y Fobos, nacidos de Afrodita, acaso por pura inferencia lógica: son el Miedo y el Temor. También Harmonía sería hija de Ares y Afrodita (vid los dos nombres).

Se menciona un Antero igualmente hijo suyo.

Puede pensarse que en algunos casos el título de "hijo de Ares", como calificación poética, ha sido interpretado literalmente como hijo carnal.

Con todo y ser el dios del valor y el brío bélico fue vencido muchas veces:

Atena sale triunfante de él, como mostrando que más vale la discreción que la fuerza.

Los gigantes hijos de Aleo lo atraparon y lo tuvieron prisionero en una gran caja de bronce durante trece meses. Al fin Hermes lo vino a librar cuando estaba próximo a la muerte.

Heraclés en una ocasión lo hizo huir hacia el Olimpo para no caer en manos del héroe.

Fuentes: Además de las mencionadas en el curso del artículo, ver Apolodoro, III,14 y Pausanias, I, 21.

DIONISO

Un dios que proviene con suma probabilidad de Tracia y tuvo un auge maravilloso en tierras griegas. Sus mitos se entrelazan con los antiguos dioses y su naturaleza, a pesar de ser muy divulgada, es oscura.

Aunque es tenido comúnmente como el numen de la embriaguez y el dulce entusiasmo que provoca el vino, lo cierto es que preside toda exaltación, de cualquier orden, particularmente la religiosa.

Se elaboraron mitos y celebraciones para ajustarlo a la vida helénica. De esos damos los fundamentales:

Su nacimiento es ya oscuro. Se da por padre a Zeus, pero la madre varía entre Démeter, Semele, Io, Dione, o Persefone, con quien el dios se unió tomando la forma de serpiente, y aun se menciona a Lete.

La historia que corría en Grecia era más o menos así:

Zeus se enamora de Semele y va a buscarla en forma de un mortal ordinario. Pero los celos de Hera no duermen. Se disfraza con el aspecto de una vecina de Semele y le va a decir que el amante debe declarar su identidad. Ya estaba aquella grávida de seis meses.

Semele sigue el consejo y pide a Zeus su identificación. Se niega él. Se irrita y lanza un rayo que acaba con Semele. Pero Hermes salva al niño. Lo va a enquistar en el muslo de Zeus donde termina los tres meses que le faltaban, y al fin nace. De ahí dicen que deriva su nombre: Dióniso: el que sale por doble puerta. Hijo de Zeus, por tanto, entra en la categoría de los grandes dioses.

Hera no descansa. Manda que el niño sea hecho pedazos y que lo pongan a hervir en un gran caldero. Donde cae su sangre, al estarlo destazando, brotan granados. Viene Rea a rescatarlo y lo restaura en su total integridad.

Acude también Persefone y lo toma a su cargo. Lo lleva a Atamas rey de los Orcomenos. Su mujer lo educa en la parte dedicada a las niñas, vestido como ellas.

Hera se venga enloqueciendo a Atamas y a su mujer. El rey mata a su propio hijo Learco, confundiéndolo con un ciervo.

Por mandato de Zeus, Hermes va a transformar al niño en cervatillo. Lo lleva a las ninfas Macris, Nisa, Erato, Bromia y Baque. Les da el cargo de cuidar aquel cervatillo. Lo alimentan con miel y por eso el dios sumo las eleva a la calidad de estrellas. Son las Hiadas, aunque varía la leyenda en cuanto a ella (vid Hiadas).

Hallándose en esa región, que es el Monte Nisa, fue donde inventó Dióniso el vino.

Llega a la adolescencia y tiene especial belleza, entre femenina y masculina. Hera reconoce en él a un hijo de Zeus y lo vuelve loco.

Se dedicó a andar vagando por todo el mundo, acompañado de Sileno, que había sido tutor de su niñez, y un gran grupo de Sátiros y Ménades. Llevaban todos el tirso, que se describe abajo. Y guirnaldas y cadenas de hojas de hiedra y de vid.

El tirso que es como distintivo suyo y de sus celebradores es una vara o bastón ligero, ceñido de hojas de parra y de hiedra y con un remate cónico. Probablemente un símbolo fálico. Lo llevaban no solamente el dios, sino sus acompañantes y en las celebraciones de sus ritos los que tomaban parte en ellos.

Además llevaban puñales, serpientes, e iban dando grandes mugidos como de toro.

El primer sitio que visitó fue Egipto y el rey Proteo lo acogió de buen grado. Le dio como obsequio plantas de vid.

De ahí pasó a Libia, en donde halló un escuadrón de Amazonas. Las invitó a que se unieran a él para ir a combatir a los Titanes y restaurar en su trono al rey Ammón. Lo hicieron y fue una de las primeras victorias de Dióniso, al combatir a los Titanes y restaurar al rey (vid Ammón).

Sigue su expedición a la India. Se encaminó hacia el Eufrates y en Damasco venció al rey que intentaba cerrarle el paso. Lo desolló vivo. Para pasar el río hizo un puente de parras y hiedras. El río Tigris lo pasó ayudado por un tigre que le envió Zeus.

Pudo llegar a la India tras grandes oposiciones y combates y al fin fundó ciudades y plantó viñedos por todas partes.

Al regresar de su expedición a la India se enfrentó contra otra horda de Amazonas, que le salió al paso, y él las arrojó por diversos rumbos. Unas fueron a dar a Efeso, otras al santuario de Artemis, donde quedaban descendientes suyos hasta la caída del imperio romano. Otras huyeron hacia Samos y el dios las fue persiguiendo en barcas y en el combate mató a muchas. Quedó tan ensangrentado el campo, que llevó el nombre de Panhamea: "todo sangriento".

Al llegar a Fleo se le murieron los elefantes que había traído de la India. Los nativos señalaban como huesos suyos los de remotos fósiles.

Al pasar por Frigia Rea, que en algunas versiones es su madre, lo purificó de las muertes que había hecho en sus expediciones y su locura y lo inició en los misterios.

Se encaminó a Tracia y el rey de los Edonios, Licurgo, salió a combatirlo. Su ejército iba armado con lanzas tan largas como gorguces para aguijar bueyes y pudo vencer y aun matar a todos.

A los que no mató, los hizo cautivos. Dióniso escapó sumergiéndose en el mar y fue a refugiarse a la gruta de Tetis. Rea vengó a su hijo libertando a los cautivos y enloqueciendo a Licurgo. A su propio hijo, llamado Drias, lo mató de un hachazo, por estar cortando una vid. También fue castigo suyo el que se le pudrieran en vida los dedos de pies y manos y las orejas y nariz, que comenzaron a caerse en pedazos.

Regresó del mar Dióniso y declaró que la tierra sería estéril hasta. que no hubiera muerto Licurgo. Los vasallos lo llevaron al monte Pandión en donde los caballos dieron cuenta de él.

Dióniso fue aceptado por los tracios y desde ahí fue a su tierra la Beocia y a su ciudad Tebas. Allí invitó a las mujeres a que se unieran a sus danzas báquicas, pero el rey Penteo se negó a admitirlo y se burló de él, al ver su figura juvenil y aun femenina. Dióniso enloqueció a las mujeres, entre ellas a la misma madre del rey, Agave, que lo mató descuartizándolo por confundirlo con una fiera que intentaba interrumpir sus festejos en el monte Citerón.

En Orcomenos invitó a las hijas de Minias, llamadas Alcitoe, Leucipe y Arsinoe, a que se unieran a sus celebraciones. Ellas se negaron, aunque había aparecido en figura de jovencita. Entonces el dios se fue mudando en león, en toro, en pantera y las volvió locas. Leucipe para aplacarlo le ofreció su propio hijo Hipaso y entre las tres destrozaron el cuerpo y se lo comieron, huyendo a la montaña en su locura. Vino Hermes a ellas y las mudó en pájaros, aunque hay la versión de que el mismo Dióniso las transformó en murciélagos.

En recuerdo de este hecho se celebraba una fiesta en Orcomenos, en la cual se fingía que las mujeres perseguían a Dióniso. Este se dejaba atrapar y se sentaba entre ellas diciendo gracejos y proponiendo adivinanzas, hasta que salía un sacerdote de Dióniso y mataba a la primera que podía atrapar.

Después de dominar totalmente a Beocia emprendió su gira por las islas del Mar Egeo. Por todas partes fue dando motivo de espanto. Llegó a Icaria y como su barco estaba averiado, se metió al de unos navegantes que pretendían ir a Naxos. Eran en realidad piratas y pensaron en venderlo como esclavo. Dióniso hizo brotar de la misma nave un gran viñedo que subió a cubrir el mástil y nacieron juntamente hiedras que enredaron la nave. Los remos se convirtieron en serpientes. El mismo se volvió león y llenó de fieras el navío. Al mismo tiempo resonaban estrepitosas flautas con temor de los piratas. Todos se echaron al mar y se convirtieron en delfines.

Llegó Dióniso a Naxos y se encontró con Ariadna que estaba abandonada por su marido Teseo. Se casó con ella y de ella tuvo por hijos a Enopio, Toas, Estafilo, Taurópolo, Evantes y Latromis.

De Naxos fue a Argos. Allí mató a Teseo por haberse opuesto a él y juntamente con él a muchos varones. A las mujeres las volvió locas. Comenzó a comerse vivos a los niños y para aplacarlo le edificaron su templo.

Cuando hubo difundido su reino por todo el mundo, subió al cielo y se sentó en un trono al lado de Zeus. Desde entonces se cuenta entre los Doce Grandes Dioses. Hestia le cedió su asiento en la mesa.

Ya en esta calidad bajó al Hades por el camino de Lerna para pedir a Persefone que dejara libre a su madre Semele. Logró su intento y la llevó al templo de Artemis en Trezen. Los dioses la mudaron y la llevaron al cielo con el nombre de Tione.

Zeus la aposentó en un sitio de preferencia y Hera tuvo que someter su cólera.

Fuentes: Muchos lugares de la vieja literatura. Los fundamentales son: Eurípides, Bacantes, todo. Himnos Orficos, XIV, 6. Apolodoro, III, 4 ss. Higinio, Fábula 182. Homero, Ilíada, VI, 130 ss. Hesiodo, Teog. 947. Himno Homérico a Dióniso, todo. Teócrito, Idilio XXVI. Ovidio, Metamorf. III, 714.IV, 1 ss, 390 ss. 577 ss.

SEGUNDA SECCIÓN

DIOSES MENORES: HÉROES. SAGAS

En la anterior sección se expusieron los datos fundamentales acerca de los Doce Grandes del Olimpo. Es como tradición de los mitógrafos, con más o menos fundamento. Cedo a la costumbre. Fuera de ellos hay una abundante cantidad de personajes que tienen carácter divino. Son los Dioses Menores, *Dii minores* de los Romanos. Algunos tan importantes como los mayores, o desdoblamientos de ellos.

En esta segunda sección intento dar los datos que puedo acerca de estos personajes míticos. El método mejor que habría de usarse me pareció ser el del orden alfabético. Tiene la ventaja de la consulta fácil; tiene la desventaja de la confusa aglomeración de personajes de alto grado con seres de poca monta. Es la realidad que impone la vida y la tiranía del alfabeto. Para los fines de esta publicación resulta práctico a quien hubiere de consultarla. Dará pronto con la persona que busca, con solo saber su nombre.

Pongo por tanto en esta segunda sección y en el orden dicho a los dioses de menor categoría, que tienen culto en la historia de la cultura griega y que ofrecen interés a los lectores. Algunos hay muy incoloros, pero los incluyo. Otros quizá de alguna importancia se me hayan escapado.

Reúno aquí también a los héroes divinizados, o cercanos a serlo. Tenemos que incluir, por ejemplo, en un recuento mitológico a Heraclés, a Odiseo, a Anquises, etc. Y unos son semidioses, personas, enlazadas con los dioses, y otros son famosos hombres que logran pasar al mundo de los inmortales. Esta sección encierra, en el orden del alfabeto, a los personajes de mayor importancia mítica entre los helenos.

Incluyo en esta sección también las famosas leyendas colectivas, como son la expedición de los Argonautas, los Viajes de Odiseo, etc. En forma rudimentaria, como todo lo que este estudio ofrece, damos los datos suficientes para la información general, en especial de la juventud, pues pensando en ella hemos tratado de dar estos trabajos.

Por tanto en esta sección pueden hallarse datos acerca de los dioses, de los héroes y de las grandes sagas de la mitología helénica.

Con el método propuesto no podemos ufanarnos de ser completos. Ni hay que pedirlo a una obra de mera divulgación. Y aunque procuramos ser objetivos y tomar buenos informes, es muy posible que haya además de lagunas y deficiencias, algunas intencionales, muchos leves errores y acaso inexactitudes. Fuera de la venia necesaria que los indulgentes dan siempre, pedimos la corrección de los inteligentes y mejor informados. Y de antemano la agradecemos.

No hay en nuestra lengua, hasta donde conozco, una Mitología Helénica, al mismo tiempo sencilla y fácil y completa. Puede ser que ambos extremos estén reñidos. Hay algunos manuales muy sucintos y hay obras de gran fondo y peso. He preferido el camino de los humildes y con el esfuerzo que supone allegar tanta cantidad de datos, los ofrezco a los estudiosos. Alguna ayuda pueden proporcionarles.

Esta segunda sección, la más abundante y elaborada, supone vigilias y afanes. A ese título pide clemencia.

ABDERO

Hijo de Hermes, según algunos, o de Menocio, amigo de Heraclés. Nacido en Opus de Locria. Heraclés lo amó y se lo llevó consigo a la expedición a Tracia, cuando fue a cautivar las yeguas de Diomedes (vid Heraclés, Trab. 8). Mientras acosaba a los vasallos del rey, dejó a Abdero al cuidado de las yeguas ya en las cercanías de la playa. Vino y echó el cuerpo de Diomedes para que lo comieran. Y enfurecidas después también mataron y devoraron a Abdero. Hay la versión de que el joven intentó uncir a las yeguas y por esta razón lo atacaron y mataron. Heraclés lo sepultó y fundó la ciudad de Abdera junto a su tumba. En esa ciudad se instituyeron juegos olímpicos en su honor, pero no se hacían carreras de carrozas, precisamente por haber sido la ocasión de la muerte del joven.

Abdera era ciudad griega cercana al río Nesto, en región ya de Tracia. Varias veces destruida por invasiones de tracios, fue restaurada también varias veces. Sus habitantes tenían la fama de tontos; pero entre ellos se cuentan los dos filósofos Demócrito y Protágoras.

Fuentes: Apolodoro, II, 5. Diódoro de Sicilia, IV, 15. Estrabón, frag. 44. Higinio, Fábula 250.

ACAMAS

Hijo de Teseo y hermano de Demofonte. Cuando Diomedes fue a Troya para pedir el regreso de Helena éste lo acompañó. Laodice, hija de Priamo, se enamoró de él y tuvo un hijo, de nombre Munito.

Acabada la guerra de Troya, fue a dominar a Tracia, según unos testimonios. Vino a Chipre y allí halló una misteriosa caja que le dio ocasión de morir. Dicen que murió por su propia mano.

En Tracia la princesa Filis se enamoró de él. Cuando terminó la guerra de Troya la ninfa lo visitaba con frecuencia. Como no vio su nave regresar, murió de pena. Dicen que Atena la transformó en almendro. Cuando llega Acamas abraza su tronco. Al abrazarlo, da flores en lugar de hojas. Los atenienses hacían una conmemoración anual de esta transformación.

Acamas era hijo de Teseo y, por lo mismo, hermano bastardo de Hipólito. Fue uno de los que entraron en el famoso caballo de madera que invadió a Troya. Juntamente con su hermano Demofonte hizo grandes proezas en Troya (vid).

Fuentes: Ovid; Metam. III, 86 ss. Apolodoro, Eo, I, Ovid.

ACASTO

Hijo de Pelias. Toma parte en la expedición de los argonautas (vid). También en la caza del jabalí de Calidonia. Se fue a refugiar a casa de Peleo y como su mujer le hiciera proposiciones indignas y él se rehusara, fue acusado por la misma de atentar contra su dignidad y pudor.

Huyó de la casa de Peleo, no sin llevarse su daga que era de mágico efecto. Más tarde Peleo le dio muerte a la mujer de Acasto y al mismo según algunos testimonios. (vid Peleo, Pelias, etc.).

Fuentes: Apolodoro, 3, 164 ss. Apolonio de Rodas, I, 224.

ACRISIO

Hijo de Abas, rey de Argos, hermano de Preto y casado con Aglaya, fue padre de Danae.

Al morir el padre de los dos hermanos lucharon por el trono. En esta lucha se dice que fue inventado el escudo. Fue derrotado Preto, huyó y regresó con mayores tropas que le proporcionó su suegro Yobates y al fin hizo pacto con su hermano, para quedar como rey de Argos, en tanto que Acrisio fue a reinar en Tirinos. Los Cíclopes fueron auxiliares de uno y de otro. (Ver Preto, Perseo, Cíclopes.)

Fuentes: Apolodoro, II, 24 ss. Las que se dan en Perseo.

ACTEON

Hijo de Aristeo y Autonoe. Un día vio a Artemis que se bañaba y ella enojada lo convirtió en ciervo. Los perros de la diosa lo hicieron pedazos y devoraron sus carnes. En otra versión fueron sus propios perros los que lo devoraron.

En otra versión los odios de Zeus fueron la causa, por haber sido Acteón amado de Semele. Y aún otra tercera, por haber pretendido que era mejor cazador que Artemis.

Fuentes: Higinio, Fábula 181. Ovid. Metam. III, 138 ss.

ADONIS

Hijo de Ciniras y su misma hija Mirra o Esmirna. El joven resultó sumamente hermoso, al grado de que Afrodita se enamoró de él locamente. Cuando andaba de caza lo mató un jabalí, que dicen era Efesto disfrazado, o el mismo Ares, celosos de la pasión que por él sentía Afrodita. La historia de su niñez es así: Encerró al niño recién nacido en una caja que confió la diosa a Persefone, con el encargo de no abrirla. Y ella abrió la caja, sin atender a la recomendación y no quiso devolverlo, sino bajo la condición de que se partiera su vida en dos: una parte de ella con Persefone en el Averno y la otra con Afrodita en el mundo.

Es un dios de procedencia semítica y es comparado a Tammuz. Su nombre Adonis no es sino la forma helenizada de *adoni, adonai,* semítico, que significa "mi señor".

Tuvo gran culto en Amato en Chipre y en Biblos, donde se señalaba un sitio del río en que aparecía su sangre cada año al celebrar su fiesta. Fue trasladado su culto a Atenas y compartió honores con Eros. Su veneración estaba siempre asociada a la de Afrodita y por eso le sacrificaban en ciertas fiestas un cerdo, víctima de origen semítico.

Sus fiestas eran famosas. La llamada Adonia se celebra en Biblos con una preparación luctuosa por su muerte y luego la esplendorosa fiesta de su resurrección. En Alejandría se celebraba su boda con Afrodita y al día siguiente era llevada su estatua a la playa con lamentos de las mujeres que le formaban el cortejo. Eso mismo se practicaba en Atenas, en grado menor. Se hacía una lamentación y se ponían jardines en los techos. Las mujeres en todas partes eran las principales celebrantes. La fecha de estas fiestas varía en Atenas era en abril; en Egipto en septiembre y durante la dominación imperial romana se fijó en el mes de julio, por el 19.

Los mitos referentes a este numen se complican. Es imposible dar toda la secuela. Se apunta aquí lo más importante.

La causa del incesto de Ciniras con su hija Esmirna fue que él se gloriaba y ella lo imitó, de que era más hermosa que Afrodita. Esta sembró en su corazón un loco amor por su padre y la empujó a entrar furtivamente a su lecho en la oscuridad de la noche, después de haber embriagado a su nodriza para que no se diera cuenta de sus hechos.

Cuando nació el niño, Ciniras se dio cuenta de que era su hijo y su nieto a un mismo tiempo y acometió a Esmirna con un puñal, lanzándola del palacio. La llevó a una cuesta para matarla, pero Afrodita la mudó en árbol de mirra. Ella misma puso al niño en un cofre y lo llevó á Persefone, como se dijo ya. Esta se atrevió a abrir el cofre, a pesar de la recomendación de Afrodita y quedó enamorada del niño. Cuando creció fue a buscarlo Afrodita al Averno y Persefone se negó a entre-

garlo, cayendo en la convención de que se partieran sus amores. No quedó
contenta Afrodita y fue al tribunal de Caliope, una de las musas, donde
consiguió que el joven le perteneciera dos terceras partes del año y la otra
a Persefone. O que él escogiera para la tercera parte. Pero la diosa del amor
le dio un cinturón mágico que lo forzaba a buscar a la diosa del amor.

Fue Persefone a quejarse con Ares que andaba en Tracia y le dijo:
"Si fuera un hombre completo, menos mal, pero es un pobre afeminado
el que ella me quita...! ¡Y por él te desdeña a ti mismo!"

Ares de celo se disfraza de jabalí y va a atacar a Adonis cuando
andaba cazando. Después de muerto lo fue a presentar a Afrodita. Corría
su sangre en el prado y de ella brotaron las anémonas. Bajó su alma al
Hades y la diosa fue a suplicar a Zeus que le diera la mitad de su vida.
Hay quien ponga a Apolo en lugar de Ares y aun Efesto como el que
se disfraza de jabalí.

Afrodita para dar en la cara a Adonis se unió a Butes, uno de los
Argonautas y en el Líbano pasó con él varias noches y de esta unión
tuvo por hijo a Erix, que fue rey de Sicilia. De Adonis, sin embargo, tuvo como hijos a Golgos, Beroe y Priapo. Sobre el último varían
los datos, Lo hacen hijo de Dióniso. (vid Ares, Afrodita, Persefone.)

Nos llevaría muy lejos la comparación de mitos. Demos una breve
muestra: Es una trasposición de mitos semíticos. En ellos el año se divide
en tres partes: una consagrada al chivo, otra a la serpiente y otra al león.
La serpiente es símbolo de Persefone, la cabra o el cabro, de Afrodita, y
la parte del león es de la diosa de los nacimientos. Es la llamada Esmirna.

La muerte por acometida de un jabalí es también muy vulgar en la
mitología de Oriente, de donde pasa a la griega. Mueren así Osiris, Zeus
en el mito de Creta, Anceo de Arcadia, Carmanor, en Lidia, y alguno más.

Hay la creencia de que este jabalí rabioso era solamente Persefone
disfrazada.

La relación de la mirra con Adonis se explica por haber sido esta
planta tenida como uno de los afrodisíacos de la antigüedad de mayor
fama, aunque no sé si de verdadera eficacia.

Fuentes: Muchas y de ellas las más importantes: Apolodoro, III, 14. Higinio,
Fábulas 58, 164, 251. Astron. poética, II, 7. Ovid. Metamorf. X. 500 ss.

ADRASTEA

Ninfa hija del rey Meliso y la cabra ninfa Amaltea. Juntamente con
su hermana Io recibe a Zeus niño en la montaña Licea en Arcadia. Le
sirven las dos de nodrizas y lo nutren con miel del bosque y con la leche

de la cabra ninfa. El dios les guarda mucha gratitud y cuando reina en el Olimpo las premia. Más tarde Astrea se funde con Némesis (vid). Se hace diosa vengadora.

También se funde con Ida, diosa de Frigia.

Fuentes: Pausanias, I, 33 Esquilo hizo una tragedia a su tema, de la cual hay fragmentos.

ADRASTO

El principal personaje que lleva este nombre aunque tuvo culto en Sición y Megara probablemente no es una deidad primitiva, sino un héroe divinizado. Su historia es:

Arrojado de Argos fue a refugiarse en Sición con su abuelo Pólibo. Casó con una hija de éste y al morir el rey quedó en su lugar. Regresó más tarde a Argos y se entendió con Anfiarao. Estando en su ciudad había acogido a los desterrados Tideo y Polinice. Los casó con sus hijas Argeia y Deipile. Un oráculo le había dicho que tenían que casarse con un león y un oso que vendrían a pedirlas. Los halló a su puerta disputando y reconoció el oráculo simbólico. Ya casados, determinó ir a reconquistar a Tebas. Fue con la famosa expedición de los Siete contra Tebas (vid). En ella murieron los capitanes, si no es Adrasto, que pudo escapar a su casa montado en el famoso corcel Arión. Pasados diez años guió la nueva expedición llamada de tos Epígonos (vid) Logró tomar la ciudad, pero su hijo Egialeo fue muerto mientras luchaba.

La versión más antigua es que murió de tristeza ya muy viejo, pero en otra se dice que el dios le dio un oráculo, según el cual tanto él como su hijo tenían que quemarse a si mismos.

Fuentes: Homero, Ilíada, 11, 572. Píndaro, Nemea, IX, 9. Esquilo, Siete contra Tebas. Eurípides, Suplicantes. Píndaro, Olim. VI, 12. Pit. 8. Pausanias, I, 43. Higinio, Fábula 242.

AEDON

Hija de Pandareo y Merope. Su padre era hijo de Hermes. Se casó con Zeto y de él hubo dos hijos, Itilo y Neis. Tuvo envidia de Niobe por sus muchos hijos y pensó matarlos, o al menos uno de ellos. Su hijo Itilo dormía en el mismo cuarto y cuando ella intentaba matar a algún hijo de Niobe, mató a su propio hijo. Se afligió tanto al darse cuenta de su error, que se mudó en ruiseñor y anda todas las noches llorando la muerte de su hijo y la mala acción de sus manos. Los poetas trágicos constantemente la recuerdan. El nombre de ruiseñor en griego es *aedon.*

Fuentes: Homero, Odis. XIX, 518 s.

AFAIA

Diosa oscura, cuyo templo fue descubierto en las ruinas de Egina. Es una personificación de Artemis, o es una diosa idéntica a Britomartis (vid). Tiene similitud con Artemis, por lo cual se tiene por diosa de la fecundidad.

Vid. Artemis, Britomartis y las fuentes indicadas en los arts. citados.

AFORTUNADAS, Islas

Uno de los recintos de los bienaventurados. Es en la mitología griega, tanto como el jardín de las Hespérides.

Se hallan en la remota región del occidente. Por eso algunos las identifican con las Canarias. Estas fueron ya exploradas por Juba (c. 25 a. X. a 50 a.D.)

Se imaginaba a los que habitaban allí una gozosa vida, sin preocupaciones y acaso el retorno al mundo, aunque esto no es muy claro.

Fuentes: Hesiodo, Ob. y d. 171. Homero Odis. IV, 563 ss. Píndaro, Olim. II, 68 ss.

AGANIPE

Hija del río Permeso, ninfa de las aguas. Era la que custodiaba la fuente que de ella tomó nombre en el Monte Helicón, y que era sitio de reunión muy grato a las musas.

Casada con Acrisio fue madre de Danae (vid). Como no tuviera hijos varones y los deseaba con ansia Acrisio, preguntó al oráculo qué había de hacer para lograrlos. Le respondió: No tendrás hijos varones y un nieto te matará. Acrisio encerró a Danae en un calabozo con puertas de bronce, guardada además por perros muy bravos. Ver Danae y Acrisio. La ninfa volvió a su fuente.

Fuentes: Calímaco, frag, 100. Higinio, Fábula 63.

AGDISTIS

Forma frigia de la diosa madre. Según la versión más seria era un ser andrógino, y fue regularizado a ser mujer. Es una forma de Cibeles. Su comparte es Atis (vid) Su culto se divulgó mucho por Anatolia y llegó a Egipto, por el 250 a.c. Se halla en Atica juntamente con el culto de Atis. En Lidia tenía un gran santuario en Filadelfia.

Fuentes: Estrabón, 469 y 567.
Ver Cibeles, Atis, etc.

AGLAURO

Hija del rey Cécrope de Atenas. Este rey que tenía mitad de su cuerpo humana y la otra serpentina, casó con una hija de Acteo y de su unión nacieron tres hijas, Aglauro; Herse y Pandroso. La madre se llamaba Agraulo. Las tres doncellas vivían en la Acrópolis en una casa de tres aposentos.

Una tarde en que regresaban del culto que su hermana menor Herse fuera suya. La joven recibió el don, pero nada hizo para ello, por celo contra su hermana. Hermes entró a la casa con violencia y convirtió en piedra a Aglauro, realizando su deseo con Herse. De su trato con el dios nacieron Céfalo, que fue amado por Eo y Cérix el primer heraldo de los misterios de Eleusis.

Atena le había dado a guardar un cesto en que yacía un ser que no quiso revelar y mandó a Aglauro que no lo abriera. Pero la madre descubrió el cesto y halló un niño mitad hombre y mitad serpiente, que era Erictonio (vid). Todas al verlo lo arrojaron lejos y huyeron de la Acrópolis.

Fuentes: Higinio, Fábula 166 y Astr. poét. II, 13. Apolódoro, III, 14.

AGAMEDES y TROFONIO

Gemelos, hijos de Ergino. Por su devoción a Apolo edificaron un umbral de piedra para el templo del dios en Delfos. El oráculo les dijo: "Vivan felices y busquen todos los deleites que quieran durante seis días." El día séptimo fueron encontrados muertos en sus camas. De este hecho. salió el proverbio famoso: "A quien los dioses aman muere joven."

Trofonio tuvo un templo de oráculos en Lebadia de Beocia.

Fuentes: Himno Homérico a Apolo, 294 ss. Herodoto, I, 46. Eurípides, Ion, v. 300.

AGAMEMNON

Uno de los personajes más importantes en la colección de sagas del pueblo griego. Los datos en parte provienen de Homero y en parte son de autores que dan en una forma o en otra su historia. Resumo lo esencial y remito al lector a los artículos en que se habla de personas relacionadas con él.

Aunque las noticias son confusas, ésta es la genealogía que puede señalarse:

Zeus es padre de Tántalo, de quien nace Pélope y Niobe. De Pélope son hijos Atreo y Tiestes. De Atreo son hijos Menelao y Agamemnón. Señalan algunos una hermana, que fue Anaxibia, casada con Estrofio, rey de Focis, padre de Pílades, gran amigo de Orestes.

Agamemnón casa con Clitemnestra, de la cual hubo cómo hijos a Orestes, Electra, Crisotemis, Ifianasa, e Ifigenia, que no es mencionada por Homero.

Los hijos de Menelao son Hermione, Megapentes y Nicostrato, que no son de línea legítima.

Los dos hermanos Agamemnón y Menelao fueron reyes de Argos o de Micenas.

Los datos de Homero se resumen así: Fue él el jefe de la expedición a Troya para rescatar a Helena. Un hombre de gran valor, pero de poca resolución. Disputa con Aquiles.

Terminado el asedio a Troya regresa a casa, pero va a dar a la tierra de Egisto, que traidoramente lo mata. (La versión de Esquilo es diferente), juntamente con Casandra, bija de Priamo.

Como las naves en la marcha se detienen en Aulis, allí sacrifica a su hija Ifigenia.

Su muerte es objeto de varios poemas, entre los cuales el primero de la Trilogía de Orestes, y es un tema que va por el folklore griego por mucho tiempo.

Tuvo, además de Orestes, por hijo a Crises, de una concubina llamada Criseida.

Fuentes: Homero, Ilíada, passim. Odisea, I, 35 ss. IV, 512 ss. XI 405 ss. XXIV, 97 ss. Higinio, Fábulas 88. 121. Esquilo, Agamemnón, todo.

AGATIRSO

En su aventura para rescatar los ganados de Gerión, Heraclés fue a dar a Tracia. Se le perdieron sus animales y en la busca llegó a la morada de una mujer que tenía medio cuerpo de ser humano y medio de serpiente. Ella le dijo que entregaría sus bestias, si yacía con ella una sola vez. Accedió Heraclés. De esta actividad suya nacieron tres hijos: Agatirso, Gelono y Escites. La madre preguntó a quién debía tocar el reino. Respondió el héroe que el que pudiera doblar su arco y fuera capaz de llevar su cinturón. El único que dio la prueba fue Escites.

Hay la versión de que el que yació con la mujer serpiente fue el mismo Zeus. Cuando estaban ya en edad de adquirir el reino, cayeron del cielo cuatro dones de oro: un arado, un yugo, una hacha de guerra y una copa. Corrió Agatirso a tomarlos, pero el oro se volvió fuego y le quemó las manos. Otro tanto le pasó a su hermano Gelono y cuando el tercero, Escites, se acercó, el fuego se apagó y pudo recoger los dones. Entonces él fue el rey. (Ver Heraclés, Trabajos, 10.)

Fuentes: Diodoro de Sicilia, II, 43. Herodoto, IV, 5.

ALASTOR Y HARPALICE

Hijo de Neleo y hermano de Néstor. Lo mató Heraclés, juntamente con sus hermanos, menos Néstor.

Casó con Harpálice, hija de Climeno, pero en la misma noche de la boda, su padre la raptó pues abrigaba hacia ella una pasión insana. Ella para vengarse mató a su hermano menor, coció sus carnes y las dio a su padre en un banquete. Rogó a los dioses que la sacaran de este mundo y fue convertida en un ave nocturna llamada calquis, similar a la lechuza (vid. *Climeno*).

No hay mayores datos sobre Alastor, que simplemente significa "poder de venganza," acaso por el hecho de su mujer.

Fuentes: Apolodoro, I, 93. Homero, Ilíada, II, 693. Esquilo, Agam. v. 1501. Eum. 236.

ALCESTIS

Hija de Pelias, sumamente hermosa. Fue pedida en matrimonio por muchos pretendientes de rango. Su padre, para no hacer distinciones, puso la condición de darla a quien unciera a su carroza a un oso y a un león y los condujera en una carrera de deporte.

El único que aceptó el reto fue Admeto, rey de Feres. Para poder lograr su intento acudió a Apolo. Este dios había estado sirviéndolo como pastor, por castigo de Zeus (vid Apolo). Se comprometió el dios a dar ayuda a Admeto y, con socorro de Heraclés, domó al oso y al león. Admeto jugó la carrera en la condición pedida y ganó la mano de Alcestis.

Por motivo no conocido, la diosa Artemis se irritó contra Admeto y piensan algunos que era por omisión del sacrificio nupcial. Cuando entró al tálamo halló en lugar de su mujer una enorme serpiente enroscada en la cama. Invocó a Apolo y ofreció el sacrificio. El dios intervino con su hermana. Ella, para aplacarse, puso la condición de que no moriría a su plazo, si había un ser amado que muriera en su lugar. Más pronto de lo que esperaba, un día vino Hermes a darle la noticia de que tenía que morir. Intervino una vez más Apolo y para evitar que muriera, embriagó a las Parcas. Admeto fue a rogar a sus padres, ya ancianos que alguno de ellos muriera en su lugar. Se negaron.

Entonces Alcestis resuelve hacerlo ella y toma veneno para que él quede vivo, muriendo ella. Bajó su alma al Hades. Pero la rechazó Persefone, juzgando que era una infamia que muriera ella en lugar de su marido. Fue cuando intervino Heraclés y la volvió a sacar del Averno para entregarla a su esposo.

Fuentes: Higinio, Fábula 50. Calímaco, Himno a Apolo, 47 ss. Eurípides en Alcestes, que gira en torno del hecho. Apolodoro, I, 9 y III, 10.

ALCINOO

Hijo de Nausitoo y Arete, rey de los feacios en Esqueria. Recibió a Ulises en sus andanzas y lo envió a Itaca en una de sus barcas. En la expedición de los Argonautas visitan la tierra de este personaje.

En el retorno los habitantes de la Cólquide apelan a él para que devuelva a Medea. Da un curioso fallo: Si es virgen, que regrese. Si ha hecho vida marital con Jasón, que lo siga. Arete la madre de Alcinoo hace que consumen la unión Jasón y Medea.

Fuentes: Homero, Odisea, XIII, 70 ss. VII, 63, VI, 2 ss. Apolonio de Rodas, Argonautas, IV, 993 ss.

ALCIN

Hija de Eolo, el padre de los vientos (vid). Casa con Ceyx de Trajis. Este era hijo de la estrella de la mañana. Eran felices en su unión. Llegan a la pretensión de compararse con Zeus y Hera. Esta manda un rayo que mata al marido, en una travesía marítima. Su fantasma aparece a Alción y ella desesperada se lanza al mar. Se cambia en alción, o martín pescador. Es la *Alcedo hispida* de los zoólogos. También su esposo quedó mudado en ave similar.

Hay versión de que se mudó en gaviota *(Laurus Canus)*.

Fuentes: Aristófanes, Pájaros, v. 250. II, IX, 562. Plinio, HN, X, 47. Ovidio, Metam. XI, 410 ss.

ALCMENA, ALCMENE

Hija de Electrión. Casada con Anfitrión. El por error mató a su padre y hubo de emigrar de Argos, para refugiarse en Tebas. Ella le negó los derechos conyugales, hasta que no hubiera vengado los crímenes de la muerte de sus hermanos.

En una ausencia de Anfitrión vino Zeus disfrazado de él y tuvo consorcio carnal con ella, por tres noches, o por una noche que valió por tres. De esa noche salió el héroe, pero llegado el marido también usó su derecho y el otro hijo fue Ificles. Gemelos ambos, uno era de un dios, otro de un mortal.

Hera le hizo muy difícil el parto de ambos por su vengativa saña, y más tarde estuvo ella en gran contacto con Heraclés (vid Vida y Trabajos).

Cuando murió Heraclés, ella se refugió con sus nietos en Atica. Euristeo atacaba y pretendía que se le entregaran los refugiados. Se negó el rey de Atenas. La hija única de Heraclés se inmoló para salvar a sus hermanos y al pueblo, Mácaria, tal es su nombre, quedó como modelo de quien se sacrifica al ideal público.

Cuando era conducida muerta al sepulcro, Hermes, por mandato de Zeus, cambio el cuerpo por una piedra y ella fue a rejuvenecer en el campo feliz de las Islas Afortunadas.

Tuvo ella culto en Tebas. y otros sitios de Grecia.

Fuentes: Ver Hermes, Ares, Heraclés. También Hesiodo, Escudo de Heraclés, 1, ss. Homero, Ilíada, XIX, 114 ss. Eurípides, Heraclés, etc.

ALOEIDES

Hijos de Poseidón en la mujer de Aloe, de donde su nombre. La madre se llamaba Ifimedia. Ellos son Oto y Efialtes. La forma de su concepción fue que la madre tenía la costumbre de tenderse a la arena de la playa y acogía a las olas y bañaba su regazo. En esta forma quedaba encinta. Los niños crecían desmesuradamente. Cada año un codo de grueso (0.45 m) y una braza de alto (1.67 m). A los nueve años tenían nueve codos y nueve brazas (más o menos 150 por 40 m). Entonces se. resolvieron a declarar la guerra al Olimpo. Juraron hacerse dueños de Hera, Efialto y de Artemis, Oto.

Por principio de cuentas se dirigieron a Tracia para apoderarse de Ares. Lograron desarmarlo, atarlo y encerrarlo en una urna de bronce, que dejaron a guardar en casa de Eribea, su madrastra, yá que la madre había muerto.

Para asaltar el Olimpo colocaron uno sobre otro el monte Pelión y el monte Osa. Comenzaron a arrojar montañas al mar para hacer un camino. iban muy confiados porque el oráculo había dicho que nadie podría matarlos, ni hombre ni dios.

Apolo aconsejó a Artemis que engañara a Oto. Ella le mandó un mensaje diciendo que si cesaba el ataque se entregaría a él en la isla de Naxos, como él deseaba. Naturalmente quedó muy contento, pero su hermano no, ya que no tenía por su parte promesa alguna. Fueron los dos a Naxos y peleaban sobre la primacía en gozar a Artemis. La diosa se mostró en forma de liebre blanca y dijo que el primero que la tocara con su dardo sería el primero en tener acceso a ella. Ella se escabullía ágilmente en zigzag y los dardos de uno iban a dar en el cuerpo del otro. Se mataron mutuamente y el oráculo quedó cumplido. Ni un dios ni un hombre los mató, sino ellos mismos.

Sus cuerpos fueron sepultados en Antedon, ciudad de Beocia. También son tenidos por fundadores de Ascra en la misma región.

Hermes fue a buscar a Apolo en casa de Eribea para sacarlo de su prisión y desatarlo. Estaba casi muerto.

Las almas de los dos Aloeides bajaron al Averno y allí están atados a dos columnas con serpientes que los están azotando continuamente. Están espalda contra espalda, según otros, y la ninfa Estigia se cuelga dé las columnas y los patea por su fracaso.

Ares estaría prisionero durante trece meses.

Todo el mito es probablemente prehelénico y recuerda las grandes luchas de los hombres primitivos, así como los cataclismos cósmicos. Es un paralelo de la Lucha de los Gigantes (vid)

Fuentes: Homero, Odis, XI, 305 ss. Ilíada, V. 385 ss. Píndaro, Pítica IV, 88 ss. Higinio, Fábula, 28. Apolodoro, I, 7.

ALOPE

Diosa lunar que se daba en el emblema de una comadreja. Era la titular de la ciudad de su nombre en Tesalia.

Hay una leyenda acerca de una princesa del mismo nombre. Era hija de Cerción, rey de Arcadia. La joven fue seducida por Poseidón y dio a luz un hijo que dejó abandonado en la montaña, envuelto en un ropaje con el sello de la casa real. Un pastor halló al niño y lo recogió, haciendo que lo amamantara una yegua. Otro pastor disputaba la ropa y en la pelea fueron a dar ante el rey. Este reconoció la marca real y habiendo hecho indagaciones, por la nodriza de. su hija supo la historia. Mandó emparedar a la joven y al niño que fuera expuesto otra vez. Volvió a amamantarlo la yegua y otro pastor lo recogió, ya seguro de su rango regio. Cuando Teseo mató a Cerción, el niño fue rey de Arcadia, con el nombre de Hipotoo (criado por yegua) La madre murió en su prisión. Poseidón hizo brotar una fuente de su cuerpo, llamada también Alope.

Fuentes: Higinio. Fábulas 38 y 187. Pausanias, I, 39. Aristófanes, Aves, 533.

ALTEA

Hija de Testio. Madre de Meleagro. El oráculo había dicho que la vida de su hijo dependía de un tizón que ella guardaba en un cofre. Un día le llega la noticia de que sus hermanos han sido muertos por Meleagro y echa el tizón a las llamas, con lo cual extingue la vida de su hijo (vid. Meleagro, Testio).

Fuentes: Esquilo, Coef. 604 ss.

AMALTEA

Nodriza de Zeus. Según algunos era una ninfa de la Arcadia, o una cabra para los más, ninfa en figura de cabra. Es casi seguro que su remoto origen está en la etapa en que había adoración de bestias como personificaciones de la divinidad.

Cuando Rea abandonó a Zeus ella con su hija Adrastea lo criaron con miel y leche. Más tarde hay leyendas que varían sobre su destino.

Fue trasformada en la estrella Capella (Arato, Fen. 164 ss).

Tenía admirables cuernos que le crecieron y derramaban néctar y ambrosía, y cuando uno de ellos se le quebró, lo llenaron de frutos para ofrecerlo a Zeus. Es el famoso Cuerno de Amaltea, símbolo de abun-

48   ANGEL Ma. GARIBAY K.

dancia y dicha. Esta leyenda del cuerno es muy anterior y está fusionada más tarde con el mito de Amaltea. Ver vgr. a Ovidio en Met, 9, 88 ss (vid *Cuerno de Amaltea, de la abundancia, cornucopia.)*

Fuentes: Calímaco, Jov. I Ovid. Fastos, 5, 121 ss. Metam. como arriba.

AMAZONAS

En este artículo general se da la síntesis de lo referente a estos seres. En diversos artículos se trata, o bien de alguna en particular, o de sus relaciones en hechos y con héroes muy diversos. Indicaré hasta donde es posible las referencias.

El mito debe ser muy antiguo y por eso es confuso. Probablemente pertenece a una cultura prehelénica. En general es un pueblo de mujeres guerreras, que no tienen hombres consigo y que para tener descendencia hacen periódicamente venir varones lo cual tampoco es muy claro en su leyenda.

La región en que se las sitúa es variada: en los confines del mundo conocido (Esquilo, Prom. Encad. v. 723 ss). En las entradas al Mar Caspio (Estrabón), o en Tanais (Plinio HN. VI, 19).

Para no perecer hacen concesiones a varones de otras razas y el fruto, si es femenino, es guardado y si masculino, es muerto. Dicen que privan a las hijas de los pechos para que no les estorben en la guerra, y aun dan como etimología de su nombre esta circunstancia: *amazos:* sin pechos. Su ocupación es la caza, cuando no tienen ocasión de estar batallando, o ejercitando las armas. Tienen por divinidades fundamentales a Ares y a Artemis, muy en especial, por ser similar a ellas: caza—dora y guerrera. Sus armas son el arco y la flecha, pero también el hacha y la clava. Andan siempre a caballo y son admirables jinetes.

Las principales leyendas en que intervienen son: Su ayuda a Troya (ver Pentesilea); sus relaciones con Heraclés (ver este nombre y Trabajos de Heraclés); sus intervenciones con Dióniso (vid), y otras de menor importancia.

Fuentes: Las indicadas arriba, más Homero, Ilíada, VI, 186; III, 189. Plutarco, Teseo, 26. Cuestiones Gr. 56.

AMICLAS

Hijo de Niobe el rey Anfión de Tebas. Cuando sus padres merecen la ira de los dioses y Artemis viene a castigar principalmente a Niobe, es el único que hace un sacrificio propiciatorio a la diosa, la cual tiene compasión de él y le perdona para que no sea convertido en piedra, como sus hermanos, lo mismo que a su hermana Melibea, que en el interior del palacio había seguido su ejemplo, ofrendando también víctimas a Artemis.

Es dudoso si se trata del mismo personaje en la historia de los trabajos de Heraclés, que fue padre de Jacinto y Eurídice, e hijo de Eurotas, que hallamos en el tercer trabajo y que dio nombre al Monte Amicleo (vid Niobe y Trabajos de Heraclés.)

Fuentes: Las señaladas en los dos art. indicados.

AMIMONE

Hija de Dánao. Cuando iba a traer agua un sátiro la raptó y Poseidón se adueñó de ella. En su lugar hizo brotar la fuente de su nombre.

La historia de su seducción es así: Andaba de caza en pos de un ciervo y al entrar en la selva despertó al siro. El, primero airado y luego enamorado, la persiguió. Poseidón la defendió con su tridente. Pudo evadirlo el sátiro y el tridente se clavó en la roca. Fue Poseidón el que yació con la ninfa. Más tarde el mismo dios le lanza el tridente, por haber sido desdeñado y sin tocarla, al caer en tierra da origen a la fuente.

Tuvo por hijo a Bauplio, que fue maravilloso navegante y descubrió el modo de vencer las veleidades de la Osa Mayor. Más tarde fundó la ciudad de Nauplia, a través de un hijo.

Fuentes: Higinio, Fábula 169. Apolod. II, 14.

AMMON

Un dios egipcio incorporado al panteón helénico por sincretismo. Es dado como hijo de la ninfa Libia y el Zeus griego. Más tarde se asimiló a éste y se llamó Zeus Ammonio, que tenía un oráculo en el oasis de Siwa. Fue tan célebre que rivalizó con Delfos y Dodona. Adquirió fama mayor cuando Alejandro el Grande lo visitó.

En el mito de Dión012so (vid), se halla implicado en la batalla que dio el dios para librarlo de la opresión y restituirle su trono.

Fuentes: Apolodoro, III, 5. Herodoto, II.

ANAHITA

Diosa de origen persa que introdujo Atarxerxes Oco (385—338), y cuyo culto se difundió por Capadocia, Ponto y en especial por Lidia. Fue asimilada a Cibeles (vid), y tenía sus siervos sagrados, o hieródulos. Se le solía llamar Artemis persa. Se le sacrificaban toros y el taurobolio (vid), probablemente se originó en su culto. Similar a Milita (vid), y relacionada con la prostitución ritual (vid).

Fuentes: Estrabón, 532 ss. Beroso, citado por Clem. Alex. Prot. V, 65. Paus. V, 27.

ANATOLIA, DEIDADES DE LA

Esta región por su carácter de puente entre varias culturas asimiló muchos cultos extranjeros, de procedencia hitita, hurrita, semítica y persa. Generalmente se fundieron dioses advenedizos con dioses ya existentes y varían los nombres, dados a veces con el extraño y a veces con el nativo.

Los cultos de Anatolia se concentran en una dualidad en que se venera el principio masculino y el femenino, preponderando éste, como acontece con el culto de Cibeles (vid). Hay también indicios de una triada en que se veneran el padre, la madre y el hijo. Muchos de los seres concebidos como masculinos se funden con Zeus, Apolo, Hermes, etc. según el casó y sus atribuciones. Y de los femeninos, con Artemis, Afrodita, Hera, etc. (Ver Cibeles, Atis, Adgistis, Anahita, Milita, Prostitución sagrada, Sabazio.)

Fuente: Consultar: L. Robert, *Etudes Anatoliennes,* 1937 y F. Cumont, *Les Religions, orientales dans le paganisme romain.*

ANCEO

Hay confusión muy antigua en el mito. Se dan dos personajes. Ambos participantes de la expedición de los argonautas. Doy datos en forma separada

1. Hijo o nieto de Licurgo de Arcadia. Era el más fuerte después de Heraclés. Había contendido con él varias veces. Fue muerto en la caza del jabalí de Calcedonia (vid).

2. Hijo de Poseidón. Navegante insigne por su pericia. Regresó a su casa en Leleges de Samos, al terminar la expedición. Un vidente le había

dicho que no probaría el vino de una vid que él había plantado antes de irse. Ya cuando hubo regresado, uno de sus criados le dijo que *ya* habían cosechado uvas de su vid y que ya estaba el vino a su disposición. Llenó su copa y llamó al vidente. Le reprendió por su falsa profecía. Cuando iba a beber, llegaron los siervos a decirle que un oso devoraba la viña. No gustó la copa, sino que se levantó presuroso. Llega a atacar al oso y éste lo ataca por la espalda. Murió sin probar su vino.
No discerniremos si es el mismo personaje o son dos.

Fuentes: 1. Higinio, Fábula, 14. Apolonio de Rodas, Arg. 1, 164. Ovid. Metamorf. VIII, 315 y 391 ss.
2. Apolonio de Rodas, Arg. II, 894. Apolodoro (que hace un solo personaje), I, 112 y 126.

ANDROGEO

Hijo de Minos y Pasifea (vid), fue matado traidoramente por sus contrincantes en los juegos panantenaicos, por haber vencido. Otra versión dice que fue enviado por Egeo, rey de Atenas contra el toro de Maratón y fue muerto por éste. Precisamente para vengar su muerte asedió Minos a Atenas y exigió el famoso tributo de los catorce jóvenes, siete varones y siete mujeres, con que era nutrido el Minotauro.
Hay otro Androgeo que figura en la Ilíada y que murió en la guerra. Vid. Minos, Minotauro.

Fuentes: Las que se indican allí y Virg. Eneida, II, 370 ss.

ANDROGINE

Es una vaga deidad y más bien una forma de expresión de un complejo sexual y cultural. Puede compararse a Hermafrodito (vid), en varios aspectos. Este es un ser masculino con caracteres femeninos, como los pechos muy desarrollados y sin pelo en el cuerpo y en la cara. Andrógine es como epíteto de ciertas diosas que se representaban con barba y aspecto viril, tal cómo Afrodita de Chipre. Vemos en Dióniso también varios aspectos feminoides, como aparece en la tragedia de Eurípides, Las Báquides.
Piensan algunos mitólogos que es una remembranza de la mutación social entre el matriarcado y el patriarcado. Probablemente es más bien una forma de expresar la variación de grados intersexuales, común a

todas las etapas de la evolución humana y muy difundido en todas las mitologías. Excede el nivel de este libro entrar en mayor discusión.

Fuentes: Ver vgr. *The Ancient Gods,* de E. O. James, Londres, 1960.

ANDROMACA

Hija de Etión y esposa de Héctor, a quien dio por hijo a Astianax, Astianacte. Su padre, sus hermanos, su marido, fueron muertos por Aquiles y la madre llevada en presa de guerra. El hijo fue precipitado desde las murallas, al caer Troya (vid Astianax).

Cayó como esclava de guerra de Neoptolomeo y le dio por hijo a Moloso. Estuvo a punto de morir de manos de Hermione, mujer de Neoptolomeo. Cuando éste murió, fue tomada por Heleno con quien vivió en paz en Epiro (vid los relacionados con ella).

Fuentes: Homero, Ilíada, VI, 395 ss. Pequeña Ilíada, fr. 19. Eurípides, Troyanas. Andrómaca, todas. Eneida de Virgilio, III, 327 ss.

ANFIARAO, ANFIAREO

Hijo de Ecles, o según tros, de Apolo. Cuando regresó Adrasto de Sición hizo la paz con él y se casó con su hermana Erifile. Cuando la guerra contra Tebas no quiso ir, prevenido por el oráculo, pero su mujer, engatusada por Polinice, lo convenció a ello. Le dio para esto el collar de Harmonía (vid). Atacó Tebas en la puerta Homoloia. Fue derrotado y cuando huía, la tierra se abrió para tragárselo. Fue uno de los que combatieron contra el oso de Caledonia (vid), con dardos, hachas y jabalinas. Fue uno de los argonautas (vid).

Fuentes: Higinio, Fábula 70. Apolodoro I, 30. Esquilo, Siete contra Tebas, 570.

ANFION

Hijo de Zeus y Antíope (vid). Juntamente con su hermano Zeto (vid), fue abandonado por su madre al nacer. Un pastor recogió y crió a los dos niños. Hermes dio a Anfión una lira y con este don lo hizo el más diestro tañedor de ella.

Ya grandes él y su hermano, reconocen a su madre, que había sido cautivada por Lico y la libertaron, destronando a éste y matando a su mujer Dirce, con arrojarla a los cuernos de un toro. Quemada ya muerta, sus cenizas fueron echadas en la fuente que lleva su nombre. Fue con su hermano a amurallar la ciudad de Tebas y al son de la lira de Anfión las rocas por sí mismas corrían y se iban formando en muro. Más tarde casó Anfión con Niobe (vid). Los dos hermanos suelen llamarse *leukopólo:* los dos potros blancos.

Fuentes: Higinio, Fábulas 7 a 9. Apolodoro, 3, 43 ss. Ovid. Metam. VI, 146 ss y 401 ss.

ANFITRITE

Una de las Nereidas. Fue cortejada por Poseidón; lo repelía y se fue al Monte Atlas para huir de sus pretensiones. El dios del mar le enviaba constantemente mensajeros para atraerla. Entre ellos fue Delfín, que pudo convencerla y la Nereida concedió que arreglara su enlace. En pago de esta gracia, Poseidón puso a Delfín cómo una de las constelaciones.

Casado con Anfitrite hubo de ella tres hijos: Tritón, Rode y Bentisicime. No pudo durar la armonía por los celos de la Nereida, al ver los excesos del dios del mar. La aventura del dios que más la irritó fue la que tuvo con Escila, hija de Forcis. Para acabar con ella echó hierbas ponzoñosas en el estanque en que se bañaba. La pobre amada entra al baño y se convierte en un monstruo horroroso: tenía al salir seis cabezas y doce pies.

Hay semejanza entre esta venganza y la que obró Pasifea con otra Escila (vid Pasifea).

De hecho las tres principales amantes del dios del mar: Tetis, Anfitrite y Nereis, son tres diosas lunares que anteceden al pensamiento griego. La significación de su nombre es "la que ciñe tres veces", o la tercera ciñente. Es una alusión a la obra de la Luna: ciñe al cielo, ciñe la tierra, ciñe el mar.

La triada que nace de esta diosa es también de referencias al culto de la Luna. Tritón es numen que da nueva luna feliz. Rode es protector de las cosechas, y Bentisicime es la Luna en su período de decadencia. O en otras palabras, el primero es de la Luna que crece, el segundo del plenilunio y el tercero de estos tres hijos es de la decadencia. Sería salir de los límites que me fijo aquí exponer también las implicaciones de orden sexual que hay en este mito lunar. De cada uno de estos tres hijos hay nota aparte.

En el artículo sobre Teseo en Creta se hallarán otros datos referentes a Anfitrite.

Fuentes: Higinio, Astronomía Poética, II, 17. Fábula 164.

ANIO

Rey mitológico de Delos. La madre Roio, hija de Estafilo y nieta de Baco, quedó encinta de Apolo, y su padre la echó al mar en una arca. Llega empujada por las olas a Delfos, o a Eubea, según otra versión. Allí dio a luz al hijo, que llamó así por la pena que había pasado (del gr. *anía).* Su padre lo tomó a cargo y le dio el don de la adivinación y lo hizo su sacerdote. Tuvo tres hijas, Oino, Espermo y Elais, las cuales tenían el don de producir cuando ellas quisieran vino, trigo y aceite. Son ellas las que dieron provisiones a Agamemnón cuando éste partía para Troya. Los nombres derivados de los de estas sustancias sugieren que el mito es de procedencia agrícola. Acaso anterior a la invasión griega.

Fuentes: Ovidio, Metamorf. XIII, 633 ss. Diod. de Sicilia, V, 62.

ANQUISES

Hijo de Capis, nieto de Asáraco, de la casa real de Troya. Andaba pastoreando sus greyes en las laderas del Ida cuando Afrodita, enamorada de él, se unió en condición de tener por hijo a Eneas (vid). Hay la leyenda de que Zeus irritado por sus intrigas de amor provocadas entre los dioses la castiga haciendo que se enamore del pastor. Cuando éste se da cuenta de la condición de la que con él ha tenido contacto, se siente amortecido, perdiendo su vigor por haber yacido con una diosa.

Hay dos versiones acerca del resto de su vida: un rayo lo mata, o un rayo lo hace inmortal.

La leyenda tiene sus ribetes de novela. Estaba una noche dormido el joven en el monte Ida, cuando se presenta una mujer sumamente hermosa, con vestiduras rojas de modelo frigio. Lo incita a la unión y es el lecho una cama formada de pieles de osos y leones. Entre tanto las abejas rumoran en torno de ellos.

La diosa le manda no hablar del hecho con nadie. Lo hace él aunque veladamente, y es cuando lo hiere Zeus. La diosa al ver el rayo pone su cinto de amor y esquiva la llama, aunque ésta toca en los pies de

Anquises, al grado de que ya no puede estar erguido sobre ellos: Pasado el nacimiento de Eneas, la diosa ya no lo ama.

A la caída de Troya es llevado en hombros por Eneas (vid Eneas, Afrodita, Troya y su saga.)

Fuentes: Himnos Homéricos, a Afrodita, principal fuente. Higinio, Fábula 94. Teócrito, Idilio I, 105 ss. Virgilio, II, pass.

ANTEO

Gigante, hijo de la Tierra y de Poseidón; habitaba en la Libia. Invitaba a los que llegaban a su casa a luchar con él y cuando los había vencido, los mataba. Heraclés pudo vencerlo y lo mató. Hay la versión posterior de que cuando al luchar caía tocando tierra, era renovado por el contacto con su madre (Ver Gigantes y Heraclés.)

Fuentes: Píndaro, Ist. 4, 56 ss. Apolodoro, II, 115.

ANTIFATES

Rey de los Lestrigones. Con cuerpos gigantescos y grandes fuerzas eran terror de los viajeros. Cuando Odiseo envió a tres de sus compañeros a saber del país y sus moradores, el rey Antifates mató a uno y lo preparó para su almuerzo, en tanto que los dos restantes con gran trabajo escaparon de la muerte. Los vasallos de este rey destruyeron los navíos de Odiseo, menos uno en que pudo escapar.

Fuente: Homero, Odis, X, 106 ss.

ANTIGONE, ANTIGONA

Distinta de la hija de Edipo (vid). Dos personajes:
1.   Hija de Euritión, casó con Peleo, el cual le dio la tercera parte de su reino como dote. En la caza del oso de Calcedonia, mató accidentalmente a su marido y huyó hacia Yolcos.
2.   Hija de Laomedonte, rey de Troya, compitió con Hera en hermosura y la diosa la castigó haciendo que le nacieran serpientes en lugar de cabellos. Más tarde la transformó en cigüeña, que fue devorada por las serpientes.

Fuentes: (al 1): Apolodoro, III, 163. (al 2): Ovid. Metamorf. VI, 93 ss.

ANTILOCO

Personaje de la guerra de Troya, hijo de Néstor. Era famoso por su bravura y por la ligereza de sus pies. El fue quien llevó a Aquiles la nueva de la muerte de Patroclo. Habilísimo en las carreras de carroza. Galano y cortés, cede el premio a Menelao. Murió defendiendo a su padre, cuando Páris mató uno de sus caballos y se enfrentó con Néstor el soldado Memnón.

Fuente: Homero, Ilíada, XV, 569 ss. XVIII, 2 ss. 23, 402 ss. Odis. III, 111. Píndaro, Pit. VI, 28 ss.

ANTINOO

Dos peonajes:
1. Uno de los pretendientes de Penélope y el principal. Era hijo de Eupeites y fue muerto por Ulises a su regreso.
2. Otro, personaje histórico, pero relacionado con el mito. Joven griego nacido en Bitinia, de suma hermosura. Ella cautivó al emperador Adriano, que lo amaba con extremo. Fue con el emperador en 130 a.D. a su expedición por el Nilo y se ahogó en él, según unos, intencionalmente para ofrecer su vida por el emperador, según otros, por accidente y aun hay quien diga que por maldad de alguno que no lo quería.
Tanto Adriano como los aúlicos le consagraron templos, cultos y aun la ciudad de Antinoópolis, en el Ledio Egipto. Fundada el mismo año de 130. El joven habla nacido por el 110 de Cristo.

Fuentes: 1. Homero, Odis. 1, 383. 2. Cfr. *Life and Principate of the Emperor Hadrian,* de B. W. Handerson, 1923.

ANTIOPE

Varias versiones acerca de este personaje. Según una, era hija de Nicteo, rey de Tebas. La sedujo Zeus. Ella se refugió en Sición, cuyo rey casó con ella. Provoca una guerra en que muere su padre. Lico, tío de ella, viene a vengarlo. Pasada la contienda, da a luz a Anfión y a Zeto (vid).
Los niños fueron abandonados en el Monte Citerón y la madre sometida a duras pruebas, principalmente por parte de Dirce, su tía.

Huye a la cabaña en que sabe que están sus dos hijos, ya crecidos. Ellos la confunden con una esclava vagabunda y le niegan ayuda. Llega Dirce y la vuelve a atrapar para llevarla a nueva cautividad. Es cuando los hijos se dan cuenta de que es su madre y corren a rescatarla. Arrastran por los cabellos a Dirce y la llevan a un toro bravo, que en un momento la mata y deshace.

Otra versión la hace hija del río Asopo. El que la seduce es el rey de Sición, en disfraz de Lico, esposo de Antiope. Este la repudia al ver su estado y se casa con Dirce. Es cuando Zeus toma posesión de ella.

Los dos hijos que ya conocemos van a restaurar a Tebas. Allí Zeto casa con Tebas y Anfión con Niobe (vid). Todos los hijos de ésta mueren por la furia de Apolo y Artemis. El mismo Anfión muere a manos de Apolo.

Fuentes: Higinio, Fábula 8. Apolodoro, III 5. Eurípides, Antiope (drama perdido, de que hay solo fragmentos). Homero, Odis. XI, 260.

ANUBIS

Hijo póstumo de Isis y Osiris (vid). se halla en la mitología egipcia representado como un chacal. Es introducido a Grecia y confundido con Hermes, que llaman Hermanubis. Es venerado en Delos como importación egipcia y en la etapa romana se representaba como un hermoso joven bien armado (vid Osiris, Isis).

Fuentes: Vid las indicadas en Osiris.

APSIRTO

Pertenece al ciclo de los Argonautas. Es medio hermano de Medea. Cuando huyen los navegantes y ella en su unión, el padre envía a su hijo a que los persiga. Lo llevaba Medea en el barco y lo mata haciendo partes de su cuerpo y las va echando lentamente, una tras otra, en la corriente del mar. Su padre comienza a recogerlas, tratando de formar todo el cuerpo para darle sepultura.

Hay otra versión. Fue enviado por su padre a perseguir a Jasón. Llegan a las bocas del Danubio y los Argonautas dejan a Medea bajar a la playa. Ella envía un mensaje a su hermano pretendiendo que va llevada por fuerza. Viene el joven y entra a la isla y comienza a explorar para hallar a su hermana. Pero Jasón lo ve y lo persigue y al fin lo mata, quitándole manos y pies. Lo echa al mar en seguida.

Dicen otros que al suceder este hecho, regresa la nave Argos y va por Fasis al Mar Caspio, y de allí al Mar Indico.

Hay más versiones que omito por su confusión y vaguedad (Ver Medea, Jasón, Argonautas.)

Fuentes: Apolodoro, I, 9. Ovid. Tristes, III, 9. Apolonio de Rodas, IV, 220. Eurípides, Medea, 1334. Diódoro de Sicilia, IV, 48.

AQUERONTE

Un río de Tesprotia al S. de Epiro. Es un río irregular y se pierde en algunas regiones para aparecer despúes emergiendo de la tierra. A esa circunstancia se debe que se le haya atribuido ser el camino hacia el mundo de los muertos. Conduce al Hades y es el que presagia la muerte.

Los ríos de la región de la muerte son:

Estigio (Aborrecido?), Aqueronte (Temible), Piriflegeton, o Flegeton (Fiero), Cocito (Lamentoso), y Lete (que da olvido.) (vid. cada uno aparte y la descripción de la zona de la muerte.)

Fuentes: Herodoto, 5, 92. Ver Cinco Ríos del Hades.

AQUILES

Uno de los personajes míticos de mayor importancia, exige largo tratado. Reduzco aquí a líneas generales la información. Y como la principal fuente de información es Homero, daré al fin de cada párrafo la cita de los lugares de sus poemas.

Hijo de Peleo y Tetis y tal vez el único de ambos. Es una bella figura para el estudio de la cultura que precede a la helénica y la ayuda a elaborarse.

Gusta de hacer grandes ofrendas a los muertos, aun de víctimas humanas (Il. XXIII, 171 ss).

Es de una manera de alma que se enfurece y aplaca rápidamente. El poeta parte precisamente de la ira de Aquiles para iniciar su poema (Il. I, 1 ss). Por eso se muestra compasivo y generoso en muchas ocasiones (Il. XXI, 100 ss).

Fue a Troya no compelido, sino por propia voluntad y llevaba a su mando cincuenta naves (Il. II, 685). Ya en el ataque es notable por su valor y actividad, porque vence y captura unas doce poblaciones de la costa y unas nueve de tierra adentro (Il. IX, 328 ss).

Al vencer a Lirneso captura a Briseida. Esta le es quitada por Agamemnón, cuando es obligado a devolver a Criseida a sus padres. (Il. II, 690 y I, 134 ss).

De ahí nace el conflicto. Se niega a seguir la lucha y pide a la madre Tetis que haga que Zeus se mueva en su favor. Tetis alcanza que sea castigado Agamemnón junto con su ejército. Llevado por un suelo vano se lanza a atacar a Troya, pero los troyanos que saben que ya no combate Aquiles, se mantienen a la defensiva primero, y atacan después con gran ventaja y logran muchas victorias de sus enemigos (Il. lib. II-VIII).

Es cuando Agamemnón hace grandes promesas al héroe y lo induce a reunirse en la batalla. Al fin permite Aquiles que vaya Patroclo, su gran amigo, al frente de su mirmidones. Pero Patroclo muere a manos de los troyanos y la rabia de Aquiles se renueva (Il. XVI, 1 ss). (XVIII, 15 ss). Y se lanza a vengar la muerte de su amado y llega a Troya y mata a Héctor (Il. libs. XIX-XXII).

Efesto le hizo una armadura propia y la suya era llevada por Patroclo, al caer el cual, pasó a las manos de Héctor. Aquiles hace un solemne funeral a su amigo y con generosa manera hace la entrega del cuerpo muerto de Héctor a Príamo su padre (Il. libs. XXIII-XXIV).

Aquiles muere al fin a manos de Páris y Apolo (Il. XXII, 359 ss). Hay una gran lucha por su cuerpo y Tetis y las ninfas vienen a llorar su luto (Odis. XXIV, 35 ss).

Fuera de estos datos de los Poemas homéricos hallamos poco digno de notarse en autores que vienen más tarde, aunque la fantasía no cesa de enriquecer sus invenciones. Tendremos así que:

Fue educado por el Centauro Quirón (Píndaro, Ném. III, 43 ss).

Cuando sus padres saben por oráculos que ha de morir en Troya, lo disfrazan como una jovencita. Lo van a esconder a Esciro y en esta población se encuentra con Didamía, de la cual tiene por hijo a Neoptolomeo.

En camino a Troya aportan en Misia y allí Aquiles hiere a Télefo y lo sana él mismo. Sanado lo hace casar con Didamía. Van a Aulis y allí se realiza el sacrificio de Ifigenia, bajo el pretexto de que iba a casar con Aquiles.

Pasada la guerra de Troya, como la viene a restaurar las Amazonas y Memnón, Aquiles hiere a Pentesilea y al mismo defensor.

Es cuando lo mata Apolo en figura de Páris, o Páris mismo en persona.

Es notable la suma de hechos de carácter amoroso. Es amante de Patroclo, lo mismo de que Troilo, y de mujeres se mencionan como amadas por él a Filoxena, hija de Príamo, a Helena, a Medea.

La leyenda de su invulnerabilidad, que nace de la circunstancia de que Tetis lo sumerge en una fuente del Hades, sosteniéndolo por el

talón, que es la única parte vulnerable, viene de muy atrás; pertenece más bien al folklore.
Ver los personajes mencionados y atender a las fuentes citadas.

Fuentes: Además de los poemas homéricos, que se han ido anotando, hay que tener en cuenta: Cipria, Etiopis, en los fragmentos que quedan. Higinio, Fábula 110 Esquilo, frag. 135. Comentario de Silvio a la Eneida, I, 474. Estacio, Aquileida, I, 134.

ARACNE

Una joven de Lidia muy diestra en el arte del tejido, era hija de Idmón en Colofón y se jactaba de vencer a la misma Atena en su arte. La diosa vino a competir con ella y la venció y le hizo pedazos su tela, con que ella despechada se ahorcó. La diosa la convirtió en araña. Probablemente este mito mínimo es una pura historia del pueblo.

Fuentes: Ovid. Metamorf. VI, 1 ss. Virg. Georg. 246.

ARCADIA, CULTOS PRINCIPALES

Siendo una región de la Grecia grande, tiene sus propias celebraciones. Las más dignas de nota son:
1. Zeus, en el Monte Licaón. El que entraba a este santuario, si lo hacía furtivamente moría lapidado, si no, por modo misterioso moría en el término de un año. Platón dice que en su tiempo se practicaban allí sacrificios humanos y el que probaba la carne humana se convertía en lobo.
2. Poseidón, en Mantinea. Nadie podía entrar a él. El que lo pretendió, que fue Epito, a su tentativa quedó ciego.
3. Hermes, que se decía haber nacido en el Monte Cilene y que tuvo culto muy antiguo en esta región.
4. Démeter, que era celebrada en Licosura, pero asociada a Despoina, diosa local. Era tenida por hija de Poseidón. También era venerada en Figalia, con el nombre de Cabeza de caballo, o la Negra. Tenía los caracteres generales de Démeter, pero era adaptada a cada región.
5. Pan se tenía por dios local, ya que en esa región había desplegado sus astucias y obras (vid Pan). Como el país es eminentemente pastoril y este dios era el patrono de los pastores, se explica fácilmente su popularidad en región tal.
6. Había una oscura diosa, llamada Alifera.

Los de Arcadia pretendían que Zeus había nacido en esa tierra. Cuando la bañó Rea hizo brotar una fuente, que es la llamada Neda, o Nedea.

Fuente: Cf. W. Immerwarh. *Die Kulte und Mythen Arcadian.* 1891.

ARCISIO

Padre de Laertes y por lo mismo abuelo de Odiseo (vid). Su madre fue una osa y no se tienen mayores datos acerca de él. Se incluye por la importancia de su linaje.

Fuente: Odis. 1c. Aristóteles, Etim. Mag. 144 ss.

AREITOO

Un personaje de la Ilíada, que llevaba el apodo de Corinetes, por llevar siempre una clava de hierro y una armadura que Ares le había dado. Para vencerlo Licurgo el de Arcadia lo atrapó en un camino tan estrecho que no pudo levantar la clava y lo hirió con su espada y le quitó la armadura.

Fuente: Homero, Ilíada, VII, 138 ss.

ARGONAUTAS

Famosa y compleja saga de las más antiguas de Grecia. Tal vez tiene un fondo histórico de alguna antigua expedición de carácter geográfico y político. Hay abundantísima literatura sobre este tema. En el artículo presente resumo lo esencial. Remito a las fuentes indicadas y a diversos nombres que van apareciendo a medida que se exponen los hechos en esta apresurada síntesis. Doy al fin una breve bibliografía para quien se interese más directamente por el asunto.

Cuando murió Creteo, rey de los Eolios, Pelias, que era hijo de Poseidón usurpó el trono, que venía por derecho a Eson, legítimo heredero. Y como Pelias tenía noticia de un oráculo, según el cual debía ser muerto por. un descendiente de Eolo, mató a todos los que podían tener tal pretensión. A Eson lo encerró en una cárcel dentro de su palacio. Con esta y otras malas maneras intentaba que reconociera la usurpación y renunciara a sus derechos.

Eson estaba casado con Polimele, que lleva muchos otros nombres, tales como Arne, Alcimede, Polifeme, etc. De ella tuvo al niño Diomedes.

Cuando Pelias supo el nacimiento del niño, intentó matarlo. Pero a los ruegos de su madre consintió en que fuera expuesto en el monte Pelión. El centauro Querión lo recogió y lo crió, lo mismo que había hecho con Asclepio, Aquiles, Eneas y alguno más.

Había otro oráculo en que se amonestaba a Pelias que se guardara de un hombre que solamente llevara una sandalia. Un día que se hallaba sacrificando a Poseidón en la playa, vio a un joven de Magnesia, alto y con larga cabellera, con una túnica de cuero y una piel de leopardo, pero solamente con una sandalia. La razón era que al pasar el río Anauro, o Enipeo, había perdido la otra en el lodo. Y la perdió por haber intentado pasar a una vejezuela que pedía a los viajeros que la llevaran al lado opuesto. Cuando la cargó sintió un peso enorme, que lo hizo perder el peso y dejó la sandalia en el lodo. Era aquella mujer Hera disfrazada. Tenía ira contra Pelias por haber dejado de darle el debido culto.

Cuando Pelias vio al joven sin sandalia le preguntó quién era y de dónde. Respondió que Quirón, su padre de crianza, lo llamaba Jasón. Pero que él era llamado antes Diomedes. ¿Qué harías —dijo Pelias— si un oráculo te dijera que uno de tus vecinos te habría de matar? —Lo mandaría a traer el vellocino de oro desde Colquis. Pero inmediatamente preguntó quién era y por qué le preguntaba. Cuando lo supo, alegó sus derechos. El pobre usurpador se atemorizó, porque venían con Jasón muchos valientes. No negó que tuviera derechos al trono, pero urdió esta treta inmediatamente: Tienes que libertar a esta tierra de una maldición que sobre ella pesa.

La historia que le contó era la tradicional: Frixo había huido desde Orkomeno, muchos años atrás, montado en un carnero divino, para evitar que lo sacrificaran. Fue a refugiarse en Colquis y en esa tierra murió. No se le dio la sepultura debida y su espíritu andaba errante vejando a todos, en especial a Pelias. Un oráculo de Delfos había dicho que la tierra de Yolcos nunca tendría dicha, sino cuando el espíritu de Frixo fuera llevado en una nave juntamente con el vellocino de oro del carnero.

El vellocino estaba colgado en un árbol del bosque sagrado de Ares. en las cercanías de Colquis, pero lo vigilaba sin dormir nunca un dragón espantoso.

Al terminar su historia, dijo Pelias a Jasón que le devolvería el trono, cuando trajera el vellocino.

Consintió Jasón en el compromiso y convocó a los mejores, jefes y soldados para aquella expedición. Hizo construir una nave de cincuenta remos y esa nave llamada Argos —de donde el nombre de los viajeros— fue adornada por Atena con una barra de adivinación en la proa. Era de una encina consagrada a Zeus en Dodona.

Se armó la expedición. Varían los nombres y orígenes en las fuentes, pero los más seguros son: Acasto, hijo de Pelias. Actos, hijo de Deion de Fócide, Admeto, Anfiarao, Anceo de Tegea y Anceo de Samos, Argos, que construyó el navío, Ascalapo, hijo de Ares, Asterio, de Pélope, Augias, hijo de Forbas, Butes, ateniense, Ceneo, de rara historia (vid). Cefeo, de Arcadia, Coroneo, Equión, hijo de Hermes, que sirvió de heraldo, Egino de Mileto, Eufemo tenariense, Eurialo, uno de los Epígonos, Euridamas, Heraclés, el famoso héroe (vid). Hilas, su escudero, Idas, de Mesena, Idmon, hijo de Apolo, Oficles de Etolia, Ifito, de Micenas, Jasón, el comandante en jefe de esta expedición, Laertes, hijo de Acrisio, de Argos, Linceo, atalaya, Melampo, hijo de Poseidón, Melagro de Calidonia, Mopso, Nauplio, hijo de Poseidón, Oileo, padre de Ayax, Orfeo, el poeta famoso de Tracia (vid), Palemón, hijo de Efesto, Peleo, Peneleo, Periclimeno, hijo de Poseidón, Falero, Arquero de Atenas, Pano, o Fano, hijo de Dióniso, Poeas; de Magnesia, Polideuces, uno de los Dióscuros, Polifemo, Stafilo, Tifis, y Zetes, hermano de Calais. Con ellos iba una gran cazadora, única mujer que asiste a la expedición, Atalanta (vid).

Se emprende la expedición, que tuvo varias etapas y muy variados episodios. Aunque se halla mucha diferencia en las fuentes, las etapas más comunes son:

Tentativa de ir a la. tierra de los Minios. Regreso por el río Fasis, para evadir las Semiplégadas. Tras haber llegado al Mediterráneo, otra vez remontar por el Istro (Danubio), y regreso al Mediterráneo. Más tarde van en otra ruta que los lleva al estrecho de Gibraltar. Es evidente que la disposición es muy convencional y prefiero ir examinando los episodios con indicaciones a su situación tanto geográfica como histórica, si ello es posible.

Una vez preparada la expedición se pensó en nombrar jefe de ella a Heraclés. Se rehusó él. Se proclamó jefe a Jasón, que aun siendo joven, era de gran destreza y osadía. Se hizo el sacrificio de una yunta a Apolo guía de expediciones. Se hizo un banquete de partida, que alegró Orfeo con sus cantos. Partieron hacia Lemnos.

Esta isla estaba en una rara disposición. Las mujeres habían matado a sus maridos porque ellos habían tomado concubinas tracias. Cuando vio Hipsipile acercarse la nave Argos, pensó que era una nave de Tracia. Corrió ella armada a retener el ataque. Pero Equión, como mensajero de Jasón, llega a la playa y da cuenta de su naturaleza e intenciones. La mujer cede, hace una junta con sus colegas y envía a Jasón una ofrenda de alimentos y vino. No quiere que desembarquen, hasta que su nodriza Polixo la convence y aun la alecciona para que acoja a aquellos extranjeros que habrán de suplir a los maridos muertos. Consintió Hipsipile y bajaron a tierra los expedicionarios. Cuando explicó sus intenciones ella de que se establecieran allí, Jasón dijo que era necesario antes conquistar el vellocino de oro. Se detuvo a los ruegos de la reina y bajaron todos. Fueron asediados cada uno aun por cinco y seis mujeres. De su trato con ellas nacieron muchos niños en menos de un año. En cuanto al capitán, dio a Hipsipile dos gemelos: Euneo y Nebrófono. Más tarde el primero fue rey de Lemnos y enviaba vino a los que hacían la guerra en Troya.

Tan contentas estaban las mujeres de Lemnos con aquella aventura que intentaron destruir la nave, para que no se fueran ellos. Pero Heraclés la defendió y fue a llamar a sus compañeros para que se prosiguiera la expedición. Ellos convencidos embarcaron y salieron, llegando esa misma noche a Samotracia, en donde se pusieron en relación con los Cabiros y se iniciaron en los misterios de Persefone.

Siguieron su ruta los argonautas y, tras varias peripecias, llegaron al Mar de Mármara en buen estado. Al desembarcar en Arcton fueron acogidos por el rey Cicico, que era hijo de Eneo y acababa de casarse con Clite. Los invitó al banquete de bodas.

Mientras estaban en el banquete la nave fue atacada por gigantes nacidos de la tierra, que tenían seis manos. Pudieron los guardianes rechazarlos.

Intentaron proseguir su ruta, pero no pudieron remontar el Bósforo, por haber sido repelidos por el viento del Norte. Regresaron y fueron atacados varias veces por salvajes. Era resultado de una estratagema de Cicico que los había tomado por piratas. Y vino a quedar muerto a los pies de Jasón. Su mujer se mató ahorcándose. De sus lágrimas hicieron las ninfas la fuente Clite.

Varios días estuvieron los navegantes en calma, tras celebrar los funerales de Cicico. Un día apareció un alción que revoloteó varias veces en torno de la cabeza de Jasón y fue a pararse en la proa del navío. Mopso interpretó que era un enviado de Rea, diosa de la tierra que pedía ser aplacada a causa de los gigantes muertos por los argonautas. Lo hicieron así con bailes sagrados, todos bien armados y engalanados. Hubo viento favorable en seguida y reanudaron la travesía.

Propuso Heraclés una competencia a cerca de quién podía durar más remando. Solamente pudieron perseverar en ello Jasón, los Dióscuros y el propio Heraclés. Los demás se dieron por vencidos. Llegaron así hasta la desembocadura del río Quío en Misia. Allí se cansó Jasón y siguió remando solamente Heraclés. El barco arribó a la playa.

Con la fuerza que había hecho Heraclés rompió su remo y apenas desembarcados, fue a la selva cercana a buscar un árbol con que fabricar otro, en tanto se preparaba la cena. Arrancó de cuajo un enorme abeto y regresó al campamento. Allí supo que su escudero Hilas había ido a buscar agua a una fuente hacía cerca de dos horas y no había regresado. Lo andaba buscando Polifemo. El muchacho era muy amado de Heraclés desde que lo recogió al matar a su padre Teiodamas, rey de los Driopios. Comenzó a buscarlo con afán gritando su nombre por todo el bosque. Dio con Polifemo que le dijo haber oído gritos de auxilio del joven, pero cuando llegó a la fuente Peguea no halló ni al joven ni huellas de lucha o de ataque de alguna fiera. La vasija con que iba a traer el agua se hallaba al borde de la fuente muy bien colocada. Siguieron su busca los dos y aun llevaron un compañero más durante la noche entera. Vana busca: la ninfa Driope y sus hermanas se enamoraron de él y lo llevaron a vivir en una caverna bajo las aguas.

Cuando afloró el alba no aparecieron ni Heraclés ni Polifemo. Jasón dio la orden de marcha. Los argonautas iban disgustados, pensando que Jasón había dejado a Heraclés en venganza de haber sido vencido en la contienda de remar. Quiso él que la nave retrocediera, pero se opusieron Calais y Zetes. Por eso los mató Heraclés más tarde.

Es cuando Heraclés se separó de los argonautas y siguió sus propias empresas (ver Trabajos de Heraclés).

Siguió su curso el Argos y tocó la isla de Bebricos. Era gobernada por Amico, hijo de Poseidón. Cuando éste supo que llegaban los de la expedición, los retó a contener en el pugilato. Como no hubo respuesta, les negó pan y bebida, Polideuces que había ganado premios en los Olímpicos, se comprometió a contender con él. Tras una contienda desigual, Polideuces venció a Amico. Le rompió el cráneo en las sienes y lo mató.

Cuando los de la isla vieron a su rey doblegado, se alzaron en armas. Pero Polideuces ayudado de sus colegas pudo vencerlos y aun saqueó el palacio real.

Siguieron su marcha los argonautas. Llegaron a Salmidesia, en el oriente de Tracia. Allí reinaba Fineo, hijo de Agenor. Este estaba penado por los dioses. Ciego y asediado por las Harpías (vid). Cuando les hizo su banquete a los argonautas, las Harpías vinieron a hacer su oficio. Pero Caíais y Zetes, hijos de Boreas (vid) dotados de alas, vinieron a rechazar a las Harpías y a arrojarlas al mar, con espada en mano. Aparece Iris en nombre de Hera y promete que no volverán a molestar a Fineo.

Fineo dio instrucciones a Jasón de la forma que debía seguir para ir hacia el Bósforo.

Fineo quedó ciego por sus proféticos anuncios. Pero sus noticias fueron favorables a los navegantes.

Les había hablado de las Semiplégades, llamadas también Cineas. Cuando llegaron los expedicionarios ante ellas, las rocas se juntaron unas contra otras y aplastaron la nave. Pudieron los argonautas, con mil subterfugios escapar del desastre. Dos ayudas tenían: la de Atena, que no les falló nunca, y la lira de Orfeo que los iba animando.

Fueron bordeando el litoral del sur y llegaron a la isla de Tinias, en donde Apolo se les mostró en toda gloria. Orfeo le hizo el sacrificio de un carnero en memoria de su manifestación, llamándolo Apolo auroral. Allí hicieron voto los argonautas de no olvidar la empresa emprendida, ni de abandonar unos a otros.

De allí navegaron a la isla de Mariandine, donde fueron muy bien acogidos por Lico. Al día siguiente, cuando iban a embarcarse, Idmon, el vidente, fue atacado por un oso. Fue en su ayuda Idas y pudo ensartar en su pica al oso. Pero él mismo quedó herido y sucumbió. Tres días le hicieron duelo sus colegas.

De Mariandine navegaron hacia el oriente, varios días, sin rumbo. Mariandine tenía de notable el gran hueco abierto en la tierra, por donde Heraclés acababa de sacar al Cerbero.

Llegaron a Sinope en Paflagonia. Allí Jasón adquirió nuevos colaboradores para suplir las deficiencias padecidas en las jornadas anteriores. Se unieron a la expedición Deilon, Autólico, Flogio. Este había sido compañero de Heraclés en su expedición contra las Amazonas. Por la tierra de éstas pasó la nave Argos. Pasó también cerca de los Calibes, que viven en estado de caza y recolección de frutos naturales, sin agricultura ni ganadería. También cerca de los Tibarenos, que hacen la famosa cuvada, o sea que el varón se pone a la cama, cuando ha nacido un niño, en tanto que la mujer va a las labores campestres. Pasa la expedición por la región que habitan los mesinequios, que viven en casa de madera, practican la promiscuidad sexual y llevan enormes lanzas y escudos descomunales.

Como es fácil de ver, en la leyenda se van acumulando conocimientos etnográficos, que para la antigüedad no hallaban cabida si no es en labios de los narradores de sagas. Algunos son fabulosos, otros corresponden a la realidad.

Al pasar cerca de la isla de Ares, una bandada de aves raras vuelan sobre la nave, dejando caer plumas de bronce y Oileo recibe una herida de ellas en el hombro. Recuerdan los argonautas la advertencia de Fineo y se ponen sus capacetes y gritan desaforadamente. Mientras la mitad de ellos rema, la otra permanece a la defensa con sus escudos. Como Fineo les había dicho que debían arribar a la isla, lo hacen hasta que han exterminado los pájaros de plumas de bronce.

Ya en la isla, esa misma noche reciben a unos náufragos, que en viaje a Grecia, quedaron abatidos por las olas. Esos eran Citisoro, Argeo, Frontis y Melanio, hijo de Frixo y Calciope. Cuando Jasón les da a conocer el fin de su travesía, se unen a él. Sigue la travesía y pasan costeando la isla de Filira (vid). Llegan a la muralla que les opone el Cáucaso con sus altas montañas. Entran por la garganta en que se desliza el río Fasis. Allí Jasón ofrece libaciones de vino y miel a los dioses del país y hace un consejo de guerra con sus adjuntos. Entre tanto en el cielo se hace una sesión de consulta entre los dioses. Hera y Atena piensan en qué forma podrá Jasón lograr adquirir el famoso vellocino. Resolvieron pedir a Afrodita su intervención. Le ruegan que envíe a Eros para que ciegue de amores a Medea, la hija del rey Eetes. Pero Eros estaba jugando a los dados con Ganimedes. La madre le ruega y, entre juego y juego, él se compromete a lanzar uno de sus mejores dardos de amor. De mala gana acepta Eros, aunque su madre le promete un don misterioso: una gran bola de oro con anillos azules.

Los expedicionarios habían resuelto proseguir en esta forma: Irá Jasón con los descendientes de Frixo a pedir a Eetes que le conceda el vellocino como un don. Si se niega, lo amenazará con la fuerza. Van a su comisión y pasan por donde Circe tiene a los hombres que ha matado, envueltos en pieles de bueyes, no curtidas. Están al aire para que los pájaros devoren los cuerpos.

En su camino pasan por casa de Calciope. Se admira ésta de ver tan pronto de regreso a sus hijos. Cuando sabe la historia de su salvamento, queda agradecida a Jasón. Llega Eetes muy disgustado y pide que le expliquen aquella situación y las pretensiones. Egeo da cuenta de cómo Jasón les conservó la vida a él y a sus hermanos. Y de la intención de recobrar el vellocino. Y como ve enojado al rey, agrega que, por pago de esta donación, los griegos someterán a sus dominios a los saurómatas. En sumo enojo el rey les dice que se vuelvan a la tierra de donde vinieron, que si no, les cortará la lengua, lo mismo que las manos.

Es el momento crítico en que sale Medea del palacio. Cuando la ve el rey se refrena y dice a Jasón que le concederá el vellocino, si unce al yugo a dos toros de bronce que Efesto le ha fabricado; si ara el campo de Ares y luego lo siembra con los dientes de una serpiente que le dio Atena. Jasón se queda espantado de la pretensión.

Entre tanto Eros ha cumplido su oficio. Hirió el corazón de Medea y ella está perdida de amor por Jasón. Calciope es su confidente y ve en qué duro estado se halla. Siente compasión y ofrece ayudarla. Medea manda decir a Jasón que ella le ayudará a uncir los toros de bronce, con la condición de que se la lleve como esposa cuando regrese.

Jasón se lo promete y hace cuantos juramentos puede. Ella le da un frasco de misteriosa untura: un líquido rojo de una planta similar al azafrán: si se unta con ella, nada le hará el aliento ardoroso de los toros. Es una planta que brotó de la sangre de Prometeo cuando estaba encadenado en las montañas. Jasón se unta, unta también sus armas y va resuelto al hecho. Unce a los toros, ara todo el día y al caer la noche, siembra los dientes. Al momento brotan de ellos hombres armados. El los provoca a que riñan unos con otros y cuando casi todos han sido muertos en esta mutua contienda, mata a los restantes.

El rey Eetes ha rectificado su promesa. No quiere dar el vellocino, a pesar de haber cumplido las pruebas. Intenta quemar la nave Argos. Medea en esta ocasión lleva a Jasón con sus acompañantes a un receso en que su padre no puede hacer el daño que intentaba. Quedan a unos nueve kilómetros de la playa.

El vellocino estaba custodiado por un dragón de mil rollos de su enorme cuerpo. Era inmortal y había nacido de la sangre de Tifón cuando Zeus lo aniquiló. Medea comenzó por adormecerlo con sus encantamientos. Luego echó en sus ojos una droga soporífera. Llega Jasón y sin temor desliga el vellocino del árbol en que estaba atado y huye hacia la playa.

No dejaron de darse cuenta los sacerdotes de Ares. Levantaron un motín y arremetieron contra los argonautas que tuvieron a su alcance. Hirieron así a Ifito, Meleagro, Argos, Atalanta y Jasón. El único que murió fue Ifito. Medea, que iba ya en la nave, curó a los demás.

Viene la aventura con los saurómatas. Eran estos descendientes de los que Heraclés había dominado al combatir a las Amazonas (ver Amazonas, Saurómatas).

Ya van de retorno a Grecia. Es la parte de la leyenda más compleja y rica en datos fantásticos.

Para regresar a Tesalia siguen varios derroteros, según las fuentes.

La más general versión es que van costeando el Mar Negro, al ir en dirección al sol.

Cuando Eetes se dio cuenta de la huida, y fue en seguimiento de los fugitivos, Medea mató a su hermano Apsirto y fue dejando caer uno tras otro los fragmentos de su cuerpo en el río. Para irlos recogiendo su padre demoró la persecución.

Hay otra versión de que Apsirto llega hasta la boca del Danubio y detiene allí a la nave. Medea envía un mensaje a su hermano diciendo que es llevada por fuerza y rogando que venga a su rescate. Viene el joven y en la sombra de la noche Jasón lo hiere por la espalda y lo mata. Le corta las extremidades y chupa tres veces su sangre para librarse de sortilegios. Cuando Medea ha regresado, parte la nave.

Aún hay la versión de que, tras la muerte de Apsirto, van por el Mar Caspio y llegan al Indico, para regresar al Mediterráneo por el lago de Triton. Dejaré el resto de versiones, que llegan a ocho.

El hecho seguro es que la nave se halló en el Bósforo.

Al llegar a la boca del Danubio, el poste oracular había dicho que era necesario que Jasón y Medea se purificaran del crimen de sangre en la muerte de Apsirto. Bajaron y fueron a la isla de Circe, tía de Medea, que era Eea.

Los perseguidores de Colcos se resolvieron a rescatar a Medea y el vellocino. Se encaminaron también a la casa de Circe. No falta quien diga que Apsirto iba aún al mando de la nave.

Cuando llegaron a Corcira, o Drepane, vieron a la nave tranquila en la playa de la isla frontera de Macris. Fueron a visitar al rey Alcinoo y a su mujer Arete y a rogarles que hicieran por el retorno de Medea, naturalmente con el vellocino.

Medea había pedido a Arete que la protegiera. El entretuvo toda la noche a Alcinoo quejándose de los malos tratamientos que les había hecho a sus hijas. Por fin hizo un compromiso con él: Si Medea es aún virgen, que regrese a casa de su padre, pero si no, queda en libertad de seguir a Jasón. Entre tanto envía un mensaje a Jasón para que obre de acuerdo. Jasón se desposa con Medea en la cueva de Macris, que había sido nodriza de ella. Festejan la boda los argonautas y en lecho nupcial ponen el vellocino. Al día siguiente Jasón alega que ella es su mujer y no puede devolverla a su padre.

Cuando supo Eetes los hechos se enfureció en extremo. Envió mensajeros a Grecia para que le devolvieran a la hija. Se le dijo que ella por su voluntad había seguido a los expedicionarios.

No tenía Jasón más que hacer que pasar el cabo Malea y llegar a Yolcos. Pasó entre las islas de las Sirenas (vid). Pudo evitar sus malas artes porque la música de Orfeo superó a sus encantos. Allí Butes intentó ir por nado y casi se ahogaba, pero Afrodita vino a socorrerlo y lo trasladó al Monte Erix, en donde lo hizo su amante.

Pasaron los argonautas por la costa de Sicilia y vieron pastando a los caballos del Sol. Un viento del Norte los combatió por espacio dé nueve días y los hizo llegar a las costas de Libia. Azotó a la nave contra rocas y los argonautas hubieron de errar por el arenoso desierto. La diosa de esa tierra apareció en sueños a Jasón y le dio seguridad en su marcha. Sacaron al barco y lo llevaron con mil fatigas hasta el Lago Tritonio. Empresa en que gastaron doce días. No murieron de sed, gracias a una fuente que Heraclés había hecho brotar por allí.

En esa región tuvieron varios percances Canto murió a manos de Cefauro, un pastor de los garamantas. Mopso fue mordido por una serpiente en el calcañal y quedó yerto. Enterraron a sus muertos y siguieron su aventura.

Hizo uso de sus oráculos Orfeo y se les apareció Tritón. Les indicó el camino y sacó la nave a la playa. Marcharon hacia el Norte y llegaron a Creta. Allí les estorbó el arribo Talos, que era un centinela de bronce que había fabricado Efesto. Pero Medea se acercó a él y prometió hacerlo inmortal, con tal de que bebiera un bebedizo que ella había confeccionado. Era un narcótico que lo hizo caer en profundo sueño y ella aprovechó la hora para traspasarle el cuello con un gran clavo. Hay la versión de que el encanto se debió a la mirada de Medea.

A la noche siguiente una tormenta azotó la nave. Jasón invocó a Apolo y guiado por una luz que le envió el dios, pudo llegar a la isla de Anafe.

Pasaron a Egina y de allí a Yolcos.

Llegaron a la playa de Pagasa y no hallaron a nadie en ella. Se había corrido la voz de que todos los argonautas habían perecido. Pelias había logrado matar a los padres de Jasón y a un hijo que le había nacido en tanto que él andaba en su aventura. Sus padres murieron en forma extraña: él, bebiendo sangre de toro hasta ahogarse y ella hundiéndose una daga, o ahorcándose, según otra versión.

Cuando supo Jasón estas noticias de parte de un barquero, le recomendó que nada dijera de su llegada. Todos los compañeros resolvieron que había que matar a Pelias, por su felonía. Otros se negaban a ello. Y Medea dio la solución: debían esconderse con su nave en alguna costa boscosa. Cuando vieran una tea ardiendo en lo alto del palacio real, era seña que había muerto Pelias.

Medea vistió a doce mujeres feacias que iban con ella y llevó una imagen de Artemis que tenía, como en ademán de procesión. Ella se disfrazó de vieja. Iba proclamando que la diosa venía a Yolcos a dar dicha y bienestar. Fueron entrando por las calles y contagiaron a los vecinos de su entusiasmo.

Pelias despertó de su sueño y preguntó a Medea qué era lo que pedía de él la diosa. Le dijo ella que la diosa quería rejuvenecerlo y darle herederos mejores que Acasto, muerto en un naufragio. No quería él creerlo, pero ella fingió beber y se quitó el disfraz: de vieja apareció joven.

Consintió él en ser rejuvenecido. Hizo otros embustes Medea que acabaron de seducirlo. Entre ellos destazar un carnero y hacer creer a Pelias que le devolvía la juventud. El rey consintió en que se hiciera lo mismo con él. Sus hijas Alcestes, Evadne y Anfínome, tenían que cortar sus miembros y echarlos a hervir en un gran caldero. Alcestes se negó, pero Medea persuadió a las otras dos a que lo ejecutaran. Ya que estuvo cociéndose en el caldero, dijo a las dos que subieran a la azotea con antorchas encendidas a invocar a la luna.

Los argonautas vieron las luces, que era la señal convenida, se arrojaron contra Yolcos y no hallaron oposición alguna. Sin embargo, Jasón dejó los derechos del trono a Acasto.

Hay otra versión acerca de la muerte de Pelias: engañosamente le presentó Medea a Eeson y persuadió a que bebiera el potaje de la renovación de la vida y sin decir los ensalmos que era debido, lo dejó morir.

Se celebraron los juegos fúnebres para honrar a Pelias y en ellos ganaron trofeos los argonautas: Polideuces, en el pugilato; Meleagro, en el lanzamiento de la jabalina, Eufemo, en la carrera en carroza; Peleo, en la lucha libre; Zetes, en la carrera a pie; Heraclés, que por entonces regresaba de su viaje a las Hespérides, en todos los juegos. En la cuarta carrera ganada por Yolao, cochero de Heraclés, los caballos se comieron a Glauco, en venganza de Afrodita que los había enloquecido con hipomanes.

Las hijas de Pelias tuvieron diversa suerte. Alcestes se casó con Admeto, y las otras dos, Evadne y Anfinome, fueron expulsadas por Acasto. Casaron por Arcadia con nobles personajes.

Jasón fue a Beocia y colgó el vellocino de oro en el templo de Zeus. Llevó la nave Argos al Istmo de Corinto y la dedicó a Poseidón.

Medea alegó sus derechos al trono de Corinto, como hija única de Eetes que había sido su rey. Con la aceptación de los corintios, Jasón quedó convertido en soberano de esta ciudad. Pasados diez años quiso divorciarse de Medea para casar con Glauce, hija de Creonte, rey de Tebas. Lo hizo y Medea en venganza dio como don de bodas a la reina un manto y una corona envenenados que ardieron al ponérselos ella.

Zeus se enamoró de ella, pero fue rechazado. Hera la ayudó y tras inmolar a sus hijos, fue llevada por una carroza arrastrada por serpientes. Hay otras versiones tocante a los hijos (vid. Medea).

Medea fue a dar a Tebas y allí curo la locura .de Heraclés, que había matado a sus hijos. La echaron fuera los tebanos. Fue a Atenas y se casó con el rey Egeo. Fue desterrada de allí también por sus maleficios y emigró a Italia, en donde enseñó a los marrubios sus artes de encantamiento y fue venerada con el nombre de Angitia. Pasó a Tesalia y fue a casarse con un rey de Asia. Fue más tarde a su país antiguo y sin morir fue llevada a los Campos Elíseos.

Hay muchas leyendas bordadas al margen del regreso de los Argonautas. Darlas aquí fuera hacer interminable el relato. Algunas se dan en los nombres de los participantes en la expedición.

Fuentes: La fundamental es la epopeya de Apolonio de Rodas, Argonautas, toda ella. Entre otras fuentes apunto a: Higinio, Fábulas 13, 14, 15, 16, 17, 18, 19, 22, 23, 24, 25, 26, 27, 138. Astronomía Poética XXXVI. Ovidio. Metamorf. VII, 1 ss. Esquilo, Persas. Eurípides, Medea.

ARGOS

1. Un monstruo mítico que tenía una contextura especial: un ojo en la parte trasera de su cuello, o según otros, dos ojos delante y dos atrás.

Era de suma fuerza y mató a un toro y a un sátiro que se le enfrentaron. También mató a los asesinos de Apis, hijo de Foroneo. Fue el guardián que destinó Hera para cuidar y perseguir a Io, cuando ésta fue mudada en ternera. Lo mató Hermes y se convirtió en papagayo. En otra versión, Hera le quitó los ojos para ponerlos en su cola.

2. Uno de los Argonautas, de que no hay gran noticia.

Fuentes: Esquilo, Prom. Encad. 678. Apolodoro, II, 4. Ovid. Metamorf. I, 722 ss. Mosco, II, 58 ss. Vid. Argonautas.

ARIADNE, ARIADNA

Hija de Minos y Pasifea. Cuando fue a Creta Teseo ella se enamoró locamente de él y al entrar al Laberinto para matar al Minotauro le dio una madeja de hilo para que al ir andando lo fuera dejando caer y mediante él hallara el camino para regresar. Al irse la llevó consigo, pero la dejó olvidada en la isla de Naxos. Allí la encontró Dióniso y se casó con ella. De ella tuvo por hijos a Enopio, Toas, Estafilo, Latromis, Evantes y Taurópolo. Más tarde colocó su guirnalda nupcial entre las estrellas.

Según otra versión Teseo vio a Dióniso en un sueño que le pedía a Ariadna y por esta causa la abandonó. El dios le hizo un hechizo por el cual Teseo aun la existencia de Ariadna echó en absoluto olvido.

Y aun una tercera: quedó encinta de Teseo y al dar a luz murió.

(Ver: Minos, Teseo, Dióniso, Minotauro, Laberinto.)

Fuentes: Todas las que se indican en los nombres señalados. Más Plutarco, Teseo, 29. Apolodoro, Epítome, I, 8. Pausanias, X, 29. Higinio, Astronomía, II, 5.

ARION 1

Fabuloso caballo, que guarda el residuo de viejas mitologías. Hay varias versiones. Se reúne aquí lo más serio. Era una creación de Poseidón; caballo con alas, como Pegaso. Un don del dios del mar y de Démeter. Tenía la facultad de hablar. Lo usó primero Poseidón, más tarde pasó a poder de Copreo, de Heraclés y por fin de Adrasto.

En otras versiones, Poseidón se transforma en caballo y Démeter en yegua. La cubre y de esa monstruosa unión nacen la ninfa Despina y Arión.

Adrasto cuando lo montaba podía huir a donde él quisiera.

Por su parte, Heraclés, montado en él, pudo invadir Argos, Tebas y Arcadia.

La leyenda de este caballo solamente nos da, más que la reminiscencia de una edad en que se adorara las bestias, la de la domesticación y aprovechamiento del animal que fue en la historia tan famoso por su gran ayuda en expediciones y combates.

Fuentes: Homero, Ilíada. XXIII, 346. Propercio, II, 34 y 37. Pausanias, VIII, 25.

ARION 2

Hijo de Poseidón y la ninfa Onea. Fue maravilloso tocador de lira y él inventó el ditirambo en honor de Diónjso. Pidió permiso a su rey en Corinto para ir a contener en Sicilia. Ganó el primer premio. Lo colmaron de regalos. Al regresar a Corinto los marineros le dijeron que tenían que matarlo. ¿Por qué?

—dijo él—. Porque te has hecho muy rico. —Todo daré, si me dejan la vida. Deja tu lugar y yo ire como si fueras tú. —Muy bien, dijo Arión. Pido, sólo una gracia: cantar mi canto último.

Como se lo concedieron, se vistió con sus mejores ropas, se paró sobre la proa, abrazando su lira, invocó a los dioses y se arrojó al mar. La nave siguió su marcha.

Los delfines que siempre iban siguiendo la nave, atraídos por el canto de Arión, vinieron en su ayuda. Lo llevaron sobre sus espaldas y la misma tarde de su intento de muerte llegó a Corinto. El rey Periandro quedó encantado de su regreso. El delfín que lo había transportado no quiso separarse de él. Pero entregado al placer, murió muy pronto, con gran amargura de Arión.

Llegaron los navegantes y falsamente dijeron que había quedado Arión en el camino. El rey los hizo jurar ante la tumba del delfín. Entonces les presentó al músico vivo. No tuvieron más que confesar su crimen y fueron entregados a la muerte. Apolo puso a Arión entre las constelaciones.

Fuentes: Herodoto, H. I, 24. Higinio, Fábula 194. Pausanias, III, 25 y X, 13.

ARISTEO

Hijo de Apolo y la ninfa Cirene. Es protector de los ganados y de los frutos de la tierra. Su madre fue raptada por Apolo y llevada a Libia. Allá nace él.

Cuidado por las musas, al llegar a edad competente lo casaron con Autonea, de quien tuvo como hijos a Acteón y a Macris.

También le enseñaron las musas la adivinación y el arte de curar enfermedades. Aprendió el arte de cazar ayudado por su madre Cirene.

Fue a consultar el oráculo de Delos y se le dijo que tenía que ir a la isla de Ceos, en que la peste hacía estragos. Hizo allí curaciones maravillosas.

Visitó Arcadia y se asentó en Tempe. Tenía cría de abejas, que murieron todas. Triste fue a implorar a su madre. Ella le señaló un sitio en las riberas del Peneo.

Regresó al palacio de las Náyades y Cirene le dijo que había de construir cuatro altares para las dríadas en la profundidad de a selva. En ellos tenía que sacrificar cuatro novillos y cuatro novillas y derramar la libación de su sangre. Tenía que regresar a los nueve días trayendo amapolas, un nuevo ternero gordo y una oveja, en propiciación al espíritu de Orfeo. Hizo todo eso Aristeo y de los cadáveres de los animales sacrificados salió un enjambre de abejas que fueron a posarse en un árbol.

Triste por la muerte de Acteón, su hijo, se dirigió a Libia y pidió a su madre una flota para irse a tierras lejanas. Ella se la proporcionó y llegó a Cerdeña y la pobló. Tuvo dos hijos allí. Siguió su exploración por las islas cercanas y fue a residir en Sicilia. Enseñó el cultivo del olivo. Emigró a Tracia y fundó allí la ciudad de su nombre. Allí desaparece su figura y nada más se cuenta de su vida. Tuvo culto entre tracios y griegos.

Fuentes: Píndaro, Pitias, IX, 5 ss. Apolonio de Rodas, Arg. II, 500 ss. Apolodoro, III, 4. Higinio, Fábula 14. Diódoro de Sic. IV. 81.

ASCALAPO, ASCALAFO

Hijo de Aqueronte y Orfne o Georgira, ninfas del río infernal. Cuando Démeter (vid), rescató a su hija Persefone le permitió Zeus que volviera a la tierra, si no había gustado alimento del Hades. Ascalapo la denunció de haber comido granos de una granada. En castigo de su denuncia, Persefone lo convirtió en lechuza, o Démeter lo dejó oprimido por un enorme peñasco.
Hay otro Ascalafo hijo de Ares (vid).

Fuentes: Ovidio, Metam. 5, 539 ss. Apolodoro, I, 33. Vid. Démeter, Persefone, Plutón, Atis.

ASCALABO

Hijo de una mujer de Atica, que cuando Démeter andaba en busca de Persefone le dio una vasija de agua con harina disuelta y poleo, y cuando la diosa estaba bebiendo el muchacho reía de su gran voracidad. Ella arrojó sobre él lo que había quedado en la vasija y quedó convertido en lagarto.
No se confunda con Ascalapo, o Ascalafo.

Fuente: Ovid. Metamorf. V, 446 ss.

ASCANIO, YULO

Hijo de Eneas y Creusa. Otros dan como madre a Lavinia. Es un héroe más bien romano y acaso ficticio. El principal exponente es Virgilio (vid inf). Tito Livio toma como netamente histórica su existencia y el hecho de haber sucedido a Eneas en el reino.
Lo llaman también Yulo, de donde habría derivado la progenie de los Yulios o Julios, como decimos en nuestra lengua.

Fuentes: Virgilio, Eneida, II principalmente. Tito Livio, Hist. I, 3.

ASCLEPIO, ESCULAPIO

Dios de la medicina, cuyo origen es probablemente la deificación de un héroe. Su historia es una de las buenas muestras de la variedad de versiones, algunas incompatibles unas con otras. Hago un resumen de las más famosas.

En Atica y en general en la mayoría de los pueblos influidos por ella corría la leyenda en esta forma:

Flegias, rey de los Lapitas y hermano de Ixión, habitaba en las riberas del lago Beobis en Tesalia. Tenía una hija llamada Coronis.

Apolo se hizo su amante y al partir hacia Delfos le encomendó un día un cuervo preciosamente blanco, para que se guardaran mutuamente. Ya estaba grávida la hija del rey. Pero hacía ya mucho tiempo que estaba enamorada de Isquis, hijo de Elato, de Arcadia. En la ausencia de Apolo le concedió compartir el lecho con ella.

El dios vio su infidelidad, sin necesidad de que el cuervo se la denunciara. Al llegar lo reprendió por no haberle picado los ojos a Isquis y en castigo lo volvió totalmente negro, sin que volviera a haber cuervos blancos.

Confió a Artemis su aventura y la diosa para vengar la ofensa hecha a su hermano deshizo a flechazos a la infiel.

Cuando Apolo vio muerta a Coronis se arrepintió de su ira y de haber provocado la venganza de Artemis. Y no salía de su estupor hasta que estaba ardiendo el cuerpo y su alma había bajado al Hades. Entonces pensó en el hijo y rogó a Hermes que lo sacara del cuerpo que comenzaba a quemarse. Pudo hacerlo aprovechando el mismo fuego que le abría camino.

Recogido con vida el infante, fue llevado a la cueva del Centauro Quirón, que lo crió y enseñó el arte de curar y también la caza.

En cuanto a Isquis, el profanador de la amante de Apolo, lo mató un rayo, de acuerdo con una versión, o lo hirió el mismo Apolo.

Era tan hábil que aun a los muertos resucitaba, como lo hizo con Capaneo, Licurgo y Tindareo. Y también Glauco, Orión e Hipólito.

Un día se quejó Hades con Zeus de que el médico le quitaba a sus muertos por paga y Zeus mató al resucitado y al resucitador con un rayo. Pero más tarde lo restauró a la vida, con que se dio cumplimiento a una profecía hecha por Euipe, hija del Centauro, que dijo que ese niño renovaría sus destinos dos veces y que muriendo semidiós, sería convertido en dios.

Fue padre de Podalirio y Macaón, famosos médicos que curaban a los heridos en la guerra de Troya. Probablemente es una trasposición de la frase figurada a la natural, que siendo diestros en curar, eran llamados hijos de Asclepio. La forma de sus curaciones era a base de hierbas. Es curiosa la que le mostró una serpiente en un sepulcro y le sirvió para resucitar a Glauco.

La versión de los de Epidauro varía en cuanto a sus orígenes y otros pormenores. Según ella Flegias andaba de expedición con un gran escuadrón de guerreros griegos y llegó a Epidauro donde su hija que lo acompañaba ya con el niño en el seno diólo a luz en el santuario que el dios tenía allí, con la ayuda de Artemis y las Parcas. Fueron a dejarlo en el monte Tición, famoso por sus plantas medicinales, y quedó en una cueva. Un pastor de cabras llamado Arestanas notó un día que le faltaba una cabra y además su perra también había desaparecido. Se puso a buscarlas y al fin las halló en una cueva, amamantando al niño. Iba a tomarlo cuando una brillante luz lo rodeó y el pastor huyó, pensando que algo misterioso había en ello. Dejó al niño que fue cuidado por su mismo padre Apolo.

El dios le enseñó los secretos de la medicina, sin que dejara de hacerlo por su parte Quirón, a quien encomendaba al niño.

Atena, por su parte, le dio dos frascos con sangre de la Gorgona Medusa. Un frasco tenía sangre del lado izquierdo y esa sangre era capaz de resucitar a los muertos. El otro frasco tenía sangre del lado derecho y ,esa, al ponerse en el cuerpo de alguno, lo mataba sin remedio y al momento. Hay otra versión de esta dádiva: el frasco que daba vida se dejó a Asclepio y el frasco .de sangre mortífera se lo reservó Atena para matar y provocar guerras. Y de esta sangre también dio dos gotas a Erictonio, y ató los frascos a su cuerpo con cintas de oro.

(Ver Erictonio).

Los de Mesena hacían nativo de Trica a Asclepio; los de Arcadia, de Telpusa; los de Tesalia, de otra Trica en su región.

La diosa Higía era también hija de Asclepio, lo mismo que Telésforo, pero esta es una versión muy tardía.

En su honor se celebraban las fiestas Asclepias, consistentes en himnos, procesiones y sacrificios.

Se le representaba con gran barba; como Zeus, pero de aspecto benigno. Sus atributos eran un báculo y una serpiente enredada en él. En algunas representaciones tenía un perro echado a sus pies. También solía llevar unas tabletas para escribir, emblema de la ciencia médica.

Fuentes: Pausanias, II, 26. Píndaro, Odas Píticas, III, a 5 ss. Higinio, Fábula 202. Astron. poeta. II, 40. Apolodoro, III, 10. Ovid. Metamorf. II, 612 ss.

ASTIANAX, ASTIANACTE

Hijo de Héctor y Andrómaca, nacido durante la guerra. Llamado también Escamandrio. Terminada la guerra, se hizo consejo para definir su suerte. Odiseo propuso que se acabara con todos los descendientes de Príamo. Y el adivino Calcas afirmó que había un oráculo según el cual, si lo dejaban vivo, vengaría a sus padres y reedificaría a Troya Todos los capitanes eran opuestos a que se matara al niño, pero Odiseo fue a traerlo arrebatadamente del campamento y lo arrojó desde la muralla. Hay la versión de que Neoptolomeo, a quien había tocado como parte del botín la madre, Andrómaca, aun antes del consejo militar, lo arrebató de sus brazos y tomándolo por un pie lo hizo girar sobre su propia cabeza y lo azotó contra las rocas. Y aun hay la tercera, que es que el niño, cuando se estaba deliberando su suerte, y Odiseo insistía en el oráculo de Calcas, rabiosamente se precipitó él mismo desde la muralla. Otra muestra llevada a la épica de los salvajes usos de toda guerra.

Fuentes: Homero, Ilíada, VI, 402. Higinio, Fábula 109. Apolodoro, V, 23. Eurípides, Troyanas, vv. 719 ss. Pequeña Ilíada, frag. citado por Tzetzes. Séneca, Troades, vv. 524 ss y 1063 ss.

ASTIOJE

Hija de Laomedonte y hermana de Príamo. Casó con Télefo y tuvo por hijo a Eurípilo. Este fue a Troya, murió a manos de Neptolomeo, por causa de un don femenino. Se dice que ese don era la vid de oro que dio Zeus en recompensa del rapto de Ganimedes y que Príamo dio a Astioje su hermana.

Fuentes: Apolodoro, III, 146. Homero, Odis. XI, 521. Pequeña Ilíada, frag. 6.

ATALANTA

Hija de Iso y Climene. Era cazadora adversa al matrimonio. Hubo muchos que se enamoraron de ella:

Meleagro, que le dio al fin un hijo, que es Partenopeo. Y en seguida, Melanio, su primo, llamado también Hipomenes. Para condescender con ellos ponía la condición de, que le ganaran una carrera a pie, o bien en otra versión, que corriendo ella por delante pudieran atraparla. Si ella lo alcanzaba a su vez, lo mataba.

Melanio se sirve de un ardid. Toma tres manzanas de oro que le había dado Afrodita y las da a Atalanta, recomendándole que las vaya dejando caer una tras otra. Eso la demora y llega después de él a la meta. Hecho el matrimonio, un día yace con ella en un recinto consagrado a Zeus.

Irritado el dios los convierte en leones. En otra versión esos leones son uncidos a la carroza del dios (Vid Caledonia y su jabalí).

Fuentes: Higinio: Fábulas 99, 185. Ovid. Metamorf. X, 565 ss.

ATAMAS

Hijo de Eolo. Hermano de Sísifo y Salmoneo. Por mandato de Hera casó con Nefele. Era ésta un fantasma creada para engañar a Ixión, pero andaba vagando por el Olimpo. Zeus la hizo casar con Atamas. Tuvo de ella dos hijos y una hija: Frixo y Leucón y Hele. El, marido la deja por ver su desdén y se enamora de Ino, hija de Cadmo. La rapta y tiene oculta y de ella procrea a Learco y Melicerte.

Nefele no queda ociosa. Va al Olimpo a reclamar ayuda. Hera la patrocina. Dijo una palabra que fue fallo contra la casa de Atamas: Venganza eterna contra él y contra su prole.

Nefele con esta arma regresa a su sitio y pide que muera Atamas. Los habitantes de Beocia, cuyo rey era él, se niegan a secundar sus propósitos. Las mujeres toman partido en favor de Ino. Por engaño de ésta hacen un sortilegio con el grano de la siembra, con lo cual no se dan las cosechas y el rey manda preguntar al oráculo de Delfos qué debe hacer para alcanzar buena provisión. Ino había sobornado a los mensajeros y regresan con el mensaje de que debe morir Nefele sacrificada a Zeus en el monte Lafistio.

Llegados al Monte, confiesan su superchería los mensajeros. Nefele enfurecida pide la muerte de Atamas. Pero Heraclés lo salva de la muerte.

Hera, entre tanto, está airada contra Atamas y resuelve enloquecerlo. La razón es su falta de atención a Nefele y su asistencia a Dióniso.

Loco Atamas mata a su hijo Learco y mas: tarde a Melicerte, su hijo menor. Fue arrojado de Beocia y no tenía sino a su hijo Leucón, pero éste enferma y muere. Va errante por las llanuras, sin comer ni beber, y llega a donde está una manada de lobos devorando una oveja. Se establece allí y funda una ciudad llamada Alos y toda la región toma el nombre de Atamania.

Hay una versión diferente: Se casa con Ino y tiene de ella a Learco y a Melicerte. La mujer se va de caza y nunca regresa. Halla al buscarla ropas ensangrentadas y tiene la convicción de que la devoraron las bestias. Lo cierto era que la esposa había sido atacada por una onza mientras celebraba a Baco. Pudo ella apretando el cuello matar al animal y le arrancó los dientes. Luego se vistió la propia piel de la onza y regresó al Parnaso.

Entre tanto Atamas se casa con Temisto, que le da dos hijos, pero sabe que Ino está viva. La hace buscar, la acomoda en un departamento de su palacio y engaña a Temisto diciendo que es una cautiva que ha procurado para nodriza de sus hijos. Ella, astutamente adoctrinada por las criadas, va a ver a Ino y le dice: Vamos, viste a mis hijos con ropa de lana y ponte un traje de luto por mi anterior Ino, que ha muerto.

Manda que los guardias al día siguiente irrumpan en el palacio y maten a los dos niños, hijos de Ino y preserven a los suyos. Pero Ino ha mudado los ropajes y los que mueren son los hijos de Temisto. El rey Atamas, al saberlo, enloquece. Mata a su hijo Learco, confundiéndolo con un cervatillo. Ino huye y se va con su hijo Melicerte al mar y se vuelve, inmortal.

Fuentes: Higinio, Fábulas, 2, 4. Astron. Poética, II, 20. Frag. de Sófocles, Atamas. Frag. de Eurípides, Ino. Ovidio, Fastos, III, 851 ss.

ATARGATIS

Diosa de origen semítico, pero que se introdujo en Grecia. Casada con Hadad, otra deidad semítica, tenía como asistentes y guardias de su trono a fuertes toros, para el marido y para ella, leones.

Tenía un templo en Ascalón, sobre las costas de la Palestina de hoy y estaba representada con el cuerpo mitad mujer y mitad pez. Peces y palomas estaban dedicadas a ella. La primera causa es que ella cayó en un estanque un día y se convirtió en pez, o fue salvada por un pez. Su hija Semiramis fue mudada en paloma (vid).

La divulgación de su culto se debió a su carácter de fecundadora y favorecedora de la vida sexual. Se la confundió con Afrodita y se la llamaba la Diosa Siria. En Delos le dedicaron un santuario vecinos de Hierápolis y en Atenas misma tuvo uno, lo mismo que en diversas ciudades.

Fuentes: Luciano, De Dea syria, passim. Apuleyo, lib. s. 8 y 9. Ovid. Metamorf. IV, 44 ss.

ATE

Una personificación de la petulancia y de la imprudencia moral en que ya no se hace distinción entre lo justo y lo injusto.

En la primitiva serie de mitos es hija de Zeus. En otra parte, hija de la Lucha y la Rebeldía a las normas.

Fuentes: Homero, Ilíada, XIX, 90 ss. Hesiodo, Teog. 230.

ATIS

Deidad de origen semítico. Es el consorte joven de Cibeles. Tipo fundamental de los eunucos o mutilados sexuales (vid).

El mito en su forma frigia dice que los dioses castraron a Agdistis, andrógino, y arrojaron sus órganos masculinos. De ellos brotó un almendro y comiendo su fruto Nanna tuvo por hijo a Atis. Agdistis se enamora de él y lo obliga a castrarse para que le sea fiel. Es muy probable que Agdistis sea solamente una faz de Cibeles (vid).

El mito en su versión lidia es que Atis fue matado por un oso que le extirpó los genitales.

Fue el amigo y amante de Cibeles y ella llora y celebra su mutilación. Es la razón de que los sacerdotes dc esta diosa y sus similares hagan el sacrificio de su virilidad para ser sus ministros y propagadores.

Es un dios de origen agrícola como favorecedor de la fertilidad. Fue elevado al rango de dios solar en la difusión que tuvo en el imperio romano. Se le representa como un jovenzuelo con su gorro y su calzón frigios.

Fuentes: Pausanias, 7, 17. Ovid. Fastos, 4, 221 ss. Ver Démeter, Persefone.

ATLAS

Titán, hijo de Yapeto y Climene. Está custodiando los pilares en que el cielo se sostiene. Más tarde se lo hace un sostenedor del mundo sobre sus espaldas. Fue identificado más tarde con el Monte Atlas en el NO. de Africa. Perseo lo convirtió en piedra, con solo mostrarle la cabeza de Gorgona. Es padre de las Hespérides, según algunas fuentes. También es padre de las Pléyades y aun de Calipso. Tuvo relaciones diversas con Heraclés, durante sus trabajos (vid). Es uno de los objetos más gustados para las representaciones artísticas. En la batalla contra Cronos fue jefe de los gigantes. El único que no fue vencido.

Hace un gran papel en el mito de Prometeo (vid). Conocía todos los abismos del mar y tenía su reino en la legendaria Atlántida, que se sitúa imaginariamente en la que es ahora Africa. Su pueblo hizo de esta región un vergel con el cultivo y la conducción de aguas al desierto. Tenía alianza con sus hermanos, que eran cinco pares de gemelos masculinos.

Cuando Zeus irritado vio sus crueldades, envió un diluvio, del que solamente escaparon él y Menocio.

Ver especialmente el Trabajo 11 de Heraclés, para mayores datos.

Fuentes: Hesiodo, Teog. 509. Homero, Odis. L, 53. Esquilo, Prom. Encad. 347 ss. Ovid. Metamorf. IV, 655 ss.

AYAX

Hijo de Telamón. Toma gran parte en la guerra de Troya.

Varonil en todo sentido. Es uno de los bellos héroes de la epopeya.

Hay sobre su nacimiento una leyenda. Heraclés visita a Telamón, su padre y parado sobre su piel de león pide que el recién nacido sea tan fuerte y vigoroso como la piel de un león. Zeus envía un águila en respuesta: de allí el nombre de "aiax", como si se dijera aquilino.

Ayax era invulnerable, menos en una parte de su cuerpo, totalmente secreta, y que varía en los autores.

En cuanto a su muerte, hay varias tradiciones. Muere por su mano, como lo puso Sófocles. O muere a los dardos de Páris. Al morir brotan del suelo flores, las famosas del jacinto, que han entrado en complejo con el héroe de este nombre.

Fuentes: Ilíada, II, 557, III, 229 ss. Hesiodo, Frag. 140. Pind. Istm. VI, 34 ss. Sófocles, Ayax todo.

AYAX MENOR

Famoso personaje de la Ilíada y otros poemas. Era hijo de Oileo y Eriopis. El más famoso flechero y el mejor corredor después de Aquiles. Era de pequeña estatura. Llevaba como emblema su corselete de lino y una serpiente domesticada que lo seguía por todas partes, a fuer de perro. Era ella muy grande, más larga que un hombre y se ponía enhiesta cuando él iba a ser atacado. Iba acompañado de su hermano Medón, hijo de Minos y la ninfa Rene. Este había emigrado de su hogar por haber matado a un hermano de Eriopis.

Fuentes: Homero, Ilíada, XIII, 697. II, 527 ss. Higinio, Fábula 97.

BAUBO, BABO

Diosa de lejana y vaga existencia. Es confundida con Yambe (vid), aunque aparece más bien como nodriza de ésta. Está relacionada con el mito de Démeter. Cuando ésta se hallaba en Eleusis, en casa de Celeo y Metanira, bajo un disfraz, fue invitada a ser nodriza de Demofonte, hijo de aquellos. Allí Baubo la persuadió para consolarla a que bebiera agua de cebada de broma: se puso a hacer visajes y dar gritos como si estuviera en dolores de parto y, echó a su propio hijo Yaco en la falda de Démeter.

Era un viejo numen de carácter obsceno y personificaba el órgano femenino. Se halla mencionada en la historia de Orfeo y su rapto de Koré. Era uno de los personajes de los misterios eleusianos.

Fuentes: Fragmentos Orficos, 49 ss. 215.

BELEROFONTE, BELEROFON

Hijo de Glauco, rey de Corinto. Mata a su propio hermano Deliades y a otro llamado Belero. Va a refugiarse a casa de Proteo, rey de los Tirinos. La mujer de Proteo, Antea o Estenobea, según otras fuentes, se enamora de él, apenas, tan pronto como lo ve. El no consiente en sus solicitaciones y en venganza ella lo denuncia ante su marido, como atentador de su pudor. Irritado Proteo, no lo mata ni lo castiga; para evitar la venganza de las Euménides, por haber atentado contra un huésped. Lo envía a Yobates, rey de Licia, padre de Estenobea, para que éste haga justicia.

Pero Yobates teme la misma venganza y le da el cargo de que acabe con la Quimera (vid). Belerofonte antes de ir consulta al vidente Pólibos, el cual le dice que vaya a cautivar y amansar a Pegaso, caballo con alas (vid). El caballo es amado por las Musas que habitan en Helicón, porque les ha dado la fuente Hipocrene con sólo una patada en el suelo. Cuando llega él al Monte Helicón no estaba allí Pegaso. Lo va buscando y lo halla en la fuente de Pirene en Corinto. Lo pone en una brida de oro, regalo de Atena. Otra versión dice que la diosa misma se lo da embridado.

Se lanza Belerofonte en su pegaso contra la Quimera, la flecha con dardos y le mete en la boca una flecha que llevaba bolas de plomo. La Quimera bramó al recibir la herida que le llegó a amortiguar su vida. Murió la Quimera (vid).

No quedó satisfecho Yobates y lo mandó a combatir a los Solimianos, aliados de las Amazonas. Pudo dominarlos, subiendo sobre todos ellos y arrojando grandes pedruzcos en sus cabezas. Más tarde vence una banda de piratas. Estos iban dirigidos por Quimarro, guerrero muy bravo que iba navegando en un barco con la insignia del león y la serpiente. Con todo eso, Yobates no queda satisfecho. Manda que al regresar Belerofonte sus siervos le pongan acechanzas y lo maten. Pero él se baja de su caballo e invoca a Poseidón para que venga en su auxilio. Lo oye el dios de los mares y hace que se desborde el río Xanto. Belerofonte avanza y las olas del desbordado río se abren ante él.

Al fin convencido Yobates de que Proteo ha sido engañado en el pretendido atentado contra Estenobea, le manda pedir una relación de los hechos. Por ella ve que Belerofonte ha sido calumniado y le pide perdón. Le da a su hija Filonea en matrimonio y lo constituye heredero de su reino.

Ya en su estado de felicidad, Belerofonte intenta subir al Olimpo como si fuera uno de los dioses, pero Zeus enojado envía un tábano que pique la cola de Pegaso, con que el animal respinga y bota por tierra a su jinete. Pegaso sigue su vuelo al Olimpo y es cuando el padre de los dioses, lo constituye portador del rayo.

Belerofonte, por su parte, habiendo caído en un zarzal, con mil trabajos se libra y sigue errante por la tierra, cojo, ciego, abandonado y maldecido de todos. Misántropo, no quiere ver a ningún ser humano y va largos años hasta que la muerte lo libra de su pena.

Esta larga leyenda que implica muchos mitos es residuo de viejas historias mágicas muy del gusto de los primitivos.

Fuentes: Homero, Ilíada, VI, 155 ss. XVI, 328 ss. Hesiodo, Teog. 319 ss. Píndaro, Olim. XIII, 63 ss. ístmicas, VII, 44. Ovidio, Metamorf. IX, 646.

BELO Y SUS HIJOS

El nombre parece una adaptación del Ba'al semítico. Es una historia compleja la que corría en Grecia.

Hijo de Poseidón y Libia, reina en Quemis de la Tebaida. Era hermano de Agenor y casó con Anquinoe, hija de Nilo. Tuvo en ella dos hijos: Egipto y Dánao, que eran gemelos, y más tarde, a Cefeo.

Tocó a Egipto por herencia el reino de Arabia y él se encargó de dominar la región llamada Melámpodes, que por su propio nombre vino a ser el Egipto de la historia. Con muchas mujeres tuvo hijos hasta completar el número de cincuenta.

Dánao fue a reinar en Libia y tuvo a su vez cincuenta hijas, que son las Danaides. También se decía padre de las Náyades, de las Hamadria-das, de las princesas de Etiopía, Menfis y Elefantina.

Cuando murió Belo los gemelos peleaban por la herencia del reino. Para arreglar las cosas Egipto propuso que los cincuenta hijos, suyos se casaran con las cincuenta hijas de Dánao. Consultó al oráculo y éste le dio la confirmación de lo que sospecha. Era un ardid de Egipto que mataría a las hijas y se quedaría con el reino.

Dánao, bajo la dirección de Atena, construyó una nave en la cual juntamente con sus hijas emigraba a diversas regiones de Grecia en demanda de hospedaje y ayuda. Tras varias vicisitudes llegó a Lerna y dijo que los dioses los destinaban a ser rey de Argos. Gelanor, a la sazón gobernante de esa ciudad, se echó a reír. Pero el pueblo se reunió a deliberar. Hubo un curioso augurio que resolvió la cuestión:

Casi al alba bajó un lobo de la montaña y se echó contra la manada de bueyes que pacían junto a las murallas. Mató al buey que guiaba al rebaño. Lo tomaron como indicio de que Dánao tomaría por violencia el trono, si se lo negaban por la buena. Fue la multitud a rogar a Gelanor que resignara el mando.

Dánao vio en el lobo al mismo Apolo que venía a ayudarlo y él consagró el santuario con el nombre de Liceo, o sea Lobuno.

Subió su poder a tal grado que los habitantes de aquella región y más tarde todos los pelasgos de Grecia llegaron a llamarse Dánaos, Danaides.

Fundó la ciudad de Argos y sus hijas introdujeron los misterios de Démeter importados de Egipto, con el nombre de Tesmoforias. Divulgada esta celebración por toda Grecia, al triunfar los griegos, se quedó, solamente en la Arcadia.

La tierra de Argos se hallaba bajo una gran sequía que Poseidón había provocado secando fuentes y ríos y no dejando caer lluvias.

Esto se debía a su enojo contra Hera que afirmaba ser suya aquella tierra.

Dánao envió a sus bijas a buscar agua y a hacer que Poseidón, por cualquier medio que se ofreciera, quedara pacificado.

Una de ellas, Amimone, andaba cazando ciervos en la selva y despertó a un sátiro que dormía. Dio éste un salto para atraparla y ella invocó a Poseidón en su ayuda. Vino el dios al momento y con su tridente atacó al sátiro. Este escabulló el cuerpo y el tridente quedó clavado en la roca. Fue Poseidón el que poseyó a Amimone. Ella se aprovechó para quejarse y contar la comisión que tenía de su padre. El dios tomó su tridente y le dijo que ella golpeara la roca. Lo hizo así y de cada una de las tres puntas brotó un venero. Esta es la fuente de Amimone que da origen al río Lerna y que jamás deja de brotar. Junto a esta fuente nació la famosa Hidra de Lerna, hija de Equidna. Estuvo habitando junto a la fuente que era también el centro de todas las purificaciones.

Por su parte Egipto envió a sus cincuenta hijos a Argos para castigar a Dánao y les mandó que no regresaran hasta haberlo logrado. Cuando llegaron a la presencia de Dánao, en lugar de castigarlo y acabar con su ciudad, le pidieron que les diera a las cincuenta hijas. Tenían intenciones de matarlas en la noche de bodas. Como Dánao se negó, sitiaron a Argos y cortaron los acueductos. La ciudad moría de sed, a pesar de que las hijas habían cavado diversas fuentes interiores. Cedió Dánao y ellos levantaron el sitio.

Se hizo la boda colectiva, repartiendo a las hijas, o por la semejanza de sus nombres, como Clite con Clito, Crisipe con Crisipo, etc. o por la categoría similar de las madres respectivas.

Por consejo de su padre cada una de ellas llevaba un estilete a manera de fistol, o alfiler escondido entre su cabellera. A la media noche cada una tenía que hundir el estilete en el corazón de su marido.

Todas cumplieron con la consigna paterna, menos Hipermnestra, que perdonó la vida a Linceo, por consejo de Artemis, ya que él no había violado su virginidad y lo sacó para que huyera a refugiarse a la ciudad de Lincea, a unos sesenta estadios de Argos. Ella le rogó que en seña de haber llegado a su destino encendiera un faro y ella por su parte encendería otro. Es uno de los más viejos datos sobre el telégrafo de luces. Lo hicieron uno y otro al amanecer y en sus fiestas los argivos conservaban la costumbre de encender faros en recuerdo de este pacto.

Cuando Dánao supo la desobediencia de la hija quiso matarla, pero los jueces se lo impidieron. La joven levantó una estatua a Afrodita Victoriosa y a Artemis Persuasiva, en el mismo santuario de Apolo.

Las cabezas de los hijos de Egipto fueron sepultadas en Lerna y en la ciudad se les hicieron todos los honores fúnebres.

Las hijas de Dánao fueron purificadas por Atena y Hermes, pero los Jueces del Hades les impusieron como pena interminable estar echando agua con toneles perforados. Es el famoso mito del tonel, barril, jarra o recipiente de las Danaides.

Linceo y su amada Hipermnestra fueron desposados en forma y se perdonó su falta. Las demás hermanas fueron purificadas y propuestas en matrimonio. Nadie quería arriesgar la vida con aquellas asesinas. Dánao propuso una carrera y el que llegara primero, de cualquier rango, tomaría a la primera y cada uno conforme iba llegando a la que seguía. Pocos se atrevían a este concurso, hasta que vieron que, pasada la noche, seguían vivos los varones, muchos demandaron la mano de las Danaides. Se repitió la carrera y todas aquellas mujeres hallaron marido.

De esas uniones proceden los Dánaos, y la recordación de la carrera entró en la tradicional repetición de ella, de manera simbólica.

Triste fue el fin de Dánao: lo mató Linceo, el único hijo de Egipto que escapó a la muerte nupcial. De buen grado hubiera acabado también con todas sus cuñadas para vengar a sus hermanos, pero el pueblo de Argos se opuso.

Egipto fue a Grecia y cuando supo toda la historia de sus hijos huyó a Aras. Está su sepulcro en Patras, en un santuario del dios Serapis.

El hijo que Amimone tuvo de Poseidón se llamó Nauplio que fue navegante muy afamado y al que se atribuye el arte de marear con la mirada en la Osa Mayor. Hubo otro Nauplio descendiente suyo, que se hizo célebre por saber hacer naufragar a los barcos enemigos con solo encender faros falsos.

Fácil es ver en toda esta serie de mitos una memoria simbólica de la fusión no siempre tranquila entre dos razas y dos culturas tan diferentes, pelasgos e indoeuropeos. Aquí nos ha interesado solamente el hilo de la fantasía en estas historias.

Fuentes: Apolodoro, II, 1. Higinio, Fábula 168, 160, 170. Diódoro de Sicilia V, 58. Ovid. Heroidas, XIV. Pausanias, II, 37 y VII, 21.

BENTESICIME

Nombre que significa "oleaje del abismo". Es la tercera hija de Anfitrite. Ella custodia al niño Eumolpo (vid), hijo de su mismo padre Poseidón y lo mantiene en las costas de la Etiopía. Más tarde lo casa con una de sus hijas. Como el hermanastro se enamora de la otra hija lo arroja de su lado y lo hace ir a dar a Tracia.

Su vaga figura se pierde en la sombra.

Fuentes: Higinio, Fábula 273. Apolodoro, II, 5.

BITON Y CLEOBIS

Eran hijos de la sacerdotisa de Hera en Argos. Llegaba la hora en que debía llegar la carroza sagrada para el sacrificio y los bueyes blancos que habían de traerla no aparecían. Los dos hermanos se uncieron a ella como bueyes y la llevaron al templo, por unos ocho kilómetros. La madre pidió a Hera un don por esa su devoción y su amor filial. La diosa se lo concedió. Acabada la ceremonia, fueron a dormir al templo y no despertaron nunca.

Fuentes: Herodoto, I, 31. Pausanias, II, 2.

88 ANGEL Mᴀ. GARIBAY K.

BOREAS

Personificación del viento del Norte. En Grecia, como en otras mitologías, era funesto. Tenía su más famoso templo en Atica (Herodoto, VII, 189). Los mitos referentes a él son variados y divergentes. Doy algunos, con su fuente al calce.

Hijo de Astreo y Eos. Hermano naturalmente de los vientos del Sur y el Oeste. Un día Oritia, hija de Erecteo y Prasitea, reyes de Atenas, andaba bailando furiosamente cuando Boreas se la llevó. Fue con ella hasta una roca cercana al Ergines y allí, envuelto en un manto de nubes, la violó. Es que la amaba de tiempo atrás, pero su padre nunca había querido concedérsela. Hay la versión de que la doncella solamente llevaba el canastillo de las ofrendas a Atena o sea, era una tesmófora.

Ya que la hizo suya, de ella tuvo dos hijos, Calais y Zetes y eso en una ciudad de los Cicones de Tracia. Estos, al llegar a la edad adulta vieron que les crecían alas. También tuvo dos hijas: Quione, que fue madre de Eumolpo, por obra de Poseidón, y Cleopatra, que se casó con Fineo, el cual fue muerto en forma horrorosa por las Furias (vid).

Las moradas de Boreas son variadas: Una está en una gruta del Monte Hemo, la cual tiene siete compartimientos, en que Ares aloja sus caballos. Otra está en las riberas del río Estrimón. Se dijo ya que tenía su templo en Atica.

Su forma era estrafalaria: en lugar de pies, tenía colas de serpientes. Se transformaba en caballo garañón y una vez cubrió a doce yeguas de Erictonio, el cual tenía tres mil. De tal unión nacieron doce hijas, tan bravas y broncas que corren por rocas y montañas y aun sobre las olas encrespadas.

Los hermanos son Zéfiro y Noto. De ellos y de los demás hay artículo propio (vid. Dioses de los Vientos).

Fuentes: Además de las dadas en el texto, ver: Apolodoro, III, 15. Apolonio de Rodas, Arg. 1, 212 ss. Ovid. Metamorf. VI, 677 ss. Calímaco, Himnos a Artemis y a Delos. Homero, Ilíad. XX, 219 ss.

BRANCO

Un personaje de Arcadia que casado con Argiope, ninfa de la región, dio la vida a Cerción. Este pasaba a los viajeros y los abrazaba hasta matarlos. Branco interviene en ciertos oráculos (Vid. oráculos).

Fuentes: Ovid. Ibis 407 ss. Apolodoro, III, 16. Plutarco, Teseo, 11 y 29.

BRIAREO, EGEON

Uno de los Centimanos, o sea, que tenían cien brazos. Es de los hijos del Cielo y la Tierra. Fueron aliados de Zeus en su rescate de la soberanía, destronando a Cronos. Hijo era de la Madre Tierra, aunque en forma anormal. Con sus dos hermanos, Coto y Giges, tienen una buena parte en los mitos, pero de los más confusos, lo cual sugiere ser de los prehelénicos, mal comprendidos por los recién llegados. El desata a Zeus cuando Hera lo ha atado con mil nudos. Fue el único entre los inmortales que, con Tetis, se puso a favor del dios.

En algunas leyendas es el padre de la dueña del cinto, que en otras se da a Hipólita, reina de las amazonas.

Algunas veces la confusión aumenta, cuando se da el mismo nombre a Heraclés: "el forzudo". Tal es la significación de Briareo.

Fuentes: Hesiodo, Teog. 147 55. Ilíada, I, 396 ss.

BRISEIDA, BRISEIS

1.   Hija del adivino Calcas y sumamente hermosa. Fue amada por Troilo, en donde la había dejado su padre. Como Calcas adivina que Troya va a caer, ruega a Agamemnón a que la solicite de Príamo para que salga y quede libre. Consiente Príamo y aun manda que vaya escoltada al campo griego. Allí, a pesar de sus juramentos a Troilo, se enamora de Diomedes argivo y es correspondido por él, en grado ardiente. Se propone matar a Troilo donde quiera que lo encuentre en el campo de guerra.

2.   Otra Briseida es la famosa concubina de Aquiles. Era hija de Briseo de Lierneso y estaba casada con Mines, hijo del rey Eveno. Mines y su hermano Epistrofo cayeron muertos en la batalla y Briseida fue cautivada por Aquiles. Cuando el rey, Eveno supo estos hechos, se ahorcó.

Agamemnón la quitó de sus manos, cuando tuvo que enviar a Criseida y ésta fue la causa de la ira de Aquiles. Más tarde le fue devuelta.

Las dos historias son muestra de lo que fue en la guerra la eterna intervención de la mujer como despojo a capricho del hombre (ver los arts. de los personajes mencionados).

Fuentes: 1. Apolodoro, III, 32. Homero, Ilíada, XXI, 34 ss. II. Homero, Ilíada, I, 392, XIX, 60, 296 y paralelos.

BRITOMARTIS

Diosa de Creta y anterior a los griegos, que más tarde se asimiló a Artemis. Su principal templo estaba en Cidonia. Era hija de Zeus y Carme. Minos se enamoró de ella, pero prefirió huir a la montaña y ocultarse allí por espacio de nueve meses. Más tarde, huyendo de su importuno amante se arrojó al mar, pero fue rescatada por las redes de los pescadores. De donde el nombre de Dictina que se le da. Fue llevada a Egina tan pronto como Minos se alejó. Ya en Egina otra vez intentó Minos aprisionarla, pero ella huyó a un bosque consagrado a Artemis.

Probablemente es una diosa de la fertilidad que se relaciona también con el culto al mar. La roca, el bosque, el mar, tienen relación íntima con dioses primitivos como ella.

Fuentes: Estrabón, X, 4. Calímaco, III, 189 ss. Pausanias, II, 30.

BRIZO

Diosa que veneraban en Delfos, en especial las mujeres, pidiendo protección para los navegantes. Era también inspiradora de sueños proféticos. Se le hacían ofrendas de comida, con tal que no fuera de pescado. Probablemente es una diosa lunar que vino a fundirse con Leto y cuyo origen habrá que buscar en la deidad de los nórdicos llamada Brigit. Era entre ellos la patrona de todas las artes y Apolo tuvo que aprender de ella.

Fuentes: cf. Müller, *Fragmenta Historicorum Graecorum.* 1841 ss. IV, 493.

BROTEAS

Hijo de Tántalo y una de estas mujeres, pues se le dan diferentes en las varias versiones: Eurinasa, hija del río Pactolo, que era mujer de Tántalo, o Clitia, hija de Anfimadante, o Diones, una de las Pléyades, o Euritemista, hija del río Xanto.

Era, por tanto, hermano de Pélope, Niobe y alguno más (vid estos nombres). Tras el castigo de su padre y hermana, que se narra en los lugares citados, él, que era el más feo de los hijos de Tántalo, queda al parecer sin pena. Va a dedicarse a la caza y a la escultura primitiva. Se le atribuye una fea imagen de la madre de los dioses, que era venerada en una cañada al N. de Sipilo. Probablemente una reliquia de pueblos anteriores al griego.

En su ejercicio de la caza no quiso rendir honores a Artemis y aun pensaba competir con ella. Por lo cual la diosa lo volvió loco. En sus delirios afirmaba que era invulnerable al fuego. Un día se arrojó a una pira encendida y dejó que las llamas lo consumieran, confiado en su inmunidad. Otra versión dice que se mató de despecho de verse tan feo. Dejó un hijo al cual transmitió el nombre de su mísero padre, Tántalo.

Fuentes: Además de las indicadas en Pélope, Tántalo, Niobe, Vid. Higinio, Fábula 83. Pausanias, III, 2. Apolodoro, Ep. II, 2. Ovid. Ibis, 517 y sus notas.

BUSIRIS

Rey de Egipto, hijo de Poseidón, que tenía la costumbre de matar a todos los viajeros que llegaban a su país, en un altar que había dedicado a Zeus. Cuando llegó Heraclés intentó hacer lo mismo con él, pero el héroe lo mató juntamente con sus servidores.

Fuentes: Herodoto, II, 45. Isócrates, XI, 36. Calímaco, Aitia, II, 8. Ovid. Amores, 1, 647 ss.

CABIROS

Deidades anteriores a la ocupación helénica. Probablemente de origen frigio. Ha habido quien los crea de procedencia semítica.

Son dioses protectores de la fertilidad y en tiempos posteriores de la navegación.

· Venerados principalmente en Samotracia, con ritos de carácter fálico. Su figura es vaga y aun sus mitos. En algunos monumentos se representan como dos: uno viejo, o, de madura edad, con gran barba, y el otro, joven, adolescente y aún niño. Más tarde se hacen iguales y de aspecto juvenil.

El nombre ha sido interpretado como "grandes", del semítico *kabirim*. Y entre los griegos se les llamaba "los grandes dioses".

Borrosamente sabemos que había en otras versiones, dos varones y dos mujeres. Los varones eran Axiokerso y su hijo o paje, Kadmilos, Kasmilos. Las mujeres son Axieros y Axiokersa.

Algunos fueron confundidos con los dioses griegos, como Kadmilos con Hermes.

El mito más divulgado, y con líneas más precisas es: Eran tres hermanos que vivían cerca del Olimpo. Dos de ellos mataron al tercero. Le cortaron la cabeza, y después de envolverla en un lienzo de púrpura, la colocaron en un escudo de bronce, que sepultaron a la falda de la montaña.

Su culto divulgado en varias regiones de la Hélade tenía aún sus misterios propios.

Fuentes: Clemente de Alejandría, Protréptico, II, 19.

CACO

Numen más bien romano, pero implicado en los mitos griegos. A ese título lo doy aquí. Es al principio un dios informe, que se llama Caco o Caca. Etimológicamente no se ha definido el origen de este raro nombre. Probablemente era la pareja sagrada que custodiaba el fuego del hogar doméstico. Hallamos estas relaciones con mitos helénicos.

Era hijo de Efesto y Medusa, tenía tres cabezas, habitaba en la cueva de la selva Aventina. Echaba llamas por cada una de sus bocas. Toda su caverna estaba adornada de huesos humanos de las víctimas que había devorado.

Llegó Heraclés por sus dominios, en tanto que él dormía en su cueva. Dormido quedó Heraclés y Caco le robó novillas de las que venía guardando. Cuando despertó el héroe fue buscando hasta no hallar la cueva. Estaba tapiada por una enorme roca. El famoso Heraclés la removió como si fuera, guijarro.

Salió Caco a defenderse, pero Heraclés lo hizo trizas.

Varía el mito diciendo que el que mató a Caco fue Gerano, o Recarano, que era aliado de Heraclés.

Fuentes: Propercio, Eleg. Iv, 9 s. Ovid. Fast. 1, 545 ss.

CADMO Y HARMONIA

Hijo de Agenor rey de Tiro. Cuando desapareció Europa su hermana (vid), su padre lo envió con sus dos hermanos, Cílix y Fénix en busca de ella, apercibidos de no regresar sin haberla hallado. Se le dijo a Cadmos en Delfos que debía buscar una vaca y en donde la hallara fundar un templo. La halló en el sitio donde se halla Tebas y emprendió su fundación. Al ir a sacar agua fue estorbado por un dragón que era hijo de Ares, y Cadmo lo mató. En castigo se le destinó a una esclavitud de un período de ocho años.

Pasados estos años Atena misma le confió la región, de Beocia. Fue cuando acabada de edificar la ciudad se casó con Harmonía. Era esta hija de Ares y Afrodita.

Su boda fue excepcional. Asistieron a ella los Doce Dioses Olímpicos en sendos tronos de oro en casa de Cadmo que estaba en la que fue plaza después.

Afrodita hizo la presentación de la novia, adornada con un collar precioso. Este tenía su historia. Lo fabricó Efesto para regalo que daba Zeus a Europa, pero Afrodita pudo hacerse de él para adornar a su hija Harmonía. Atena por su parte le regaló una ropa de hilos de oro un juego de flautas. Hermes le dio una lira. Cadmo le dio otra ropa de oro. Démeter para propiciar los campos en frutos, estuvo yaciendo con Jasón sobre los campos labrantíos en tanto se celebraba el casamiento. Se señalaba en Tebas el sitio en que Apolo estuvo tañendo su lira y las Musas tocando flautas.

Ares no refrenó su rencor por la muerte del dragón y exigió a Cadmo que diera el reino a su hijo Penteo. Pero cuando Agave, la madre de Penteo lo mató enfurecida por Dióniso (vid), éste vino a profetizar que un día Cadmo y Harmonía irían a reinar entre los salvajes, llevados en una carroza que arrastran novillas. Tras muchas vicisitudes Ares iría a traerlos transformados en serpientes y después irían a reinar en la Isla de los Afortunados.

En cumplimiento de este oráculo fueron Cadmo y Harmonía a la tierra de los Enquelanos, acometidos por los habitantes de Iliria. Pidieron ellos que fueran sus reyes. Agave, madre de Penteo, que lo había matado por locura de Dióniso, estaba casada con el rey de Iliria, Licoterses. Y cuando oyó que sus parientes estaban reinando en los Enquelanos, mató a Licoterses y entregó el reino de Iliria a Cadmo.

Ya en su vejez, realizados todos los oráculos, Cadmo y Harmonía se volvieron serpientes azules y fueron enviados a la Isla de los Dichosos, por el mismo Zeus. Hay la versión de que Ares los mudó en leones.

Fuentes: Apolodoro, III, 4. Higinio, Fábula 6, 184 y 240. Eurípides. Bac. 43 y 1350 ss. Ovid. Metamorf. IV, 262 ss.

CALAIS Y ZETES

Hijo de Boreas (vid), junto con Zetes, que por eso suelen ser llamados Boréades. Unidos siempre, fueron a la expedición de los Argonautas.

Tenían alas y pudieron librar a Fineas cuando las Harpías iban a devorarlo. Ellos fueron también los que persuadieron a los demás a que abandonaran a Heraclés cuando andaba en busca de Hilas. El, cuando los tuvo a su alcance, los mató y sobre su sepulcro puso una gran roca doble, que en una de sus partes se mueve hacia el norte siempre.

Fuentes: Ver las señaladas en Boreas y Apolonio de Rodas, Arg. I, 211 y 1298 y II, 240 ss.

CALCAS, CALCANTE

Famoso adivino que acompaña la expedición contra Troya y le sirve de guía mediante sus oráculos. Era hijo de Testor.

Además de los poemas homéricos tiene lugar en el sacrificio de Ifigenia (Esquilo, Agam. 201 ss), en la construcción del famoso caballo de madera (Virg. Eneida, II, 185 ss).

Pasada la guerra, fue a Claros (vid), y allí se unió a Mopso. Se había dado el pronóstico de que cuando hallara a un adivino mejor que él tenía que morir. Mopso respondió todo lo que no pudo responder Calcas y éste murió de pena.

Hay otra versión acerca de su muerte: se le dijo que no bebería el vino de una vid que había plantado. Se echó a reír cuando se le afirmó que ya había vino y de la risa murió.

Fuentes: Citadas arriba y además las que se darán en varios personajes en cuya compañía interviene.

CALEDONIA Y SU JABALI

Altea casó con Eneo, rey de Caledonia. Su primer hijo fue Toxeo, pero lo mató Eneo, por andar saltando sobre el foso que había hecho en defensa de la ciudad. El segundo hijo de Altea fue Meleagro, pero ella decía que era hijo de Ares que había venido a ella.

Tenía siete días de nacido el niño cuando las Parcas dieron a Altea el pronóstico de que duraría su vida cuanto durara sin arder ni consumirse un tizón que se hallaba en el hogar. Ella se apresuró a sacarlo, a apagarlo, y a guardarlo en un cofre.

Llegó a joven Meleagro, valiente y fogoso, sin temor a heridas y era el mejor tirador de la jabalina.

Eneo celebró un sacrificio anual a los Doce Dioses, pero omitió a Artemis. Enojada ella envió un rabioso jabalí que destrozara los ganados de Eneo. Este invitó a los mejores tiradores y les hizo la promesa de dar el cuero y los colmillos al que lo matara.

Se formó una partida con lo más granado de Grecia en materia de armas. Larga fue la lista de los que se dice concurrieron al singular certamen. Entre unos cuarenta hombres estaba Atalanta, hija única de Yaso y Climene, de la cual, fuera de lo dicho en su propio artículo (vid), hay que dar estos datos:

Yaso deseaba con ansia un hijo varón. Nació ella y despechado la abandonó en el Partenón. Una osa lo amamantó, enviada por Artemis. Creció en medio de cazadores y los superó en mucho. Armada siempre, fue también siempre virgen. Una vez Artemis la hizo abrir una fuente, cuando andaba buscando agua para que saciara su sed.

Reunida la partida de cazadores, Eneo les dio agasajos por nueve días. Todos se disponían a la caza, pero tanto Eneo, como Cefeo se opusieron, si había de ir una mujer con ellos. Por su parte, Meleagro replicó que él no iría, si no iba Atalanta. Y era que, aunque casado con Cleopatra, hija de Idas, estaba profundamente enamorado de Atalanta.

Otros se pusieron en contra y Artemis irritada envió malos augurios, por la exclusión de ella. Ella no desiste y toma parte, aunque sea en otra partida.

Atalanta unida a Anfiarao llevaba arco y flechas. Los otro llevaban venablos, machetes, jabalinas, para acometer al jabalí pernicioso. Comenzaron su ataque en un día en que la luna se hallaba en cuarto creciente. Lentamente fueron entrando a la selva en que se decía vivir el animal.

Estaban en espera del animal cuando llegaron dos Centauros, Hileo y Reco, que al ver a Atalanta en su sitio quisieron raptarla. Se confabularon para partir la ganancia, ayudando el uno al otro. Cuando los vio venir ella, les arrojó dos flechas e hirió a los dos. Impávida siguió al lado de Meleagro.

Fue saliendo de su baño el jabalí y se iba recatando bajo la sombra de los sauces. Se abalanzó contra los cazadores y mató a dos. Hirió a otro y se llevó a Néstor.

Se arrojaron contra él Jasón y otros y le dirigieron saetas. Ificles le cuidaba la retaguardia. Atrevidamente Peleo y Telamón lo acometieron con jabalinas de caza. En este juego Telamón quedó atrapado por una raíz de árbol y mientras Peleo intentaba librarlo, vino el jabalí y los acometió. En esto llega Atalanta y da un golpe certero a la bestia tras de la oreja y la hace correr desaforada. Anceo replica enojado: Eso no es cazar, y se lanza contra el animal. Se pone a esperar al jabalí con su hacha de caza y cuando intenta darle el golpe, cae castrado por el animal y totalmente deshecho. Todo es confusión entonces. Por matar el jabalí Peleo mata a Euritión. Ya al fin Anfiarao había cegado a la fiera.

También lo hiere Teseo, y Meleagro le da el remate en el costado izquierdo.

Como la bestia aullaba en dolor inmenso, va corriendo y con su espada lo remata, atravesándole el corazón.

El jabalí quedó al fin vencido y muerto. Lo desolló al momento Meleagro y llevó la piel a Atalanta, agasajándola con estas palabras:

Tú derramaste la primera sangre, tú en el cuello heriste al animal. Si te hubieran dejado, a tus dardos hubiera sucumbido.

Claro que no gustó a nadie el resultado final. Alegaron que la piel pertenecía a Ificles y no a Atalanta, pero Meleagro como estaba en fuego de amor, mató a dos.

Al saber, Yaso la victoria de su hija, al fin quiso reconocerla. Y cuando ella llegó al palacio le dijo:

Hija, te voy a dar marido. Ella replicó: Perfectamente, si me vence corriendo y si no yo lo mato.

Consintió su padre. Y aunque muchos hicieron el intento, muchos murieron a sus manos. Pero Melanio, hijo de Afrodita la llamó en su auxilio y pudo ganar la carrera. La forma fue la que le dio su madre. Tres manzanas de oro que iría dejando caer de tramo en tramo y como Atalanta se inclinaba a recogerlas, él podía avanzar. Ganó la carrera y se casaron. Fueron a habitar al recinto sagrado de Zeus y el dios los convirtió en leones. Este fue el castigo de Afrodita porque Atalanta se empeñaba en permanecer virgen.

Sin embargo, Atalanta estaba grávida de Meleagro, o de Ares, según otros, y el hijo fue Partenopeo, que dejó abandonado donde ella había sido abandonada (ver Atalanta).

Este mito del jabalí es digno de especial estudio porque guarda el recuerdo de las luchas de los hombres contra las bestias hostiles y porque tiene rasgos de la cultura que precedió a los helenos en el territorio que ocuparon.

Fuentes: Calímaco, Himno a Artemis, 216 ss. Higinio, Fábulas 171, 174, 273, 185 y 70, 99, 270. Ovid. Metamorf. VIII, 270 ss. X, 565 ss. Apolodoro, III, 9.

CALIPSO

Ninfa hija de Atlas. Habitaba en la isla de Ogigia y ella acogió a Odiseo en su naufragio, cuando venía de la casa de Circe. Calipso se enamoró de Odiseo y le hizo la promesa de inmortalidad si se quedaba con ella hecho esposo suyo. El sin embargo ambicionaba regresar a su casa. Hermes le trajo mensaje de que era esa la voluntad de Zeus y la ninfa lo dejó partir al cabo de ocho años. Le dio materiales y herramientas para que construyera un navío.

En otras fuentes hallamos que hubo dos hijos de Odiseo: Nausitoo y Nausinoo. Otros le dan un hijo Auson, que sería de Atlas, o de Odiseo. También hay quien haga a la ninfa hija de Nereo y no de Atlas. La confusión invade el mito, pues a Auson se le hace también hijo de Circe (ver más datos en Odiseo).

Fuentes: Homero, Odis. I, 14 y 50 ss. Hesiodo, Teog. 1017 (algunos piensan que es una interpolación).

CALISTO

Una ninfa. Hija de Licaón. Zeus la seduce y engendra en ella al que será Arcas. Cuando la ve Artemis encinta, enojada por haber violado su integridad, la convierte en osa. Otros dicen que fue Hera por celos. Ya en su transformación, andaba por los bosques y la misma Artemis no se da cuenta y pensando que es una osa real, la mata. La transporta Zeus al cielo y es parte de la constelación de la Osa Mayor. Su hijo Arcas fue el fundador de Arcadia, según el mito.

Fuentes: Apolodoro, III, 100 s. Ovidio, Metamorf. II, 405 ss y Fastos, II, 155 ss.

CARIAS

Es llamada también Caria. Hija de un rey de Laconia. La enamora Diónlso. Muere repentinamente en Caria y es mudada en nogal. Cada año se hacían danzas en su honor.

Estas diosas Carias dieron origen a las formas ornamentales llamadas Caríatides. Probablemente el mito es de origen semítico. Plinio así lo piensa (His. Nat. VIII, 57).

CARIBDIS

Un remolino o vórtice marítimo opuesto a Escila. Cada día hace tres absorciones que son fatales para los navíos. Pasó junto a él Odiseo aprovechando la hora en que reposa.

Este hecho natural no dejó de tener sus mitos correlativos, aunque oscuros.

Era hija de la Madre Tierra y Poseidón. Fue arrojada al abismo por el rayo de Zeus. Desde entonces devora a los hombres tres veces al día y después vomita los despojos.

Fuentes: Homero, Odis. XII, 73 ss, 222 ss. Higinio, Fábulas 125 y 199. Apol. de Rodas, Arg. IV, 828.

CARONTE

Era el mítico barquero que conducía a las almas por los ríos del Hades. Se le pagaba con un óbolo. Por lo cual griegos y romanos ponían una moneda de esta especie en la boca de sus muertos. Por lo demás, es figura borrosa en los mitos. Todos los descensos al Averno lo mencionan en una forma o en otra.

Hay quien crea que es de importación etrusca, pues los de esa cultura tenían un dios Carún con funciones similares a las suyas.

Fuentes: Esquilo, Siete s. Tebas, v. 842. Aristof. Ranas, v 183. Pausanias, X, 29. Virg. Eneida, VI, 298 ss.

CASANDRA

Llamada también Alejandra. Hija de Príamo. La más hermosa de sus hijas. Fue la primera en ver el cuerpo de su hermano Héctor cuando era llevado a su casa. En los trágicos tiene el carácter de vidente. Apolo le da esta gracia para conciliar sus amores. Es por lo general vidente de tristes augurios. Fue llevada por Agamemnón y muere a manos de Clitemnestra.

Un carácter más bien inventado por los poetas que por el mito.

Fuentes: Homero, Ilíada, XIII, 365. XXIV, 699 ss. Esquilo, Agamemn. 1203.

CATREO Y SUS HIJOS

(Ver Pasifea y sus hijos, Minos.)

Catreo, hijo de Minos y Pasifea, tuvo tres hijas y un hijo. Las hijas son Aerope, Climene y Apemosine. El hijo Altemenes.

Un oráculo de Apolo había anunciado que uno de sus hijos tenía que matarlo. Para evitar esta triste necesidad se fueron de Creta Altemenes y Apemosine. Se radicaron en Rodas. Allí fundaron Cretina. El edificó un templo a Zeus desde el cual podía en días serenos ver su natal Creta. Había alrededor del templo unos toros de bronce que bramaban cada vez que algún peligro amenazaba a Rodas.

Hermes se enamoró de Apemosine y trató de hacerla suya. Ella se rehusaba siempre. La halló junto a una fuente cierta tarde y ella echó a correr. Cayó en una trampa dispuesta por el dios y sucumbió a su voluntad. Llegó llorando a su casa y contó su desgracia, pero su hermano no quiso creerla y después de afrentarla, la mató.

Catreo supo acaso el hecho y desterró de Creta a las otras dos hijas. Aerope fue seducida por Tiestes, pero luego casó con Plistenes y fue madre de Agamemnón y Menelao, que tanto figuran en la tragedia griega y en la epopeya de Troya. Climene casó con Nauplio el famoso navegante.

Ya viejo Catreo y sin sucesor, se encaminó a Rodas a buscar a su hijo. Llegó con su partida de noche y fue tomado por un capitán de piratas. Hicieron resistencia los de Rodas y Altemenes vino a dar contra su padre sin conocerlo y lo mató de una estocada. De esta manera, sin saberlo, realizó el oráculo. Cuando se dio cuenta, se desesperó tanto que pidió que lo tragara la tierra. Como sucedió en un terremoto.

Fuentes: Apolodoro, III, 2. Diódoro de Sicilia, V, 78.

CAVERNAS SAGRADAS

La cueva fue en todos los primitivos pueblos objeto de veneración y leyendas. Las más famosas son de origen prehelénico y fueron adaptadas a los númenes de los recién venidos. Algunas tuvieron culto y dieron origen a muchos mitos. Señalo como las más célebres:

La cueva de Zeus en el monte Dicte de Creta, que era señalada como el sitio de su nacimiento. Es más bien un dios cretense que fue fundido con Zeus (vid).

La cueva de Trofonio en Lebades, de muy vieja fama y en ella estaba el oráculo de dicho personaje (vid Agamedes y Trofonio).

Varias cuevas habitadas por las Ninfas, que se hallan en diversos sitios (vid Cibeles).

Cuando el culto de Mitra se divulga se construyen cuevas artificiales para los misterios de este dios.

Fuentes: Fuera de los arts. indicados, ver Homero, Odis. XIII, 347 ss. Pausanias, IX, 39.

CECROPE

Rey legendario de Atenas. Hijo de la Tierra y de Erictonio, tenía medio cuerpo humano y medio cuerpo serpentino. Casó con una hija de Acteo, el primer rey de Atica. Casó con Agraulo, que le dio por hijos a Aglauro, Herse y Pandrosos, tres mujeres.

Estaban éstas en la torre de Atenas, llamada más tarde Acrópolis, cuando entró Hermes, perdidamente enamorado de Herse, la más joven de las tres. Para ello sobornó a su hermana mayor. La pobre se.enceló demasiado y Hermes la convirtió en piedra. Hecho su enlace con Herse, de ella tuvo a dos hijos: Céfalo y Cerix. Los tenía en una canasta bien cubiertos, pero un día entró la madre Agraulo y quiso ver qué había y halló un niño que en lugar de piernas tenía serpientes. Llenas de horror ambas salieron de la torre.

Hay otro Cécrope que se da por hijo o nieto suyo. Y la leyenda sigue confusa. Al antiguo se le tiene como un gran civilizador, que organiza la población e instituye la monogamia. La invención de la escritura y el ceremonial para la sepultura de los muertos se le atribuye igualmente. Fue en sus tiempos cuando comenzaron a disputar Atena y Poseidón por el predominio en Atenas y se llega a decir que Cécrope fue el juez en este debate.

Fuentes: Muchas. Principalmente: Eurípides, Yon, 1163. Apolodoro, 3, 177 ss. Pausanias, I, 5. Aristófanes, Pluto, 773.

CEFALO

Héroe ático, hijo de Deion, o Deioneo. Casado con Procris, hija de Erecteo, la dejó abandonada. Tuvo amores con Eos, y el fruto fue Faetonte. Para lograr su trato ella que se enamoró antes engañó a Procris y se disfrazó en su lugar para estar en el lecho de Céfalo.

Recién nacido Faetonte lo robó Afrodita, para que fuera su guardián en los santuarios suyos más famosos.

Tan celoso de su mujer era que por probarla se fue y regresó disfrazado para seducirla, como lo hizo logrando su amor. Ella a su vez era sumamente celosa, aun de las nubes y el viento. Lo siguió un día a la caza de que era él muy aficionado y por error él la mató de un flechazo.

Fuentes: Hesiodo, Teog. 986. Ovid. Metamorf. VII, 704 ss. Higinio, Fábula, 189.

CEIX

1. Rey de Traquis y amigo de Heraclés, suegro de Cinos, hijo de Ares (vid. Heraclés, Cicno, Ares).

2. Hijo de la Estrella del Alba, casado con Alción, hija de Eolo. Por hacer alarde de compararse con Zeus y Hera fueron mudados en las aves que llevan su nombre, él fue arrojado al mar, donde lo busca ella y se arroja al encontrarlo, con que se transforman (ver Alción).

Fuentes: 1 Hesiodo, frag. 34. 2 Apolodoro, L, 52. Ovid. Metamorf. XI, 410 ss.

CENEO, CENIS

Uno de los Argonautas. Su historia es curiosa:

Cenis era hija de Dorono de Lapites y un día fue hallada por Poseidón, que enamorado de ella, la poseyó. Como paga del acto pidió que la mudara en un luchador invulnerable. No quería seguir siendo mujer. Poseidón accedió y la mudó en varón. El nombre se convirtió en Ceneo. Tan bien lo hizo en la guerra, que sus conciudadanos lo eligieron su rey. Sin embargo, aún tuvo un hijo: fue Corono, que más tarde había de matar Heraclés. Envalentonado con su mudanza de sexo obligó a los de su vasallaje que le rindieran culto. Cuando Zeus lo supo mandó los centauros que lo mataran. No pudieron ni cinco ni seis, porque las armas al dar en el cuerpo del atacado rebotaban contra ellos. Un centauro que no había sido herido pudo darle un golpe en la cabeza y lo derribó. Después acumuló leños sobre el cuerpo y quedó sofocado. Se mudó en un ave que es de alas grises y grasosas. Cuando fueron a sepultar su cuerpo, había vuelto a ser femenino.

Hay variantes en el relato, pero lo fundamental se mantiene.

Tendríamos uno de los casos más antiguos de mudanza de sexo, o de la doble posesión de sexos. Más probable es que se hallen aquí encerradas diversas tendencias místico-sexuales (vid. Argonautas).

Fuentes: Apolonio de Rodas, Arg. 1, 57 ss. Higinio, Fábula 14. Ovidio, Metamorf. XII, 458 ss. Apolodoro, I, 9, II, 7, y un papiro de Oxirincos, que da esta historia, Pap. XIII, p. 133.

CENTAUROS

En esta nota general pongo las atribuciones comunes a todos y datos legendarios generales. Cada uno de los que aparecen en determinados hechos, o se relacionan con personajes se dan en su lugar y en ellos las debidas referencias.

Parece que el nombre significa "el que vale por cien", en fuerza, valor y habilidad. El caballo era un animal consagrado a la luna y pertenece a una cultura anterior a Grecia. Los más antiguos centauros representados se hallan en Micenas, en una piedra preciosa, en que aparecen dos cara a cara y en ademán de baile.

Se imagina ser una tribu de monstruosos seres que tienen la parte superior de hombre, hasta el fin del abdomen y la restante de caballo. El origen del mito puede ser la visión de los primeros que aparecieron ante los remotos pueblos, cabalgando. No pudieron al pronto distinguir que eran dos seres y los supusieron uno solo.

Viven en las montañas y en los bosques de Tesalia, Elis o Arcadia. La mentalidad que se les presta, lo mismo que sus pasiones y sentimientos, son totalmente bestiales. Son sumamente inclinados a la lujuria y muy amantes del vino.

Los invitó a su boda Piritoo (vid), e intentaron raptar a todas las mujeres del reinó de los Lapitos, de que él era soberano. No pudieron lograr su intento, pero mataron a Ceneo, con todo y ser invulnerable (vid).

Tuvieron, una refriega con Heraclés (vid), cuando éste visitaba a Folo, uno de ellos. Ansiosos de beber vino se abalanzaron contra él, echando pedruscos y aun grandes rocas, pero el héroe los atacó con tizones y flechas y los hizo huir hasta el Cabo Malea.

Son vistos como hijos de Ixión en algunas fuentes (vid). En el arte han sido en todo tiempo muy favorecidos, ya que desde la gema de Micenas, ya mencionada, se les sigue representando. Son como el símbolo de la más exuberante masculinidad.

(Vid. Neso, Quirón, Heraclés, Piritoo.)

Fuentes: Muy abundantes y se darán en cada nombre aparte. Doy aquí: Homero, Ilíada, I, 262. II, 742. Odis. XXI, 295 ss. Arquíloco, citado por Dio. Cris. Sófocles, Triquinias. Apolodoro, I, 9. III, 170. Píndaro, Pit. I, 36. Notable libro sobre su aspecto artístico es: *Centaurus in Ancient Art.* de P. V. C. Baur, 1912.

CERBERO

Hijo de Tifón y la Equidna. Monstruoso por ser perro y hombre. Según datos de Hesiodo, tenía cincuenta cabezas y su ladrido resonaba como el bronce. Era el guardián de las puertas del mundo inferior. Fue constante tema de casi todo poeta griego o latino. Se le representaba también con tres cabezas y una cola de serpientes.

Figura en la leyenda de los Trabajos de Heraclés, o Hércules. Ver ésta y los nombres citados. El tema evolucionó mucho.

Fuentes: Hesiodo, Teog. 311 y muchos otros.

CIBELES, CIBEBE

Primitivamente diosa de Anatolia con su principal santuario en Frigia, como personificación del principio femenino. Diosa Madre por excelencia. Se halla también su culto en Lidia desde remotos tiempos. Pasó a Grecia y tuvo gran difusión a partir del siglo v a.c., con modalidades que digo en la segunda parte de este artículo.

En Lidia y Frigia y sus contornos tenía estas atribuciones:

Ampara y protege a su pueblo le da frutos y mieses; es la fuente de la fecundidad de animales y hombres; cura y sana, o también hiere con pestes y enfermedades; es la que guía y defiende a su pueblo en la guerra.

Tenía un aspecto de protectora especial de las montañas, y selvas y llevaba el nombre de Madre montañesa (Méter oreia), o de Méter Dindimene. Reina y protectora de las fieras. Llevaba por esto leones en su séquito.

Un especial aspecto de Cibeles es que da oráculos y provoca éxtasis, tanto para propiciar la profecía, como para aliviar los dolores y aun la muerte.

En Anatolia y aun en Tracia era parte de su culto la doctrina de la inmortalidad y por ellos era protectora de los cadáveres y de los sepulcros.

Desde el siglo V a.C. se divulgó su creencia y culto en Grecia y fue asociada a Déméter (vid). Adquirió muchos rasgos de cultos nuevos, pero conservó la mayor parte de los antiguos.

Entre 205-202 a.C. fue reconocido oficialmente su culto en Roma conservando sus caracteres helenizados.

A las creencias y atribuciones de la Cíbele frigia hay que agregar:

Tenía un cuerpo de sacerdotes especialmente iniciados, que primero eran exclusivamente orientales, hasta que en Roma Claudio permitió que ingresaran ciudadanos romanos.

El ciclo de sus fiestas varía en las fuentes. Las más seguras dan estas noticias; principalmente aplicables a Roma.

15 de marzo, procesión de los frutos y las mieses con un sacrificio para propiciarlos. Seguía una semana de ayuno y maceraciones.

22 de marzo. Llevada del pino que representa a Atis al templo de la diosa (ver Atis).

24 de marzo, día de la sangre, porque se conmemoraba la castración o según otros, la muerte de Atis, comparte de Cibeles.

25, fiesta de la alegría y banquete y baño de la estatua de la diosa.

28, día de la iniciación, de la cual se sabe poco, por ser uno de los misterios. Por lo que tenemos más seguro, tenía estos actos.

Comida ritual. — Traslado del *krano*, vasija que se usaba en el taurobolio, para poner en ella los órganos genitales de un toro castrado. — Descenso al subterráneo en que se verificaba la ceremonia y la iniciación. Es la parte más misteriosa.

El taurobolio era ceremonia procedente del Asia Menor (vid. art.); pero se unió a varios cultos, en primer lugar al de Cibeles. (ver Atis). También Venus Celeste tuvo su taurobolio.

Parte de la iniciación era la mutilación de los sacerdotes de Cibeles, de que se hablará más detenidamente aparte.

La estatua de la diosa estaba representada con una corona en forma de muralla con fortines, sentada en un sitial y llevaba una gran copa y un tímpano. La acompañaban leones a los lados, o llevaba un león en su regazo.

Para complemento de estas noticias ver: Atis, Taurobolio, Mutilación.

Fuentes: Muy abundantes y complejas. Como mejor medio de estudiar todos los datos, ver esta breve *Bibliografía* y la que cada autor señala:
Le Culte de Cybele, H. Graillot. 1912.
Religions Orientales, F. Cumont. 1929.
Attis, H. Hepding, 1903.

CICLOPES

Seres fabulosos que tenían enorme estatura y un solo ojo en medio de la frente. Hay dos versiones sobre su origen y naturaleza. Y muchas fábulas en los épicos y los dramáticos. Las principales se anotan en los personajes que tienen trato con ellos. En este artículo reúno solamente los datos generales.

Según Hesiodo (Teog. 149 ss), eran tres: Brontes, Esteropes y Arges, que pueden traducirse "el que truena, el que da el rayo y el que brilla". Eran hijos del cielo y la tierra y maravillosos artistas. Alguna vez se los relaciona con Efesto, como sus auxiliares en la fragua divina. Se les atribuían las viejas fortificaciones de pueblos anteriores y eran venerados como protectores del trabajo de artesanía y arte.

En los poemas homéricos varia la versión: Son unos salvajes que viven en remotas islas alejados de todo humano consorcio, sin ley ni norma. Son antropófagos. Cuando Odiseo los visita, Polifemo atrapa y se come a dos de sus colegas. El héroe se vengó de ellos cegando al mayor. Como Polifemo era hijo de Poseidón, éste retarda el viaje del rey de Itaca y lo hace pasar por muchas aventuras.

En la época alejandrina Polifemo aparece como enamorado de Galatea. Estos son más bien artificios poéticos que leyendas populares.

Fuentes: Hesíodo, u.s. Homero, Odis. IX, 106 ss. y 532 ss. Eurípides, El Cíclope, toda. Calímaco, Dian. 46 ss. Teócrito, Id. XI.

CICNO

Tres personajes, al menos, con el mismo nombre y diferente leyenda: 1. Hijo de Apolo e Hiria. Era sumamente hermoso y muy buscado por amantes. Entre ellos el amigo de Heraclés, Filio. Le impuso Cicno tres pruebas antes de darse a él: someter a un monstruo que con forma humana se comía las aves, dominar a los buitres y al fin vencer a un toro famoso y llevarlo al altar de Zeus. No contento con esas pruebas, que el otro cumplió bien, le pidió un buey que había ganado en una contienda. Aconsejado por Heraclés, Filio se negó. Cicno lleno de despecho, se echó al lago y se convirtió en cisne. Su madre Hiria imitó su ejemplo y también quedó convertida en cisne.

Fuentes: Ovidio. Metamorf. VIII, 371 ss.

2. Hijo de Poseidón. Murió ante Troya por obra de Aquiles. Como era invulnerable, el gran capitán lo sofocó, apretándolo hasta que murió. Su padre lo convirtió en cisne.

Su historia es novelesca. Hijo de la ninfa Calice o Harpale, reinó en Colona. Cuando nació, su madre lo abandonó en la playa. Un pescador lo halló por ver que un cisne volaba en torno de él. Crecido, casó con Procleya y, al morir ésta, con Filonome. Esta se enamoró de su hijastro Tenes y, como él la repudiara, lo acusó de violencia. Llamó como testigo a Molpo, flautista de la corte. El rey creyó la historia y arrojó a Tenes y a su hermana Emitea en una caja a las olas. Llegaron a la isla de Ténedos. Más tarde Cicno supo la verdad y mandó lapidar a Molpo, y enterrar viva a Filonome. Cuando supo que su hijo estaba en Ténedos, voló hacia allá para darle disculpa. El hijo rencoroso cortó los amarres del barco. Más tarde reconciliados vivieron juntos en la isla.

En cuanto a la muerte hay la versión de que la única parte vulnerable de su persona era la cabeza: en ella dio con una masa Aquiles. Esta persiguió a Emitea, pero ella tomó forma de cierva y huyó velozmente. La iba a alcanzar Aquiles cuando se abrió la tierra y la tragó.

Fuentes: Apolodoro, Epitome, III, 25. Ovidio, Metamorf. XII, 154.

3. Hijo de Ares. La madre era Pirene. Se dedicó a asaltar a los pasajeros junto a un arroyo llamado Equedoro, en Macedonia. Cuando Heraclés iba en busca del jardín de las Hespérides, le salió al paso y lo retó a combate. Junto a él estaba su padre Ares y daba gran batalla. Dicen que lo hirió Heraclés en una pierna. Un rayo de Zeus puso fin a la lucha (vid. Trabajos de Heraclés).

Fuentes: Apolodoro, II, 5. Higinio, Astronomía, II, 15.

CINCO RAZAS

El sentido del período cósmico yace en toda mitología. Tenemos en el Indostán la doctrina de los kalpas. En México prehispánico, la leyenda de los soles cosmogónicos. En la primitiva base de mitos helénicos hallamos algo similar. Se llaman edades, períodos, razas. Prefiero la ultima denominación.

La primera edad o raza es la de los hombres de oro. Los primeros hombres, nacidos por su espontánea fuerza del seno de la tierra, o creados por Prometeo (vid). Era esa la edad feliz. Los individuos sometidos a Cronos, no tenían que trabajar ni fatigarse. La tierra les daba en forma sencilla y pródiga sus frutos. Se alimentaban de frutos silvestres que la tierra brindaba en profusión. Comían bellotas, miel de los panales del bosque, leche de sus ovejas, y se pasaban en largas danzas y alegrías de la vida, sin envejecer nunca. Se extinguió esa raza y quedan como recuerdos los espíritus vagos que llaman genios, duendes, etc.

La segunda raza fue de plata. Creada por los dioses. Comían pan. Era gente de baja condición, en comparación de la anterior. Eran gentes sin culto, sin sacrificios, sometidos a un régimen matriarcal Gente salvaje y ruda. Los acabó Zeus.

La tercera raza es de bronce. Comían frutos silvestres, ya usaban armas semejantes a las históricas. Guerreros, batalladores, rudos y ásperos. La Muerte se los llevó.

También la cuarta raza es de bronce. Son hijos de los dioses habidos en madres humanas. Dan mayor nobleza y dignidad al género. Son hombres de empresa. En esta etapa se coloca la expedición de los Argonautas (vid), la toma de Tebas y la Guerra de Troya. A su muerte van a los Campos Elíseos.

La quinta raza es de hierro. Desciende de la anterior y ha heredado más que sus virtudes, sus vicios. Aumenta sus malas inclinaciones con el orgullo, la lujuria, la venganza.

Fuentes: Muchos autores griegos y latinos hablan de estas etapas. Los más seguros son: Platón, Menexeno, 6 s. Hipólito, Refutación de las Herejías, V, 6. Hesiodo, Obras y Días, 109 ss.

CINIRAS

Emulo proverbial de Creso, por la abundancia de su riqueza. Fue rey de Chipre, tronco de los Cinírades, que ejercieron el sacerdocio de Afrodita. El fundó el culto de la diosa en Chipre. Introdujo la prostitución sagrada, como importación de los cultos semíticos. Padre de Adonis (vid), por una incestuosa unión con su hija Mirra o Esmirna. Famoso tocador de cítara y vidente, que tenía por padre a Apolo, acaso en sentido figurado, pues le dan por padre a Teias, o a Pafos.

Fue uno de los pretendientes de Helena y regaló a Agamemnón un joyel pectoral y prometió enviar cincuenta navíos, aunque solamente mandó uno real y cuarenta y nueve barquitos de barro. En castigo de esta burla y a petición de Agamemnón lo mató Apolo, aunque otros dicen que él mismo se mató, cuando advirtió su incesto con la hija Mirra. Las cincuenta hijas que tenía, al ver su muerte, se arrojaron al mar y se convirtieron en alciones.

Fuentes: Apolodoro. III, 14. Higinio, Fábula 242. Ovid. Metamorf. X, 298 ss.

CIRCE

Diosa, o semidiosa, que vivía en la isla de Eea. Dicen que es la cercana al promontorio de Circeo en el Lacio. Según el mito, su casa estaba rodeada de bestias feroces, que esperaban la llegada de los viajeros y avisaban a la diosa, que mudaba a los recién venidos en la forma que quería. Cuando llegó Odiseo, muda a sus amigos y colegas en cerdos.

Pero Odiseo resiste el encanto y, aconsejado por Hermes, se tapia los oídos con una hierba mágica. Entra y hace que Circe retorne a la figura humana a los que había cambiado en cerdos. Se queda con ella un año y la satisface en sus exageradas exigencias sexuales. Ella le da instrucciones acerca de la ruta que debe seguir y los contratiempos que va a hallar en su camino.

Se da por hija de Helio y hermana de Eetes. Del trato con Odiseo tuvo dos hijos: Agrio y Latino.

Ella es la que purifica a Jasón y Medea cuando regresan, manchados por la muerte de Absirto (vid. Jasón, Medea; Argonautas, Absirto, etc.).

Era inventora de filtros y medicamentos provocativos de males.

Otros episodios de su vida se hallan implicados en la historia de Odiseo (vid).

Fuentes: Homero, Odis. X, 210 ss. Hesiodo, Teog. 1011 ss. Apol. de Rodas. Arg. IV, 557 ss.

CLAROS

Santuario de Apolo, cerca de Colofón. Es probablemente un sitio de adoración y oráculo anterior a la invasión de los griegos. Relacionado más tarde con Delfos.

Como hecho notable hay que decir que el vidente aquí era un varón y no una mujer, como en Delfos. Y solamente oía nombre y número de los que venían a invocar oráculo. Se retiraba a su cueva y, después de beber las aguas sagradas, daba su respuesta en hojas de papiro con versos. Por lo demás fue oscuro este santuario.

Fuentes: Estrabón, 642 s. Tácito, An. II, 54. Ver Picard, *Ephese et Claros,* París, 1936.

CLIMENO

Varios personajes con este nombre. Es una forma de llamar a Hades. Es el fundador de un templo en Argos.

El más notable es el que se dice padre de Harpálice. Esta fue dada como mujer a Alestor (vid). Pero su padre con un amor incestuoso la arrebató para sí en la misma noche de bodas. Ella airada por el violento ultraje hizo dos grandes males: mató a su hermano y lo dio a comer a su padre y por arte de magia, o por petición a los dioses se transformó en lechuza. Por lo cual es llamada también Nictimene. Es probable confusión con historia similar de ésta (vid. Nictimene).

Fuentes: Apolodoro, I, 93. Pausanias, II, 39.

CLITEMNESTRA

Una de las figuras de la mitología griega al mismo tiempo, muy populares y más confusas. La toma el mito y la literatura, que hace de ella personaje de muchas tragedias. Lo que parece esencial es lo que resumo:

Es hija de Zeus que fecunda a Leda, o de Tindareo, que la fecunda después de Zeus. Nace también de un huevo, juntamente con Helena, y la confusión sigue tan curiosa, que será bueno documentarla gráficamente:

a) Zeus engendra a Helena, Castor y Polideusis (Polux, a la romana).

b) *De su marido Tindareo preceden Clitemnestra y Helena.*

c) El único fruto de la unión de Zeus fue Helena: todos los que restan son hijos de Tindareo.

d) Castor y Clitemnestra son hijos de Tindareo, en tanto que Helena y Polideucís son hijos de Zeus.

Tal es la confusión de los mitos.

Fue desposada con Agamemnón y de él tuvo por hijos a Orestes, a Electra, a Ifigenia y a algunos más, según ciertas fuentes. De cada uno se habla en artículo propio.

Aquí, como en otros casos, tenemos que atender a la tradición homérica para diseñar al personaje y a la que siguió después, en la cual entra mucho la fantasía creadora de los poetas.

En Homero aparece como una mujer leal, que es seducida por Egisto (vid. Odis. III, 266). Más tarde se la tilda de malvada y odiosa y se le echa en cara el crimen de haber matado a Casandra (Odis, III, 310, XI, 410).

Cuando Menelao obliga a su hermano Agamemnón al sacrificio de Ifigenia, ella, como madre, se torna odiosa. Cae en adulterio con Egisto (vid), y cuando regresa el rey, ella lo mata en el baño, juntamente con Casandra, que es la visión de Esquilo.

Viene a vengar a su padre Orestes y mata a esta reina. Muerta ella, lo va asediando junta con las Euménides. Todo lo cual es perfectamente posthomérico.

Para su comprensión hay que leer todos los arts. referentes a personas relacionadas con ella, como son Egisto, Orestes, Electra, Agamemnón, etc.

Fuentes: Las que se señalan en esos artículos.

CLOE

Título dado a Démeter como diosa de las mieses verdes, y muy celebrada en la primavera. Su nombre significa verdor. Es personificación muy antigua del vigor vegetal que renueva los campos con la renacencia de plantas y vuelta de hojas a los árboles.

Tenía un santuario cercano a la Acrópolis en Atenas y se le celebraban las fiestas llamadas Cloia, en el mes de targelión.

Fuentes: Pausanias, I, 22.

COLORES SAGRADOS

Todos los pueblos han tenido especial preocupación de relacionar los colores con ideas religiosas. Así entre los antiguos mexicanos fue el color en códices y relatos de lo más importante. Poco sistemáticamente estudiado tenemos en la mitología griega. Apunto noticias sobre el uso de tres colores. Probablemente muy antiguamente eran cuatro, de los cuales uno queda ofuscado o confundido con otro similar. Los que hallamos testificados como sacros son blanco, negro y rojo. El que ha desaparecido, pero da indicios de haber sido tomado igualmente como sacro es el áureo o amarillo. Los tres que tenemos con mejor información son:

Negro, relacionado con los dioses de la noche, del Averno, de la tristeza y el llanto. De este color andaban vestidas las Erinas vengadoras (vid Erina). Era el color de luto en toda Grecia, menos en Argos, que usaba el blanco, por contraposición. Es la razón de que se excluyera de las fiestas, como de mal agüero. Pasó a Roma y fue usado en las clases altas el blanco, aunque siguió como traje de luto el negro. Es el usual a través de la tradición implantada por el Cristianismo, que se propagó entre los de abajo principalmente.

Blanco, relacionado con los dioses del cielo y de la luz. Símbolo de alegría. Las ropas del sacrificante habían de ser blancas, lo mismo que las víctimas: cordero blanco, ternera blanca, palomas. Menos a los dioses infernales, que el ropaje era negro y las víctimas igualmente. —Hubo una tendencia a dar al principio femenino el color negro y al masculino el blanco—. (Entre los antiguos mexicanos eran el negro y el rojo, o el azul y el rosado, respectivamente). —Ya dije que Argos usó el blanco como señal de luto. Pasó a Roma, pero los caballos del triunfador tenían que ser blancos. Como lo fue más tarde la mula en que el papa iba a tomar posesión de su sede.

Rojo, mucho más complejo en sus simbolismos. Sugiere sangre y muerte y como tal está asociado con los dioses infernales, pero también supone vida y renovación y se halla en relación con los dioses celestiales. Como es el color de la luz, era signo de protección y amparo, y por eso la pretexta romana era roja. Está asociado al ardor del estío que suele ser mortífero. — Como en la antigüedad la técnica del colorido no era tan perfecta se entienden por rojo también el grana, escarlata, púrpura clara, etc.

Amarillo, como color sacro está menos documentado. Sabemos que el velo de una novia era color de llama en Roma: *flameum.* Se ha pensado que es rojo, pero Plinio y Lucano lo llaman amarillo, *luteum.* La simbólica de los colores no carece de importancia para captar las ideas religiosas.

Fuentes: Homero, Ilíada, III, 103. Eurípides, Alcestes, 923. Píndaro, Olim. VI, 95. Odisea, IV, 750. Horacio, Sat. 1, 8. Lucano, Farsalia, II, 361. Plinio, HN XXI, 46.

CORIBANTES

Hijos de Apolo y de Talia, la musa de la música. Eran los que celebraban con danzas el solsticio de invierno y llevaban unos capacetes con cresta que les da el nombre.

Fueron guardianes, por mandato de Zeus, de Zagreo, hijo suyo que tuvo en Persefone. Cuidaron al niño en una cueva del monte Ida.

Llamados también Curetes, eran dedicados a la diosa Car y se cortaban el pelo de forma que hacía cresta.

Fuentes: Himno Homérico a Apolo, 300 ss. Higinio, Fábula, 140. Diod. de Sicilia, V, 75.

CORITO

Es un ser enigmático que aparece en varias formas:

1. Un hijo de Zeus que fue marido de Electra, hija de Atlas, y padre de Dárdano y Yasio.

2. Un hijo de Páris y Enone. Fue a Troya como aliado, Helena se enamoró de él y Páris lo mató, sin darse cuenta de quién era.

Fuentes: Com. de Servio a la Eneida, III, 167. Partenio, com. a la Ilíada.

CORONIS

Hija de Flegias, madre de Asclepio. Había concebido a éste de su trato con Apolo (vid Apolo y Asclepio). Pero estando grávida tuvo su aventura con el arcadio Isquis, hijo de Elato. Lo supo Apolo por medio de un cuervo, aunque varía la leyenda, diciendo que el cuervo no dio la noticia y fue vuelto negro, ya que era antes blanco. Apolo mandó a su hermana Artemis que matara a la infiel. Lo hizo ella, pero cuando era llevada a la pira sacó al niño de su seno y se lo entregó al Centauro Quirón para que lo criara.

Fuentes: Hesiodo, frg. 123, Píndaro, Pit. III, 24 ss. Ovid. Metamorf. II, 632.

COSMOGONIA FILOSOFICA

La primera realidad es la Oscuridad. De ella nace el Caos. Y unida con el Caos da a luz a la Noche, al Día, al Aire y al Erebo, o sea mansión de los muertos.

La Noche y el Erebo se unen y dan origen a la Sombra, la Vejez, la Muerte, la Continencia, el Sueño, la Discordia, la Ira, la Alegría, las tres Moiras y las tres Hespérides.

De la unión del Aire y el Día nacen la Tierra, el Cielo y el Mar.

De la unión de la Tierra y el Aire nacen el Terror, la Amargura, la Tristeza, y todos los malos sentimientos que molestan al hombre. También las Erinas, las Furias y el Tártaro.

De la unión de la Tierra y el Tártaro nacen los Gigantes (vid).

De la unión del Mar y los Ríos nacen las Nereidas.

Fuentes: Hesiodo, Teog. 211 ss. Higinio, Fábulas, al principio. Ovidio, Metam. I y II.

COSMOGONIA OLIMPICA

Gea, o la Tierra, nace del Caos y da a luz a Urano. Se hallaba en sueños. Cuando despierta ve hacia el mundo y de su mirada brotan flores, plantas, árboles y comienzan también a existir los animales.

Los primeros hijos de la Tierra fueron los gigantes Briareo, Giges, y Coto, cada uno de los cuales tenía cien brazos.

Luego nacen los Cíclopes, que son también tres, con un solo ojo.

Los nombres de los primitivos son: Brontes, Esteropes y Arges. Viven en el monte Etna, en las cavernas que hay en su falda. Apolo los mató para vengar la muerte de Asclepio.

Fuentes: Apolodoro, I, 1 s. Eurípides, Crisipo, en cita de Sexto Empírico. Homero, Odisea, IX, 106 ss.

COSMOGONIA ORFICA

Los dioses y los hombres con todos los seres vivientes, tienen origen en el mar inmenso y en Tetis que es madre universal.

La Noche tremenda fue amada por el Viento y dio un huevo de plata en el seno de la Oscuridad. De ese huevo sale Eros, principio de acción en el mundo.

Eros tenía los dos sexos, cuatro cabezas y alas de oro. Se mostraba como serpiente bramadora alguna vez y como rugiente león u oso y aun como ciervo otras.

La Noche se enamora de él y vive en una caverna en unión suya. Tres hijos nacen: La Noche, el Orden y la Justicia. Frente a esa cueva está sentada Rea con un tambor que nunca deja de tañer.

El amor, llamado Fantes en estos mitos, creó el cielo, la tierra, los astros y todo lo que existe. Y la diosa de tres dignidades tuvo el imperio en el universo, hasta la hora en que lo entregó a Urano.

Los mitos de esta etapa son confusos y fragmentarios.

Fuentes: Homero, Ilíada, XIV, 201 s. Himnos órficos, 60, 70, 86.

COSMOGONIA PELASGICA

Uno o dos milenios antes de la invasión de los grupos helénicos, se hallan en la región que estos ocuparon más tarde, grupos de un pueblo sobre cuya filiación étnica no acaban de ponerse de acuerdo los sabios. Son los pelasgos. Probablemente el nombre significa "gente del mar" (*pélagos:* mar). En efecto, habitaron regiones marítimas, o islas, Creta, Chipre, Delos. O tierras cercanas a la mar, Tesalia, Cálcide, etc. Dejaron un gran residuo de leyendas y mitos que se nos transmiten mediante los escritores griegos y romanos. Hasta qué punto son auténticos, no podemos decirlo. De hecho, hay muchos númenes en la leyenda griega que son residuos de aquella cultura. Reúno enseguida los datos más seguros sobre lo que se dice que creyeron ellos tocante a la creación y organización del universo.

Nació Eurinome del Caos y estaba desnuda totalmente. Quiso apoyar su pie y no halló dónde. Hizo un esfuerzo para separar el cielo del mar y se puso a bailar entre ambos. Bailaba hacia el Sur y la empujaba el viento. Ella inició su obra creadora. Vio venir al viento del Norte y lo aferró. Lo retorció muy bien y cuando vio, era una serpiente enorme. Era Ofión. Siguió su baile Eurinome y la serpiente se fue ensanchando, se fue enardeciendo y al fin no pudo menos que atraerla y yacer con ella. Era el viento que da fertilidad. Eurinome quedó encinta.

Sigue la diosa su tarea. Se muda en paloma, va por las olas gallardeando, y halla un huevo que es el mundo entero. Ofión ciñe ese huevo hasta siete veces. Aprieta y se rompe en dos. De una cáscara salen el sol, la luna, las estrellas, y de la otra, la tierra, los árboles, las plantas todas. Salen también aves y peces y animales que van por la tierra.

Eurinome y Oxión van a habitar en el Olimpo. El la está molestando con el retintintín de que el autor del mundo es él solo. Ella se enoja y le reclama. Por fin de cuentas, el dios le aplana la cabeza con su talón, le saca los dientes y la echa al abismo de la negrura.

La diosa se reanima. Crea sus propios dioses, o semidioses. Crea a los Titanes (vid), en esta forma:

Para que guarden al Sol: Teia y Heperión. Para la Luna, Febe y Atlas. Para Marte, Dione y Crío. Para Mercurio, Metis y Coeo. Para Júpiter, Temis y Eurimedonte. Para Venus, Tetis y Océano. Para Saturno, Rea y Cronos.

Cuando ha terminado su organización, crea al primer hombre: es Pelasgo: sale del suelo de Arcadia y en pos de él van otros hombres. El les enseña cómo hacer cabañas, y cómo usar las armas primitivas. Les da normas para la siembra del trigo y para la elaboración de ropas.

Fuentes: Homero, Ilíada, IV, 35 y XX, 223 ss. Plinio, HN. IV, 35 y VIII, 67. Higinio, Fábula 197. Hesiodo, Teog. 133. Aristóf. Aves, v. 692 ss.

COTIS, COTITO

Era una diosa de Tracia, de tardía importación. Tenía en Atenas algún culto en forma de orgías que sólo conocían los iniciados. La escasa información que tenemos es que había ciertos baños rituales y abluciones de diferentes clases. Poco divulgado su culto, parece tener un sentido sexual. La veneraban especialmente los de Cotia y de allí se divulgó por el noroeste de Europa. Ese pueblo se llamaba el de los cien brazos, por estar formado por grupos de cincuenta en cincuenta.

Algunos identifican a Cotito con Tione. Su culto es lunar y terrestre.

Fuentes: Esquilo, frag. 57. Estrabón, X, 3.

CRESO

Rey de Lidia, en quien acaba su libertad. Se coloca por 560-546 a.C. Es famoso por su riqueza. Mató a su medio hermano para obtener el reino. Hizo la reparación del templo de Artemis en Efeso y dio grandes dones a los templos griegos. Ciro llegó a su ciudad que era Sardis y lo depuso, conquistando el reino.

Se arrojó vivo a una pira, pero Apolo lo vino a salvar y lo transportó a la región de los Hiperbóreos, donde se encontró con Ciro y fue su amigo y consejero.

Fuentes: Herodoto, Hist. I. Píndaro, Pit. I, 94.

CREUSA

1. Hija de Erecteo, rey de Atenas, fue violada por Apolo, de quien concibió a Yon. Lo dejó abandonado en la caverna en que había sido violada, pero Hermes lo llevó a Delfos, donde se crió, hasta que ella fue a recobrarlo juntamente con su marido Xuto (vid Yon, Xuto). Es el padre de los Yonios, o Jonios.

2. Esposa de Eneas, madre de Ascanio, que muere en el conato de fuego de Troya. Su alma obsesiona a Eneas durante todo el viaje (vid Eneas).

Fuentes: 1. Eurípides, Yon, toda. 2. Eneida II, 651 ss.

CRISAOR

Poseidón tuvo amores con Medusa y cuando ella estaba encinta fue matada por Perseo (vid). De su seno saltaron Pegaso (vid), y Crisaor. Este tenía forma humana y fue casado con Calírroe y de ella tuvo por hijos a Gerión, el hombre monstruoso de tres cabezas y aun tres cuerpos (vid). Fue un contrincante de Heraclés (vid). Vivió con Euritión y el perro Ortro, hijo de Tifón y Equidna (vid), en la isla de Eritea. Fue rico en ganados y próspero, hasta que lo mató Heraclés.

Fuentes: Hesiodo, Teog. 247 ss. 280, 287 ss. Vid. Perseo. Fuentes.

CRISEIDA

Hija del rey Crises, sacerdote de Apolo. Fue tomada prisionera y obsequiada a Agamemnón como un botín de guerra. Su padre intentó rescatarla, pero Agamemnón se negó y Apolo en castigo envió una peste al campo de los griegos. Cesa esta peste hasta que la joven es devuelta a su padre. En su lugar toma por suya Agamemnón a Briseida, amante de Aquiles y es ocasión de la contienda entre ambos. Según tardía leyenda, tuvo un hijo de Agamemnón.

Fuentes: Homero, Ilíada, I, 11 ss. Higinio, Fábula 121.

CRISIPO

Hijo de Pélope e Hipodamía, pero más comúnmente admitido como un hijo espurio, que Pélope tuvo en la ninfa Astioque.

Cuando Layo fue expulsado de Tebas fue a refugiarse en Pisa, en casa de Pélope. Se enamoró de Crisipo y le enseñó el arte de la carrocería, o de construir y manejar bien una carroza. Cuando pudo regresar a su tierra, lo llevó consigo, y lo tuvo por Amante manifiesto.

La muerte de Crisipo es variadamente contada. Unos dicen que se mató de vergüenza, otros que lo mandó matar Hipodamía, recelosa de que fuera a heredar el reino. Mandó a Tiestes y Atreo a que lo echaran en un pozo, pero ellos se rehusaron. Ella entra en la noche a la alcoba de su marido y como éste está en sueño profundo, toma su puñal y con él mata al compañero de lecho que era Crisipo. Es Acusado Layo de este homicidio, pero el muchacho al morir había declarado la realidad de los hechos.

Pélope entre tanto había marchado a Tebas para recobrar a su hijo. Halló a Layo aprisionado por Atreo y Tiestes. Le perdonó la vida, y se llevó a su hijo.

Fuentes: Higinio, Fábula 85. Plutarco, Vidas Paralelas, 33. Apolodoro, III, 5 ss. Higinio, Fábula 271.

CRONOS

Hijo menor de Urano y el que lo mutiló feamente (vid Urano).

Casó con su propia hermana Rea. Pero tanto Rea, como Urano al morir le anunció que un hijo suyo tenía que destronarlo del reino que sus hermanos le habían asignado.

Cuantos hijos nacían de su unión eran devorados por él. Así lo fueron Hestia, Démeter, Hera, Hades y Poseidón.

Rea llena de enojo, se fue ya grávida de otro hijo, al monte Liceo en Arcadia, lo dio a luz y lo envió a la diosa de la Tierra, después de haberlo bañado en el río Neda. La diosa de la tierra hizo llevar al niño a Creta y lo ocultó en la cueva de Dicte, a la falda del monte Egeo. Lo entregó a Adrastea, junta con su hermana Io (vid), que hicieron con él oficio de nodrizas y niñeras. Ellas eran hijas de Amaltea (vid), que con su propia leche, porque era cabra, o tenía dones de cabra, nutrió al niño. También le daban miel del monte y Pan lo cuidaba.

Zeus, que guardó gratitud para ellas, ya en el sumo trono, puso a Amaltea en la constelación de Capricornio y uno de sus cuernos vino a ser la famosa cornucopia (vid).

La cuna de Zeus estaba colgada de un árbol, porque según el oráculo, no estaba ni en la tierra, ni en el cielo, ni en el mar. De esta manera Cronos no hubiera podido hallarlo. Rodeaban además su cuna los Curetes, hijos de Rea, también como él. Rea entre tanto fue a envolver una piedra en pañales en el Monte Taumasio de Arcadia y se lo dio a Cronos para que lo engullera, pensando ser su hijo recién nacido.

No cedió Cronos al engaño, sino que se puso a perseguir a Zeus. Este se iba transformando en serpiente y sus nodrizas en osas. No pudo atraparlos.

Zeus se siguió criando en el Monte Ida, en una caverna distante de la anterior. Llamó a Metis, uno de los titanes y la envió a Rea para que lograra ser acomodada como copera de Cronos. Consintió Rea y le preparó una bebida de miel, mostaza y sal, con algún vino, para darla a Cronos. Este quedó embriagado y vomitó la piedra, que al fin había tragado y juntamente con ella, vomitó también a los demás hermanos de Zeus que se mencionaron al principio del artículo. Por eso recobraron la vida.

Zeus armó la batalla contra su padre y contra los titanes que podían defenderlo y puso por jefe a Atlas, que estaba en toda su fuerza.

La guerra duró diez años y la Tierra anunció a Zeus que para tener victoria había de traer los habitantes del Tártaro. Zeus fue en secreto y mató a la guardiana de la puerta, que era Campe, sacó a los Cíclopes y a los seres de cien manos, los hizo comer y beber y marchó con ellos al combate.

Los Cíclopes dieron el rayo a Zeus para que fuera su arma propia. Ellos lo habían forjado en las fraguas del Tártaro. A Hades le dieron un yelmo que creaba oscuridad en torno suyo, y a Poseidón, le dieron un tridente.

Se pusieron de acuerdo y Hades fue a ver a su padre Cronos, para robarle las armas. Poseidón se puso a divertirlo con el tridente y Zeus le asestó un rayo. Los tres hombres de Cien Manos tomaron rocas y acabaron con los titanes.

Cronos y los titanes que no habían muerto salieron de su caverna dando grandes alaridos y se encaminaron a la Bretaña, o al Tártaro, según otros. Atlas y sus colegas vencidos fueron castigados. El, con cargar constantemente el mundo. Los titanes fueron en parte perdonados.

La piedra con que engañó Rea a Cronos y que fue enviada por Zeus a Delfos era venerada y ungida constantemente con aceite.

Hay divergencia acerca de si Poseidón fue devorado o no, ya que según algunas fuentes Rea dio un potrillo en su lugar, y escondió al muchacho entre los caballos.

El mito de Cronos es probablemente anterior a la cultura griega y fue incorporado a los de los indoeuropeos, que vemos en los grandes dioses, Zeus, Hera, etc. (vid).

Fuentes: Hesiodo, Teog. 453 ss. 485 ss. Higinio, Astron. poética, II, 13. Calímaco. Himno a Zeus. Higinio, Fábulas 118, 139. Apolodoro, I, 1.

CUERNO DE LA ABUNDANCIA, DE AMALTEA, CORNUCOPIA

Mito muy antiguo que se unió a varios posteriores. Las versiones más importantes son:

1. Se le quebró un cuerno a la cabra Amaltea (vid) y para darlo a Zeus fue llenado de frutos.

2. El río Aqueloo en una de sus transformaciones aparece como un toro luchando contra Heraclés. Este le aferra un cuerno y se lo arranca, derribando al toro. Las Náyades lo repletan de frutos y olorosas flores y lo consagran a los dioses. Desde entonces la Buena Abundancia posee un cuerno (Ovid. Metam. IX, vv 65-89).

Probablemente el origen remoto es haber sido usados los cuernos como floreros ante los dioses y también para ofrendar las nuevas frutas y mieses.

CURETES

I. Un pueblo enemigo de los Caledonios, acerca del cual hay pocas noticias (cfr. Ilíada, 529 ss.).

II. Semidioses de Creta, confundidos con los Coribantes. Son hijos de Rea y protegieron la infancia de Zeus y lo divirtieron, bailando en torno de él y haciendo estrépito con sus armas para que nadie oyera su llanto. Más tarde protegieron a Zagreo, cuando Zeus lo dejó en la isla.

También los confunden con los Dáctilos. Y dan sus nombres: Heraclés, Peonio, Epímedes, Yasio y Acesidas.

Hubo un gremio que perduró aun en tiempos muy posteriores y Dárdano lo introdujo en la forma de sacerdotes Salios.

Ver los arts. Coribantes, Dáctilos, Zagreo y, para mayor información, como fuentes de este II aparte:

Nilsson, *Minoan-Mycenean Religion;* H. Jeanmaire, *Couroi et Couretes,* 1939.

DACTILOS

Uno de los más curiosos mitos, probablemente de procedencia indoeuropea. Hay varias versiones que menciono.

Cuando Rea iba a dar a luz a Zeus y sintió los dolores del alumbramiento, apretó sus manos contra el suelo. Con el contacto de sus dedos la tierra le dio diez seres vivos: cinco varones en la derecha y cinco mujeres en la izquierda.

Otra versión: Eran anteriores a Zeus y vivían en el Ida de Frigia. Habían nacido de la ninfa Anquiale en la cueva de Oaxo.

También varía la versión de sus oficios y nombres.

Los masculinos descubrieron el hierro en el Monte Berecinto y también inventaron el arte de forjarlo y aprovecharlo. Sus hermanas se fueron a habitar a Samotracia y ejercitaron la magia, siendo ellas las que enseñaron a Orfeo sus artes.

Otra versión: los masculinos son los Curetes, guardianes de la cuna de Zeus en Creta, que fueron después a levantar un templo a Cronos en Elis. Sus nombres son: Heraclés, Peonio, Epímedes, Yasio y Acesidas. El mayor fue a traer ramas de olivo desde la región de los Hiperbóreos a Olimpia y, al invitar a sus hermanos a que corrieran para quitárselas, inventó los famosos juegos. Como venció Peonio, lo coronó con dos ramas: éste es el origen del símbolo de olivo por victoria. Versión discutible, pues el trofeo de ramas de olivo es bastante tardío.

Otros nombres que se dan y más divulgados son: Acmon, Celmis y Damnameno. De los otros dos no se da nombre. Celmis un día ofendió a Rea y fue mudado en hierro.

Eran magos y estaban al servicio de Adrastea, que es una variante de Cibeles y Rea. Eran enanos, y se dedicaban a guardar y trabajar tesoros en la montaña. El arte de la herrería y la orfebrería se debe a ellos.

Una de las curiosas implicaciones está en que se trata de la personificación y aun divinización parcial de los dedos. Fábula infantil, pero de muy hondo contenido: la mano del hombre como gran medio de elevación humana. Todos los demás datos de la leyenda pueden entrar en un análisis especial. No para hacerlo aquí.

La semejanza con los enanos de los mitos germánicos, y aun de otras culturas, da también a muchas especulaciones. No las dejaremos progresar ahora.

Fuentes: Apolonio de Rodas, Arg. I, 509 y 1130. Diódoro de Sicilia. V, 64 Ovid. Metamorf. IV, 281.

DAFNE

Ninfa de la montaña, hija del río Peneo. Apolo se enamoró de ella y como era sacerdotisa de la tierra, pidió ayuda a la madre para que la librara de la persecución del dios. La convirtió en laurel.

Pero hay una versión diferente: Era hija de Amiclas, y Apolo se enamora de ella y como ella se niega a condescender con él, huye y va a la montaña. Un amante anterior, Luecipo, hijo de Enomao, se disfraza de muchacha para seguirla. El dios persuade a las ninfas a que se bañen todas desnudas. Con lo que se descubre el sexo de aquella falsa virgen y la hacen pedazos. En el mismo tiempo Dafne queda convertida en laurel.

Fuentes: Ovidio, Metamorf. I, 452 ss. Apolodoro, 32. Higinio, Fábula 203.

DAFNIS

Es hijo de Hermes y una ninfa. Es de la mitología siciliana principalmente. Se enamoró de él la ninfa Equenais y le hizo jurar que le sería fiel. Lo hizo el joven, pero una princesa enamorada de él lo embriagó y lo hizo quebrantar su promesa. La ninfa en venganza lo hizo ciego. El pudo consolarse inventando la música pastoril. Se da como fundador de ella.

Hay la versión de Teócrito (I, 66 ss). Era reacio al amor y. Afrodita lo castiga con una loca pasión de amores. Muere de amor, buscando quien lo sacie, sin hallarlo nunca.

Como sea, al morir Hermes lo lleva al cielo y hace brotar un río en el sitio de su muerte.

Hay otra Dafnis, profetisa de Apolo en Delfos (vid. Delfos).

Fuentes: Diódoro de Sicilia, IV, 84. Virg. Ecl. V. 20 y sus comentadores. Teócrito, I.

DARDANO

Oriundo de Samotracia, hijo de Zeus y Electra, hermano de Yasión. Dejó Samotracia por el diluvio de Deucalión, o porque su hermano murió herido por un rayo, castigado por sus conatos de asaltar a Démeter. Fue raíz de la raza que pobló a Troya, y se da esta genealogía: Zeus engendra a Dárdano, éste a Erictonio, el cual a Tros, de quien proceden: Asáraco, Ilo, Ganimedes. Este fue robado por Zeus (vid Ganimedes), y de los otros sigue así la generación: Asáraco da vida a Capis, éste a Anquises, el cual a Aneas. Ilo, a Laomedonte, del cual procede Príamo, que es padre de Héctor.

Fuentes: Homero, Ilíada, XX, 215 ss. Apolodoro, III, 138.

DEDALO

Una manera de personificación de las artes mecánicas. En griego *daídala* eso significan. Tiene larga y confusa leyenda.

La madre es Alcipe, Merope, o Ifinoe, según la variedad de las fuentes. Su padre es Eupalamo, descendiente de Erecteo.

Fue un maravilloso mecánico, trabajador del hierro y otros metales. Su maestra había sido Atena misma.

Era nativo de Atenas, pero tuvo que salir de allí por un homicidio.

Hijo de su hermana Policaste era Talos, o Pérdix, como lo llaman otros. Resultó mejor que el maestro. Era una maravilla de técnica cuando acababa de llegar a los doce años. Lo mató en venganza. Huyó a Creta. Allí fabricó la vaca que fue Pasifea. Hizo otras artes más admirables. Minos enojado lo aprisionó juntamente con su hijo Icaro. Dédalo pudo construir un aparato con dos alas, para huir de su prisión. Pudo pasar el mar de Sicilia, pero su hijo, adolescente y poco discreto, aconsejó, al ponerle su par de alas, que no volara locamente: ni muy alto, porque el sol le derretiría las alas, ni muy bajo, porque el húmedo mar lo haría caer, humedeciéndolas. El muchacho, entusiasmado, se echó a volar con todo su ímpetu y vino a caer en el mar.

En la antigüedad le atribuyen a Dédalo todas las invenciones: carpintería, instrumentos para la marina, etc.

Tema muy favorecido por los artistas de la plástica (vid Icaro).

122   ANGEL Ma. GARIBAY K.

Fuentes: Apolodoro, III, 15. Ovidio. Metamorf. VIII, 236 ss. Higinio, Fábulas 39, 274, 40. Apolonio de Rodas. Argon. 1639 ss.

DEIFONTES

Uno de los últimos descendientes de Heraclés que figura en los mitos. Era prole suya en quinta generación. Casó con Hirneto, hija del rey de Argos Temeno, el cual prefirió al yerno sobre sus hijos. Estos lo mataron y expulsaron a Deifontes. Los datos posteriores son confusos y variados.

Fuentes: Apolodoro, II, 180. Higinio, Fábula 137.

DELFIN

Un mensajero del dios del mar, enviado con éxito a persuadir a Anfitrite a que se uniera con él. Logró su intento y la hizo venir a su poder. El dios lo puso como una constelación.

Hay una relación entre la calma de los delfines marítimos que se presentan cuando la mar está en calma, y la obra convencedora que hace este enviado de Poseidón. Hay también alguna referencia a la manifestación de la Luna en los mares, que también dicen atrae a los delfines.

Por lo demás, el pobre enviado que se vuelve estrella queda en la penumbra.

Fuentes: Ver Anfitrite, y las que allí se indican.

DEMOFONTE

Pertenece a la Saga de Troya. Es hijo de Teseo y hermano de Acamas, y juntamente con él, amante de Laodicea y Filis. Cuando regresa de Troya conoce a Filis en Tracia y se enamora ella de él. Promete volver al acabar de arreglar sus asuntos en Atenas. Ella, desesperada de que no vuelve, se ahorca y se convierte en un almendro. Cuando al fin regresa Demofonte, las ramas del árbol lo abrazan y lo estrangulan.

Fuentes: Higinio, Fábula 59. Ovid. Heroidas, II. Clem. Alex. Prot. 36.

DEUCALION Y SU DILUVIO

Hay varios personajes de este nombre, pero el más famoso es el que hubo de resistir un diluvio y salvarse. De él es este artículo.

Licaón dominaba en Arcadia y había levantado un altar a Zeus. Un día le sacrificó un niño. Esto irritó al dios sumo y lo convirtió en lobo, al mismo tiempo que destruía su casa con un rayo.

Quedaron veintidós hijos de Licaón y en alguna versión, cincuenta. Todos ellos perversos y criminales. La queja llegó al Olimpo y Zeus se disfrazó de un pobre mendigo y fue a visitarlos. Ellos se burlaron de él dándole a comer las tripas de un hermanito suyo, juntamente carne de cordero y cabrito. Zeus nada dijo, pero al acabar el festín, resucitó al niño, que se llamaba Nictimio, y convirtió en lobos a los demás hermanos.

Cuando regresó al Olimpo, hastiado de tanta maldad humana, determinó un diluvio general que arrasara a la humanidad.

Deucalión, que era hijo de Prometeo, según versiones serias, construyó un arca y en ella con su mujer Pirra se salvó de morir. Cuando pasó la inundación por obra del viento del sur que fue empujando las aguas al mar, todos habían muerto, menos la pareja que se hallaba en su arca, y flotando aun nueve días más, fue a reposar a un alto monte, que es variadamente dado, sea el Parnaso, sea el Etna, sea el Atos, o el Otiris, cada región el más alto de sus rumbos.

Supo Deucalión que había secado la tierra por una paloma que envió y le trajo un ramo de oliva.

Desembarcó y ofreció a Zeus un sacrificio. Se puso a rogar junto con Pirra que la humana progenie fuera restaurada.

Oyó Zeus su plegaria y envió a Hermes a que le diera instrucciones para lograrlo. Les dijo además que serían oídos todos sus ruegos.

Apareció Temis en persona y fue dando órdenes:

"Envuélvanse la cabeza y arrojen los huesos de su madre, sin verlos, hacia atrás de su espalda." Ellos comprendieron que se trataba de la tierra, ya que ellos tenían diferentes madres. Tomaron piedras de la orilla del río y las fueron arrojando sobre sus hombros, hacia atrás.

La piedra que lanzaba Deucalión se volvía hombre, y la que arrojaba Pirra se convertía en mujer. De esta manera se renovó el género humano.

Había otros que se habían salvado, no solamente esta pareja. Megaro, hijo de Zeus había sido sacado de su cama y llevado por una bandada de cigüeñas a la cumbre del monte Gerania. Allí escapó del diluvio. Cerambo de Pelión había sido mudado en escarabajo por las ninfas y pudo librarse nadando hasta el Parnaso. Los habitantes de esta montaña despertaron al oír el aullido de los lobos que comenzaban a ahogarse y huyeron también a la cumbre. Fundaron una ciudad que llamaron Licorea, o sea ciudad de los lobos.

Algunos emigraron a Arcadia y renovaron las abominaciones de los hijos de Licaón. Siguieron un rito que imita la primitiva maldad. Daban a comer intestinos de niño con otra carne a los pastores y el que comía el platillo nefando comenzaba a aullar como lobo. Se despojaba de sus ropas, se sumergía en el río y quedaba hecho lobo. Si durante nueve años no comía a ningún hombre, regresaba al río, se lavaba y volvía a ser hombre. Entre éstos se menciona a un Damarco, que después de sus dos transformaciones, ganó el trofeo del pugilato en los juegos Olímpicos.

Deucalión era hermano de Ariadna de Creta y tuvo como hijos a Oresteo, que fue rey de los locrios, y a Anfictión, que guardó a Dióniso y fue el que primeramente mezcló el vino con agua. El más famoso hijo de Deucalión fue Heleno, de quien los griegos descienden.

Fuentes: Apolodoro, III, 8. I, 7. Ovidio, Metamorf. I, 230 ss. VII, 352 ss. Pausanias, VIII, 2 X, 6.

DEYANIRA

Hija de Eneo. Casó con Heraclés, que se la ganó a Aqueloo en un combate. Yendo a su casa la confió al Centauro Neso, el cual al ir atravesando el río intentó violentarla. Heraclés le lanzó dardos con que lo mató. Ya para morir dio el centauro a Deyanira un poco de su sangre, diciendo que era de gran potencia mágica.

Cuando Heraclés llegó a su hogar llevando a Yola, enfurecida Deyanira intentó recobrar su amor perdido y untó la túnica con ese residuo de sangre. La envió a su marido y la túnica se volvió un veneno de misteriosa muerte.

Fuentes: Todo lo que se refiere a Heraclés y, principalmente, Traquinias de Sófocles.

DICTINA

Nombre con que deificó Artemis a Britomartis (vid).

Es una diosa lunar probablemente anterior a los griegos. En Egina la llamaban Afea, en Cefalonia, Kafria y en Esparta, Artemis.

El nombre hace referencia a una red, por haber sido un rito acaso indoeuropeo, de sentido orgiástico y no muy puesto en claro.

Fuentes: Vid. Britomartis.

DIDO

Personaje relacionado con Eneas. No es una ficción de Virgilio, sino una vieja tradición que aprovecha él. La historia es en su poema que ella funda Cartago y en las cercanías la halla Eneas, se enamora de ella, y al fin la abandona (Eneida, lib. II).

Es muy probable que se trate de una leyenda sacra de los fenicios. Es llamada Elisa y una hermana se llama Ana, ambos nombres de colorido semítico. Otro tanto pasa con Siqueo, su marido.

Ovidio la hace un personaje de novela. Ana hermana suya llega tras muchas aventuras en busca de Eneas a Italia. El la deja a cargo de Lavinia, su nueva mujer.

Naturalmente, ésta con celos tremendos comienza a tratar de acabar con ella. Es cuando aparece el espíritu de Dido y la lleva a salvo a encargar al dios del río Numicio que la cuide.

Más que a la mitología griega pertenece a la poesía romana, pero he incluido aquí. este personaje por ser un ejemplo de las trasmigraciones y transformaciones de los seres míticos.

Fuentes: Virgilio, Eneida, I, 368 ss. IV, todo. Ovidio, Fastos, III, 645 ss. Heroidas, VII.

DIKE, DICE

Es un de tantas personificaciones, como Tijé, Edos, y da la idea de la justicia trascendente que todo hombre entiende que existe. A veces se confunde con Némesis (vid), pero ésta es una deidad antigua hecha abstracta.

Era una de las Horas, en voz de Hesiodo, y su oficio es dar cuenta a Zeus todos los malos hechos de los hombres. Identificada más tarde con Virgo en la constelación del zodíaco. Había abandonado la tierra al iniciarse la edad de bronce (vid. Cinco edades). Se la llama también Astrea.

Sus oficios son perseguir al malhechor y atraparlo. Por lo demás, borrosa figura.

Fuentes. Hesiodo, Teog. 902. Obras y días, 256 ss. Arato, Fenicias, 96 ss. Ovid. Metamorf. I, 149 ss. Eurípides, Heraclés, 941.

DIOMEDES

1. Un hijo de Ares y Cirene. Fue rey de los bistonios. El octavo trabajo de Heraclés fue la captura y aniquilamiento de caballos comedores de hombres que infestaban sus regiones (vid. Trabajos de Heraclés).

2. Un héroe de la Ilíada. Hijo de Tideo y Deipile. Fue a Troya y con la ayuda de Atena pudo herir a Afrodita y a Ares, que le guardaron un gran rencor. Acompañó a Odiseo en el trabajo de meterse a los campamentos troyanos y matar a Reso. También con Odiseo mató a Palamedes. Y fue con él a traer a Filoctetes. Unidos ambos robaron el Paladión de Atena.

Fuera de la Ilíada hallamos otras leyendas. En Calidonia halló a su abuelo Eneo desposeído del reino por los hijos de Agrio. Mató a éstos, menos a dos, y dio el reino a Andremón, yerno de su abuelo.

Cuando regresó de Troya, después de haber naufragado en Licia, en donde el rey intentaba sacrificarlo a Ares, y fue defendido por Calirroe, que lo ayudó a huir, al llegar a Argos halló a su mujer Egialía viviendo en adulterio, según unos, con Cometes y según otros, con Hipólito.

Se cuenta que por arte mágico un día desapareció él y sus acompañantes fueron convertidos en pájaros. Su armadura era guardada como reliquia en el templo de Atena y tuvo culto en algunas regiones de Italia, como Venecia.

Fuentes: 1. Apolodoro, II, 96. 2. Higinio, Fábula 69. Homero, Ilíada, V, 1 ss. VI, 119 ss. X, 219 ss IV, 406 ss. Higinio, Fábula 102. Apolodoro, I, 78.

DIONE

Es la forma femenina de Zeus. Borrosa figura que aparece en diversos testimonios. Es acaso una forma femenina del principio supremo. Zeus y Dione: el principio masculino y el femenino, que hallamos en tantas religiones antiguas.

Concretamente se da como cónyuge de Zeus, madre de Afrodita, y también de Baco, y es hija de Tetis y el Océano.

Pertenece probablemente a la mitología pelásgica, anterior a la griega, y es una de las deidades que presiden al planeta Marte. Era venerada especialmente en Dodona.

Fuentes: Hesiodo, Teog. 927. Pausanias, X, 12. Teócrito, VII, 116. Ovid. Fastos, II, 459.

DIOSCUROS

Son los dos hijos de Zeus, Castor y Polideuces (que los romanos llamaron Polux). Hermanos de Helena. En Hesiodo son hijos de Tindareo y Leda. Otros dicen que Polideuces es hijo de Zeus y su gemelo Castor de Tindareo. Les concedió Zeus la inmortalidad, en forma alternativa. Uno vive bajo la tierra, el otro, en el Olimpo, y a su tiempo, invierten la estancia.

Tuvieron culto en Lacedemonia y eran patronos de los navegantes.

Entre tantos mitos que se les atribuyen hay que señalar éstos:

Cuando Teseo (vid), se robó a Helena, hicieron una expedición para recobrarla de la guarda de Etra.

Tomaron parte en la expedición de los Argonautas y Polideuces venció a Amico.

Ellos juntos raptaron a las hijas de Leucipo, Febe y su hermana Hileira. Los sobrinos de Leucipo Idas y Linceo los persiguieron, para rescatarlas. En la lucha murieron los dos perseguidores y Castor, que recobró la inmortalidad por favor de Zeus.

Este combate entre los dos pares de gemelos forma por sí una saga. Resumiré los hechos principales.

Los dos Dióscuros tenían sus propias habilidades: Cástor era soldado muy valiente y hábil y domador de caballos, cual no hubo otro. Polideuces era un pugilista famoso y ambos contendieron en los juegos Olímpicos y ganaron muchos trofeos.

Los dos primos, Idas y Linceo, eran igualmente hábiles: el primero, en fuerzas y vigor físico; el otro, en agudeza de sentidos, vista, oído, agilidad. Dicen que veía en la oscuridad y calaba tras la tierra el sitio en que se hallaban tesoros ocultos.

Entra aquí el episodio de rescate de Marpesa (vid), que dejo a su propio artículo.

Idas y Linceo fueron a la caza del jabalí de Calcedonia, lo mismo que a la expedición a Cólquide. Fueron también los Dióscuros.

En su camino se enfrentaron unos a otros por razón de un sacrificio a Poseidón en el Monte Taigeto. Intentaron asaltar a los dos, pero Linceo los vio de muy lejos e Idas se abalanzó a traspasar a Cástor con su espada. Cuando Polideuces intentó vengar a su hermano, Idas tomó la piedra de la tumba de Afareo y la arrojó a la cabeza de su contrario. Herido Polideuces, aun pudo matar a su primo Linceo. Zeus interviene con su rayo y queda Idas muerto.

Hay la versión de Mesenia. Cástor mata a Linceo, e Idas, lleno de dolor, se pone a disponerlo para la pira, dejando la lucha. Cástor se acerca y destruye la construcción que Idas hacía para su hermano. Es cuando Idas clava el puñal en el pecho de Cástor. Hay versiones variantes de menor importancia que omito aquí.

Polideuces fue el único que quedó con vida en estos dos pares de mellizos. Fue a contender a las carreras de Esparta e hizo a Zeus este ruego: Padre, que mi hermano viva...! Se negaba Zeus por su calidad de mortal. Se hizo la ley de que uno estuviera muerto, en tanto que el otro estaba vivo, y viceversa, al llegar el término fijado.

Poseidón hizo a los dos patronos de los navegantes y puso en sus manos los vientos, para que los envíen a su albedrío. Usaban los navegantes ofrecer corderos blancos en la proa para pedirles favorables vientos.

En la segunda guerra de Mesenia hubo dos jóvenes que intentaron representar a los Dióscuros. Los castigaron ellos.

Ellos presidían las contiendas atléticas de Esparta y se les atribuye la invención tanto de la música como de las danzas militares. Eran también patronos de los bardos que cantaban las viejas hazañas.

Fuentes: Pausanias, IV, 2 s. III, 26. Apolodoro, I, 9. III, 10. Higinio, Fábulas 14, 80, 242. Astron. Poét. II, 22. Ovid. Fastos, V, 699 ss.

DIOSES EXTRAÑOS

En esta Mitología conviene dar alguna noticia de los dioses extranjeros que fueron entrando a la vida de los griegos y romanos. La intercomunicación de pueblos vencidos y sus modos y costumbres hicieron que muchos númenes tomaran carta de naturaleza en los pueblos de la literatura clásica. No doy sino vagas referencias y a cada parte señalo la bibliografía. Sigo el alfabeto.

I. *Asiria.* Muchos de los númenes son de origen sumérico (vid). Los que mayor importancia tienen en el mundo griego son:

Ashera, Assereth, Astarte, que hallamos en textos griegos y en la Biblia. Es una variante de Afrodita, con sus peculiares atribuciones.

También lleva el nombre de Ishtar. Es diosa de la vida, del amor y de la muerte. Es comparte del principio masculino, representado por Sumer, o Marduk. Está relacionada con Isis, de la mitología egipcia. Es hija de Sin o de Anu y diosa de la guerra. Esposa de Asur, a quien acompaña en todas las batallas. Se la representaba con un arco en la mano y erguida sobre un carro de guerra. Era amante de todos y a todos llevaba males. Sumamente popular en Asiria y Babilonia. Se introdujo al mundo helénico bajo el nombre de Atargatis (vid). Tuvo gran auge su culto (vid Afrodita, Prostitución sagrada y otros arts.).

Adad, Hadad, era el esposo de Atargatis y tenía su trono rodeado de toros, como el de la diosa de leones. El culto de éste como el de su consorte se difunde en Grecia, en especial en Macedonia, hacia el siglo III a.c. Era también un dios de oráculos y protector de la agricultura.

Derceto (vid Atargatis), es una diosa mitad pez y mitad mujer. La leyenda decía que en su juventud se enamoró de un joven sacerdote y de él hubo una niña. Mató al sacerdote y abandonó a la niña. Se arrojó a un lago y se mudó en la forma que se ha dicho. La hija era nada menos que Semiramis (vid).

Baal. Nombre general que significa el Señor, Dueño, Amo, se halla unido a algunas deidades un tanto oscuras. Por ejemplo, Elagabaal que no tuvo mucho culto en Grecia. Heliogábalo lo llevó a Roma.

No hay fuera de estos dioses mayor introducción en los mitos griegos. y para un estudio especial hay que acudir a las obras que cito al fin del art.

Shamesh, Shamash. Es el sol personificado como fuente de vida y energía. Era venerado en Babilonia y su culto se difunde por todo el Oriente medio, pero no parece haber tenido gran trascendencia en regiones griegas. Es una deidad casi universal, que hallamos con diversos nombres, lo mismo en Sumeria que en Grecia. Aquí además de Helios (vid), tenemos su concreción en Apolo.

II. *Egipto.* Ver los arts. dedicados a Anubis, Adonis, Isis, Osiris, Ammón, Tamuzz. Todos fueron divulgados en Grecia, más o menos populares. Ver además:

Ra. Ra-Atum. Dios sumo en esta mitología, representado de varios modos y con diversos aspectos. Es sol divinizado que está en lucha perpetua con la sombra y es padre de Souh y Tefnet, de quien tienen origen todos los dioses. Es sincretizado con varios dioses griegos, como Zeus y Apolo, pero no tuvo mucha boga por su carácter más bien abstracto.

Horus, forma triada con Isis y Osiris. Es vaga su divulgación en Grecia. La forma en que se halla es más bien de Harpócrates (vid). Fue identificado con Eros, Apolo y aun con Heraclés.

Apofis. Dios de la sombra, enemigo de Ra y en lucha interminable con él. Tampoco muy visible en los cultos griegos.

Hator, Het-Heru, madre de Horus y confundida en algunas relaciones helénicas con Hera, con Démeter, con Afrodita.

Fta. Dios de la vida, venerado en Menfis. Creador y regente universal. Tuvo muchas advocaciones, pero al entrar en la corriente de ideas griegas se confunde con Urano, Saturno o Zeus.

III. *Fenicia.* Aunque tan en contacto con el mundo grecorromano, hay pocas importaciones de divinidades. Señalaré a:

Melkart, Melkarte, rey del mar. Muy famoso entre los navegantes. Es un dios solar y protector de los traficantes. Tuvo sus principales centros de culto en Cartago y en Gades, la hoy llamada Cádiz. Se le honraba con víctimas humanas, uso que parece haber comunicado a los griegos. Se le identificó con Heraclés, y aun se le llamaba el Heraclés Tirio.

Moloc, Melek, el rey. Era el numen principal de los fenicios como de los primitivos semíticos. Venerado como dios del cielo y dominador del mundo. También se le ofrecían sacrificios humanos, en especial de niños. No tuvo gran divulgación en Grecia, aunque hay residuos de su culto.

Por lo demás, la teogonía fenicia no ha sido totalmente investigada y menos sus importaciones a los pueblos vecinos.

Otros dioses como los reconocidos en Ugarit, no tuvieron influjo en la mitología griega, o no ha sido establecido con suficiencia (vid. mis *Voces de Oriente,* en esta misma colección, México, 1964).

IV. *Sumeria.* Los más de los dioses de esta antigua civilización pasaron a Grecia, pero revestidos de nombres semíticos. Es un complejo difícil de analizar y deben verse los que doy en Asiria y Fenicia.

V. *Persia.* En el Imperio Romano más que en la antigua Grecia se difundieron los cultos de deidades de la cultura persa. Hay que ver el art. dedicado a Mitra, como el culto más importante trasplantado al mundo de Occidente. Señalo además:

Anahita (vid art. propio). Es una Afrodita del mundo persa.

Ormuz, principio de la luz y *Ahrimán,* principio de las tinieblas. Ambos tuvieron su importancia en el mundo grecorromano, principalmente debido a Manes (vid). El mito de la lucha es muy curioso: Un dios sumo obliga a Ormuz a que contraste el influjo de Ahrimán. Le manda que cree un mundo visible que debe durar 12,000 años, divididos en cuatro períodos. Uno de ellos hace un mundo, el otro lo destruye. Hay un ejército en favor de cada uno de estos contendientes. Tuvo gran auge en los días cercanos a la fundación del cristianismo y aun siglos después. Es un combate sin detención y los dioses jueces, que son Mitra, Estrachoa y Rajnú, pesan en la balanza los hechos buenos y malos de cada contendiente. Hay una perfecta armonía y equilibrio en este combate. No superan unos a otros, sino que el mundo está dividido en proporción entre buenos y malos.

No hallamos en fuentes griegas antiguas una clara exposición de estas teorías, pero fueron muy aceptadas de la etapa de Alejandro en adelante.

Sobre *Manes* y *Maniqueísmo,* vid. art. propio.

En el sincretismo grecorromano entran todas estas teorías y tienen boga por alguna etapa a veces larga.

VI. *Tracia.* Dioses procedentes de esta región hay pocos. En primer término, la región misma es un tanto indefinida. En forma general puede decirse que griegos, romanos, egipcios, mesopotámicos, llaman con este nombre a la parte de oriente de la península balcánica, pero hay muchas atenuaciones qué agregar. Era un mundo de pequeños reinos en germen, que por las referencias pasan de veinte. El pueblo era de la cepa indoeuropea y la misma variedad del territorio contribuyó a establecer gran diferencia entre ellos.

Tienen en su cultura todos los rasgos de la micénica y sus númenes son de gran importancia, porque representan una etapa anterior a la estabilización de los griegos en Grecia y al refinamiento de su civilización.

No es posible aquí más que señalar a los que parecen haber entrado al panteón helénico.

Dióniso a la cabeza, que se da por de origen tracio (vid su art.).

Zalmóxis, es comparte de Dióniso y pasó a Grecia a confundirse con alguna de las deidades maternas. Eran poderes de vivificación; primitivamente dioses de la vegetación y de la fecundidad. Daban vida a los mismos muertos.

La interpenetración griega data de 700 a.C. Para los fines de este libro es lo que basta (vid. Reso).

Esta nota larga solamente ha servido para indicar algunos de los caminos de la indagación mitológica. No es posible dar más que lo dicho. Agrego una breve bibliografía y remito al lector a los arts. citados.

Fuentes: Libros como *The Ancient Gods,* de E. O. James, 1960, dan la información suficiente. Ver igualmente *La Vie Religieuse dans l'ancienne Egypte,* de J. S. F. Carnot, París, 1948. *Babylonian and Assyrian Religious texts,* Leipzig. 1895. *Macedonia. Thrace and Illyria, S.* Casson, 1926. *The Mask of God. Primitive Mythology.* Joseph Campbell, 1960.

DIOSES DE LOS VIENTOS

Todos los pueblos han visto en los vientos fuerzas divinas. De ahí a personificarlos hubo un paso. Los griegos tenían esta serie, que en parte compartían los romanos, por ser de la misma raíz étnica, o por contaminación cultural:

Eolo es el padre de todos ellos (vid Eolo), y los tenía metidos en un odre o costal (Homero, Virgilio). Los más bien definidos eran Boreas y Zéfiro (vid).

En la primera etapa se los imaginaba como corceles muy veloces y de allí la idea de que fecundaban las yeguas (vid Boreas). Los caballos de Aquiles eran hijos de Boreas y una de las arpías. Más tarde se los figuró en forma humana. Tifón con todo ello, mantenía sus pies serpentinos.

Homero habla de cuatro vientos, por los rumbos cardinales. Hesiodo da tres solamente, hijos de Astreo y Eos.

Se tenía por fecundadores, lo cual en cierta manera es verdad, pues llevan semillas de plantas de una a otra región. También por seres destructores y se les sacrificaba, ya en etapas posteriores, para apaciguarlos, un cordero negro (Aristófanes, Ranas, 847 ss). También se hacían actos de magia para encadenarlos y hacer uso de ellos.

Los nombres latinos recuerdan el mito: Aquilón, con forma de águila (aquila). Favonio, "favorable" que es el Zéfiro. Noto, el suriano, era tenido por húmedo, funesto por cálido. La palabra es griega y lleva el sentido de humedad.

Fuentes: Homero, Il. y Odis. Muchos lugares. Apolon. de Rodas, Arg. I, 212. Ovid. Metamorf. VI, 677.

DIRCE

Dos versiones en su mito. Era mujer de Lico y trató muy mal a Antiope cuando ésta fue llevada a Tebas. Pudo escapar Antiope de su prisión y fue a dar a la misma cabaña en que se hallaban Anfión y Zeto; sus hijos no la reconocieron. Llega Dirce en seguimiento de ella y la arrebata llevándola en forma brutal para su casa. El vaquero que había alojado a los jóvenes les declara que es su madre y ellos la defienden y en su lugar entregan a Dirce a los cuernos de un toro bravo.

La otra versión es: Era mujer de Lico Antiope, pero la sedujo el río Asopo tomando su figura. La repudió él al darse cuenta y en su lugar tomó a Dirce. Cuando ésta advirtió que Antiope estaba grávida por obra de Zeus, pensó que era obra de Lico. La encerró en un calabozo. La libertó el dios. La historia sigue en la misma forma que arriba. La muerte de Dirce da origen a la fuente que lleva su nombre.

Probablemente es un mito lunar en que se da la reminiscencia de los toros por los cuernos de la luna creciente. Y hay relación con el mito de Dióniso tanto por el toro, como por la locura báquica de Dirce (ver Anfión, Antiope, Lico).

Fuentes: Higinio, Fábulas 7 y 8. Eurípides. Antiope frag. Apolonio de Rodas, Arg. IV, 1090 y 1735 ss.

DRIOPE

Hija del rey Driops. Apolo la engañó y de ella tuvo un hijo, Anfiso, que fue rey de la ciudad de su nombre. Ella casó normalmente con Abremón, hijo de Oxilo. Sus colegas las ninfas, cuando vieron su fin, la llevaron a convertirla en fuente y allí le levantaron su santuario. Cuando lactaba a Anfiso tuvo antojo de flores. Tomó flores de loto por equivocación y al tocarlas, se convirtió ella misma en dicha flor.

Fuentes: Ovid. Metamorf. IX, 330 ss.

EACO

Hijo de Zeus y Egina. Esta era hija del río Asopo. Famoso por su gran amor familiar. Fue uno de los que edificaron los muros de Troya. Cuando murió fue instalado como juez de los muertos.

Mitos sobre él corren, no muy precisos. Van algunos:

Su padre lleva en secreto a Egina a la isla Enone o Enopia. Allí da a luz y la diosa Hera sabe el parto. Se enfurece y persigue a Eaco. Envía una serpiente que vicie las aguas de lagos y ríos de esa región.

Eaco se pone a orar y alcanza que Zeus le dé el rayo y el relámpago. Pide al dios sumo que le conceda dones. El primero, llenar la tierra de habitantes.

Cuando Eaco oraba estaba abrazado de un árbol. Era una haya o una encina. Pedía población al dios.

Cuando hubo despertado, alcanzó su doble deseo. Repartió las tierras e hizo dos regiones: la primera fue la de los Mirmidones (hormigas).

Eaco casó con Endeis, de Megara.

Apolo y Poseidón lo llevaron a la construcción de Troya y sus muros, que eran de invulnerable poder. No bien había acabado su obra cuando unas serpientes grises intentaron escalar los muros. Eaco toma la defensa en forma un tanto confusa en las fuentes.

Eaco, junto con Minos y Radamante, fueron los únicos hijos de Zeus a los que concedió el dios sumo la juventud sin vejez.

Ya se dijo que al morir fue a ser uno de los tres jueces de los muertos.

Fuentes: Diódoro de Sicilia, IV, 72. Higinio, Fábula 52. Ovid. Metamorf. VII, 520 ss. y IX. 426 ss.

ECO

Hay dos versiones de la fábula: Pan se enamora de la ninfa Eco, que le es desdeñosa y, forzada, la da como hijo a, Inx. Irritado Pan hace que los pastores enloquecidos la descuarticen y esparzan sus miembros. La Madre Tierra compasiva recoge y sepulta en diversas partes esos fragmentos, que por eso apenas dan una sílaba o dos de lo que se dice. La otra versión la relaciona con Narciso (vid). Lo ve la ninfa y queda prendado de ella. No puede hablar sino a sílabas finales, por haber intentado imitar a los grandes dioses. Hera la castiga con la pura repetición de la parte final de lo que oye. Un día halla a Narciso por el campo y comienza a repetir lo que él dice. Hastiado él se aleja. La ninfa sigue repitiendo y muere hecha una pura voz y sonido.

Fuentes: Longo, 3, 23. Ovid. Metamorf. III, 341 ss. 402 ss.

EDIPO

Uno de los temas mitológicos más abundantes y complejos, en especial por la importancia que le dieron los trágicos. Los datos suficientes y esenciales son:

Hijo de Layo y Yocasta, a la cual llama Homero, Epicasta (vid). Fue rey de Tebas en forma que se dice abajo. Como Layo no tenía prole en largo tiempo después de su casamiento, envió a preguntar a Delfos qué había de hacer. Se le respondió que desistiera, porque de tener un hijo, éste lo mataría. Esta respuesta lo hizo separarse de Yocasta, la cual, enojada por tal conducta, un día lo embriagó y tuvo acceso a él. Nueve meses después nace un niño. Layo enojado lo manda arrojar a la montaña después de perforarle los pies con garfios de hierro, de donde provendría su nombre Edipo: pies perforados. Fue abandonado en el monte Citerón.

Lo descubrió un pastor que le puso ese nombre y sabiendo que el rey Pólibo de Corinto se moría por tener un hijo varón, se lo fue a regalar.

Esta es la versión más divulgada. Hay otra, sin embargo:

Layo encerró al niño en una caja y lo arrojó al mar. Fue a dar a Esción en donde Peribea, reina mujer de Pólibo, lo recogió, cuando estaba en la playa viendo a sus lavanderas. Tomó al niño, se fingió en dolores de parto y dio a su marido como hijo suyo este pequeño.

Creció Edipo en Corinto. Un día oyó que nada tenía de parecido con sus padres que él conocía y fue a consultar a Delfos. Se le dijo que se alejara del santuario, porque tenía que matar a su padre y unirse en mala unión con su propia madre. Como amaba mucho a Pólibo y Peribea y no quiso que el oráculo se cumpliera, huyó a la ventura.

Pero en el camino estrecho que va a Delfos y se angosta en Daulis se encontró con Layo que no quiso cederle el paso y aun lo mandó apalear.

Edipo mató a Layo. Este iba precisamente a consultar al oráculo acerca del modo de librar a Tebas del tributo que le imponía la Esfinge (vid). Edipo la encontró y dio la respuesta justa. La Esfinge despechada se hizo pedazos a sí misma, o fue muerta por Edipo, según varias versiones. Llegó Edipo a Tebas y fue aclamado como rey. Se casó con la viuda de Layo. Pero una peste enviada por Apolo vejó a la ciudad. La respuesta del oráculo fue: Hay que expulsar al asesino de Layo. El mismo rey dio su consentimiento, ignorando que él era el asesino. Fue Tiresias quien descubrió el enigma. Cuando Edipo descubrió que él era el asesino de su padre y el que había subido al lecho de su misma madre, se pinchó los ojos con un estilete y se recluyó a una habitación interior. Más tarde, guiado por una de sus hijas, habidas en su propia madre, fue a refugiarse en Colono. Su postrera etapa es oscura en los mitos y los trágicos contribuyeron a oscurecerla más, con sus propios episodios. Se pretende que murió en guerra intentando recuperar su reino.

Vid. Yocasta, Antígona, Polinice, Eteocles, Ifigenia, Tiresias.

Fuentes: Apolodoro, III, 5. Hesiodo, Teog. 327. Higinio. Fábulas 66, 67, 75. Sófocles, Edipo Rey y Edipo en Colono, todos. Eurípides, Fenicias. Pausanias, X, 5. I, 20. Ovid. Metamorf. III, 320 ss. Homero, Odis. XI, 270, e Ilíada, XXIII, 679.

EGIPTO

Personaje que da el nombre al país. Era hijo de Belo, que reina en Kemis, en la Tebaida. Gemelo de Dánao y comparte de sus aventuras (vid. Blo y Dánao) La madre es Anquinoe.

Egipto tomó por reino la Arabia y dominó a los Melámpodes ("de negros pies"), y le dio a la región su nombre. Tenía cincuenta hijos; nacidos de madres de distintas razas, fenicias, libias, árabes, y aun de otras. Dánao su hermano tenía cincuenta hijas y decidió casar a sus hijos con ellas. Había ya entre ambos reyerta por el trono, al morir su padre. Cuando propuso el matrimonio, se negó Dánao. Huyo de Libia con toda su prole guiado por Atena. Se estableció en Argos.

Allá envió a sus hijos Egipto. Exigió el matrimonio y Dánao con malicia dispuso que las hijas aceptaran y mataran a sus maridos en la misma noche de la boda.

Todas lo hicieron, menos Hipermnestra, que salvó la vida a su marido Linceo.

Egipto andaba por Grecia cuando supo la final aventura de sus hijos y huyó a Aroe, donde murió.

Fuentes: Ver las señaladas en Belo y sus hijos.

EGISTO

Es el único hijo de Tiestes que no fue muerto ni devorado por él (vid Tiestes). En otra versión es hijo de Tiestes, después de la muerte de sus hijos, y habido en amor incestuoso de su hija Pelopia . Parece que fue abandonado de niño y criado por una cabra, lo cual sugiere su mismo nombre. Ya crecido fue a Argos a vengar a su padre. Se unió a Clitemnestra en adulterina unión, estando ausente el marido de ella, Agamemnón, que luchaba en Troya. Al regresar éste en un complot con la reina lo mata y a su vez más tarde es matado por Orestes, hijo de Agamemnón. Por lo demás, el mito es vago y con variaciones notables en diversos autores.

Fuentes: Apolodoro, Epit. II, 14. Higinio, Fábulas 87, 88, 252. Homero, Odis. III, 517 ss. Esquilo, Agamemnón, pass.

EILITIA, ILITIA

Diosa del nacimiento. Probablemente era un puro epíteto de Artemis. Otras veces entiende que es Hera. Otras es hija de Hera. O bien colega de Artemis en la ayuda a las mujeres que dan a luz. Era gemela de Artemis y como ella hija de Zeus.

En Olimpia estaba asociada con una diosa Sosípolis, que es de origen minoico. Fue divulgado su culto, como es de ver, por la función que preside. No tiene mitos especiales.

Ver los arts. citados.

Fuentes: Pausanias, I, 18. Diód. de Sic. V, 72.

ELECTRA

Varios personajes con este nombre.
1. Hija de Océano, casada con Tauumas. Madre de Iris y de las Harpías.
2. Hija de Atlas y una de las Pléyades.
3. Hija de Agamemnón y Clitemnestra, y acaso la más famosa en las leyendas. Fue ayudante de su hermano Orestes para vengar la muerte de su padre. Es uno de los personajes que más hicieron intervenir los trágicos en sus poemas, pero de hecho tiene poco relieve en la mitología (ver los arts. citados).

Fuentes: 1. Hesiodo, Teog. 265 ss. 2. Apolodoro, III, 110. 3. Esquilo, Coéforas. Eurípides, Electra: Higinio, Fábula 122. Sófocles, Electra.

ELEUSIS

Población situada en Atica en una hermosa llanura con una bahía enfrente. Debió ser una población muy antigua y próspera, como lo prueban los restos arqueológicos muy ricos a veces. Tuvo sus reyes propios hasta el siglo VII a.c. en que se incorporó a la cercana Atenas. Famosa principalmente por los Misterios celebrados en ella en honor de Démeter (vid. Misterios y Démeter). Acudía una gran multitud en las épocas de su celebración.

Fuentes: Vid. Misterios y como gran información, K. Kourouniutes, *Eleusis,* vers. inglesa de 1936, y F. Noack. *Eleusis,* 1927.

ELFENOR

De la Saga de Troya. Es hijo de Calcodonte. La madre es llamada Imenarete. Lo mató Agenor durante la guerra. Según otra versión, sobrevivió a la ruina de Troya. Como mató a su abuelo Abas en un accidente, fue confinado a Eubea.

Fuentes: Homero, Ilíada, II, 540. Higinio, Fábula 97.

EMPUSA, EMPUSAS

Una de las concepciones mitológicas que hallan raigambre en el Oriente. Lo que se puede decir es:
El nombre significa "fuerza interna".
Están relacionadas con las Lilim, hijas de Lilith de las ideas de Palestina y pueblos conjuntos. Son similares a la Xtabay de la mitología maya y a la Llorona de la Meseta Central de México. Los romanos las incluyeron en el general nombre de *Lamniae.*
Según los testimonios más serios, eran hijas de Hécate. Númenes funestos. Eran malvadas. Llevaban sandalias de bronce. Asediaban a los viandantes nocturnos y los atraían en forma de bellas mujeres. Agotaban el vigor masculino y los mataban. Se aparecían como brujas, como vacas, o como jóvenes. Su aparición cra en la noche, o a la hora de la

siesta. Son una reminiscencia del "demonio meridiano" de que habla
el Salmo 90.

Fuentes: Aristófanes, Ranas, 288 s. Filostrato: Vida de Apolonio de Triana.
Suidas, en sus notas.

ENEAS

Héroe famoso de la guerra de Troya y creado por Virgilio como
fundador de Roma. Era hijo de Anquises y Afrodita (vid). Por tanto era
de la sangre real con derecho al trono de Troya. Era muy respetado,
tanto como Héctor, y asimilado a un dios (Il. V, 467, XI, 58). Lo vemos
en combates con Diomedes (lib. V), con Idomeneo (lib. XIII), con el
mismo Aquiles (lib. XX). Los dioses lo protegen de modo especial;
tanto por ser de sangre de diosa, como por ser un gran venerador de
ellos. (vgr. XX, 298, 347 etc.). Poseidón profetizó que él y sus descendientes habrían de reinar sobre Troya (Il. XX, 307).

Al caer vencida Troya huyó con su padre Anquises, a quien llevaba
a cuestas, con su hijo Ascanio y con su mujer Creusa, y llevando bien
guardados a sus dioses familiares, o sea los penates. Sus peregrinaciones
son variamente contadas: estuvo algún tiempo en el monte Ida y fue
recorriendo después Grecia, en la cual fundó diversas ciudades, casi
todas las que en algo se asemejan a su nombre, Enos, Enea, etc. También
por muchos lugares edificó templos a su madre Afrodita. Así en Elimos,
de Sicilia, en Leucas, en Accio, etc. Lo hacen llegar a Delos y a Creta.
Va a la Hesperia, región occidental del mundo antiguo, y va también a
Cartago, donde se encuentra con Dido.

Sobre éstos y similares datos construye Virgilio el poema de la
fundación de Roma por él y la instalación de un reino. En todo el poema
la fantasía prevalece sobre la tradición.

Fuentes: Homero en la Ilíada, citada en el art. en sus principales lugares.
Además ver: Xenofonte, Ciropaideia, I, 15. Ovidio, Fastos, III, 601 ss. Metamorf. XIV, 581 ss y toda la Eneida de Virgilio Marón.

ENDIMION

En el mito general es un joven hermosísimo. Varían las versiones,
pero en general se ajustan.

Hijo de Zeus y la ninfa Calice. Era de Eolia, pero de raza Caria.
Climeno, rey destronado de Elis, tenía en su mujer llamada Ifianasa, o

también Cromia y Neis, cuatro hijos y tres hijas. Estas eran de nombres que varían. Entre ellas Selene. Esta se enamoró perdidamente de Endimión. Una noche en que dormía solo en una cueva del monte Lamno entró ella y se acostó a su lado y le besó dulcemente los ojos. El muchacho se quedó dormido sin soñar siquiera. Vino otra noche Selene y se lo llevó. Zeus, irritado por el robo de su hijo, lo hizo de eterna juventud.

Hay otra versión según la cual se casó en las cercanías del sitio de Olimpia y dio al mundo cincuenta hijas, o cuatro hijos, según otros. Allí estaría su sepulcro.

La Selene de la leyenda fue pronto confundida con la Luna, que lleva el mismo nombre.

Fuentes: Apolodoro, I, 7. Pausania, Escolios a Teócrito, etc.

ENEO

Rey de Calidonia. Esposo de Altea y padre de Deyanira y Meleagro. Se dice que el padre verdadero de Deyanira era Dióniso. Eneo es uno de los primeros cultivadores de la vid y fabricantes de vino. También es tenido por nieto de Ares. Al morir Altea casó con Peribea, hija de Hiponoo, o de Oleno, según otros.

Cuando era ya muy viejo lo despojó del reino su hermano Agrio, pero Diomedes lo restauró en su trono. Vagamente se cuenta que había sido protector de Agamemnón y Menelao, cuando andaban huyendo de Tiestes.

Fuentes: Higinio, Fábulas 129, 171, 175. Homero, Ilíada, XIV, 120 (notas).

ENONE

Ninfa del Monte Ida. Se enamoró de Páris y cuando supo que éste había raptado a Helena, se encendió en grande ira. Cuando supo que Páris había sido herido por Filoctetes con un dardo de los de Heraclés, se negó a curarlo. Pero al saber que había muerto se llenó de amargura. Fue a Troya y se arrojó sobre la pira para morir con él. Otra versión dice que se ahorcó para seguirlo en el Hades.

Fuentes: Apolodoro, III, 154 ss. Ovidio, Herodias, V. Quinto de Esmirna, X, 259 ss.

EOLO

Regulador de los vientos. Varias versiones sobre su naturaleza y vida. Homero en la Odisea (X, 2 ss), nos lo da como hijo de Hipotes. Habita en la isla flotante de Eolia. En su casa hay seis hijos y seis hijas. Casó a cada hijo con su correspondiente hermana. Tiene la potestad de encerrar a los vientos en un odre, y hace de ellos lo que le parece. Virgilio (Eneida, I, 51 ss), lo hace un semidiós que guarda los vientos en Eolia. Otros lo hacen hijo de Heleno, hijo de Deucalión. El mayor y que le sucede en el reino. De él proceden los Eolios.

Confusas leyendas dan esta serie de hijos de Eolo: Creteo, Sísifo, Atamas, Salmoneo, Deion, Magnes. Descienden de éstos Prieres, Macaneo, Canace, Alcione, Peisidice, Calice. De éstos es digna de nota Calice, que comete incesto con Macareo (Ovid. Herodias, II).

Fuentes: Las citadas en el texto e Higinio, Fábula 186. Apolodoro, I,7.

EOS

Es la Aurora personificada, hermana de Helios, el Sol. Hija de los Titanes Hiperio y Teia (Hes. Teog. 372). Cada mañana sale a anunciar la venida del sol en una carroza de luz, con dos caballos, Lampo y Faetonte, o sea Brillante y Resplandeciente. Tiene dedos de rosa y ropas de azafrán, correlativos a los colores de los rosicleres de la aurora. Estos epítetos se hallan en Homero con frecuencia.

Una vez Afrodita halló a Ares en el lecho de Eos y, furiosa de celos, la maldijo y le decretó un perpetuo amor por los jóvenes mortales. Desde ese día se dedica a seducir a los jóvenes. Es larga la lista de sus amadas víctimas. Se mencionan Orión, Céfalo, Clito, nieto de Melampo.

Los más famosos fueron Ganimedes y Titono, hijos de Tros e Ilus. Ganimedes fue raptado por Zeus y tuvo la suerte que se ve en su propio artículo (vid). Eos pidió a Zeus la inmortalidad para Titono, pero no pidió la juventud y vive envejeciendo cada vez más. Ella lo sigue amando, a pesar de ser casi ciego y sordo. Lo guardó en un blando lecho y allí se convirtió él en cigarra.

Orión, que tomó su turno fue flechado por Artemis, como excepción en sus procederes, porque esta diosa mata más bien mujeres.

Fuentes: Homero, Odis. V, 1 XXIII, 244 ss. Hesiodo, Teog. 378 ss. 984 ss. Himn. Homérico a Afrodita, 218 ss. Ovid. Fastos, 461 Metam VII, 711 ss.

EPIGONOS

Son los hijos de los siete que atacando a Tebas (vid), sucumbieron, y juraron éstos vengar a sus padres. Larga, compleja y variada es su leyenda. La reduciré a sus líneas generales.

En Delfos Apolo les anunció que serían vencedores, si los guiaba Alcmeón, hijo de Anfiarao. Este comenzó por discutir con su hermano Anfíloco acerca de la conveniencia de hacer o no la guerra. Llevaron el asunto a su madre Erifile, que al fin resolvió que la guerra se hiciera. Sin mucha voluntad, Alcmeón se puso al frente.

En la primera batalla librada ante Tebas perdieron a Egialeo, hijo Adrasto. Y Tiresias había anunciado a los tebanos que su ciudad solamente estaría en pie si sobrevivía alguno de los antiguos campeones. Cuando Adrasto, el único superviviente, supo la muerte de su hijo, murió de amargura.

Cuando lo supieron los tebanos huyeron en el peso de la noche, llevando a sus mujeres y niños.

Los atacantes hallaron la ciudad desierta. Derribaron sus muros y destruyeron edificios y llevaron todo el botín que pudieron. Entre los despojos tomaron a la hija de Tiresias, Manto, o Dafne, en otra fuente, virgen que había quedado rezagada. Fue sacerdotisa del dios.

Tersandro comenzó a vanagloriarse de que la victoria era suya y de que él había engañado a Erifile para que mandara a su hijo darla, como había sido también la causa de la ruina de Anfiarao. Cuando Alcmeón oyó esto mandó consultas a Delfos y la respuesta fue que su madre tenía que morir. Oscuro el oráculo, lo indujo al matricidio. Ya muriendo ella le echó una maldición: No haya tierra en el mundo que acoja a mis asesinos.

Alcmeón huyo a Trespotria. No lo admitieron. Fue a Psofis y su rey, Fegueo, lo purificó de la mancha del crimen. Lo casó con su hija Arsinoe. Le dio a la esposa un collar y una ropa que había traído en su alforja, como restos del botín de Tebas. Las Erinas siguieron persiguiéndolo y enviaron una peste contra la región. El oráculo mandó a Alcmeón que fuera a purificarse en el río Aqueloo. Allí casó con la hija del dios fluvial, llamada Calirroe, y por alguna buena etapa reposó.

Al cabo de un año Calirroe, temerosa de perder su hermosura, se rehusó al trato con su marido y le exigió que le diera el collar y la ropa magnífica que había dado a Arsinoe.

Regresó él a Psofis y trató de engañar a Arsinoe para sacarle los dones. Pero unos criados suyos lo descubrieron. Y el padre de Arsinoe quedó tan airado que mandó a sus hijos que le tendieran una emboscada a Alcmeón para que no quedara vivo. Pero, misterio femenino, al fin,

Arsinoe, que vio la muerte de su marido, reprochó a su padre y hermanos de que la hubieran dejado viuda y además violado los derechos del huésped. Trató su padre de convencerla, pero ella se tapó los oídos y no quiso saber nada. Su padre la encerró en un cofre y la regaló como esclava al rey de Nemea. Le quitó el vestido y el collar y mandó a sus hijos que lo llevaran a Delfos.

Lo hijos de Fegueo lo hicieron, pero Calirroe, por su parte, pidió que el dios ayudara a su hijo varón, nacido del trato con Alcmeón, a vengar la muerte de su padre.

Zeus la oyó. Eran dos niños, que crecieron y capaces de portar armas, se fueron a Nemea. Allí mataron a los hijos de Calirroe, sus hermanos de padre. Mataron igualmente a Fegueo.

El misterioso vestido y el collar que fueron ocasión de estas disputas, fueron llevados a Delfos.

De los otros epígonos nada hallamos. Dan esta lista:

Hijos de Anfiarao, Alcmeón y Anfíloco; de Adrasto, Egialo; de Tideo, Diomedes; de Partenopeo, Prómaco; de Capaneo, Eetenelo; de Polinice, Tersandro; de Mecisteo, Euríalo.

Fuentes: Diódoro de Sic. IV, 66. Pausanias, IX, 5. Apolodoro, III, 7. Higinio, Fábulas 70 y 71. Ovid. Metamorf. IX, 413 ss.

EPIMENIDES

Personaje legendario, entre mago, sacerdote y filósofo. Estuvo en Atenas hacia el 500 a.C. haciendo ritos y profecías. O bien purificó esa ciudad por el año 600. Lo más notable de él es la conseja de que vivió unos 299 años y estuvo dormido durante cincuenta y siete. Tenía la facultad de salir de su propio cuerpo y vagar en espíritu.

Se le atribuyen los escritos místicos siguientes: Teogonía, Cosas de Creta, Purificaciones. Nada de estas obras ha sido identificado, ni siquiera en citas. Nació en Creta y peregrinó por diversos rumbos. Si es verdadera una parte de su leyenda, sería uno de los lazos de unión con el Indostán, Tíbet, etc.

Fuentes: Platón, Leyes, I, 642. Arist. Política, I. Diog. Laertes, n. 28.

EQUIDNA, EQUIDNE

"Serpiente". Se apareó con Tifón y de éste tuvo como hijos a Ortro, Cerbero y la Hidra, lo mismo que a la Quimera. Y del mismo Ortro tuvo como hijos a la Esfinge y al León de Nemea.

Era hija de Forcis y Ceto, según unas fuentes, o de Crisaor y Calirroe, según otras. Era mitad mujer y mitad serpiente, aunque hay quien la haga sencillamente serpiente. Reminiscencia de mitos telúricos y zoolátricos. Ver cada nombre aquí mencionado, en su propio artículo.

Fuentes: Hesiodo, Teogonía. VV. 306 ss. y la que cito en los otros.

EQUION

Es uno de los raros supervivientes de la generación de los que brotaron de la tierra en Esparta al sembrarse los dientes del dragón. Casó con Agave y de esta unión nació Penteo. Otros lo hacen hijo de Heraclés. En todo caso, fue uno de los Argonautas y precisamente el heraldo.

Fuentes: Himnos Homéricos a Hermes, 51. Calímaco. Himno a Delos, 253.

ERISICTON

Hijo de Triopas de Tesalia. Como necesitaba leña fue a un bosque que era dedicado a Démeter. En forma humana se le aparece la diosa y le prohibe hacerlo. El se burla de ella y sigue su obra. Y la diosa lo castiga con un hambre insaciable. De allí nació un proverbio griego divulgado en los latinos: Tener el hambre de Erisicton.

Tuvo una hija llamada Mestra, a quien Poseidón, que la hizo suya, concedió el don de transformar su figura como ella quisiera. Era vendida en diversa forma de animales y ella se mudaba y huía. Este mito es más bien tardío. (Ver Démeter.)

Fuentes: Calímaco, Cer. 23 ss. Ovid. Metamorf. VIII, 874 ss.

ERICTONIO

Cuando iba persiguiendo a Atena con la intención de forzarla, se derramó en sus rodillas y la diosa tomó su semen en lana y lo arrojó a la tierra. Esta quedó fecundada y dio a luz un ser monstruoso, mitad hombre y mitad serpiente, que la diosa no quiso reconocer por suyo. Atena lo tomó a su cargo y lo guardó en un cesto, encomendándolo a Aglauro, la hija mayor de Cécrope, rey de Atenas. Como el rey tenía igualmente medio cuerpo de hombre y medio de serpiente, adoptó al hijo.

No hay mayores datos sobre este raro monstruo.

Fuentes: Higinio, Fábula 166. Astron. poét. II, 13. Apolodoro, III, 14.

ERIGONE

1. Hija de Icario, habitante del Atica. Un día se presentó en su casa Dióniso y le dio vino. Con él se embriagaron los habitantes y pensaron que estaban envenenados. Mataron a su jefe. Entonces la hija, de quien estaba enamorado el dios, se puso a buscar a su padre y cuando lo halló muerto, de amargura se ahorcó colgándose de un árbol. En su busca iba acompañada por Moira, un perro muy fiel que murió de tristeza al verla muerta. Hubo una gran conmoción de las mujeres que propendían al suicidio. Se instituyeron fiestas en honor del padre y de la hija.

2. Una hija de Egisto, que Orestes violó y de la cual nació un hijo Pentilo. Iba también a matarla, pero Artemis la defendió y la hizo su sacerdotisa.

Fuentes: 1. Higinio, Fábula, 130. Astron. 2, 4. Ovidio, Metamorf. VI, 125. 2. Higinio, Fábula 122.

ERINAS, EUMENIDES, FURIAS

Seres borrosos y al mismo tiempo muy pujantes en la poesía trágica. Son personificación de la idea de reposición del orden destruido por el crimen, en especial en los miembros de la propia familia o del grupo, tribu o clan. Por eso tienen por misión reprimir la rebelión del hijo contra el padre, del joven contra el viejo, del huésped que no observa las leyes de la hospitalidad. Para reprimir estos males persiguen sin cesar al delincuente y lo acosan y lo vejan hasta matarlo o dejarlo incapaz de obrar.

Viven en el Erebo y son anteriores a Zeus y a los dioses todos. Indice de su carácter abstracto, hecho concreto por el mito.

Son tres: Tisifone, "destrucción vengadora"; Alecto, "repugnante, hostil", y Megera, "refunfuñona".

Se las representaba como viejas horripilantes, que en lugar de cabellos, tenían haces de víboras, con cara de perro, cuerpo negro y alas como de vampiro. Los ojos perpetuamente inyectados de sangre. Llevaban como insignias látigos de cuero guarnecidos de láminas y anillos de bronce. Con ellos atormentaban al culpable.

Su nombre primero Erinis, Erina, significa "odiosas, aborrecibles, disgustadas". Para no mencionarlas las llamaban por antífrasis "clementes, propicias" Euménides. El nombre de Furia es romano y significa la locura de venganza.

Fuentes: Apolodoro, I, 1. Esquilo, Euménides, todo el drama. Eurípides, Orestes, 317 ss. (ver Muertos y sus mundos).

ERIS

Es hija de Zeus y Hera, gemela de Ares. Fue concebida cuando Hera tocaba una flor no bien precisada. En algunas fuentes son dos Eris, la de la buena venganza y la de la mala. Se hacen gemelas y no con Ares, sino entre ellas. Probablemente es una mala inteligencia del mito primitivo. Por dos fases de la misma deidad se hicieron dos diosas.

Es una personificación de la lucha, la recta vindicta, la fuerza que destruye. Lo más común es identificarla con la lucha y el combate. Por eso es gemela de Ares (vid). Era la única que nunca dejó de quererlo. Afrodita misma, que estaba enamorada de Ares, a veces lo ve con odio, precisamente por sus desdenes.

En algunos mitos es hija de la Noche y autora de todo mal en guerra, lucha o riña.

Entre los mitos propios hay que anotar los que siguen:

Como Zeus quiere que la tierra se aligere de tantos habitantes, manda a Eris que vaya al banquete de bodas de Peleo y Tetis. Allí suscita el debate acerca de cuál de las diosas es la más bella, que vendrá a desembocar en el juicio de Paris (vid), y en la guerra de Troya como consecuencia final. Según una fuente tardía, llega a la puerta y echa una manzana con esta inscripción: Es para la más hermosa. En otros autores lo hace, no por mandato de Zeus, sino por despecho por no haber sido invitada. Las diosas que se hallarán en contienda son Hera, Atena y Afrodita (vid Páris). Para evitar tales conflictos, Peritoo cuando se casa invita a todos los dioses, menos a Ares y Eris.

El más famoso es el mito del retroceso del sol. En él ayuda a Zeus que quería favorecer a Atreo. A media carrera Helio hace retroceder sus caballos y los vuelve al oriente. Todos los astros se ponen en conmoción y el día acaba en el punto de su normal principio.

Fuentes: Hesiodo, Obras y Días, 11 ss. Teog. 225 ss. Homero, Ilíada, IV, 440 s. Higinio, Fábula 92.

EURIDICE

Varios personajes de este nombre:

I. Esposa de Orfeo (vid). Se establecieron entre los Cicones de Tracia. Un día andaba ella por el valle del río Peneo y fue encontrada por Aristeo, que intentó violentarla. Al huir pisó una serpiente que la mordió y de resulta de esta herida murió. Cuando Orfeo lo supo, resolvió ir a buscarla al Tártaro. Logró forzar la puerta que se halla en Tesprotis y encantó a Caronte, al Cerbero, a los jueces, al son de su música y dio tregua a la pena de los que allá sufren.

Logró en esta forma obtener de Hades el regreso de Eurídice al mundo. La única condición que le puso es que no volviera la cara, sino hasta que la luz del sol estuviera dando sobre él. Ella iba siguiendo su paso al son de su lira. Y cuando brilló el sol, volvió Orfeo el rostro y Eurídice había desaparecido para siempre (ver Orfeo, Aristeo).

Fuentes: Higinio, Fábula 164. Diód. de Sicilia, IV, 25.

II. Hija de Amintas, y cuya madre era Cinane, hija del rey Filipo II de Macedonia. Fue dada en matrimonio a otro Filipo, el llamado Arrideo, antes de 323 a.C. Tuvo una serie de aventuras que no entran en un cuadro mítico. Es más bien asunto de historia. Se menciona para evitar equivocaciones y por tener alguna fama legendaria.

Fuentes: Hellenistic Queens. G. H. Macurdy, 1932 pp. 40 ss y 48 ss.

EURINOME

Diosa universal en la cultura pelásgica. Casada con Ofión. Es un mito borroso y tiene muchos rasgos que pasarán más tarde a la mitología propiamente helénica.

Es creadora de los Titanes (vid), y organizadora del mundo.

Ver Cosmogonía Pelásgica en esta misma obra.

Fuentes: Homero, Ilíada. XX, 223. Plinio, HN. IV, 35 y VIII, 67.

EUROPA

Agenor, hijo de Poseidón y Libia, gemelo de Belo, salió de Egipto y se estableció en Canaan. Casado con Telefasa, llamada también Argiope, tuvo por hijos a Cadmo, Fénix, Cílix, Taso, Fineo y una sola hija, Europa.

Zeus se enamoró de esta doncella y envió a Hermes a que sacara el ganado de Agenor y lo llevara a la playa de Tiro. La muchacha tenía costumbre de ir con sus compañeras a pasear por ella. El padre de los dioses se transformó en un blanco toro, de muy bello cuerpo y de pequeños cuernos. La joven al verlo quedó prendada de él y comenzó a jugar con él dándole a comer flores y poniéndole sartales de ellas en el cuello, lo mismo que en los cuernos. Al fin se trepó en él y lo condujo a la orilla del mar. De repente el toro se sumergió en las aguas y ella llena de espanto se aferró a uno de sus cuernos, en tanto que en la otra mano llevaba aun una cesta de flores.

Al llegar a las costas de Creta el dios se transformó en águila. Allí poseyó a Europa. De esta unión nacieron Minos, Radamanto y Sarpedón (vid).

Entre tanto su padre envió a sus hermanos a buscarla y les dijo que no regresaran si no la traían consigo. Cada uno tomó una barca, pero, ignorantes del rumbo que había seguido el toro misterioso, Fénix se dirigió a Libia y fundó Cartago, de donde el nombre de *penos* a los de esta ciudad. Cílix se fue a la tierra de los hipaqueos. Fineo, a Tinia, una pequeña península en el mar de Mármara. Taso se encaminó a Olimpia. Cadmo navegó con Telefasa, su madre, hacia Rodas. Cuando llegó a Tera, murió la madre repentinamente. De ahí fue con sus compañeros al oráculo de Delfos. Consultó a la pitonisa que le dijo que en lugar de seguir buscando a Europa siguiera a una vaca y fundara una ciudad donde ella pareciera sumergirse en el suelo. Fue a comprar una vaca al rey Pelagon y éste le vendió una que tenía en cada lado una luna negra sobre fondo perfectamente blanco. La vaca corrió por toda Beocia y al fin se comenzó a sumergir en el suelo en que ahora se levanta Tebas. Allí dijo a sus compañeros que había que inmolarla a Atena y, cuando ellos fueron a traer el agua para las lustraciones rituales, una gran serpiente que vigilaba la fuente mató a los más de ellos. Pero Cadmo la mató dejando caer sobre ella una gran roca.

Al acabar de hacer su sacrificio, se le mostró Atena y le dijo que sembrara los dientes de la serpiente. Lo hizo y al momento brotaron de la tierra hombres armados. Comenzaron a luchar unos con otros y al fin solamente quedaron cinco: Equión, Udeo, Ctonio, Hiperénor y Péloro. Se presentó Ares pidiendo venganza por la muerte de la serpiente y Cadmo fue sentenciado a ser su esclavo durante un año.

En cuanto a Europa, se quedó en la isla de Creta y se casó con el rey Asterio, que adoptó por suyos a los hijos de Zeus. Este dio a su amante de un día, un hombre de bronce, Talo, que fuera el custodio de la isla, un perro que nunca era vencido y una jabalina que nunca erraba el blanco.

Al morir Europa fue adorada como diosa. Se hacían sus fiestas en la llamada Elotia.

El mito retiene muchos datos de la mitología anterior a la venida de los griegos. Probablemente nada tiene qué ver con el nombre dado al continente que es centro de la humana cultura.

Fuentes: Apolodoro, III, 1. Higinio, Fábula 19 y 78. Ovidio, Metamorf. II. 836 ss Apolonio de Rodas, Arg. II. 178. Ver en especial Nilson, M. P. *Minoean-Mycenaen Religion,* 1907

EROS

Uno de los más famosos y complejos. El nombre es principalmente el de la apetencia sexual, instinto natural e innatural. Se sublima en poetas y artistas a partir del tiempo de Praxiteles. Lo que se puede dar en resumen sobre este dios que tiene tan abundante literatura es:

En Homero se toma la palabra en su sentido primario de apetito carnal. Hesiodo lo relaciona con Afrodita (Teog. v. 201), aunque se discute la autenticidad del verso. Los helenistas dan auge a su figura y es visto por poetas y escultores con especial amor.

Una versión antigua lo da como el primer nacido del Tártaro y la Madre Tierra. No tuvo por tanto padre ni madre que puedan señalarse.

Más tarde se hace hijo de Afrodita, ya sea con el concurso de Hermes, o el de Ares, o el de su mismo padre Zeus. En otra versión es hijo de Iris y el viento del Oeste.

Se lo pinta loco, travieso, que hiere sin ton ni son. Es un bello chico de brazos, luego un niño retozón y al fin en la época alejandrina, un lindo efebo de los que tanto gustaban los griegos de la decadencia.

Fuentes: Muy abundantes y complejas. Señalo solamente: Himnos Orficos, V. Hesiodo, Teogonia. Antología Griega, varios epigramas. (Ver *Travesuras de Eros* en el trabajo del autor de esta nota en *Abside,* XI, (1947), p. 471 ss). Anacreonte. etc.

ESCILA

Mito muy complejo. Doy datos generales.

Es un monstruo marino que vive frente a Caribdis (vid). Tiene siete cabezas, y cada una con tres hileras de dientes. Tiene además doce pies.

Viven alimentándose de peces, pero cuando puede atrapar hombres, se come seis al hilo. Para librarse de ella hay que invocar la ayuda de Cratais que es su madre. Es inmortal e invencible.

La leyenda fue agregando nuevas prerrogativas. Tenía una cadena de perros en torno de su cintura.

Este monstruo fue una vez persona humana y quedó así transformado por castigo de sus faltas. Vamos a dar algunos mitos particulares:

Era hija de Niso, rey de Egipto. Vivía en un alcazar construido por Apolo, o por Poseidón, según otros. Al pie del torreón había una roca que el dios de la música había hecho armoniosa. En ella había dejado su lira Apolo, mientras trabajaba en el muro. Por eso, si se golpeaba con un guijarro, la piedra sonaba como una lira. Escila se divertía en arrojar pedrezuelas desde la torre para oír el sonido. Mientras eso pasaba, la ciudad estaba sitiada por Minos, rey del mar Mediterráneo.

De repente lo vio la doncella y quedó prendada de su hermosura varonil. Era una artimaña de Hera o de Afrodita, según diversos testimonios.

Una noche se deslizó en la alcoba de su padre y le cortó un rizo rubio de cuya existencia dependía su trono y aun su propia vida. Tomó las llaves del palacio y las de la ciudad y fue a reunirse con Minos. El entró a la ciudad y, tras tomarla y hacer estragos, yació con Escila, pero no quiso llevarla a Creta por ser una parricida. Ella, sin embargo se echó a nadar en pos de su nave y hubiera seguido, si su padre Niso, ya muerto, no la hubiese sacado con sus garras, pues tomó la forma de un águila, y la hubiera llevado para abismarla en las aguas. Se hundió y quedó transformada en un ave de pecho color de púrpura y patas rojas, llamada *keirres,* o bien un pez, según otros testimonios.

Aun hay otra Escila, hija de Forcis. Enamorada de Poseidón a su instancia, fue aborrecida por Anfitrite, que la mudó en el monstruo que se ha descrito al darle hierbas ponzoñosas en el baño que tomaba (ver: Niso,. Anfitrite, Minos).

Fuentes: Homero, Odis, XII, 85 ss. Ovid. Metamorf. XIII, 730 ss. y XIV, 73, también: VIII, 6 ss. Higinio, Fábula 198.

ESFINGE

Monstruo de religiones orientales, en especial de Egipto. Es representado con cuerpo de león y cabeza humana. Se hallan vestigios de esta representación en Siria, Fenicia y Micenas. Pasó a la mitología griega con las modificaciones que se dicen abajo. Se hallan esfinges en una etapa muy antigua con cara de varón barbado. Entre los griegos más bien es figurada con rostro femenino y tenida por ser de ese sexo. Se halla en tumbas y en escudos antiguos. Se tenía como un ser funesto, devorador de los niños, y aun los jóvenes y participantes de todos los combates de fatal trama.

En Beocia adquirió gran importancia y estaba ligada con la familia de los labdácidas.

La primera versión es su enigma que Hera mandó poner a los tebanos acerca de las tres edades del hombre. El enigma era: ¿Qué animal anda en la mañana en cuatro patas, en el medio día en dos y en la tarde, en tres? Al que no sabía responder la Esfinge lo devoraba. Entre los jóvenes comidos por el monstruo estaba Hemón, hijo de Creón.

Pero llega Edipo (vid), y resuelve el enigma: Ese animal es el hombre, que en la infancia se arrastra en cuatro pies, en su edad mayor anda en dos y en la ancianidad en tres, por el bordón en que se apoya.

Cuando se vio vencida dicen que ella se suicidó, o que la ejecutó Edipo.

En versiones tardías el que envía la Esfinge es Apolo.

Hesiodo la hace hija de Equidna y Ortro, pero posteriormente la hallamos muy amansada. Es sabia, enigmática, amable y virgen.

Las representaciones artísticas son dignas de estudio, pero salen de nuestro cuadro. Se representa hasta hermosa y con bellos pechos femeninos. Es una figura mítica digna de estudio.

Fuentes: Hesiodo, Teog. 326. Apolodoro, III, 5. Esquilo. Siete c. Tebas, 522. Eurípides, Fenicias, varios lugares, vgr. 48 y 1507. Diógenes, Laert. I, 89, Sófocles, Edipo Rey.

ESTAFILO

Es el racimo de uvas personificado. Se hace a veces hijo de Dióniso y Ariadna, y en otras ocasiones, amante del dios. Es uno de los descubridores del vino. No hay mayores noticias.

Fuentes: Plutarco, Tes. 20. Aristof. Pluto, 1021. Notas a Virgilio Geórgicas, I, 9.

ETEOCLES

Hijo mayor de Edipo y Yocasta. El y su hermano Polinice hicieron varias injurias a su padre cuando éste había cegado. Su padre los maldijo. Cuando él hubo muerto se disputaron el dominio de Tebas y convinieron en reinar alternativamente, un año cada uno. Al acabar su turno no quiso Polinice cumplir con el pacto y se hizo el ataque a la ciudad que se conoce por la invasión de los Siete contra Tebas (vid). En esta lucha se mataron uno a otro.

El tema fue muy aprovechado por los trágicos.

Fuentes: Apolodoro, III, 57 ss. Higinio, Fábulas, 70, 73. Esquilo, Siete contra Tebas. Sófocles, Edipo Rey, Antígona. Eurípides, Fenicias.

ETER

Es una personificación del aire ralo —hoy decimos la estratósfera— en que no se halla la cruda materia ni el hálito de la espiritualidad.

Se da como hijo de Erebo y la Noche, o bien del Caos y las Tinieblas cósmicas. Casó con la Tierra y con el Día.

Ser borroso como todos los de la primera etapa.

Fuentes: Hesiodo, Teog. 124 s. Higinio, Fábulas, prefacio.

ETRA

Era madre de Teseo, hijo de Egeo. Ella, por su parte, hija de Piteo. Otra versión dice que Etra fue enviada por Atena a la isla de Hiera o de Esferia. Allí la halla Poseidón y la deja grávida de Teseo.

Aparece en Ilíada, III, 144, como dama de corte de Helena. Probablemente se trata de un homónimo.

Hay la versión de que los Dióscuros la llevan a su poder cuando Teseo está en el Hades. Sus nietos Demofonte y Acamas la restituyen a su hogar.

Fuentes: Ilíada, III, 114. Higinio, Fábula 37. Apolodoro, 3, 148.

EUBULEO

Primariamente es un epíteto de Hades. Es un personaje de los ritos órficos y pasó más tarde a la sabiduría popular como un guardador de cerdos, hijo de Disaules y hermano de Triptolemo, que fue el que dio razón a Démeter de que su hija había sido raptada. También hay la leyenda de que los cerdos fueron absorbidos por la tierra juntamente con Persefone.

Ver Démeter y Persefone.

Fuentes: Fragmentos Orficos, 32, 50 y 51.

EUFORBO

Es un hijo de Pantoo, que hirió a Patroclo y más tarde fue matado por Menelao. Fue famoso porque Pitágoras pretendía, dicen, que él había sido Euforbo en una de sus anteriores reencarnaciones, y que si le presentaban el escudo, podría reconocerlo. No hay mayores datos acerca de él.

Fuentes: Homero, Ilíada, XVI, 806 ss y XVII, 45 ss. Horacio, Carm. I, 28, 9, ss.

EUMOLPO

Hijo de Poseidón y Quione, hija de Boreas. Cuando nació Eumolpo la madre lo arrojó al mar, pero su padre lo salvó y lo llevó a Etiopía, en donde estaba con una hermana de padre, Bentesicime. Se enamoró de una hija de ésta y casó con ella, pero habiendo pretendido también raptar a la hermana de su mujer, fue expulsado de la región. En su destierro visitó Eleusis y se dice que fue el fundador de sus misterios. Fue a dar a Tracia y reinó después de Tigrio. Regresó a ayudar a Erecteo. Es el tronco de los eumólpidas, a través de Cérix su hijo, y era recordado en los misterios de Eleusis (vid).

Otros mitos vagos acerca de este personaje se pueden indicar.

Era gran tocador de la lira y acaso de allí su nombre: "buena melodía".

Habiendo habido conflicto entre Atenas y Eleusis, levantó una gran hueste de tracios para pretender el dominio de Atenas, por su padre Poseidón. Erecteo se dispone a la defensa, pero el oráculo le dice que ha de sacrificar a su hija Otiona. No solamente ella es inmolada, sino que sus hermanas Protogonia y Pandora se quitan la vida en unión de ella. En la batalla queda vencido por Erecteo. Poseidón resentido pide un rayo a Zeus, con que el vencedor queda muerto. Según otra versión, el dios del mar lo mató con su tridente.

Se hizo el pacto de que Eleusis quedaba sujeta a Atenas, menos en el dominio de los misterios. Eumolpo, sumo sacerdote de ellos, fue sucedido por su hijo Cérix.

Fuentes: Ovidio, Metam. VI, 675 ss. Higinio, Fábula 46 y 273; Teócrito, Id. 24, y 110. Pausanias, I, 38. Eurípides, Yon, 277 ss. y Edip. en Colono, escolios, 100.

EURIPILO

1. Hijo de Euamón, o de Dexámeno, en otra fuente. Fue a Troya al frente de un buen ejército, estuvo en muchas batallas y quedó herido. Patroclo lo cuidó.

Pasada la guerra, un día vio un cofre en que había en el interior una imagen de Dióniso que había labrado Efesto y con esta vista quedó loco. Fue a Delfos a pedir consejo y se le dijo que sanaría cuando introdujera un sacrificio extraño. Fue a Patras y allí halló la práctica de los sacrificios humanos. Llevó esa práctica a su país, en las celebraciones báquicas.

2. Hijo de Poseidón, que se unió a los Argonautas y dio a uno de ellos, Eufemo, un terrón en señal de posesión de la tierra de Africa, en especial de Cirene.

Fuentes: 1. Homero, Ilíada, II, 736. XI, 809 ss. Pausanias, VII, 19. 2. Píndaro, Pit. IV, 20 ss. Ap. de Rodas, Arg. IV, 1551 ss.

EURITION

1. Uno de los centauros. Acogido por Dexámeno, trató de violar a su hija, pero Heraclés la defendió y la arrebató de sus manos, porque él mismo estaba enamorado de la joven. Otra versión nos lo pone embriagado en la fiesta de bodas de Piritoo y en combate con sus colegas los centauros y con todos los hombres.

2. Un hermano de Pándaro, que acude a la caza del jabalí de Caledonia (vid. Heraclés, Trabajos), y fue muerto por Peleo que lanzó su dardo contra la bestia y le dio a él.

Fuentes: 1. Odisea, XXI, 295 ss. 2. Eneida, V. 495.

EVADNE

Dos personajes: 1. Hija de Poseidón, fecundada por Apolo, fue madre de Iamo. Lo dejó abandonado en un prado, pero dos serpientes lo alimentaron. Le daban para su nutrimiento miel de abejas. Su cuerpecito bañado por las brisas y el jugo de las flores estaba oculto entre las cañas.

2. Hija de Ifis y mujer de Capaneo. Cuando su marido fue incinerado, ella se arrojó a la pira.

Fuentes: Píndaro, Olimp. VI, 29 ss. (para el 1), y Euríp. Suplic. 980 ss. Apolodoro, I, 9 y Ovid. Metamorf. VII, 297 ss.

FAETONTE

Hijo de Helio (vid) y Climene. Cuando supo quién era su padre, fue a pedirle que lo dejara guiar sus caballos desde el Oriente. Lo concedió Helio y el muchacho en su fogosa juventud, los lleva arrebatadamente y se encabritan produciendo en el mundo mil desastres. Claman todos a Zeus en demanda de remedio y Zeus lo mata con un rayo. Fue a caer en el Eridano y sus hermanas, que lo habían seguido contemplando desde la tierra, se convirtieron en árboles de ámbar que gotean lágrimas constantemente.

Mito también primitivo y bien dramatizado por Ovidio.

Fuentes: Higinio, Fábulas 52, 152, 154. Apolodoro, I, 4. Ovidio, Metamorf. I, 755 ss.

FANES

Pertenece al fondo mitológico relacionado con Orfeo. Nace de un huevo que Cronos había forjado en el Eter y es llamado por esta razón, Protógono, el primer nacido. Es bisexual, reluciente más que la luz, con alas de oro, con cabezas de mil animales diferentes, y con un poder que hace brotar todas las cosas. Crea el cielo, la tierra, la luna, pero también la noche, que en otros mitos es madre de Gea y Uranos. Otros nombres que se le dan son el de Ericapeo, Metis y Eros. Es un mito confuso, como todos los órficos, y tiene reminiscencias muy claras de la mitología indostánica.

Ver Orfeo, Orfeísmo, y *Orpheus and Greek Religion,* de W. K. C. Gunthrie.

Fuentes: Fragmentos Orficos, 60, 61, 70, 86.

FAUNO, FAUNOS

Concepción bastante similar a la griega. Es de los romanos. Es una derivación del primitivo Pan. Es un numen relacionado con los bosques y soledades campestres. Especial atención a las voces que parecen oírse en la selva.
Dios protector de los pastores, en particular para la fertilidad de sus ganados. Está unido a Fauna, la diosa de la vegetación..
Tiene caracteres de oráculo y hay en él varias notas propias de dios de la fertilidad humana y animal. Su multiplicación fue fácil.

Fuentes: Horac. Carm. 3, 18 ss. Macrob. Sat. Virg. Eneid. VII, 81.

FEBE

Antigua diosa lunar. Luna llena es el sentido de su nombre. Es una de los Titanes, hija del Cielo y la Tierra. Casada con Coeo y madre de Leto. Abuela por tanto de Artemis.
La Tierra le concedió el oráculo de Delfos, que más tarde pasó a poder de Apolo (vid. Titanes).

Fuentes: Hesiodo, Teog. 136 y 404.

FEDRA

Hija de Minos y Pasifea, parte de aquella prole votada a tristes destinos. Comenzaron los de ella con su disputa con Antiope, su hermana, que alegaba ser la prometida de Teseo. Ya casada con éste, vino a su casa en donde estaba Hipólito, el hijo de la Amazona de su mismo nombre. Se enamoró perdidamente del joven e intentó que se rindiera a sus deseos. El se opuso y fue para ambos la muerte. Fedra, despechada, escribió un breve mensaje falso y murió por su propia mano, ahorcándose. El pobre hijastro sucumbió a su destino (vid Hipólito).
Es notable su mito por dar el tema de una grave cuestión psicopática y social: el enamoramiento de la madrastra joven con el hijo anterior ya adulto. Fue tema que tomaron muchos poetas, desde Séneca y los franceses del XVIII (vid. Teseo, Hipólito).

Fuentes: La mejor es Eurípides, Hipólito coronado, toda. Ovidio, Metamorf. XV, 532 ss. Fastos, VI, 745. Heroidas, IV. Higinio, Fábula 47.

FÉNIX

1. Hijo del rey Amintor. Su padre tenía una concubina que daba celos a la madre de Fénix. Esta le recomendó que la sedujera para que el rey le perdiera el cariño. Lo hizo el muchacho y el padre maldijo a su hijo pidiendo que fuera estéril, sin hijos nunca. El joven huyó de su casa lleno de despecho. Se acogió a Peleo en Ftía y él lo hizo tutor del joven Aquiles. Cuando la guerra de Troya acompañó al héroe y lo ayudó en muchos trances. Hay la versión de que Amintor le quebró los ojos dejándolo ciego. Pero el cíclope Quirón le devolvió la vista.

2. Un hijo de Agenor y hermano de Cadmo. Fue enviado con su hermano a buscar a Europa y jamás regresó. Fundó el pueblo fenicio, que de él toma su nombre. No hay mayores datos.

Fuentes: 1. Homero, Ilíada; IX, 168 ss. Eurípides, frag. de tragedia perdida Fénix 2. Eurípides, 1. c. fr. 819.

FILAS

Varias personas con este nombre. La más importante es la que hallamos en la historia de Heraclés. Era Filas sucesor de Teyodamas y profanó el templo de Apolo en Delfos. Heraclés en venganza lo mató y se llevó a su hija Meda. Ella le dio a Antíoco por hijo, y de este descienden los del demo ateniense de los antíoquidas.

Fuentes: Diódoro de Sicilia, IV, 37. Pausanias, I, 5.

FILEMON

Un campesino que vivía con su mujer Baucis en Frigia. Un día vinieron a pedir hospedaje en su casa Zeus y Hermes disfrazados, para probar su sentido de humanidad y compasión, pero no les fue concedido. Entonces los dioses descubrieron su real naturaleza y los mandaron subir a la cumbre de una montaña. Cuando llegaban a ella vieron que estaba cubierta por una inundación. Fueron convertidos en sacerdotes y finalmente en árboles.

Este mito es probablemente prehelénico y mantiene la enseñanza moral y social de la bondad para los viajeros.

Fuentes: La principal es Ovidio, en Metamorf. VIII, 618 ss. El a su vez la toma de viejas leyendas populares.

FILIS

Una princesa de Tracia que se enamora de Acamas, o Acamante. Es este hijo de Teseo. Cuando quedó vencida Troya huye el hombre y la muchacha va varias veces al barco en que regresaban los vencedores. Muere en esa espera y es mudada por Atena en un árbol de almendras. Llega a la mañana siguiente Acamas y al abrazar aquel árbol, este se cubre de flores, aun antes de tener hojas.

Cada año hacían en Atenas una fiesta en su honor.

Fuentes: Luciano, Del Baile, 40.

FILOCTETES

Hijo de Poeas. Iba al frente de una armada de siete naves, pero la mordedura de una serpiente y lo hediondo de la úlcera que se le formó, hizo que lo dejaran en la isla de Lemnos.

En unas fuentes regresa sano y salvo a Troya, y en otras, aunque va siguiendo el curso de la expedición, vuelve a ser mordido en la misma isla.

La más válida y corriente versión es que cuando Odiseo pudo cautivar a Heleno, el profeta de Troya, éste le dijo que no se tomaría Troya, si Filoctetes no intervenía. Es cuando se encamina Odiseo a Lemnos, acompañado de Diomedes, y lo lleva a Troya.

La razón de su ida a Troya era que tenía el arco y dardos de Heraclés, o los que sirvieron para encender la pira que consumió al héroe. Era fallo del Destino que sin estas armas no podría ser tomada Troya. Fue llevado en efecto y en el camino sanó. Cuando llegó a la batalla mató a Páris.

Varias son las versiones que no intento ahora ni recoger ni coordinar.

Fuentes: Homero, Ilíada, II, 718. 722 s. Od. III, 190. Cipria, en Proclo. Pequeña Ilíada. Sófocles, Filoctetes, toda.

FILIOS

Filio era amigo de Heraclés. Pidió en matrimonio una hija a Cicnos, que era hijo de Apolo e Hiria. El rey le puso tres condiciones:

Cazar vivos a unos enormes pájaros, similares a los buitres y que devoraban vivas a las personas. Desquijarar a un león con la mano, y traer por su misma mano un toro bravo al altar, después de haber luchado con él. Cuando hubo cumplido estos tres requisitos, el padre de la muchacha aún pidió que le diera un buey que había ganado en unos juegos públicos como trofeo. Hércules le aconsejó que ya no cediera, porque seguirían las exigencias. El rey Cicno despechado se lanzó al estanque y se convirtió en cisne y su mujer lo siguió y también se volvió cisne (vid. Cicno).

Fuentes: Antonio Liberal, Transformaciones, 12 y Ovidio, Metamorf. VII, 371 ss.

FILIRA

Una oceánida que amó Cronos. Yació con ella y en el acto mismo fue sorprendido por Rea. El se convirtió en potro y echó a huir. La océanida dio más tarde a luz a un niño que era mitad caballo y mitad hombre. Y resultó ser Quirón, el más famoso y listo de los centauros (vid). Ella al ver a su hijo se espantó tanto que pidió ser mudada en otro ser. Lo fue en un árbol que lleva su nombre. Hay una isla de su nombre que se pretende pasar toda esta historia.

Fuentes: Apolonio de Rodas, Ar. II, 1231 ss. Higinio, Fábula 138.

FINEO

Varios personajes con este nombre. El más famoso es el que describo.

Hijo de Agenor y Telefasa. Agenor era hijo de Poseidón y Libia y gemelo de Belo. Fueron sus hijos Cadmo, Fénix, Cílix, Taso y Fineo. Una sola hija tuvo: Europa (ver los nombres).

Era rey de Salmideso en Tracia cuando llegaron los Argonautas. Había sido cegado por los dioses a causa de haber sido muy explícito en sus vaticinios. Tenía además la constante vejación de dos Harpías (vid). Cada vez que él iba a comer entraban a su palacio y arrebataban los manjares de su mesa, o de tal manera los ensuciaban que era ya imposible comerlos.

Cuando llegó Jasón y preguntó cómo podría llegar al fin de su empresa, el pobre rey respondió: Antes que todo, líbrame de estas Harpías.

Preparan los criados un banquete para los viajeros y el rey. Apenas va a comenzar la comida, vienen las Harpías a su maldita costumbre.

Pero en eso se presentan Calais y Zetes (vid), hijos de Boreas. Ellos con puñal en mano arremeten contra las Harpías y·las arrojan de la casa y de la región toda echándolas al mar. En otra versión, las aprisionan y las llevan atadas a las Islas Estrofadas y allí quieren acabar con ellas. Pero ellas les ruegan clemencia y las perdonan. Iris acude a intimarles que Hera manda que regresen a su caverna de Creta y no molesten más. a Fineo. Otra versión mantiene que fueron relegadas al río que se llama Harpis (vid Harpías).

Fineo, ya libre de esa calamidad, dio a Jasón los informes necesarios de itinerario, circunstancias de navegación, hospedaje y demás útiles noticias. Le dio por final consejo este: Después que hayas llegado a Colquis, ten confianza en Afrodita.

Fineo estuvo casado con Cleopatra, hija de Boreas y hermana de Calais y Zetes. Cuando ella murió, casó con Idea, una princesa escita. Esta sintió odio contra los hijos de Cleopatra y por varios modos intentó matarlos. Sus tíos, Calais y Zetes se dieron cuenta de los planes de esta mujer y libertaron a sus sobrinos. Los acogió benignamente Fineo y a la mujer pérfida la devolvió a su padre. La ceguera de Fineo es explicada como una pena por haber dado los informes a Jasón (ver Argonautas, en que hay muchas más noticias sobre estos vaticinios e informes de Fineo).

Fuentes: Apol. de Rodas, Arg. I, 1207 ss. Higinio, Fábulas 14, 17, 19. Apolodoro, I, 9.

FOLO

Uno de los centauros. Cuando Heraclés iba a cautivar al Oso de Erimanto, tomó parte en la contienda, pero se detuvo después a sepultar a un pariente suyo que había sido herido. Vio una de las saetas de Heraclés que estaba junto al cuerpo del difunto y dijo al examinarla: ¿Es posible que con un rasguño de esta flecha haya muerto un hombre tan robusto? Y en eso la flecha se le escurrió de las manos e hirió su pie y murió al momento. Vino Heraclés y lo sepultó al pie de la montaña que lleva su nombre.

Fuentes: Apolodoro, II, 5.

FORCIS

Hijo de Nereo y Gea, o sea la Tierra. Padre, por matrimonio con su hermana Ceto, de las Graias, las Gorgonas y Toosa, madre de Polifemo, lo mismo que de las Sirenas. También de los Tritones y de todos los monstruos marinos.

Ver los arts. referentes a los mencionados y las fuentes que allí se citan.

FORONEO

Hijo de Inaco y Melia, hermano de Io. Fue el primero que supo usar el fuego y aplicarlo a las diversas artes humanas. Cuando lo hubo robado Prometeo a los dioses, él lo supo utilizar.

Casó con la Ninfa Cerdo y reinó en el Peloponeso. El fue el que inició el culto a Hera.

Tenía por hijos a Pelasgo, Yaso y Agenor. Se dividieron el reino. Y otro hijo suyo, Car, fundó Megara.

Es probablemente un mito anterior a la invasión griega que se fundió en diversas formas.

Fuentes: Apolodoro, II, 1. Higinio, Fábula 143 y 274.

GANIMEDES

Hijo de Tros, que da el nombre a Troya. Era muy hermoso. Dicen los mitólogos que Zeus lo robó para que fuera su copero y compañero de lecho, escondido entre las alas de un águila. Para compensar a su padre de la pérdida, Hermes le llevó una vid de oro, obra de Efesto, más dos caballos finísimos. Al mismo Ganimedes se le otorga la juventud eterna. Es el que escancia el vino a los dioses en el Olimpo.

En otras versiones quien roba a Ganimedes es Eo, la Aurora. Se lo quita Zeus.

Fuentes: Hom. Ilíada, XX, 231 ss. Virg. Eneida, V. 252 ss. Ovidio, Metam. X, 155 ss.

GEA, GAEA, GE

Numen de la Tierra personificada. Tiene varia fortuna y se halla en fusión con varias deidades. Casi en cada santuario tenía diferente mito y diferente representación. Como en otras culturas la Tierra está relacionada con el aspecto femenino del Cosmos y consiguientemente con la fecundidad de la tierra y de las hembras, con la guerra y con la muerte.

Relacionada con estas diosas (cuyo artículo debe verse), Hera, Cibeles, Démeter, Maya, Semele, Hécate y alguna más.

En el mito más directamente referido a Gea hallamos que es hija del Caos, madre y esposa a un tiempo de Urano, o sea el Cielo personificado. Sus hijos son montañas y mares, y ya concebidos como personales, los Titanes, los Cíclopes, los Gigantes, y como personales definidos, las Erinas, las Gorgonas, en alguna relación. Es igualmente madre de Tifón habido con Tártaro, de Pitón, de Erictonio, etc. Cada uno de los mencionados debe verse en su artículo propio y allí las fuentes especiales. Como general señalo:

Fuentes: Hesiodo, Teog. 211, 270, etcétera.

GELO

Pertenece más a la sabiduría popular que a la mitología. Es un ser maléfico que persigue a los niños por la noche y los roba. Es una mujer que murió de mala muerte y anda errando siempre en busca de personas a quienes maleficiar. En la literatura antigua no hay mención de ella. Sí en la moderna. Se da aquí para cotejo de ciertas ideas de nuestro medio popular acerca de la Llorona.

Fuentes: Perdrizet, *Negotium perambulans in tenebris.* 1922. Cf. *Tlalocan.* N. 4, 1964. La Llorona.

GERION, GERIONES, GERIONEO

Hijo de Crisaor y Calirroe, tenía tres cabezas, tres troncos, unidos por la cintura y seis manos. En una isla llamada Eritia, tenía un gran rebaño de bueyes y manada de caballos. Como décimo trabajo se le mandó a Heraclés (vid), que fuera a recobrarlos, sin pago ni don alguno. Cuando el héroe llegó y mató a sus guardianes, lo mismo a los hombres que al perro Ortro, el dueño quiso hacer resistencia. Desafió a combate a Heraclés y este de una sola flecha le atravesó el cuerpo, con que quedó muerto, a pesar de la defensa de Hera, que también fue herida. De donde cayó su sangre brotó un árbol que daba cerezas sin hueso. Una hija suya, Eritia, fue amante de Hermes y dio a luz un hijo llamado Nórax, el cual fue a fundar en la isla de Cerdeña la ciudad de Nora.

Los mitólogos dan a veces los nombres de los tres cuerpos de Gerión: Brian, Yucar y Yujarba. Otros piensan que es una reminiscencia de los dioses de la India Mitra, Varuna e Indra. Indicios de un mito de cepa indoeuropea muy antigua.

Fuentes: Hesiodo, Teog. 287 ss. Apolodoro, II, 5. Higinio, Fábula 30. Servio, Com. a Virgilio, Eneida, VII, 662.

GIGANTES, BATALLA DE LOS

Zeus lanzó a sus hermanos los Titanes al Hades. Y aparecieron los Gigantes que venían a tomar venganza asaltando el cielo.

Eran seres de gran fuerza y valor. Todos con larga barba y con serpientes en lugar de pies. Habían nacido de la Tierra y eran dos docenas de vivientes.

Comenzaron a atacar al Olimpo sin temor alguno. Echaban rocas y teas encendidas y se iban encumbrando más y más para llegar al Olimpo.

Hera dijo que nadie podría vencerlos. Era solamente un hombre vestido de piel de león el que tenía poder para ello. Y aun ese hombre nada podría contra ellos, si lograban usar una hierba que los hacía invulnerables. Hierba que nadie sabía en donde se daba, porque era muy secreto el sitio.

Zeus llama a Atena y le manda que vaya a ver a Heraclés: ese será el hombre con piel de león. Mandó, también, que ni el Sol, ni la Luna, ni Eros se mostraran. Fue Heraclés y halló la misteriosa hierba. La llevó al Olimpo.

Comenzada la batalla, Heraclés dio un flechazo a Alcioneo, que los capitaneaba. Cayó y se levantó, porque el suelo de su patria lo rejuvenecía. Mandó Atena a Heraclés que lo sacara de allí. Lo alzó sobre sus hombros y lo fue a arrojar en los límites de Beocia y lo remató con una clava.

Fue cuando Porfirión se sirvió de las rocas que habían acumulado los Gigantes para ir al Olimpo. Los dioses huyeron, menos Atena, que le hizo frente. La diosa lo atacó y el gigante que intentaba llegar a Hera y forzarla, fue aniquilado por un rayo de Zeus. El gigante pudo aún levantarse y no murió, sino cuando Heraclés acabó con él.

Al ver la ruina de Porfirión, los demás gigantes regresaron a la tierra y los dioses del Olimpo fueron en su persecución. Atena flechó a Encélado. Poseidón acribilló a otros.

Los que quedaron se fuercn a refugiar en Batos, junto a Arcadia, y por eso la tierra humea y aun se pueden hallar huesos de gigante.

Hermes por su parte había abatido a Hipólito, y Artemis a Gración.

Los que quedaban fueron deshechos por el rayo de Zeus, o por la espada de Ares.

Fuentes: Apolodoro, I, 6. Higinio, Fábula, en el proemio.

GLAUCO

Hijo de Sísifo y Merope, padre de Belerofonte. Su patria era Potnia, en las cercanías de Tebas. Tenía unas yeguas que no quería que fueran empreñadas por los caballos, para que permanecieran ágiles para la carrera y en esto disgustaba a Afrodita. Además, daba de comer carne humana a esas bestias. Ella se quejó a Zeus que le dio facultad para vengarse. En forma recatada la diosa sacó a las yeguas y las llevó a beber a una fuente que ella había encantado antes. Y las hizo comer una hierba de fuerza afrodisíaca que crecía en las riberas, el hipomanes, que enloquece de deseo a quien la toma.

Cuando Glauco fue a uncirlas a su carro, ellas furiosas se encabritaron y lo arrojaron al suelo, después le dieron de coces en los riñones y al fin se lo comieron vivo.

Varían las versiones diciendo que Glauco se echó al mar por los desdenes de Melikartes, el hijo de Atamas. Hay la conseja de que su espíritu vaga por todo el Istmo de Corinto y se divierte haciendo que se vuelvan furiosos los caballos en las carreras de los juegos. Con eso causa muchas muertes. Se le da el nombre de Taraxipo.

Fuentes: Homero, Ilíada, VI, 154. Higinio, Fábulas 250 y 273. Ovid. Ibis, 557. Eliano, Naturaleza de los animales, XV, 25.

GORDIO

Rey de Frigia, a quien los dioses no habían concedido sucesión. Adoptó como hijo a Midas, que lo sucedió en el reino (vid).

Había sido un labriego sin importancia. Vio un día un águila real posada en su carreta. Siguió su camino y al llegar a Telmiso una vidente le dijo que era necesario hacer un sacrificio a Zeus. El labriego preguntó si estaba dispuesta a casarse con él. Cuando el sacrificio acabe, respondió la vidente.

El rey de Frigia había muerto. Y el oráculo dijo que tenían que elegir rey al que entrara a la ciudad con su novia y sentado en una carreta tirada por bueyes. Llegó al centro de la ciudad de Telmiso y al verlo los ciudadanos con su águila en la parte alta de la carreta lo proclamaron rey de Frigia.

Como no tuvo sucesión, al llegar Midas lo declaró su hijo adoptivo.

Fuentes: Higinio, Fábula 191. Ovid. Metamorf. XI, 92 ss. Eliano, Historias varias, III, 8.

GORGONA

Probablemente un mito anterior al advenimiento de los griegos. Era tenida como hija de Porcis y Ceto, deidades marinas. La descripción primitiva de su persona es: cara redonda, con cabellera formada de serpientes, un cinturón de dientes de jabalí, a veces, con barba, largas alas y ojos penetrantes, cuyo poder era el de convertir en piedra a los hombres que los veían.

Pronto la Gorgona se triplicó. Se mencionan tres: Esteno, Euriale y Medusa. La única mortal es la tercera. El sentido de sus nombres es, al parecer, La Fuerte, la que brinca lejos y la Reina. Vivían en el remoto poniente y Poseidón se hizo amante de Medusa. La dejó encinta de Pegaso y Crisaor (vid), y cuando vino Perseo a atacarla, nacieron estos (vid Perseo). La cabeza de Medusa fue llevada como adorno del escudo de Atena.

De una vena de Medusa salta sangre doble, que usa Asclepio para curar o para matar.

La figura de Gorgona, o de las tres Gorgonas, fue dignificada por el arte posteriormente y se llegó a dar como una bella mujer, con alas y adorno. En la historia de Perseo hallamos datos que son de valor para interpretar el mito.

Fuentes: Hesiodo, Teog. 270. Homero, Ilíada, V, 738. Apolodoro, III, 120. Paus. II, 21.

GRACIAS (KARITES)

Diosas colectivas muy vagas en el conjunto mítico. Hijas de Zeus, según las versiones más serias.

Probablemente son también una supervivencia de la etapa rudimentaria antes de la venida de los grupos indoeuropeos a lo que es Grecia histórica. Natural es que haya tanta variedad en sus mitos.

Ni su número, ni sus nombres están bien fijados. Tres suelen darse como más fijas. Los nombres, que de ellas tenemos son tantos que no es posible dar una relación segura. Vayan algunos:

Talia (la que hace florecer).
Auxo (la que hace crecer).
Calé (la hermosa).
Eusofrine (la alegría).
Aglaia (la radiante).
Hegemone (la acrecentadora), y otras más que omito, o se dirán abajo.
Se las representa como muy hermosas. Es natural, siendo las "agradables" por excelencia. También como jóvenes siempre, por ser principios de vida y reflorecimiento.
Su culto más importante se hallaba en Orcomeno, Pafos, Atenas y Esparta. Naturalmente, por ser diosas graciosas y gratas, se hallaban relacionadas con Afrodita.
El nombre griego Járites es más bien dado en latín Gracias.

Fuentes: Homero, Odis. VIII, 364. Ilíada, XVIII, 362. Hesiodo, Teog. 949. Teog. 15. Pausanias, IX, 35.

GRAYAS

Hijas del hombre del mar Focis y de Ceto, hermanas de las Gorgonas. Sus nombres varían como genéricos. Se las llama a veces Fórcides; los propios son: Enyo, Penfredo y Deino. Eran de cabello cano desde su nacimiento y tenían un solo ojo y un solo diente, cada una o común a las tres, según otros. Enyo se asigna a la guerra. A veces también las otras dos. Personificaciones de las fuerzas del mar en su aspecto destructor.

Fuentes: Hesiodo, Teog. 270 s. Esquilo, Prometeo encadenado, vv. 794 ss. etc.

HALIA

Ninfa habitante de Rodas. Se enamoró de ella Poseidón y la hizo madre de una hija y seis hijos. Cuando Afrodita pasaba de Citera a Pafos se burlaron de ella y en castigo los volvió locos. Hicieron grandes agravios a su propia madre y a muchos otros seres. Su padre los sumergió para siempre y vinieron a ser los malos genios del Poniente. Halia se arrojó al mar y más tarde fue divinizada bajo el nombre de Leucotea. Mito que se halla similar para Ino.

Fuentes: Homero. Himno a Helio. Hesiodo, Teog. 371 ss. Higinio, Fábula 183.

HALIRROCIO

Hijo de Poseidón. Intentó hacer violencia a Alcipe, hija de Ares, y para salvarla mató el dios al culpable. Fue juzgado Ares por los dioses y como nadie más que él y su hija habían intervenido, fue absuelto. Fue la primera sentencia pronunciada contra el autor de un delito de sangre y en el monte que más tarde habría de llamarse Areópago.

Hay otra versión acerca de la muerte de Halirrocio: fue enviado por su padre a cortar los olivos sagrados de Atena, pero, al dar el golpe contra el árbol, le falló el hacha y se hirió a sí mismo, de resultas de lo cual murió.

Fuentes: Apolodoro, III, 14. Pausanias, I, 21. Aristof. Nubes, v. 1005, en el comentario del escoliasta.

HARPÍAS

Seres funestos, cuyo nombre significa "rapaces, rapiñadoras, arrebatadoras". Probablemente son una personificación de los vientos huracanados muy antiguamente hecha.

Son tres principales. Para algunos, únicas: Aello, Ocipete, Celeno. Hijas de Taumas y la ninfa marítima Electra, viven en la caverna de Creta. Son hermanas de Iris (vid). Son servidoras de las Erines. En tiempos posteriores son castigadoras de infieles, como en el caso de Fineo (vid), a quien arrebatan la comida.

Virgilio las describe como aves con rostro humano.

Castigan a las hijas de Pandareo (vid), por los delitos de su padre y las entregan a las Erines.

Son probablemente un mito prehélenico de Creta, como representación de la violencia de los vientos. Aguilas marinas, aves de garras y figuras similares son su símbolo.

Fuentes: Hesiodo, Teog. 267 ss. Homero, Odis. XX, 77 ss. Apol. de Rodas, Arg. II, 188 s. Virg. Eneida, 3, 210.

HEBE

Diosa de la juventud, vigor viril y fuerza. Nació de Hera y Zeus, juntamente con sus hermanos Ares e Ilitia (o Eleiteia).

Era copera de los dioses. Heraclés la pretendió y aún la obtuvo como esposa. Baña a Ares tras la lucha con Diomedes. Hace que Yolao se torne joven. Eso mismo pretendía Heraclés, pero no lo logró.

Fuentes: Hesiodo, Teog. 922 s. Homero, Ilíada, V, 905. Eurípides. Her. Fur. 394 ss. Ovidio, Metamorf. IX, 401 s.

HECABE, HECUBA

Hija del rey de Frigia, Dimas, fue segunda mujer de Príamo. La madre era la ninfa Eunoe. Hay variantes que omito acerca de sus padres. Dio a Príamo como hijos diecinueve de los cincuenta, y los otros son hijos de concubinas. Estaban aposentados todos en una sección del palacio y las doce hijas dormían con sus maridos en departamentos propios.

Los hijos de Hécabe eran: el mayor, Héctor, que dicen era hijo de Apolo, el menor, Páris, el de la famosa aventura con Helena (vid). Los restantes eran Creusa; Laodice, Polixena, Deifobo, Heleno, Casandra, Antifo, Polites Pamón, Hiponoo y Polidoro. También Trilo, que era hijo de Apolo (De los más importantes hay especial artículo).

Fuentes: Eurípides, Hécabe. Homero, Ilíada, XVI, 718. XXIV, 95 ss. VI, 242 ss. Apolodoro, III, 12 ss.

HECATE

Diosa telúrica, probablemente de origen prehelénico. Poco precisa en sus lineamientos e historia mítica. No aparece en los poemas homéricos y si en Hesiodo (Teog. 411 ss.) Hay quien discuta la autenticidad de este pasaje.

Algunos han pensado que es una diosa lunar y tiene gran relación con Artemis, con Selene y otras deidades borrosas. Niegan otros que haya habido en Grecia cultos lunares. Lo que resulta más preciso va en seguida:

Hija de Coeo y Febe. Zeus la colmó de dones y prerrogativas y le dio poder absoluto sobre la tierra y el mar. Pronto fue también diosa del más allá.

En otras fuentes es hija de Zeus y Démeter, con la igual predilección de su padre.

Es protectora de los que litigan ante los tribunales, de los atletas y de los políticos. Protectora y nodriza también de los niños pequeños.

Todo lo misterioso y fantasmático está relacionado con ella. Es la que preside ciertas formas de magia y adivinación.

Era venerada en las encrucijadas, y sus estatuas están representadas con tres cuerpos y tres cabezas y, muchas veces, con cuatro de una y otra parte.

Se la celebraba con las llamadas cenas de Hécate, que estaban preparadas a base de comidas de pescado y otros mariscos. Forman un rito de purificación.

Las tres caras fueron explicadas más tarde como símbolo de una triada femenina, en que aparece como Selene, reina del cielo nocturno, Artemis, reina de la tierra y Hécate reina del abismo subterráneo.

Asociada a la brujería, cuando se mostraba a alguno, lo espantaba de tal manera que las más veces moría de miedo. Era invocada contra los amores deshechos y tenía el don de atraer o matar al amante que se había alejado del ser amado. Estos cultos y prácticas eran más bien patrimonio del vulgo, como suele suceder en toda religión, sin que implique que esta era la creencia superior.

Los mitos referentes a Hécate son muy variados y vagos. Cito algunos:

Va con Démeter a una embajada ante Helio, o sea el Sol, para quejarse de Hades.

Sus misterios fueron instituidos por Orfeo (vid). Ver Eurídice.

Transforma a Galantis, ramera, en comadreja, por sus malas maneras de vida (Pausanias, Ovidio, Met. IX, 285 ss.)

Finalmente, Ifigenia inmolada y sustituida (ver Eurípides, las dos Ifigenias), viene a ser la Hécate joven, o la nueva Hécate, como diríamos en español.

Fuentes: Primaria y fundamental: Hesiodo, Teog. vv. 411 s. y las que se han citado en el curso del artículo.

HECATONQUIRES, HECATONKEIRES

Varias veces en los mitos se mencionan personajes de "cien manos", o sea, en latín *Cetimani*. Son hijos del cielo y la tierra y ayudaron a Zeus en su lucha contra los Gigantes. Son un tanto confusos en su número y nombre.

Los que con mayor frecuencia se mencionan son: Briareo, o Egeon, Coto y Giges. De cada uno se da artículo aparte.

Fuentes: Hesiodo, Teog. 147 ss.713 ss. Homero, Ilíada, 396 ss.

HELIO, HELIOS

Helios es el nombre del sol. Tiene muchas leyendas. Hijo de Eurifesa y el titán Hiperión, es hermano de Selene (la luna) y de Eos (la aurora). Cada mañana, despertado por el gallo, que está consagrado a él, unce a su carroza de fuego los cuatro corceles que han de llevarlo a su palacio de oro, que está en el poniente, cerca de Colquis. Tiene uno igual en el oriente. Cuando llega al del poniente, desunce a sus caballos y van a pastar a las Islas Afortunadas. Cuando ha desuncido, se embarca en una nave que le hizo Efesto y navega hacia el oriente, para aparecer al día que sigue. Con él se va junta la carroza y los caballos.

Helios ve cuanto pasa en el mundo, aunque a veces pueden los hombres hacerle trampa y escapar de su mirada. Como pasó con Ulises, cuando sus compañeros robaron los bueyes sagrados. Esos son de Helios y tiene una enorme cantidad de ellos, entre trescientos y quinientos. Esos bueyes sagrados están en Sicilia y los cuidan sus hijas Petusa y Lampecia. Los mejores están en España, en una isla llamada Eritia..

Rodas es la tierra del sol por derecho propio. Cuando Zeus repartió tierras e islas entre los dioses, se olvidó de Helios. Pero Helios hizo brotar de las aguas esa isla, en la cual aposentó a siete hijos suyos y una hija. Los habitantes de la isla al ver a las hijas del sol se enamoraron de ellas (vid. Halia).

Una mañana Helios permitió a Faetonte, hijo suyo, que guiara la carroza del sol. Lo había negado siempre, pero al fin cedió. El joven quiso hacer ostentación de su habilidad, pero la fuerza de los corceles lo venció y comenzó a correr en forma de zigzag. Subía tan alto que la tierra no tenía luz, o bajaba tanto, que las mieses quedaban consumidas con el ardor solar. Irritado Zeus lo fulminó con el rayo y fue a caer en el río que hoy se llama Poo. Sus hermanas que lo habían animado, fueron a dar a su lado y se mudaron en álamos o alisos. Allí están llorando lágrimas de ámbar.

Fuentes: Homero, Himno a Helios. Himno a Atena. Hesiodo, Teog. 371 ss. Higinio, Fábula 183. Ovidio, Metamorf. II, 1 ss. Píndaro, Olimp. VI, 78. Higinio, Fábula 52 y 152 y 154.

HECTOR

Figura entre histórica y legendaria, pero de las más bellas de la mitología y tradición helénicas. Una gran obra es necesaria para dar todo lo que de él se puede decir. Me ciño a lo esencial, y como la Ilíada

170 ANGEL Ma. GARIBAY K.

principalmente es la mejor fuente de información, voy citando los lugares en que se habla de los hechos que resumo.

Es el primogénito de Príamo en Hécabe, o Hécuba, como la llamaron los latinos. Casó con Andrómaca y fue padre de Astianax, o Astianacte, como decimos hispanizado hace tiempo (Il. VI, 394 ss).

Iniciada la batalla se presenta dirigiendo a los troyanos para la defensa de su ciudad (Il.II, 807 ss).

Echa en cara su cobardía a su hermano Páris por evitar enfrentarse con Menelao, y al fin logra arreglar una tregua y un combate singular entre ambos (Il. III, 38 ss).

Todos los combates de que nos hablan los libros V y VI del poema homérico van llenos de intervenciones suyas. Al fin se aleja para pedir que se hagan sacrificios a los dioses, se despide de Andrómaca y regresa al campo de combate.

Lo vemos desafiando a los griegos a un combate personal. Se enfrenta con Ayax (lib. VII), y vuelve una larga serie de batallas en que toma parte, y que llena la gran extensión de los libs. XI-XVII

Ayax pudo herirlo, pero lo salva Apolo (XV, 239 ss).

Mata a Patroclo (XVI, 818 ss).

Sale a esperar la batalla y no quiere regresar a Troya hasta librarla y se encuentra con Aquiles que lo mata. Su cuerpo es arrastrado atado a la carroza del vencedor. Una de las escenas más emotivas y humanas del poema (XXIV, 188 ss).

La petición y compra del cuerpo hecha por Príamo son de las páginas inmortales.

Fuera de la Ilíada, casi nada hallamos acerca de este héroe.

Tuvo culto en Troya y en Tebas. Su belleza, su fuerza, su nobleza han hecho de él el más bello de los héroes griegos.

Fuentes: Se han dado en el curso de este art. Ver Farnell, *Hero-Cults.* varias veces citado.

HELE, HELES

Hija de Atamas y Nefele, o de Ixión y Nefele, según otros. Un día que andaba con su hermano Frixo en el bosque, se presentó su madre llevando de los cuernos un carnero dorado. "Ved, les dijo, este es el hijo de vuestra prima Teófanes. Como tenía tantos amantes la mudó Poseidón en oveja y él mismo se mudó en carnero y la llevó a la isla de Crumisa. Y en cuanto a los que la pretendían los transformó en lobos que andan aullando en pos de ella toda la noche. Nada me pregunten, antes bien, suban a este carnero y vayan al reino de Cólquide, donde reina el hijo de Helio, Aetes. Y cuando hayan llegado allá sacrifiquen este animal a Ares." Así lo hizo Frixo y al llegar y sacrificar el carnero, colgó el vellocino en el templo de Ares. Allí estuvo hasta que algunos años más tarde vino a rescatar Presbón aquel resto del carnero. Hele huyó y fue a caer al mar que lleva su nombre: Helesponto (Ver Atamas).

Fuentes: Higinio, Fábulas 1, 3, 5, 88. Herodoto, Hist. VII, 197. Pausanias, IX, 34.

HELEN, HELENO

Hijo de Deucalión y Pirra, casó con Orseis y fue a fijar su asiento en Tesalia. Al morir él, quedó su hijo Eolo como rey. Es Helen el pretendido tronco de los helenos, o griegos. Sus hijos son:

Doro, que fue a morar en el Parnaso y es raíz de los dorios. Era el menor de los hijos de Helen.

Xuto fue el segundo. Fue arrojado por sus hermanos a título de robo, y se fue a refugiar a Atenas, donde casó con Creusa, hija de Erecteo, de la cual tuvo a Aqueo e Ion. No fue muy acepto de los habitantes de Atenas y hubo de emigrar a Egialo en Acaya.

Eolo, el mayor de los hijos, sedujo a Tea, o Tetis, hija de Quirón, la cual era compañera de Artemis en la caza. Todo quedó oculto a Quirón y la vida sigue su curso.

Tomó a Melanipe o Arné como mujer y la dio a Desmontes. Pero Poseidón la sedujo y la empreñó. El marido lo supo, la cegó y echó de su casa. Tuvo dos gemelos que fueron abandonados en el Pelión para que los devoraran las bestias. Un pastor de Icaria pudo librarlos y los crió a su cargo. Se les dio el nombre de Eolo, por parecido con el abuelo, y de Beoto.

Hay una serie de mayores dimensiones de mitos referentes a esta familia que omito intencionalmente, por oscura y complicada.

Así son hijos de Helen los grupos Eolio, Aqueo, Dorio, Jonio. Con que se ve un mito forjado para explicar la diversidad de grupos y la unidad de raza.

Fuentes: Herodoto, I, 56. Higinio, Fábula 186. Astron. II, 18.

HELENA

Ver ante todo la parte dedicada a Páris, que está unido con ella en el mito. Mucho de lo suyo se halla allí. Pongo aquí lo más personal y como complementario de aquello.

Nace de Zeus, disfrazado de cisne, y de Leda. Piensan algunos que jamas existió humanamente y fue una pura proyección de una deidad demasiado humanamente concebida.

Hay sí muchas implicaciones con mitos prehelénicos:

El nombre no es de raíces indoeuropeas, y como otros muchos, parece proceder de una lengua anterior. Se la relaciona con el culto a los árboles y aun se dice que murió colgada de uno de ellos. Se la relaciona con las aves, ya que desde luego nace de la obra de un cisne. Es muy probable que se trate de una deidad de la fecundidad y de la fertilidad del suelo. Los griegos al llegar la incorporaron a su panteón, la hicieron primero diosa y luego la bajaron a la categoría humana, en vista de las aventuras que le atribuyen.

En su faz humana es mujer de Menelao y pasa todas las aventuras que pueden verse en el art. dedicado a Páris. Una de las más curiosas versiones del mito se halla en la que toma Eurípides como base de su tragedia Helena. No fue llevada a Troya, sino en lugar suyo, fue una ficticia imagen.

En Troya fue mujer legal de Páris, porque se hicieron todos los ritos propios de este hecho. Es amada de todos y deseada de todos, pero le permanece fiel. En la leyenda homérica se reconcilia con Menelao su marido y va a vivir gustosa en Lacedemonia. Aunque la causa de la ruina de Troya fue su ida con Páris, no vuelve a pensar en él.

Hay mitos complementarios: Cuando era apenas una niña se la robó Teseo. Cuando la halla Menelao está a punto de matarla, pero su belleza lo amansa. Es la misma luz de fuego que se ve en el extremo de los mástiles y que llaman los marinos de habla hispana fuego de San Telmo.

Los arts. dedicados a los personajes que estuvieron en contacto con ella dan ayuda a comprender mejor su fisonomía histórica y mítica.

Fuentes: Ver las indicadas en Páris. Para una amplía información hay que consultar a Farnell, en *The Cults of the Greek States,* 1896 ss. y en *Greek Hero-Cults* 1921.

HELENO II

NB. No confundir con el fundador de la raza.

Es hijo de Príamo y está dotado como su hermana Casandra, del don profético. Está amonestando a su hermano Héctor, y en la batalla de los barcos es herido por Menelao.

Cuando lo aprisiona Odiseo profetiza que solamente caerá Troya, si se halla en el ataque Filoctetes.

Caída Troya, se lo lleva Neoptolomeo y le da por mujer a Andrómaca. Se establece con paz en Epiro y funda la pequeña Troya. Es en ese lugar donde lo visita Eneas y Heleno le anuncia el fin de sus viajes y la gloria de sus descendientes.

Vid. los personajes mencionados en sus artículos propios.

Fuentes: Homero, Ilíada, VI, 76. VI, 44. Lib. XIII. Sófocles, Filoctetes, 604 ss. Eurípides, Andrómaca, 1243. Virg. Eneida, III, 294 ss.

HELICON

Montaña de Beocia, la más alta, de c. 1,890 ms. Se halla entre el golfo de Corinto y el Copais. Tiene en su cumbre un santuario a las Musas, en una de las cañadas superiores.

Abajo está Ascra, patria de Hesiodo. Está la fuente de Hipocrene, que brotó a una coz de Pegaso, y que es la fuente de inspiración para los poetas.

Fuentes: Geografía de Grecia.

HERACLES, VIDA

Anfitrión era hijo de Electrión; éste, de Perseo, rey de Micenas. Fue el abuelo a castigar lo desafueros de los Tafios, y al ir dejó al nieto con esta consigna: Rige bien y cuando yo vuelva te caso con mi hija Alcmena.

Al regresar los casó, pero no contento con sus procederes, los expulsó de la tierra. Anfitrión con su esposa emigró a Tebas. Llegó a ver al rey Creón que le dio a Perimedes para su hermano Licimnio.

Alcmena no quería tener trato con su marido hasta no ver vengada la muerte de sus ocho hermanos que en su tierra habían sido muertos. Creón proporcionó un ejército a Anfitrión para que fuera a vengarlos. Entre tanto, Zeus, enamorado de Alcmena, tomó el aspecto de su marido y vino a ella. Yació con ella tres noches o como dicen otros, una noche que valió por tres. Dicen que Hermes detuvo la marcha de las horas y el día se hizo tan largo que pudo contarse por tres.

Cuando regresó Anfitrión visitó a su mujer y ella le dijo que había sido demasiado largo en sus trabajos maritales. El no se daba cuenta. Pero intrigado fue a consultar a Tiresias, que le declaró la verdad. Ya nunca quiso tocar a Alcmena, temeroso de la venganza de Zeus.

Pasados los nueve meses, Zeus en el Olimpo hizo gala de que iba a tener un hijo. Dijo que le pondría por nombre "Gloria de Hera": Heraclés. Ella no hizo gran estruendo, pero procuró frustrar el intento de su marido. Al fin nace Heraclés y una noche más tarde, su hermano Ificles. El primero era hijo de Zeus, y el segundo de Anfitrión. Es la versión más común. Hay otras. Las omito. Fiesta del nacimiento de Heraclés había el 4 de cada mes.

Alcmena, al nacer Heraclés lo dejó abandonado en un campo cercano a las murallas de Tebas. Atena, por consejo de Zeus, fue a recogerlo. Lo llevó a Hera y le dijo: Mira qué lindo niño y qué robusto. Dale de mamar, tú que tienes leche. La diosa le dio al chico el pecho y le dio él tal apretón que gritó de dolor. La leche fue tanta que se derramó por el cielo y dio origen a la Vía Láctea.

Se espantó Hera y dijo que era un niño monstruoso. Ya con esto él quedaba hecho inmortal. Lo llevó Atena a su madre Alcmena y le dijo que cuidara mucho de él.

Esta leyenda se refiere de otra manera. Hermes lleva al niño al Olimpo, por mandato de Zeus, y mientras Hera duerme, hace que mame su pecho. Y que la Vía Láctea se debe a que el niño mamó tanta leche que ya no pudo contenerla en la boca y se derramó por el cielo. Como sea, Heraclés mamó en el pecho de Hera.

Cuando Heraclés tenía siete meses, o un año, según otros, la madre bañó y arregló a sus dos niños y los dejó dormidos. A medianoche dos serpientes vinieron a la casa de Anfitrión a matar a Heraclés. Eran enormes y tenían escamas azules. Habían sido enviadas por Hera. Iban por el piso derramando llamas de sus ojos.

Despertaron los dos niños y quedaron llenos de terror al verlas. Ificles se envolvió en sus mantas y por miedo cayó al suelo. La madre oyó los gritos del niño y despertó a su marido. Corrió él con una gran daga. Pero al llegar a la cámara de los pequeños, vieron al niño Heraclés aferrando a las serpientes por el cuello y ahogándolas con su esfuerzo.

Cuando las dos serpientes cayeron muertas a los pies de Anfitrión el niño soltó la carcajada. Levantaron sus padres a los niños y los arroparon bien. Al amanecer fue Alcmena a consultar a Tiresias, contando el prodigio. El adivino le dijo que su hijo iba a ser un gran héroe, lleno de gloria. Le mandó que hiciera una gran hoguera con plantas espinosas y en ella quemara a las serpientes, precisamente a la medianoche. Que por la mañana se recogieran las cenizas y se fueran a derramar a la roca en que la Esfinge habitaba y que de ahí regresara sin volver la cara. La casa tenía que purificarse con agua lustral y sal y azufre, y sobre las cornisas colocar ramas de olivo. Tenía que sacrificarse a Zeus un jabalí.

Cumplió todos estos requisitos Alcmena.

Hay otra versión tocante a las serpientes. El que las puso en la cuna fue el mismo Anfitrión que quería cerciorarse de cuál de los dos niños era su hijo. Quedó cierto cuando vio la hazaña de Heraclés. Tenía fuerza divina.

Cuando fue capaz Heraclés le enseñó Anfitrión a guiar una carroza y a no tocar los puntos de esquina, sino a ir directo a la meta. Cástor le enseñó el uso de las armas, a montar, a tener todos los movimientos de una buena estrategia.

Autólico, o Harpálico, le enseñaron el arte del pugilato. Dicen que eran hijos de Hermes. Eurito o escita Teutaro, le enseñaron el arte del arco. Resultó Heraclés un arquero maravilloso que vencía a todos.

Eumolpo le enseñó a tocar la lira y cantar y el dios del río Ismeno le enseñó letras y saber de poesía.

Sobre la enseñanza de la música hay este episodio: Un día su maestro Eumolpo estaba ausente y Lino quiso suplirlo, dando la lección de tocar la lira a Heraclés. Este se rehusó a seguir los principios que Lino le sugería. Lino le dio golpes por su rebeldía y Heraclés mató a Lino, con solo darle un golpe con la lira.

Fue llevado a juicio y alegó que el acometido injustamente puede justamente defenderse. Radamantis lo absolvió.

Estaba temeroso Anfitrión de que siguieran sus desmanes. Para evitar conflictos lo envió a la montaña para que guardara ganados. Allá vivió hasta cumplir dieciocho años. En este tiempo mostró vencer a todos sus contrincantes en altura, fuerza y gallardía.

Aunque no se dice quién le enseñó astronomía y filosofía, es notorio, en la leyenda, que era perito en ambas.

Su estatura era de cuatro codos, o sea, dos metros bien cumplidos. Cuentan que sus ojos refulgían como llama y su mano era tan certera que nunca erraba el blanco. Comía una vez al día y andaba vestido con una túnica corta y rala. Pasaba la noche en general al aire libre. En sus conocimientos tenía la fácil manera de entender el vuelo y señal de las aves. Los buitres, según él, eran los más seguros en el presagio. De carácter amable, solamente hacía frente a los que lo atacaban. Había un famoso guardián de caminos que mataba a los viandantes. Heraclés se enfrentó con él. Era este Termero. Heraclés lo venció y lo mató.

Al cumplir dieciocho años Heraclés dejó su retiro en la montaña y fue a acabar con el león de Citerón, el cual estaba destruyendo los ganados de Anfitrión y sus vecinos. Uno de ellos era Tespio o Testio. Este tenía cinco hijas por medio de su esposa Megamedes. Quiso el rey que cada una tuviera un hijo de Heraclés.

Se sirvió de un ardid. Tras una larga batida al león, cuando la noche llegó, lo alojó con gran comodidad y le llevó a la hija mayor, llamada

Procris y le dijo: Tienes aquí a una joven que te acompañe en el lecho. Y eso mismo hizo al día siguiente, pero cambiando a la joven, hasta que todas ellas tuvieron trato con el héroe. Hay la variante de que en una sola noche trató a las hijas de Testio, menos a una que permaneció virgen hasta su muerte. De las cuatro restantes tuvo nada menos que cincuenta y un hijos. De ellos eran los dos gemelos Antileón e Hipeo, de la más grande, o sea Procris, y otros dos gemelos de la menor de ellas.

Mató por fin al león y se cubrió con su piel, dejando la cabeza como yelmo que colocaba sobre la suya propia. Esta parte también tiene la variante de que la piel y cabeza era del famoso león de Nemea (vid Los Trabajos de Heraclés).

Por este mismo tiempo tuvo su trato con los Tebanos, en ayuda de sus conflictos. La historia es así:

Un día en cierta fiesta el carrocero de Meneceo arrojó una piedra que hirió de muerte a Climeno, rey de Mineos. Llegado agonizante a su casa, pidió a sus hijos que vengaran su muerte. El mayor de ellos, llamado Ergino, fue al frente de un ejército contra Tebas y, al hacer la paz, exigió como tributo por veinte años cien cabezas de ganado vacuno, cada año.

Iba Heraclés de su estancia en el Helicón cuando dio con los que iban a cobrar el tributo. Preguntó a dónde iban. Ellos dijeron a dónde y agregaron que, si no lo recibían, cortarían orejas, nariz y manos a todos los tebanos.

¿Esas tenemos? —dijo Heraclés, y al momento hizo con ellos lo que amenazaban hacer. Cortó orejas, nariz, manos y los ató al cuello de los mensajeros. Así los hizo regresar a Orcomenos.

El rey Ergino envió inmediatamente a pedir a Creón que le entregara al autor de tamaño ultraje. Afligido Creón nada hallaba que hacer. Ni armas siquiera tenía para defenderse. Heraclés reunió a la juventud o fue por todos los templos a buscar armas que se hubieran dado como exvotos o trofeos. Atena, al ver tan gran resolución, vino ella misma a armar a los combatientes.

Armó Heraclés su ejército y al frente de él se dispuso a defender a Tebas. Hubo un oráculo que pedía que un hombre de noble alcurnia se sacrificara por su patria. Todos pensaron en Antinopeo, que descendía de los primeros que nacieron de los dientes sembrados en la tierra. El se negó, pero sus hijas Androclea y Arcis se prestaron a morir en su lugar.

Se hizo la tentativa y Heraclés apostó a los suyos en una emboscada. Cuando Ergino llegó contra Tebas en el estrecho del camino fue recibido y allí mismo le quitaron la vida a él y a muchos de sus capitanes. Envalentonado con esta victoria, Heraclés marchó con sus tropas, entró a Orcomenos y saqueó la ciudad y acabó con los templos y palacios. Estableció para hacer la paz que los mineos dieran doble tributo a Tebas. Llegó en la noche al campo enemigo y se apoderó de los carros de guerra, después de haber matado a los soldados que halló dormidos. En esta lucha murió Anfitrión, que pasaba por su padre.

Cuando regresó victorioso a Tebas levantó un altar a Zeus Liberador. Hizo un león de piedra para honrar a Artemis y dos imágenes en honor de Atena. Los habitantes de Tebas le levantaron a él una estatua con el nombre de Heraclés cortador de narices.

Hay una variante en la leyenda, según la cual Ergino sobrevive a la derrota y es uno de los argonautas. Al regresar hace un nuevo reino y tiene gran riqueza, pero viejo y sin hijos. Se casa con una jovencita, por indicación de un oráculo y tiene tres hijos: Trofonio, Agamedes y Azeo. Los dos primeros fueron famosos arquitectos.

Esta victoria hizo muy famoso a Heraclés. Lo casó Creón con su hija mayor, Megara, o Meguera. Su hermano Íficles casó con la hermana menor. De Megara tuvo Heraclés tres hijos, o, en otras fuentes, cuatro y aun ocho. Son los llamados Alcides.

Combatió a Pirecmos rey de Eubea, que venía contra Tebas. Lo mandó atar a dos potros que hizo correr y lo despedazó en forma horrorosa. Dejó sus despojos junto al río Heracleo y dicen que cuando un caballo iba a beber en él se oían los lamentos del infeliz rey.

Ya Hera no pudo soportar tanto desmán del héroe y lo volvió loco. Su primera hazaña fue matar a Yolao, hijo de su hermano Íficles. Mató después a sus hijos, confundiéndolos con enemigos. Después de flecharlos los echó al fuego, juntamente con los hijos de Íficles su hermano, que aún quedaban vivos. La memoria de estos muertos fue celebrada por largo años en Tebas.

Cuando recobró la razón, se encerró en un cuarto por varios días sin querer tratar con ningún ser humano. Lo purificó de sus crímenes Tespio y entonces fue a Delfos a preguntar al oráculo qué debía hacer.

Se le respondió que debía ir a servir a Euristeo en todo lo que éste le pidiera, por el espacio de doce años. Debía ejecutar doce grandes trabajos y al cabo de ellos, alcanzaría la inmortalidad (ver los Trabajos de Heraclés, que entran en este punto).

Le cayó mal esta disposición y no quería someterse a ella. Con dolor suplicó a su padre. Zeus, pero no fue oído, y al fin se resignó. El resultado se cuenta en la larga relación de los Doce Trabajos.

La leyenda de la locura de Heraclés tiene variantes. Según algunas fuentes se volvió loco hasta que regresó del Hades.

También con los Doce Trabajos hay variedad. Se dice que éstos fueron la paga que dio a su amante el rey Euristeo.

Cuando se disponía a cumplir con esos trabajos, los dioses vinieron en su auxilio. Hermes le regaló un gran puñal. Apolo, un arco y unas flechas que no se mellaban jamás. Efesto una coraza de bronce invulnerable a los dardos. Atena una bella ropa que lo cubriera todo. Otras fuentes dicen que la coraza se la dio Atena y Efesto unas grebas de bronce y un yelmo de acero. Atena y Efesto se declararon sus protectores. Poseidón le dio un juego de caballos para su carroza. El regalo de Zeus fue un escudo de resistencia tremenda. Este escudo de Heraclés es por sí mismo toda una leyenda. Estaba forjado de esmaltes, marfil, auricalco, oro y lapizlázuli. Tenía alrededor doce cabezas de serpiente que abrían la boca contra los enemigos del portador. En los trabajos lo vemos solamente con su clava, de fuerza omnipotente y con su arco y sus dardos.

Aunque Efesto le dio una clava de bronce, él prefería usar la que había formado de una rama de oliva. Con ella era invencible. Tuvo tres clavas, pero todas ellas de esta madera.

En sus grandes Trabajos fue su auxiliar y compañero su sobrino Yolao (ver los Trabajos de Heraclés).

Resumo ahora la vida de Heraclés cuándo acabó sus trabajos. Al regresar a Tebas dio a Megara su mujer, que por entonces tenía treinta y tres años, a su sobrino y cochero Yolao que sólo tenía dieciséis. Alegaba que había sido infortunado su matrimonio y que debía tomar una esposa más joven. Supo que Eurito hijo de Melanio, rey de Ecalia daba a su hija Yola al arquero que lo venciera a él y a sus cuatro hijos. Heraclés se dirigió a buscarlo.

Se hizo la contienda y aunque Eurito era un famoso arquero y el arco que usaba era don de Apolo, quedó vencido, lo mismo que sus hijos,. por la habilidad de Heraclés.

Eurito se rehusó a dar a la hija, tanto más que había sabido el repudio de Megara y la muerte de los hijos. Reprobó a Heraclés ser esclavo de Euristeo, ya que había hecho doce obras para complacerlo, como un simple hombre de baja esfera. Alegó que las flechas de Heraclés estaban embrujadas y no quería verlo ya más en su casa. Lo arrojó de ella. Toleró aquel tratamiento el héroe, reservando para más tarde la venganza.

Tres de los hijos de Eurito estaban acordes con su padre. Eran éstos Dideón, Clito Toxeo. El mayor de todos, que era Ifito, no estuvo conforme. Afirmó que debía darse a Yola a Heraclés.

Al irse Heraclés desaparecieron doce yeguas de la mejor raza y doce muletos. Todo el mundo atribuyó el robo al héroe, menos Ifito. De hecho el ladrón había sido un famoso Autólico. Este modificó la apariencia de las bestias y fue a venderlas a Heraclés, diciendo que eran suyas. Ifito fue siguiendo el rastro y al fin pudo alcanzar a Heraclés. Ya estaba en Tirinos. Encontró al héroe y le preguntó por los animales. Como las señas no coincidían, negó haberlos visto. Ifito le pidió que ayudara a buscarlos. Lo prometió, si se quedaba como huésped. Le dio una gran cena y lo hizo beber vino. Ya había sospechado que lo tenía por ladrón. Herido en su alma lo llevó por la noche a que viera desde la altura los animales que pacían —Ve qué clase de yeguas andan pastando allá abajo... —No puedo verlas, dijo Ifito. —Es que pensaste que el ladrón era yo. Muere por ello. Y lo mató, precipitándolo desde una roca.

Se encaminó Heraclés a ver a Neleo, rey de Pilos, para que lo purificara de aquella muerte. No quiso el rey. Alegó que era amigo de Eurito.

Todos lo rechazaron, menos Néstor, que era el más joven. Lo llevaron a Deifobo para que lo purificara.

Siguió Heraclés sufriendo pesadillas y se resolvió a ir a Delfos. La pitonisa lo rechazó airada. —Para asesinos no tengo oráculos —le dijo Xenoclea, que tal era su nombre. Le dio él un empellón y pretendió establecer sus propios oráculos. Ella espantada sacó el trípode y le dio sus augurios.

Pero sobrevino Apolo y lo ahuyentó lleno de ira. Iban luchando cuando un rayo de Zeus los aplacó e hizo que se dieran la mano en signo de reconciliación. Heraclés reparó la falta levantando un templo en que se honraba a Apolo y a Diónisos, juntamente con él.

Xenoclea vino a darle el buscado oráculo. —Tienes que servir como esclavo durante un año y la paga se dará a los hijos de Ifito que dejaste huérfanos.

—Esclavo yo, y de quién —preguntó él.

—De la reina Onfale de Lidia —dijo la pitonisa. Aceptó él.

Hay otras versiones que en un libro como éste es tolerable omitir por vagas y complicadas.

Se llevaron a Heraclés y lo fueron pregonando como esclavo sin nombre, puesto solamente bajo el patrocinio de Hermes. Su precio era de cien talentos de plata que tenían que darse a los huérfanos de Ifito. Eurito, su abuelo, no quiso recibir el precio, sino que exigió que se pagara sangre con sangre.

Onfale, reina de Lidia, compró a Heraclés. El la sirvió fiel por un año, o por tres, según otras versiones (vid. Onfale). Durante su servicio limpió de bandidos la región. Entre los vencidos están los dos Cércopes de Efeso. Eran hijos de Océano y Teia. Sus nombres varían: Pasalo y Acmon; Olo y Euribates; Silo y Tribalo. Eran gemelos. La madre les había dicho: Hijos cobardones, no vayan a dar con un hombre de gran valor. No hicieron caso y llegaron a donde dormía Heraclés. Se pusieron a rezumbar como si fueran moscardones. Una noche los atrapó, los obligó a tomar su forma natural y se los echó al hombro, como si fueran pájaros, atados por los pies.

Iban riendo ellos de la negrura de su espalda y al fin complacido, los soltó. Hay variantes en esta leyenda que omito.

De los Cércopes hay también la leyenda de que fueron convertidos en piedras por haber intentado engañar a Zeus. También hay la variante de que los hizo monos con largas cabelleras y los envió a las islas de Italia llamadas Pitecas.

Muchas otras hazañas hizo durante su esclavitud, pero no es posible en obra general, como es ésta, dar todos los matices.

Pasó el río Sagaris de Lidia y halló una gran serpiente que acababa con mieses y ganados. La mató con la mayor facilidad. Fue cuando Onfale comenzó a sospechar quién era, lo liberó y le dio grandes regalos para que regresara a su tierra.

No hay que omitir que si Heraclés sirvió a Onfale como luchador contra enemigos, le sirvió también como compañero de lecho. Le dejó tres hijos: Lamo, Agelao, que fue antepasado de Creso, y Laomedonte. Hay quien agregue a Tirreno o Tirseno. No solamente con la reina hizo sus proezas de amor, sino con sus mujeres. En una llamada Malis tuvo o Clodeo o Cloleo. Y también a Alceo, que fundó la dinastía Lidia.

En este tiempo le llegaron noticias de Grecia. Raras y divertidas eran las historias que corrían sobre él. Que arrumbó la piel de león y se vestía como una dama, con grandes collares de piedras finas en el cuello, con pulseras de oro, y su turbante femenino, como se usaba en el oriente. Tenía su bufanda de seda y su cinturón totalmente afeminado. Decían que estaba rodeado de niñas de Lidia que lo enseñaban a hilar y tejer la lana. De tiempo en tiempo venía la señora a regañarlo, y se ponía a llorar. Toda una ridiculización de la mayor varonil fuerza ante las modalidades femeninas.

Sigue la historia cómica en el siguiente relato. Salieron Onfale y Heraclés a visitar los viñedos en un día de verano, en las riberas del río Tmolo. Iba ella vestida de púrpura y con un cinturón de hilo de oro. Llevaba sus rizos perfumados. Y Heraclés iba junto a ella sosteniendo el parasol. Pan se hallaba asoleándose en una montaña cercana y cuando vio a Onfale, se enamoró de ella. Gritó a las diosas de la montaña:
—Ahora que está sola puede ser mía...!

Onfale y Heraclés se metieron a una gruta y cambiaron de ropa. Ella lo vistió con su ropa de púrpura y su cinturón. Las mangas le quedaron cortas y las sandalias no entraban.

Comieron y se fueron a dormir la siesta. Cada uno aparte de otro. Hicieron su sacrificio a Diónisio y se entregaron al sueño. A medianoche Pan entró furtivamente y al ver los vestidos de seda, pensó en que la cama era de Onfale. De una patada Heraclés lo echó fuera de la gruta. La reina despertó al golpe y pidió luces. Cuando se dieron cuenta del percance, se echaron a reír locamente. Pan, avergonzado y furioso, dijo que nunca más debieran usarse vestidos diferenciales del sexo. Se vengó contando que Heraclés era un afeminado, ya que había vestido los ropajes de Onfale.

Terminada su esclavitud con Onfale, Heraclés regresó a Tirinos, ya en su entero juicio. Allí planeó una expedición a Troya. Y la causa fue la que sigue:

El y Telamón, a la ida o a la venida de la expedición de Argonautas, había visto en una roca a una hermosa joven atada y totalmente desnuda, pero con sus joyas en el cuerpo. Era la hija de Laomedonte, llamada Hesione. La había atado a la roca un monstruo marino que envió Poseidón, disgustado contra Laomedonte, por no haber dado los debidos sacrificios. O por Apolo en otras versiones, que por la misma razón envió una peste y al monstruo.

Hay otra versión: Hesione fue dejada allí por su propio padre, que el oráculo de Ammón le dijo que debiera ofrecerla al monstruo para que la devorara. Hubo contienda que omito, entre los principales troyanos y cuando Heraclés llegó, estaba ligada a la roca, como se dijo, por la causa que fuera.

Heraclés se apresuró a romper los vínculos que la ligaban a la roca. Llegó a la ciudad, ofreció matar al monstruo, con la condición de que le dieran en recompensa dos caballos blancos como la nieve, tales que corrieran sobre el agua y se pararan contra el viento. Eran los que había dado Zeus a Laomedonte para contentarlo por el rapto de Ganimedes (vid). Consintió Laomedonte en dar esta recompensa.

Atena le ayudó y los troyanos lo secundaron. Construyeron una muralla en que el héroe podía sacar el cuerpo para atacar al monstruo cuando viniera contra la ciudad. Llegó el animal fiero y abrió sus fauces. Saltó hacia ellas Heraclés y se fue a refugiar en su panza. Tres días duró en ella. Al fin salió triunfante, tras haberlo matado. Pero no le quedaba un solo cabello en la cabeza.

El resto de la aventura es confuso. Unos dicen que Laomedonte le dio a Hesione como mujer y que, al irse a la expedición de los Argonautas le pidió que dejara mujer y caballos. Cuando regresó, negó darle a ella y a ellos. Otros dicen que la negativa fue desde luego, cuando Heraclés fue a buscar a Hilas en Troya.

Heraclés quería ir a Troya. Se hizo a la vela con dieciocho naves cada una de cincuenta remos. O con seis barcas y unos cuantos soldados. Iban con él como aliados el indispensable Yolao, Telamón, hijo de Eaco, Peleo, Oicles, y Dímajo, que era de Beocia.

Cuando desembarcaron en las cercanías de Troya, dejó Heraclés a Oicles a que guardara los navíos. El se fue con los otros a asaltar la ciudad. Laomedonte no estaba armado por sus precipitaciones. Fue atacado y obligado a huir a las naves, seguido de muchos troyanos.

Oicles sucumbió defendiendo sus naves, sus compañeros, más prácticos, las tomaron y huyeron.

Fastidiado del largo sitio, Heraclés determinó un asalto de repente. Siguen otros episodios confusos que omito.

Al arder Troya, Heraclés restauró a Príamo en su trono y se fue por el mar. Hesione se fue con Telamón y le dio por hijo a Teucro.

Huyó hacia el Asia menor y allí escondida en un bosque fue hallada por Arión. La llevó a su casa y de él tuvo por hijo a Trambelo.

Ahora Heraclés navega hacia Troade. Se lleva consigo a Glaucia, hija del río Escamandro. El hijo que nace de ellos se llama también Escamandro.

Hera no había cesado en sus odios contra Heraclés. Envió al viento Boreas que suscitara una tormenta en contra de sus barcos, Zeus trató de proteger a su hijo, pero sin gran efecto. Se dice que esta ocasión encadenó a Hera por castigarla.

Seis de las naves de Heraclés naufragaron. Las restantes llegaron a la isla de Cos. Llega Heraclés y tiene muchos contratiempos. Al fin se va a refugiar a la casa de una viuda, se disfraza con sus ropas y tiene el intento de huir. No lo hizo, sino que al día siguiente venció a sus vencedores y dejando los ropajes mujeriles, se casó con Caliope, que de él tuvo a Tésalo.

De la isla de Cos fue a dar a Flagra, guiado por Atena. Allí combatió con los gigantes, con el auxilio de los dioses.

Regresa a Beocia y ya Escamandro era el rey.

Inquieto en todo, organiza una nueva expedición. Ahora contra Augias, rey de Elis.

Augias sospechaba esta acometida. Ya había dispuesto su ejército, poniendo como jefes a Eurito y Cteato, hijos de su hermano Actor, nietos de Molus, por su madre Moline. Esta era la razón de llamarlos Moliones o Molínides. Decía la leyenda que habían nacido mellizos de un huevo de plata y que eran los más fuertes y valerosos de los hombres. Casaron con unas hijas del Centauro Dexámeno también gemelas: Fueron a la guerra de Troya comandando diez navíos.

Cuando Heraclés llegó a la hora de la batalla, cayó enfermo. El ejército de sus enemigos derrotó al suyo y solamente por intervención de los de Corinto se hizo una tregua.

En esta batalla quedó herido Ificles. Lo alzaron sus amigos y lo llevaron a Arcadia en donde murió y quedó consagrado como héroe. No hay que olvidar que era hermano gemelo de Heraclés. Murieron también allí cien de sus aliados.

Heraclés se fue a Oleno, a casa de su amigo Dexámeno. Este era suegro de los Moliones. Y tenía una hija llamada Deyanira, que Heraclés desfloró, prometiendo casarse con ella.

Llegó Heraclés y envió al Centauro Euritión a pedir la mano de la joven. Sin mucho deseo la concedió Dexámeno, más bien por miedo. El día señalado para la boda se presentó él inesperadamente, mató a Euritión y a sus hermanos y se llevó a Deyanira.

Hay la variante de que Deyanira es hija de Olenos y que la tomada en esta ocasión se llamaba Mnesimaque o Hipólita.

Regresó Heraclés a Tirintos. Lo inculpó, Euristeo de que intentaba quitarle el reino. Se fue Heraclés a Peneo y allá llevó a su madre Alcmena y a su sobrino y amante Yolao. Tomó como amasia a Laonome, que era hija de Guneo. Se ocupó en abrir un gran canal que hacía desaguar al río Aroanio. Canal que tenía de largo cincuenta estadios, o sea unos veinte kms. y de profundidad diez metros. El río pronto dejó el canal y siguió su antiguo curso.

Supo por estos días que iban en peregrinación los Moliones a celebrar a Poseidón y salió a su encuentro, tendiendo una emboscada. Mató a los dos de un flechazo y a su primo, el otro Eurito y al mismo rey Augias.

Cuando Molione supo que habían matado a sus hijos, acudió a Euristeo pidiendo el castigo de Heraclés, dado que era un nativo de su reino. El respondió que no tenía por qué castigarlo, pues hacía tiempo que lo había expulsado. Acudió ella a los de Corinto para que desterraran en represalias a todos los argivos.

Heraclés pidió prestado el caballo Arión de negras crines, a su dueño Onco. Lo domó y dispuso un nuevo ejército contra Argos. Saqueó a Elis y dicen algunas versiones que hasta entonces mató a Augias. La ciudad quedó desolada y él dispuso que las viudas tuvieran trato con sus soldados. Todas ellas hicieron un voto a Atena rogando que quedaran encinta al primer concurso carnal. Fueron oídas y en gratitud dedicaron a la diosa un templo en la advocación de Atena Madre.

Heraclés regaló su caballo Arión a Adrasto, diciendo que era más feliz andando a pie.

Por este tiempo se le puso el apodo de Búfago, o sea, comedor de bueyes. Fue por esto: Lepreo, había sabido cómo se portó con Augias y, aconsejado por su mujer Astidamía, dispuso recibir con gran agasajo a Heraclés, para librarse de su ira. Heraclés correspondió, pero le puso tres apuestas: una, el lanzamiento del disco, otra el beber agua copa tras copa, y la tercera, comerse un buey entero. Ganó Heraclés los dos primeros certámenes, pero Lepreo duró menos que él en devorar un buey. Envalentonado, le propuso un combate a clava. Al primer golpe lo despachó el héroe.

Poco después de estos sucesos se coloca el hecho de haber establecido los Juegos Olímpicos en honor de Zeus su padre. Se celebraban cada cuatro años y había de haber ochenta competencias. El midió el campo, señaló los lugares y sacrificó a Zeus. Ya estaba dispuesto todo, pero a la luna llena de estío se vio que no había árboles en qué resguardarse del calor. Heraclés halló medio de resolver el problema. Se fue a la región Hiperbórea y llegó a donde estaban los grandes olivos salvajes que había él visto en las cercanías de los veneros del Danubio. Pidió a los sacerdotes de Apolo que le dieran un acodo. Volvió a Olimpia, lo plantó en el recinto sagrado y dispuso que sus hojas fueran el emblema del trofeo.

Acerca de la fundación de los juegos Olímpicos hay otras versiones, que doy aparte (vid Juegos Olímpicos).

En la contienda inicial, Heraclés ganó todos los eventos, por defecto de los opositores que temieron enfrentarse con él. Para la lucha libre no hubo contrincantes. Pero apareció Zeus disfrazado y venció a Heraclés. Luego reveló quién era y fue aplaudido por todos los espectadores. Esta lucha fue a la luz de la luna llena.

Pasados los juegos se dirigió a la ciudad de Pilos y la saqueó y destruyó, en venganza de que había auxiliado a los de Elis. Mató a los hijos de Neleo, menos a Néstor, que le había sido favorable en otra ocasión.

En esta guerra se enfrentaron también las diosas. De parte de Heraclés, Atena, y de parte de los de Pilos, Hera. Esta pudo alcanzar que fueran sus aliados Ares, Hades y Poseidón. Atena se dispuso contra Ares y Heraclés fue con su clava a dar a Poseidón, que se defendía con su tridente. Lo hizo ceder el paso. Fue en seguida a auxiliar a Atena y al tercer golpe, hizo caer el escudo de Ares. Dio una gran herida al dios en la pierna.

Huyó Ares lamentándose hacia el Olimpo y allí Apolo en una hora le curó la herida, derramando celestiales ungüentos. Volvió al combate, y ahora Heraclés le hirió un hombro. Lo hizo abandonar el campo. Hera no estaba ociosa e hirió a Heraclés en el pecho izquierdo con una flecha de tres flecos de plumas.

El hijo mayor de Neleo, llamado Periclimeno y uno de los Argonautas, tenía el don de ser invulnerable y tomar la figura que le agradara, de pez, ave, bestia y aun en árbol. En esta ocasión se mudó en león, en serpiente, en hormiga, abeja y mosca, para escapar entre las crines del caballo de Heraclés. Pero Atena le dio la forma de que reconociera a Periclimeno. Fue en busca de su clava, pero el adversario ya se había convertido en águila e intentaba sacarle los ojos. Una flecha de Heraclés le rompió un ala, y cayó por tierra y otra flecha en el cuello acabó con su vida.

Dio a Néstor la ciudad de Mesena por haberlo defendido cuando el robo de los ganados de Gerión y tuvo para él mayor cariño que para Hilas y Yolao. Por eso Néstor fue también el que comenzó a jurar en nombre de Heraclés (vid Néstor).

Ahora Heraclés fue contra Esparta, para vengarse de los hijos de Hipocoon. Estos no habían querido purificarlo tras la muerte de Ifito y habían luchado contra él al mando de Neleo, lo mismo que habían matado a su aliado Eoneo. La muerte de éste fue así:

Eoneo, hijo de Licimnio, que fue compañero de Heraclés en su ataque a Esparta, andaba vagando alrededor de la ciudad y al pasar frente al palacio de Hipocoon, un enorme sabueso moloso salió arrebatadamente y corrió hacia él. Este le arrojó una piedra para defenderse y lo hirió en el hocico. Se precipitaron al momento contra él los hijos de Hipocoon y lo golpearon con garrotes. Corrió Heraclés en su defensa, pero llegó demasiado tarde. Lo habían rematado a palos. Heraclés mismo fue herido en la palma de la mano y en una pierna. Corrió él al santuario de Démeter eleusina y allí Asclepio lo sanó.

Pudo después formar un pequeño ejército y marchó hacia Tegea, en la Arcadia, donde invitó a Cefeo a que se uniera a él juntamente con sus veinte hijos. Cefeo no quería, pero Heraclés regaló un rizo de la Gorgona que le había dado Atena a Erope, hija de Cefeo. Con esto, si la ciudad era atacada, que era lo que temía Cefeo, bastaba que ella agitara el rizo de la Gorgona tres veces sobre la muralla, moviéndolo hacia los enemigos, para que ellos huyeran: No hubo necesidad de este sortilegio, porque no hubo ataque.

Cefeo se unió a la expedición y tuvo la triste fortuna de morir en ella juntamente con diecisiete de sus hijos. Murió también un Ificles, que no era el hermano de Heraclés, sino uno de los Argonautas. No fue tan feliz su expedición, pero fue menos para Esparta el ataque y la defensa, pues murieron Hipocoon y sus doce hijos, con muchos ciudadanos. Su ciudad quedó asolada. La entregó Heraclés a Tindareo, para que la guardara como propia de los hijos del héroe.

Como Hera, raramente, no había obrado en contra de Heraclés, como era su costumbre, éste le dedicó un santuario en Esparta y le sacrificó cabras, a falta de otras víctimas. De allí el nombre que los espartanos dieron a la diosa: Comedora de cabras. Otros santuarios erigió: uno a Atena, en el camino a Terapne, otro a Asclepio, por recuerdo de la curación de sus heridas. En otro santuario se perpetuó el hecho representando al héroe con la pierna herida.

En su camino pasó por Tegea, y el rey de ella, Aleo, lo hospedó en el templo de Atena. Borracho Heraclés violó a la sacerdotisa, que era Auge, hija del rey. No hizo resistencia ella, por lo que se piensa que fue voluntaria su participación.

Siguió su camino y en Estinfalo engendró a Eures en la doncella Partenope, hija también de un rey.

Había caído una peste y hambre sobre Tegea y el rey Aleo consultó a la pitonisa, la cual le dijo que era causa la ira de Atena por la violación de Auge. Fue a visitar a la hija y halló que estaba encinta. Aunque lloró ella y se lamentó de haber sido violentada, no le creyó su padre. La iba a matar a media plaza, pero prefirió entregarla a Nauplius para que la ahogara. Nauplio prefirió venderla, cuando ella había dejado al hijo en el bosque.

El hijo de Auge y Heraclés fue amamantado por una gama y unos pastores lo recogieron dándole el nombre de Télefo (vid).

Hallándose Heraclés en Arcadia, visitó el monte Ostracina y allí sedujo a Fialo, hija de Alcimedonte. Cuando nació el hijo, que llamaron Ecmágoras, su padre de ella mandó que fueran encerrados en una cueva madre e hijo, para que murieran de hambre. El niño lloraba sin consuelo y un papagayo fue volando a llamar a Heraclés, que vino y buscó y libró a la mujer y a su hijo. La rescató a la vida y el niño llegó a ser un gran guerrero.

Después de cuatro años en Feneo, Heraclés se fue a Calidón en Etolia. Allí enamoró a Deyanira y la hizo suya. Sus aventuras verlas en el artículo referente a ésta (vid Deyanira).

De allí marchó a Traquis, siempre acompañado de sus aliados de Arcadia. Se estableció por un tiempo bajo la protección de Ceix, rey de esta ciudad. Resumo sus aventuras en esta tierra.

Pasó por la tierra de los Driopes y vio a su rey Tiodamas que araba. Le pidió un buey para comer, porque sentía hambre. El rey se lo negó y lo mató Heraclés. Al acabar de comer el buey, se fue de allí llevando consigo a Hilas, hijo de Tiodamas y la ninfa Menodice. Sobre Hilas hay variantes que se deben ver en su propio artículo.

Pasó de allí a Itono y en ella halló a Cicno. Era hijo de Ares y Pelopia y siempre ofrecía premios a quien le venciera en una competencia de carroza. Como vencía siempre, les cortaba la cabeza y con sus cráneos labraba grecas en el templo de Ares. (Hay otro Cicno, hijo también de Ares y Pirene, vid).

Apolo enojado con Cicno, animó a Heraclés a la contienda. La competencia iba a ser así: a Cicno lo llevaba como guía de la carroza Ares mismo, su padre, en tanto que a Heraclés lo conducía Yolao. Se revistió con las famosas armas que le habían dado los dioses y montó a su carroza.

Atena vino a decirle que fuera moderado en la victoria, si la lograba. Que no atacara a Ares y si triunfaba no se apoderara de los caballos y armadura de Cicno. Subió ella al lado de Yolao y Heraclés y llevaba su égida. La madre tierra misma se estremeció cuando la carroza comenzó a correr. Comenzada la contienda, se dieron un gran encontrón en que ambos rodaron por tierra. Se levantaron y pusieron a contender con espadas. Heraclés le traspasó la garganta a Cicno. Ares se irguió furioso y lanzó una flecha a Heraclés, pero Atena la desvió. Ares fue contra él y lo hirió en una pierna y ya caído le siguió asestando golpes. Un rayo de Zeus puso fin al combate.

Heraclés y Yolao se pusieron a despojar el cadáver de Cicno y prosiguieron su camino. Atena y Ares regresan al Olimpo.

Siguió Heraclés la marcha y pasó por Pelasgiotis llegando hasta Ormenio. Fue a ver al rey Amintor y le pidió a su hija Astidamea. Se la negó. Atacó la ciudad y se llevó a la joven, después de matar a su padre.

De allí pasó al dominio del rey Eurito y le pidió a Yola. Sobre ella y sus aventuras vid art. Yola.

Vamos llegando ya a la final apoteosis del héroe. Es sumamente variada en las versiones y daremos la suma y síntesis más clara y seria.

Fue cuando Deyanira se sirvió del encanto de Neso y mató a Heraclés en el modo que recogió Eurípides en un famoso drama.

La muerte de Heraclés fue así. Después que Deyanira se ahorcó, Hilo se llevó a su padre. Este le dijo: Júrame por Zeus que me llevarás a la montaña más alta y allí me harás arder. La pira ha de ser de troncos de roble y olivo y tú no has de llorar ni de lamentar mi muerte. Y cuando llegues a edad competente has de casarte con Yola. Todo lo prometió Hilo.

Fueron a la montaña, prepararon la pira. Ya dispuesta se retiraron Yolao y otros amigos. Subió sereno Heraclés a ella. Mandó que la encendieran. Ellos no querían. Pero pasó un pastor eolio, nombrado Poeas y mandó a Filoctetes, que hijo de Heraclés por Demonasa, que prendiera el fuego. Aún por gratitud el héroe le hizo donación de su arco, su aljaba y sus saetas. Cuando la pira comenzó a arder, echó abajo la piel de león que había llevado tanto tiempo, se puso como almohada su misma clava y se puso a verlos con grata mirada. Cayeron rayos en este momento y la pira se deshizo a la fuerza de la celeste llama.

En el Olimpo se gozaba Zeus de la final aventura de su hijo: la muerte gloriosa. La parte inmortal iba a reinar con él, proclamaba. Hera misma se quedó silenciosa y los demás olímpicos aplaudieron.

Cual serpiente de fuego en nube incandescente subió a la altura el alma de Heraclés. Un carro divino de cuatro caballos de nevada y reluciente piel lo llevan a la altura y Atena de la mano lo introduce al reino de los inmortales.

Quería Zeus que entrara en la lista de los Doce Dioses. Hera recalcitrante lo repudiaba y al fin Zeus hizo que simbólicamente lo adoptara por su hijo.

Lo hizo ella y amó a Heraclés tanto como si lo fuera. Lo casó en el Olimpo con Hebe. De ella tuvo a Alexiares y a Aniceto.

Fue constituido portero del Olimpo e incansable vigila sus entradas. Cuando regresa Artemis de la caza recoge la presa.

Volvamos a la tierra. Yolao y sus acompañantes al regresar de aquella inmolación en la montaña sacrificaron a Heraclés un carnero, un toro y un jabalí. Mil otras celebraciones de Heraclés hallamos en las fuentes y las dejamos con toda intención, para no hacer interminable este artículo.

Vamos a cerrarlo con una relación de los hijos del héroe.

Cuando Euristeo supo la muerte de Heraclés, dispuso que sus hijos fueran desterrados de toda Grecia. Para ese fin se dirigió a Ceix para que los echara de su ciudad, juntamente con Yolao y la madre del héroe, Alcmena. Lo hizo aquel por temor y los pobres desterrados anduvieron errando por diversas ciudades de la Hélade. Fue Teseo quien en Atenas quiso defenderlos, cuando los vio amparados por el altar de la Compasión. Los fue a alojar más tarde en Tricorito. La causa de no entregarlos originó la primera guerra entre Atenas y el Peloponeso.

Habían llegado los hijos de Heraclés a ser varones formados cuando Euristeo reunió un gran ejército y marchó contra Atenas. Por su parte los atenienses se organizaron al mando de Teseo, Yolao y los hijos de Heraclés. Un oráculo dijo que no podía vencer Atenas si no morían los hijos del héroe. Fue cuando Macaria en forma heroica se quitó la vida. Era ella la única hija de Heraclés.

Los atenienses siguieron su empeño y en una batalla mataron a los cinco hijos de Euristeo, que eran Alejandro, Euribio, ifimedonte, Mentor y Perimedes. Lo mismo a muchos de los aliados de Euristeo. Este pudo huir en su carro de guerra perseguido por Hilo, que al fin lo alcanzó junto a las rocas de Escirón y le cortó la cabeza. Cuando fue presentada a Alcmena ella le picó los ojos con un estilete. Hay la versión de que el cautivante fue Yolao y que, llevado vivo ante Alcmena, ella lo ejecutó o lo mandó ejecutar. Al morir lloraba arrepentido y decía que había sido y seguía siendo amante de Heraclés. Hay aún variantes que omito.

Los Heraclidas, al mando de Hilo invadieron el Peloponeso y lo asolaron, pero el oráculo reprobó su conducta.

Hilo, en obediencia al deseo de su padre, había tomado a Yola por mujer.

Se enfrentó en el Istmo con Atreo y estaba dispuesto a matarlo. Pero prefirió retarlo a combate singular. Si gano —dijo Hilo—, tú me entregas el reino. Si pierdo, por cincuenta años no vendrán a esta tierra los hijos de Heraclés. Aceptó el duelo el rey de Tegea, Equemo. En él cayó muerto Hilo y fue sepultado en Megara. Los más de los Heraclidas se retiraron. Pero Licimio y Tlepolemo, hijo también de Heraclés, se quedaron en el Peloponeso.

Alcmena volvió a Tebas y allí murió muy anciana. Cuando murió y los descendientes la llevaban a la pira, Zeus mandó a Hermes que asaltara el cortejo. Mudó el cuerpo de Alcmena por una piedra y se lo llevó a la Isla de los Afortunados, donde revivió y se rejuveneció. Casó entonces con Radamantis. Los Heraclidas que cargaban el féretro sintieron un gran peso y al abrirlo descubrieron el fraude. Colocaron la piedra en un santuario donde ella tuvo culto. Esta leyenda tiene otras variantes de menor importancia que no se ponen aquí.

Yolao tuvo culto en Tebas junto a la tumba de Anfitrión. Allí van a jurar los amantes su promesa de serse fieles.

Tlepolemo mató accidentalmente a Licimnio.

Había otro Hilo diferente, hijo también de Heraclés, habido con la ninfa Melita, hija del dios del río Egeo. Este Hilo fue a radicarse en las orillas del mar Cronio.

El último de los hijos de Heraclés fue el atleta Teagenes. Fue fecundada su madre por el héroe en su templo una noche en que ella pensaba recibir visita de su marido.

Pasadas cuatro generaciones los descendientes de Heraclés conquistaron el Peloponeso. Dos gemelos, llamados Procles y Euristenes, mataron al rey Tisamenes que era hijo de Orestes. En castigo de esta muerte la flota de los Heraclidas se hundió en el mar y los tripulantes perecieron de hambre.

Tal abundancia de hechos hay en la leyenda de Heraclés, que es imposible darlos todos en obra que no sea dedicada exclusivamente a ella.

Para mayor información puede verse el *Hero—Cults* de Fernell o la *Griechische Mythologie* de Preller—Robert lo mismo que las mitologías un poco amplias que cito en la Bibliografía general.

Fuentes: Casi interminables. Doy referencia a las más importante. Apolodoro, II, 4 ss. Higinio, Fábulas 14, 28, 31, 33, 36, 89, 244. Hesiodo, Escudo de Heraclés, todo. Eurípides, Heraclidas, y Heraclés furioso, todas. Sófocles, Traquinias, toda. Ver también las señaladas en *Los Doce Trabajos.*

HERACLES, SUS TRABAJOS

Aparte de la información general sobre el héroe, dada en otra de estas secciones, se reúnen aquí los tradicionales Doce Trabajos de Heraclés, o Hércules, en su forma latina. Damos cada uno por separado, con sus propias fuentes y en este mismo artículo.

Como advertencia general hay que tener presente que varían los datos en las fuentes en forma a veces capaz de causar confusión. Nos atenemos a los más seguros y agregamos alguna nota de bibliografía al fin del artículo, para quien desee profundizar el tema.

Para los datos generales acerca del héroe, ver su articulo propio.

1. El León de Nemea

Era este animal un gran león que tenía una piel a prueba de hierro, bronce y piedra. Hay dos versiones acerca de su origen: es hijo de Tifón, o de la Quimera y el Perro Ortro. Y la otra, es hijo de Selene, la cual en un espanto repentino lo dio a luz en el monte Treto, cerca de Nemea en una caverna que tenía dos bocas. Y esta misma versión varía diciendo que Selene lo formó de la espuma del mar, por mandato de Hera. Lo puso en una gran arca que Iris ató con su propio cinturón y lo llevó a las montañas de Nemea. Se mostraba aún la cueva en que el león fue criado.

Cuando llegó Heraclés a Cleones, sitio entre Corinto y Argos, fue a alojarse en casa de un pastor, ó labriego, según otros. Este le contó cómo el león acababa de matar a su hijo. Este hospedador se llamaba Molorcos. Le dijo que iba a sacrificar un carnero a Hera para propiciarla contra aquel león. Dijo el héroe que suspendiera su sacrificio. Si regresaba sano y salvo en el plazo de treinta días, lo debía ofrecer a Zeus y si no, a él mismo como a un héroe.

Llega a Nemea Heraclés cerca del mediodía y supo que había hecho estragos por todas partes aquella fiera y nadie le quiso indicar el rumbo por donde anduviera, ni halló tampoco rastro de ella. Recorrió varias montañas, sin descubrirlo y cuando llegó al monte Treto vio al león que se encaminaba a su guarida, todo él ensangrentado con la sangre de sus víctimas. Le lanzó muchas flechas que rebotaban al dar en la piel del león. Este seguía con grande hocico devorando algunas partes de sus víctimas. Se abalanzó contra él y trató de clavarle la daga, pero ésta se doblaba como si fuera de plomo. Entonces levantó su clava y le asestó un gran golpe en la boca que le entró toda ella. El león sacudió la cabeza, y se metió a su cueva de dos puertas. Heraclés vio con dolor su clava en la boca del león, pero se apresuró a tapiar una entrada y fue a esperar por la otra. Esperó al león y se puso a forcejear con él, ya que ninguna arma le hacía mella. Pudo el animal morderle un dedo, pero con maña se apoderó de su cabeza y la azotó contra la roca, tantas veces cuantas fueron necesarias para matarlo.

Ya muerto, cargó con el cadáver sobre los hombros y regresó a Cleones. Llegó precisamente el día treinta y halló a Molorcos que se disponía a sacrificarle el carnero. Lo detuvo y ambos unidos lo sacrificaron a Zeus. Cuando acabó, se hizo una nueva clava y contendió en los juegos que se celebraban en honor de Ofeltes. Se fue en seguida a Micenas, llevando consigo el cadáver del león. Cuando lo vio Euristeo, quedó espantado, pero no lo dejó entrar a la ciudad, sino que lo hizo gozar de su victoria fuera de las puertas.

No hallaba Heraclés cómo desollar al león, porque todas las armas eran inútiles. Al fin discurrió usar las mismas garras de la bestia y salió con su intento. Lo desolló y tomó la piel como armadura y la cabeza del león como yelmo. Euristeo mandó a sus herreros que le fabricaran una urna de bronce y la escondieran en la tierra. Cada vez que sabía que se acercaba Heraclés, corría a refugiarse en ella.

Las ciudades de Nemea hicieron grandes honores al héroe por haberlas librado de aquella calamidad. El se hizo su aliado y los ayudó en las guerras.

Molorco fundó la ciudad de Molorquia, plantó el bosque de Nemea y estableció los juegos Nemeos en recuerdo de aquella hazaña.

Fuentes: Hesiodo, Teog. 326 ss. Higinio, Fábula 30. Teócrito, Id. XXV, 200 ss. Apolodoro, II, 5. Eurípides, Heraclés furioso, 153, 359 ss. Ovidio, Metamorf. VII, 371 ss.

2. *La Hidra de Lerna*

El segundo trabajo de Heraclés era matar a la Hidra de la laguna de Lerna. Era ésta un monstruo hijo de Tifón y Equidna (vid). La había creado Hera para que fuera azote de Heraclés.

. La laguna de Lerna se hallaba a unos 8 kms. de Argos y cerca de la playa. En esa laguna se hacían anualmente ciertos ritos secretos para honrar a Dióniso, que por esa región había bajado al Tártaro. Más adelante está un recinto sagrado en que se celebraban los misterios lerneos, dedicados a Démeter, que juntamente con Hades había bajado al Tártaro, con el nombre de Persefone.

Toda esa región se hallaba infestada por los ataques de una monstruosa serpiente o dragón. Es la llamada Hidra. Tenía cuerpo de perro, ocho o nueve cabezas de serpiente y una de ellas era inmortal. Varía la leyenda, porque algunos le atribuyen cincuenta, otros, cien y aun mil en lugar de nueve. Era sumamente venenosa. No solamente el jugo de sus bocas, sino el aliento solo era capaz de causar la muerte.

Atena tenía gran empeño en que Heraclés acabará con aquel monstruo. Lo llevó en su propia carroza que iba conduciendo Yolao y le indicó la guarida de la serpiente. El héroe atacó y la obligó a salir. Para ello le lanzó saetas enardecidas al fuego. Ella con estas heridas perdía el aliento y no podía envenenar a Heraclés. Al fin se pudo incorporar sobre dos de sus patas o colas, y se lanzó contra él. El iba azotando con su clava las cabezas, pero apenas caía una, cuando brotaba otra. En esto sale de la laguna un enorme cangrejo que viene en ayuda de la Hidra y le muerde un pie a Heraclés. Le da un golpe y llama a Yolao en su ayuda. Yolao da un golpe a la Hidra y corta sus bases, de modo que ya no puede renovar sus cabezas. Un torrente de sangre mana de ella y enrojece el lago.

Al fin llega Heraclés a la cabeza inmortal. La corta con una daga o un machete de oro y la sepulta. Esa cabeza tenía una parte de oro. Le quitó el cuero y con él hizo su aljaba para llevar sus dardos.

Hera premió al cangrejo dándole un lugar entre las constelaciones del Zodíaco (Cáncer).

Euristeo, sin embargo, no admitió esta obra como prueba, sino que replicó que había sido ayudado por Yolao.

Fuentes: Hesiodo, Teog. 313 ss, Higinio, Fábula 30. Astron. II, 23. Apolodoro, II, 5.

3. La Cierva de Cirene

En tercer lugar tenía Heraclés que capturar viva la cierva de Cirene y llevarla a Eneo en Micenas. Este raro animal tenía cascos de bronce y cuernos de oro. Aparentaba ser un carnero. Era protegida por Artemis. Era, de acuerdo con otra versión, un monstruo indomable que asediaba los campos y que tenía que ser sacrificada a Artemis, por mano de Heraclés.

Para domarla él la fatigó un año entero. Ya agotada fue a refugiarse al país de los Hiperbóreos. Bajaba al río Ladón. Allí Heraclés le lanzó una flecha que le traspasó un hueso y un tendón. Fue cuando pudo atraparla viva. La llevó inmediatamente a Micenas. Otra versión dice que esperó que durmiera y la cautivó con redes. Salió al encuentro del héroe la diosa Artemis y le echó en cara haber herido a su cierva. El héroe se disculpó dando a Euristeo la culpa.

Hay otra versión muy compleja que omito, de acuerdo con la cual, era la diosa misma la que estaba disfrazada de cierva.

Fuentes: Apolodoro, II, 5. Eurípides, Heracl. furioso, 375 ss. Higinio, Fábula 30. Calímaco, Himnos a Delos, 103 y a Artemis, 100 ss.

4. El Jabalí de Erimanto

Tenía que cautivar vivo Heraclés a un jabalí que infestaba los campos. Era una tremenda calamidad para los Montes de Erimanto, Lampea y la región de Psofis.

Se encaminó el héroe a dar fin a su empresa. En el camino mató a Sauro, que era un asaltante de caminos, criado por el centauro Folo e hijo de una ninfa. Tras varios episodios, dio con el jabalí. Estaba a la ribera del Erimanto. Le puso una trampa cubierta de nieve, de modo que cayó en ella la bestia y después se trepó en su espalda y la ató con cadenas de bronce y la llevó cargando a Micenas. Pero al llegar oyó que pasaban los argonautas a su expedición. Dejó en el suelo su carga y se alistó en ella. No se sabe quién dio muerte al animal, pero su trofeo de muerte estaba en Cumas (ver Folo).

Fuentes: Ovidio, Heroidas, IX, 87. Homero, Odis. VI, 105. Apolodoro, II, 5 ss.

5. Los establos de Augías

El quinto trabajo del héroe fue limpiar las cuadras del rey Augías. Era este rey de Elis, hijo de Helio y Naupiadame, o de Poseidón, según otros. Tenía una enorme grey de vacas y bueyes. Por favor de los dioses eran muy fecundos y jamás malograban el fruto. Se dice que tenía trescientos toros negros, con patas blancas, y otros tantos blancos con manchas rojas. Eran guardianes de toda la grey doce toros muy blancos, dedicados a Helios.

Pues bien, los establos de tan numerosa grey no habían sido limpiados en muchos años. Era ésta la causa de un hedor y de una insalubridad sin igual que invadía todo el Peloponeso. Los campos mismos estaban tan llenos de estiércol, que no podían ararse.

Euristeo mandó a Heraclés que limpiara todo. Llegó el héroe y saludó al rey desde lejos y le dijo que antes de cerrar la noche su establo estaría limpio. El rey le prometió un novillo como premio, pero se sonrió ante la promesa. Llamó a su hijo Fileo para que oyera y éste pidió a Heraclés el juramento de acabar antes de que entrara la noche.

Comenzó su tarea y el toro que servía de jefe a los doce guardianes, llamado Faetonte, se lanzó contra Heraclés confundiéndolo con un león. El héroe lo aferró por el cuerno izquierdo y le dobló el pescuezo, y lo azotó contra el suelo.

En seguida rompió la pared del establo en dos partes y por cada una de ella hizo entrar un río, que fueron el Alfeo y el Peneo. Inmediatamente acarrearon con toda la inmundicia. Pasó a limpiar los campos y cumplió lo que había prometido.

Cuando fue a pedir su novillo, Augías se lo negó. Negó también que hubiera cumplido con la obra. Pidió Heraclés que un jurado lo resolviera y allí Fileo dijo la verdad. El rey se enojó y echó a los dos de su reino. Quien hizo la obra, decía, fue el río, no él. Euristeo no quiso contar este trabajo como seguro.

Fuentes: Apolodoro, II, 5. Higinio, Fábula 14. Teócrito, Idil. XXV, 115 ss.

6. Las Aves de Estinfalia

Eran estas aves consagradas a Ares y tenían picos, garras y alas de bronce, con que mataban animales y hombres y los devoraban. Vivían a la ribera del río Estinfalio y andaban en grandes bandadas. También arrojaban sobre los campos excremento emponzoñado que volvía todo estéril. Se le dio al héroe el deber de acabar con ellas.

Cuando llegó a la gran llanura pantanosa rodeada de espesos bosques, no pudo hacer nada con sus flechas, tanto más que las aves eran sumamente numerosas. Por lo demás el suelo era tan poco sólido que no podía andar un hombre sobre él y tan fangoso que no era posible navegar en barco.

Heraclés se detiene en la orilla a pensar qué hará, cuando Atena viene en su auxilio. Le dio un par de castañuelas y un gran cascabel que había fabricado Efesto con un duro y sonoro bronce.

El héroe se colocó en una ladera del monte Cilene y se puso a tocar las castañuelas y el cascabel. Se hizo tan grande estrépito que las aves comenzaron a hacerse grupos y a buscar la huida, tratando de regresar a la Isla de Ares en el Mar Negro, en donde las vieron los Argonautas más tarde. Conforme iban pasando cerca de Heraclés las iba matando.

Las míticas aves tienen su leyenda propia. Eran hijas del rey Estinfalo y Ornis. Había pedido Heraclés hospedaje y el rey se lo negó. Lo mató y las hijas se convirtieron en aves. Eran semejantes a los ibis y tenían todo de metal. Vivían también en Arabia y los guerreros se hacían corazas con sus plumas.

Fuentes: Apolodoro, II, 5. Apolonio de Rodas, *Arg.* III, 1037 ss. Higinio, Fábula 30.

7. El Toro de Creta

Tocante a la identidad de este toro hay dos versiones: era el toro enviado por Zeus para transportar a Europa (vid), o era el que Minos libró de ser sacrificado a Poseidón y que, copulado con Pasifea, dio vida al Minotauro (vid).

Estaba infestando la isla de Creta principalmente la región cercana al río Tetris y asolaba las mieses y los huertos.

Mandó Euristeo que librara Heraclés de esta calamidad a la isla. Navegó hacia ella. Minos le ofreció darle toda la ayuda, pero el héroe prefirió matarlo por su propia mano. Este toro vomitaba llamas ardientes que flagelaban a quien se le acercara. Luchó con él largo tiempo y al fin lo llevó cautivo por toda la ciudad de Micenas. Lo consagró Euristeo a Hera y lo dejó libre. Hera no quiso aceptar una ofrenda que redundaba en gloria de Heraclés y lo llevó a Esparta y por todo el Istmo hasta Maratón, de donde lo recogió Teseo y lo sacrificó a Atena. Versión final que algunos ponen en duda.

Fuentes: Apolodoro, II, 5. Mitografía del Vaticano, n. 47. Teón, Arato, 24.

8. Las Yeguas de Diomedes

Como octavo trabajo impuso Euristeo a Heraclés cautivar cuatro yeguas brutas del rey de Tracia de este nombre. Este rey era hijo de Ares y Cirene, o bien de Atlas y Asteria, según otros. Tenía sus establos en la ciudad de Tirida y sus yeguas estaban atadas con cadenas de hierro en pesebres de bronce. Les daba a comer los cuerpos de los huéspedes y viajeros que le caían mal. Otra versión dice que no eran yeguas, sino caballos y los nombres que se les dan son: Podargo, Lampón, Xanto y Deino.

Heraclés formó una pequeña gavilla de guerreros que quisieron ir con él a la aventura. Se embarcó y llegó a Tirida. Lo primero que hizo fue inutilizar a los caballerizos del rey. Llevó a las bestias a la playa y las dejó a cargo de Abdero, mientras volvía a vencer a los vasallos de Diomedes que iban persiguiendo. Los hizo retroceder y fue en su persecución. Golpeó al rey con su clava y arrastró su cuerpo alrededor de un lago que había fabricado abriendo un conducto desde el mar hasta inundar la llanura. Luego lo echó a las yeguas que lo hicieron pedazos y lo devoraron, aún vivo. Cuando acabaron con él devoraron a Abdero su guardián, pero llegó Heraclés a tiempo y las sujetó sin esfuerzo.

Sepultó a su amigo y fundó la ciudad de Abdera. Tomó la carroza de Diomedes y unció a las bestias a ella, aunque nunca habían sido embridadas. Fue por montes y valles hasta llegar a Micenas. Allí Euristeo las consagró a Hera y las dejó libres en el Monte Olimpo. Las fieras se las comieron, pero dicen que dejaron descendientes que duraron hasta la Guerra de Troya y aun al tiempo de Alejandro el Grande (ver Abdero).

Fuentes: Apolodoro, II, 5. Higinio, Fábulas 30 y 250. Plinio, HN IV, 18. Eurípides, Alcestes, 483.

9. *El Cinturón de Hipólita*

El nono trabajo fue traer para la hija de Euristeo el cinturón de oro de la reina de las Amazonas, llamada Hipólita.

Las Amazonas (vid), eran tenidas por hijas de Ares y Harmonía, o en otras fuentes, de Afrodita. Vivieron al principio junto al Tanais, llamado río de las Amazonas (ver Tanais)

Cuando la expedición de Heraclés, vivían en las riberas del río Termodonte y tenían tres ciudades, que regían las reinas Hipólita, Antíope y Melanipe. En su viaje el héroe hizo escala en Paros. Cuando dos de los acompañantes de Heraclés fueron en busca de agua, fueron muertos por los cuatro hijos de Minos, que vivían en esa isla, o sea Euromedión, Crises, Nefalio y Filolao. En retorno el héroe los mató a los cuatro. Y aun exigió que los seguidores de ellos le dieran dos esclavos en reparación de sus enviados. De ahí fue a buscar a Alceo y su hermano Estenalao, y los agregó a su comitiva. Tras una serie de peripecias con diversos reyes y ciudades, un tanto confusas en las fuentes, llegó a la desembocadura del Termodonte. Allí fue a darle la bienvenida la reina Hipólita, y encantada de su maravilloso cuerpo varonil, le ofreció dar el cinturón a cambio de una sesión de amores.

Entre tanto, Hera, la eterna enemiga de Heraclés, había venido a disfrazarse con el aspecto de amazona y corrió la voz de que aquellos extranjeros venían a llevarse a Hipólita su reina. Entonces las mujeres guerreras dispusieron un ejército en contra de los que venían en el navío. Pero astutamente Heraclés había comprendido los ardides de Hipólita y la mató al momento. Tomó su cinturón y además su hacha de combate, y todas las demás armas que ella usaba y se dispuso a resistir. Fue matando una a una las capitanas de los escuadrones de amazonas y a las que quedaban las hizo huir.

De regreso con el cinturón, Heraclés pasó por Mariandine en donde tomó parte en los juegos olímpicos y venció y mató a Ticias que era el campeón del pugilato. Fue a dar a Troya y allí rescató a Hesione. Fue a Tracia y dominó a varios príncipes salvajes, que se habían adueñado de Taso. Llega al fin a Micenas y entrega el cinturón a Euristeo. Este lo pasó al momento a su hija Admete. Los demás despojos se los reservó él, y la reina Onfale (vid), recibió el hacha de Hipólita.

Fuentes: Apolodoro, UU, 5. Fábula 30. Apolonio de Rodas, Arg. II, 990 ss. Higinio, Fábulas 223 y 225. Píndaro y sus comentadores, Odas Nemeas, III, 64. Calímaco, Himno a Artemis, 237 ss. Diódoro de Sicilia, II, 451. V, 79. Servio, comentarios a Virgilio, Eneid. XI, 659.

10. *El Ganado de Gerión*

En décimo lugar se le impuso traer el ganado del rey Gerión. Era éste hijo de Crisaor y Calirroe, hija del titán Océano; reinaba en Tartesos, en lo que es hoy día España. Hombre de fuerza sin igual y riquísimo en ganado. Había nacido con tres cabezas, seis manos y tres cuerpos (vid Gerión). Su grey de novillos rojos estaba guardada por Euritión, hijo de Ares y por el perro Ortro, que tenía dos cabezas. Este era hijo de Tifón y Equidna.

Fue el héroe atravesando Europa y a su paso matando muchos animales que hacían daño a los pueblos. Cuando llegó a Tartesos erigió dos grandes columnas —las columnas de Hércules— una en suelo de Europa y otra en Africa, por el rumbo en que está Gibraltar. Hay la versión de que él separó a los dos continentes y abrió el paso al mar. O que al contrario, cerró más el estrecho para impedir el paso a las ballenas. Es el famoso estrecho de Gibraltar, en donde juega la leyenda.

La navegación hacia la isla de Eritía en que tenía que recoger el ganado está llena de varios curiosos episodios que varían mucho. Doy algunos. Helios aumentó el calor del día, al grado que el héroe ya no podía trabajar. Irritado lanzó una flecha al dios. El dios se enojó primero, pero ante las excusas del héroe, le mandó una gran copa de forma de lirio acuático, la cual le sirvió de barca para ir a su destino. El titán Océano sumergió la copa y Heraclés lo flechó, logrando que hiciera subir de nuevo a la superficie el barco. Hay la versión, además, que en lugar de esa copa le sirvió de balsa la piel de león que portaba como trofeo.

Cuando llegó a la isla subió al Monte Abas. El perro Ortro le salió al encuentro con grandes ladridos, pero él lo acabó a solo un golpe de su porra. Igual suerte corrieron los guardianes del ganado puestos por Gerión. Comenzó Heraclés a arriar los bueyes para llevarlos a donde debía. Fue a dar cuenta a Gerión el pastor Menoetes, que cuidaba los ganados de Hades y vino el dueño a defender su posesión.

Se entabló la lucha y Heraclés de un solo flechazo traspasó los tres cuerpo de Gerión. Vino Hera en su auxilio, también fue herida en el pecho derecho y huyó espantada.

Ya en posesión del ganado, lo embarcó en el barco de oro y lo llevó a Tartesos. La ruta que siguió es muy variada en las fuentes. Unos dicen que formó un puente sobre el canal doblando las cumbres de Abile y Calpe. Como haya sido, atravesó España y llegó a los Pirineos, donde mató a la princesa Pirene. Pasó por la Galia, en donde hizo varias hazañas. Siguió por Liguria y dos hijos de Poseidón, Yalebio y Dercino, intentaron despojarlo de su ganado, pero fueron muertos por él. Fue atacado por el ejército de los ligures y herido cayó llorando de rodillas sin hallar una piedra siquiera para defenderse. Zeus forjó en su favor una nube que llovió piedras y con ellas pudo hacer frente. Atravesó los Alpes cavando una ruta nueva para su comitiva. Pasó por las cercanías de donde había de fundarse Roma. Pasó a nado el Tíber junto con sus ganados y fue a reposar en el prado. Un ladrón famoso que se fingía pastor y era hijo de Efesto y Medusa, con tres cabezas, quiso robarle su ganado, logrando solamente llevarse dos de los mejores toros, y cuatro terneras, mientras dormía el héroe. Cuando al amanecer despertó, notó la falta de sus animales y fue en busca de ellos. Oyó bramar a una de las terneras en la cueva de Caco y se dirigió a ella, pero la halló tapiada con una roca tan grande que ni diez yuntas hubieran podido moverla. El la tomó con la mayor facilidad y la arrojó lejos, entrando a la cueva. Caco al verlo trató de defenderse con teas ardientes, pero Heraclés lo golpeó en el rostro y lo dejó moribundo. Sacrificó a Zeus una de las bestias recobradas y prosiguió su marcha.

Las leyendas romanas lo hacen entrar en trato con el rey Evandro y modifican en su favor la forma del mito.

Prosiguió su camino y en las cercanías de Regio se sintió muy molesto por la ruidosa canción de las cigarras y pidió a los dioses que las callaran. Lo hicieron tanto y con tanta duración, que desde entonces jamás han vuelto a cantar por ese rumbo.

Al llegar a la costa, un toro se escapó de la manada y se lanzó al mar nadando hasta Sicila. Lo halló en el ganado de Erix, que era rey de los Elimanos y éste, para dárselo, lo retó a cinco partidos de pugilato. Ganó él y mató al rey. Se hizo rey él mismo y dejó el reino a los habitantes, hasta que vinieran descendientes suyos. En otra versión, tuvo trato con la hija de Erix, llamada Psofis y de ese nacieron dos hijos suyos: Equefron y Procómaco.

Prosiguió su viaje por Sicilia y llegó hasta donde hoy está Siracusa. Instituyó las fiestas del gran hueco en la tierra por donde Hades se llevó a Persefone al mundo inferior.

Regresó a Italia y buscó otra ruta hacia Grecia. Llegó al promontorio Lacinio y siguió por Istria hacia Epiro. Pero al llegar al principio del golfo Adriático, Hera le mandó tábanos contra su ganado, que lo alborotaron y lo hicieron huir por los campos de Tracia, hasta llegar a los desiertos de Escitia. Se puso en su persecución hasta que una tempestad de nieve y agua le empapó la piel de león y quedó dormido. Al despertar vio que la carroza y las yeguas que la conducían habían desaparecido igualmente. Llegó tras larga busca hasta un suelo boscoso llamado Hilea Allí oyó una voz que lo llamaba desde una caverna. Era una bruja que tenía mitad de cuerpo de mujer y mitad de serpiente. Ella le dijo que tenía las yeguas y se las daría, si se convertía en amante suyo por un día. Con mala gana consintió y la besó tres veces, pero ella se abrazó fuertemente y no lo dejó hasta que le cumplió su deseo. Ella le dijo: Tres hijos tuyos llevo ya en el seno, ¿a quién le daré el reino cuando crezcan? o ¿tengo que enviártelos? El héroe replicó: Mira: cuando crezcan velos muy bien: si alguno dobla el arco éste como yo, y si soporta un cinturón como el mío, a ese haz rey de esta comarca. Le dejó uno de sus arcos y el cinturón, que tenía una copa de oro colgada en una punta. Después siguió su camino.

Los tres hijos fueron Agatirso, Gelono y Escites. Los dos primeros no pudieron realizar la prueba que dejó su padre y el tercero fue el que heredó el reino y es tronco de los reyes de los escitas. Esta es la razón de que lleven colgando una copa en su cinturón. Varía la leyenda atribuyendo la paternidad de estos triates a Zeus y no a Heraclés (ver Agatirso).

Al fin recobró sus yeguas y la mayor parte del ganado y regresó a través del río Estrimón, que él guarneció de un gran vado hecho de rocas para que pudieran pasar sus bestias.

Al llegar al Istmo de Corinto le salió al frente el pastor Alcioneo, que era de gigantesca talla. Arrojó un peñasco contra el ejército que seguía a Heraclés y de ese golpe destruyó doce carrozas y veinticuatro jinetes. Tomó otra roca para dar el segundo ataque, pero Heraclés se le adelantó y lo mató con un golpe de su clava. Aún se señala la roca en el Istmo.

Ya sin contratiempo llegó a su destino con su ganado.

Fuentes: Apolodoro, II, 5. Hesiodo, Reog. 981.287 ss. Higinio, Fábula 30. Diódoro de Sicilia, IV, 18 ss.

11. *Las manzanas de las Hespérides*

Había cumplido Heraclés los diez trabajos que le encomendó Euristeo en ocho años y un mes. Pero no admitió el segundo y el quinto y le dio la obligación de agregar otros dos. Con esto el undécimo trabajo fue traer frutos de oro del jardín de las Hespérides (vid).

La Tierra había dado a Hera este jardín como regalo de bodas y en él crecía un árbol que daba manzanas de oro. Estaba ubicado al pie del Monte Atlas, en donde rendía cada tarde el Sol su jornada. Allí también pastaban las greyes de bueyes y ovejas pertenecientes al mismo Atlas. Las hijas de Atlas, que son las Hespérides, en una versión muy común, desperdiciaban las manzanas del maravilloso árbol. Fue cuando la reina de los dioses puso al dragón Ladón de custodio. Estaba con la cola enroscada en el tronco del árbol que daba las manzanas de oro. Este dragón tenía cien cabezas y hablaba en varias lenguas.

Heraclés no sabía por dónde se hallaba el famoso jardín. Marchó hacia Iliria y fue a la casa de Nereo, oráculo marino, para pedirle consejo. Pasó por el río Ecoro, en Macedonia, y el rey Cicno lo invitó a que concertara un duelo con él. Consintió el héroe, pero Zeus dio fin a la contienda con un rayo.

El consejo de Nereo fue que en persona Heraclés debía tomar los frutos de oro y dárselos a Atlas para que los cargara. El quería hacer la obra entera, pero tenía miedo del dragón. Heraclés lo mató de un flechazo y azotó al morir su larga cola contra el muro del jardín. Atlas llegó con tres manzanas que sus hijas habían preparado y quiso llevarlas él mismo a Euristeo, pero el héroe le negó su deseo, y volvió a poner su peso del mundo en las espaldas (vid Atlas). Se fue Heraclés con las manzanas.

Al cabo de algunos meses llegó a la presencia de Euristeo y le entregó las manzanas. El rey se las devolvió y el héroe las dio a Atena que las dio a las hijas de Atlas.

En esta aventura sintió sed Heraclés y dio una patada en el suelo, con que hizo brotar una fuente que más tarde calmó la sed de los argonautas.

Para regresar a Micenas tomó el camino más largo. Fue por toda la Libia. Tuvo un desafío con Anteo y lo mató al fin.

De ahí pasó por el oráculo de Ammón, y trató de hablar con Zeus, sin lograrlo. Siguió su camino hacia el sur y fundó a Tebas, en honor de la ciudad de su nacimiento. Atravesó el Asia Menor y fue a dar a Termidras, sobre el río Lindo, en Rodas. Como tenía hambre, desunció un buey de una yunta, lo sacrificó y se comió la mayor parte. Llegó al Cáucaso en donde halló a Prometeo encadenado y con el buitre que le roía las entrañas. Invocó Heraclés a Apolo, dio un flechazo al buitre, rompió las cadenas y dejó libre a Prometeo.

De esta hazaña resulta que cada uno se corone, con ramas de sauce Prometeo, y con ramas de acebuche Heraclés. Zeus tomó la saeta de Heraclés con que mató al buitre y la puso como constelación, Sagita. El buitre fue quemado por los habitantes de la región y en su guarida se sembraron zarzas (vid Prometeo).

Fuentes: Apolodoro, II, 5. Hesiodo, Teog. 333 ss Higinio, Astron. II, 15. Fábulas 31, 56. Ovidio. Metamorf. IV, 637 ss.

12. *La Prisión de Cerbero*

El último trabajo de Heraclés fue aprisionar y sacar del Averno al Can Cerbero. Como preparativo fue a iniciarse en los misterios de Eleusis (vid). No eran admitidos los extranjeros, sino solamente los nativos de Atenas. Para este fin lo adoptó Pilio como hijo, bajo la sugerencia de Teseo. Purificado de sus acciones de sangre, bajó al Tártaro. La senda que siguió difiere en las fuentes. Unos señalan el Tenaro, en Laconia, y otros la península de Aquerusa en las cercanías del Mar Negro.

Lo fueron guiando Atena y Hermes. Cuando vio su cara ceñuda, Caronte llevó su barca a la ribera opuesta y no quiso recibirlo. Por esta falta fue encadenado por Hades durante un año. Al fin pudo pasar la corriente y en la orilla opuesta, cuando lo vieron los muertos, huyeron, menos, Meleagro y la Gorgona Medusa. Cuando vio a ésta sacó su puñal, pero Hermes le dijo que era un puro fantasma y no una realidad. Lanzó un dardo contra Meleagro, pero éste le dijo sonriente.: Poder tienes sobre los mortales, no sobre los muertos. Después se puso a platicar con él y de la plática salió el compromiso de casarse Heraclés con Deyanira, hermana de aquél.

Ya en las puertas del Tártaro se encontró con sus amigos Teseo y Piritoo que iban en rápida carrera ligados a sus carrozas. Libertó a Teseo. Más adelante levantó la piedra que tenía aprisionado a Ascálapo. Mató un ternero de Hades para dar sangre fresca a los muertos. Los dos guardianes se pusieron a luchar contra él, pero el héroe rompió las costillas a Menoetes Salió Persefone a encontrarlo como su pariente y le rogó que no matara al pastor.

Por fin llegó a la presencia de Hades y le pidió al Can Cerbero. El rey del Averno, en su trono, al lado de su mujer, le dijo que era suyo, si podía atraparlo, con tal que lo hiciera sin usar ni sus flechas, ni su clava.

Fue en busca del Can y lo halló atado a las puertas del Aqueronte. Pensó que lo mejor era aferrar su cuello, del cual salían las tres cabezas, que estaban defendidas por serpientes. El animal con su cola llena de púas azotaba a Heraclés, pero él se defendía con la piel del león. Por fin el perro quedó rendido y caído en tierra.

Ya saliendo con su trofeo, hizo una ceremonia de voto ante el álamo en que había sido convertida Leuke y el árbol se mudó de dos colores: blanco por arriba, negro por abajo, para dar testimonio de que el héroe era tan poderoso en el reino de la luz, como en el de las tinieblas.

Siempre ayudado por Atena, pasó la corriente Estigia. Llevó arrastrando al perro atado con cadenas de acero y lo sacó por la boca de Ancona, cerca de Mariandine. El perro iba haciendo muchos esfuerzos para librarse y rehuyendo la luz del día. Daba ladridos horrendos por sus tres bocas. En su camino engendró el acónito, que en el sentir de los antiguos, era hierba mortífera.

Por fin pudo llevar al Cerbero hasta Micenas y Euristeo estaba ofreciendo una ofrenda y le dio una porción propia de esclavos. El héroe enojado mató a los tres hijos del rey, Perimedes, Euribio y Eurípilo.

Fuentes: Homero, Odis XI, 624 ss. Apolodoro, II, 5. Diódoro de Sicilia, IV. 25. Ovidio, Metamorf. VII. 409 ss.

Nota bibliográfica: Para profundizar los temas indicados anoto:

Fernell, L. R. *Greek— Hero—cults,* Oxford, 1921.

Nilson, M. P. *The Minoan — Mycenean Religion and is Survival in Greek Religion.*

HERMAFRODITO

Un mito de implicación bisexual que hallamos en varias culturas. Es en la griega un tanto borroso. Los datos legendarios se pueden reducir a éstos:

Es hijo de Hermes y Afrodita. Reúne los dones propios de cada sexo. Junto a la fuerza, la belleza. Tuvo algún ,culto en Atica hacia la mitad del siglo IV a. C. Se representaba como un joven de bella figura, con pechos desarrollados y larga cabellera

Ovidio halló o fingió una hermosa leyenda. La ninfa Salmacis se enamora de un joven y cuando va a bañarse, de tal manera se une a él, que de ambos cuerpos se hace uno solo, conservando la doble característica sexual.

Hallan algunos en esta mítica historia una base de revelación de un complejo social y cultural en que se hace la trasmutación de los oficios sociales fijando la base en el sexo. El matriarcado y el patriarcado, que dicen haber sido las dos etapas de desarrollo social, se han fundido en la armonía presente hace milenios.

Fuentes: Diódoro de Sicilia. Píndaro, Pt. VIII, 24 (escolios). Teofrasto. Caract. 16, 10. Ovidio, Metamorf. IV, 285 ss.

HERMIONE

Hija de Menelao y Helena. Tiene una confusa historia. Su nombre es divino y se da a Démeter y Persefone.
En la leyenda es prometida a Orestes y a Neoptolomeo. Nunca se casa éste con ella, o bien, si lo hace, es matado por Orestes. Dicen que de éste tuvo por hijo a Tisameno. Es una figura poco relevante.

Fuentes: Homero, Odis. IV, 14. Eurípides, Orestes, 1655 y Androm.

HERO Y LEANDRO

Hero era sacerdotisa de Afrodita en Sesto. La vio un día Leandro y quedó prendado de su hermosura. El vivía en Abidos y cada noche cruzaba a nado el Helesponto para ir a visitarla. Una noche la tempestad lo arrebató y, perdido el horizonte a donde se encaminaba, pereció ahogado. Cuando ella se dio cuenta se arrojó también al mar para ir a buscarlo y murió como él. Esta historia es de probable origen alejandrino y bastante tardía, pero famosa en los poetas.

Fuentes: Ovidio, Herodias, XVIII y XIX. Virgilio, Geórgicas, III, 258 ss.

HESIONE

Varios personajes del nombre.
1. Hija de Océano y mujer de Prometeo.
2. Hija de Nauplio y mujer de Palamedes, Oeax y Nausimedonte.
3. O hija de Laomedonte, que fue rescatada por Heraclés de un monstruo marino. Y fue llevada prisionera por el mismo hasta la caída de Troya. Se dio a Telamón como premio, del cual tuvo por hijo a Teucro.

Fuentes: Esquilo, Prom. encad. v. 560. Apolodoro, II, 23.11, 136, III, 162.

HESPERIDES

Hijas de la Noche, según una fuente, o de Atlas y Hésperis, hija de Héspero, numen del Poniente. Viven en un remoto jardín hacía ese rumbo del mundo, dado por la Madre Tierra a Hera. Tienen una brillante y armoniosa voz. Son tres comúnmente llamadas Héspere, Egle y Eritis. En ese jardín había un árbol con manzanas de oro. Euristeo envió a Heraclés (vid), a traer esas manzanas, que estaba custodiando un enorme dragón. Para saber el sitio, el héroe se sirvió de Nereo, que lo llevó hasta las cercanías. Al llegar mató al dragón, o al menos lo dejó aletargado y tomó las manzanas.

Hay la variante de que fue Atlas el que arrancó las manzanas, por mandato de Heraclés, o le tendió el cielo para que pasara por él a tomarlas. Traídas las manzanas, Atena las hizo volver a su origen, por ser demasiado santas para estar entre los hombres.

El jardín es descrito algunas veces con un cielo verde, amarillo y rojo. Son los colores que comunica a las manzanas. El Sol, al llegar, va cortando el horizonte como una enorme manzana de oro, hasta que se sumerge en las aguas del Poniente. Cuando el Sol se ocultó, sale a suplirlo Hésper, o Vésper, en forma latina. Esta estrella está consagrada a Afrodita (es el planeta aún llamado Venus), y la manzana es el don sagrado que las sacerdotisas ofrecen al rey que representa al sol. Dicen que partida la manzana da las cinco puntas de la estrella.

Aún hay una versión que hace a las Hespérides hijas de Ceto y Forcis.

Fuentes: Hesiodo, Teog. 215 ss. Eurípides, Heraclés, 394. Higinio, Astron. II, 6. Apolodoro, II, 119. Notas a Argonautas de Apol. de Rodas, por Ferequides, al IV, 1396.

HESTIA

Deidad probablemente antehelénica. Y en cierta manera, universal. Es la correlativa a la Vesta romana, pero con muchas características diferentes. Me atengo a la que parece más genuina concepción griega.

El hogar es el centro de todos los pueblos antiguos. No era tan fácil como hoy día encender el fuego y conservarlo. Como una personificación de la mujer que guarda y conserva el fuego aparece Hestia.

Es generalmente una mujer que no se casó. No tiene otra misión que el mantenimiento del hogar en su forma inicial que es el fuego.

En la forma griega es hija de Rea y Cronos, por tanto hermana de Zeus. Nunca quiso casarse. Nunca toma parte en combates o guerras.

Tras la rebelión contra su padre, juró permanecer virgen. Y la pretendían al igual Poseidón y Apolo. Por eso Zeus le destinó la primera víctima, como sustentadora del fuego.

Un día Priapo embriagado intentó violarla. Dormían todos los dioses bajo el efecto del vino. Un asno rebuznó. Despertó Hestia, también dormida y se levantó furiosa contra Priapo, que huyó a todo correr.

En el fondo es una personificación de la Madre Tierra, que con su calor mantiene la vida y da los frutos que produjo la fecundación de la lluvia. Su carácter de castidad, raro en los mitos griegos y en otros muchos, es como una indicación de la santidad de la tierra que, a pesar de tantas inmundicias que en ella caen, es fuente de purificación para el mundo.

Entre los romanos, fue tan privilegiado su culto, que hubo una institución de Vestales, o sea, vírgenes consagradas a Vesta, que es la forma latina de Hestia.

Mitos especiales no se conocen.

Fuentes: Himnos Homéricos a Afrodita, 21 ss. Ovidio, Fastos, VI, 319 ss. Diódoro de Sicilia, V. 68.

HIADAS

Las que hacen llover, según el sentido. Cinco estrellas en la constelación de Tauro.

En los mitos se las hace nodrizas de Dióniso.

En otras versiones son hermanas que se dieron muerte ellas mismas cuando su hermano Hías murió andando de caza.

Mitos astronómicos antecedentes a la cultura griega con gran probabilidad.

Hallamos estos nombres para las cinco: Alta, Coja, Apasionada, Bramadora y Rabiosa. Otros son: Fesele, luz intermitente, Coronis, cuervo, Cleia, famosa, Feo, opaca, y Eudore, generosa.

Fuentes: Higinio, Fábulas 182. Astronomía poética, 2, 21. Ilíada, XVIII, 486 s.

HIBRIS, IBRIS

Término más bien abstracto, que significa exceso, superación, desbordamiento de los instintos, en mal sentido, principalmente en lo que se refiere al acatamiento y veneración de los dioses y las normas morales. Fue personificada esta abstracción por el pueblo. Tenemos datos vagos, de los cuales los más resaltantes son:

Es la madre de Pan, con quien se unió Hibris, lo cual parece solamente la explicación de la violenta fuerza del dios nacido bajo el poder del sumo dios y del orgullo humano.

Es la más poderosa de las deidades que eleva a los hombres a contender con los mismos dioses. Es la misma que Tijé (vid).

Fuentes: Himnos Homéricos, a Pan. 34 ss. Apolodoro, 1, 4. Esquilo, Reso, al 30 por un anotador.

HIEROFANTE

Era el jefe del culto de Eleusis. Era escogido siempre de la familia de los descendientes de Eumolpo (vid). Llevaba como insignias de su rango una larga capa de púrpura con bordados de oro, y una corona o cinta que le ceñía la cabeza, llamada el *estrofio*.

Este presidía los misterios. Enviaba antes que todo a sus heraldos a pregonar la tregua durante la duración de ellos. Invitaba, al abrir la celebración, a los extraños, a los criminales, a los incursos en algún delito a que se alejaran para no profanar la ceremonia.

Este revelaba los misterios a los iniciados. Lo auxiliaban dos dódocos, o sea, portadores de antorchas y varios ministros de categoría secundaria.

Tenía un lugar de honor en todas las fiestas y durante la etapa de la dominación imperial fue decayendo.

Fuentes: Para la información sobre este tema ver *Les Mysteres d'Eleusis,* dos obras con el mismo título, una de P. Fourcart, Paris, 1914, y otra de G. Meutis, París, 1934.

HIGUEIA, HIGUIA

Diosa de la salud. Una de las figuras que acompañan a Asclepio. Personificación de una abstracción más bien que un ser real. Con Yaso y Panacea se dice hija del dios. Ella es la más importante y tenía un templo especial en Titane. Aunque es tenida por virgen, se halla en el juramento de Hipócrates como madre suma. Probablemente hay una confusión con Atena, considerada también como autora de la salud y llamada, con este nombre (ver Asclepio).

Fuentes: Homero, Ilíada, II, 732. Higinio, Astronomía, II, 14.

HILAS

Hijo de Teiodamas, rey de los Driopes. Este rey supo que Heraclés había matado y comido uno de sus mejores bueyes. Fue a pelear con él por este estropicio, pero Heraclés luchó furiosamente y aun Deyanira le dio ayuda. Cuando hubo matado al rey se llevó a Hilas y lo hizo su amante.

Fueron juntos a la expedición de los Argonautas y llegaron hasta Quíos. Fue Hilas a buscar agua y halló una fuente, pero en ella, cuando intentaba sacarla, lo arrebataron las ninfas enamoradas de su hermosura. Heraclés se puso a buscarlo y por demorarse en la busca, sus compañeros de expedición lo abandonaron y ya no fue con los argonautas.

En cuanto a Hilas las ninfas lo llevaron a una gruta que se hallaba bajo las aguas. La principal de ellas era Driope.

Heraclés dejó el cargo de buscar a los habitantes de la isla. Ellos, como él andan siempre gritando por montes y llanuras: ¡Hilas, Hilas!

Hay una probable fusión de mitos anteriores a la invasión helénica. Sería un dios de Quíos protector de la vegetación, como Adonis, Tamuzz, etc. La busca es una manera de magia que procura que reverdezca la tierra por el regreso de las lluvias. El nombre mismo sugiere un ser habitante de las selvas o relacionado con ellas: Hilas es tanto como "selvático" (ver Heraclés, Argonautas).

Fuentes: Apolonio de Rodas, Srg. I, 1207 ss. Higinio, Fábula 14. Apolodoro, I, 9. Teócrito, Idilios, 13.

HILO

Hijo de Heraclés y Deyanira, o según otros, de Melita. Sería el primogénito (ver Heraclés). Figura grandemente en las Traquinias de Sófocles. No hay que confundirlo con Hilas, aunque en el mito original acaso haya elementos para ello.

Fuentes: Sófocles, Traquinias, y todas las que se señalan acerca de Heraclés y sus obras.

HIMENEO

Curioso caso. Muy mencionado en la poesía griega y muy borroso. Hijo de Ares en alguna leyenda y de infortunado matrimonio, no feliz en alguna ocasión. Hermoso como nadie, pero mal visto en las bodas, que él preside. Es probablemente una pura personificación de la alegría de la noche inicial en las bodas.

*Fuentes:*Aristf. Paz, 1334. Cátulo, 61, 4 ss.

HIPERION

Hijo del Cielo y de la Tierra, nacido juntamente con otros hermanos (ver Titanes). Era un Titán y su nombre a veces se aplica al sol.

Casó con su hermana Teia y fueron hijos suyos el Sol, la Luna y la Aurora.

Estos dioses pertenecen a una etapa anterior y no eran muy venerados en Grecia, si no es el Sol, bajo el nombre de Helios (vid). Su nombre era invocado para hacer firmes los juramentos.

*Fuentes:*Aristf. Paz, 1334. Cátulo, 134 ss. Homero, Odis. XII, 133.

HIPERION

Uno de los Titanes, que unido a su hermana Tea, o Teia, dio la vida al sol, a la luna y a la aurora, o sea a Helio, Selene y Eos. Hay bastante confusión en este mítico ser, pues a veces es el sol mismo, a veces es su padre.

*Fuentes:*Hesiodo, Teog. 371 ss. y 134 ss. Homero, Odis. XI, 133.

HIPERMNESTRA

Una de las hijas de Dánao (vid.), única que no obedeció a su padre que les ordenó matar a sus maridos, los hijos de Egipto, en la noche de bodas. Ella salvó la vida de Linceo por consejo de Artemis, por haber respetado él su virginidad. Hizo la prueba de que él encendiera un faro en su lugar de refugio y ella encendería el suyo. Más tarde se reunió con él y Dánao les concedió el matrimonio en la forma que se dice en el art. dedicado a él.

Fuentes: Apolodoro, II, 1 ss. Higinio, Fábula 170.

HIPODAMIA

Dos personajes de este nombre:
1. Hija de Enomeo, rey de Pisa. La dejó elegir por el que la pudiera captar al correr ella en su carroza y llevarla consigo. Doce habían intentado hacerlo y sus cráneos adornaban los muros de la ciudad. Llega Pélope y triunfa y como su futuro suegro se niega al cumplimiento, lo mata.
(Vid. los nombres aludidos en el texto).
2. Mujer de Peritoo. En su boda con este invitan a los centauros que se embriagan y hacen correrías. Intentan llevársela. Hay una lucha larga. Pone fin Ceneo, que era invulnerable.

Fuentes: Los nombres aludidos en los dos nn. dan en su calce la información.

HIPNOS

Dios del sueño. Hijo de la Noche y hermano de la Muerte. Vive en las honduras de la tierra, sin ver jamás el sol. Viene a los hombres secretamente y les da dulce paz y deleite (Hesiodo)
O, según Homero, vive en Lemnos y está casado con la Gracia Pasitea, que le concedió Hera. Tiene forma humana, pero toma la de un ave ante el que ha de dormir.
Otras veces se representa como un joven con alas y toca las frentes de los hombres con una vara para hacerlas dormir, o bien les va destilando un líquido que lleva en un cuerno.
Tiene tres hijos, que son Morfeo, Iquelo, llamado también Fobeto, y Fantaso. Estos dan no precisamente el sueño, sino la variedad de visiones que se ven en el sueño.

Fuentes: Hesiodo, Teog. 211, *756.* Ilíada, XIV, 231 ss. Virgilio, Eneida, V, 854. Ovidio, Metamorf. XI, 633 ss.

HIPOLITA

Reina de las Amazonas (vid. Heraclés, Trabajos, n. 9). Hay otras versiones que se dan aquí:
Por ardid cambiaron el cinturón de oro de Ares Melanipe y esta reina. Teseo pudo cautivar a Hipólita y le quitó el cinturón, que ofreció a Heraclés, para que este a su vez lo entregara a Euristeo, pero que trajera a Antiope como esclava de Teseo.

Otra versión es que Hipólita no quiso dar el cinturón y ambos se pusieron a luchar largamente. Al fin la derribó él del caballo y se paró sobre ella, con la clava dispuesta a aporrearla. Ella prefirió morir a rendirse.

Y aun hay la versión de que el famoso cinturón era de una hija de Briareo y no de Hipólita. En la narración de los Trabajos del héroe me atengo a la más divulgada versión.

Fuentes: Apolonio de Rodas, Arg. II, 966 ss. Diódoro de Sicilia, IV, 16.

HIPOLITO

Hijo de Teseo y la amazona Hipólita. Cuando esta murió, Teseo casó con Fedra (vid). Como el hijo de Teseo estaba en su florida juventud, se enamora perdidamente de él. Este no consiente y se defiende heroico. Ella finge haber sido invitada al incesto. Y cuando Teseo que estaba ausente regresa, halla que se ha ahorcado. Deja una noticia por la cual declara su falsa versión. Teseo lleno de ira expulsa a su hijo. Teseo pide a Poseidón que le cumpla uno de sus tres deseos. El dios del mar envía a un monstruo que aterroriza los caballos de Hipólito cuando van en fuga y perece el joven en una tremenda muerte.

Tal es en su breve síntesis la historia, que maravillosamente llevó a la tragedia Eurípides, en su Hipólito. Hay variantes de detalle que dejo a un lado.

Tiene sumo interés porque es el tema de todos los tiempos: la madrastra enamorada del hijastro. Tenemos una lejana prueba en la Historia de los Dos Hermanos, de Egipto, que recorrió el Oriente, entró a la Biblia, bajo la forma de la Historia de José y sigue dando temas a la novela y al drama (vid. mis *Voces de Oriente,* en esta misma colección). (Vid. Fedra, Teseo, Hipólita.)

Fuentes: Eurípides, Hipólito, todo. Apolodoro, Epítome, 1. Pausanias, 1, 22. Ovidio, Heroidas, IV.

HIPOTOO

Hijo de Poseidón y Alope (vid), la cual para ocultar su falta mandó que fuera abandonado en la montaña. Lo recogió un pastor y lo llevó a su cabaña. Una yegua lo amamantó y otro pastor se encargó de criarlo. Guardó sus ricas ropas como prenda, por si era alguna vez reconocido su origen. Un poco más grande, disputaban los pastores acerca de la adopción del niño y estaban a punto de matarse, cuando sus compañeros los llevaron ante el rey Cerción, que era el padre de Alope. Pidió pruebas el rey y le mostraron la ropa, en que reconoció la tela de su hija. La nodriza hizo confesión clara y el rey mandó que de nuevo fuera abandonado a la montaña. Creció al cuidado de otro pastor y cuando Teseo mató a Cerción, puso al joven como rey de Arcadia. Fue asesinado por Télefo (vid).

Fuentes: Higinio, Fábulas 38 y 187. Pausanias, 1, 39.

HIPSIPILE

Hija del rey Toas, que era hijo de Dióniso. Habitaban en la isla de Lemnos. Las mujeres de allí fueron negligentes en honrar a Afrodita y ella las castigó con un hedor que repugnaba a sus maridos. Las dejaron y tomaron mujeres de Tracia como concubinas. Sus mujeres resolvieron matar a todos los varones. Menos Hipsipile, que llevó a su padre fuera y lo escapó de la muerte. Cuando llegaron los Argonautas (vid), las mujeres de Lemnos los solicitaron y de ellos, por el curso de un año conviviendo, tuvieron muchos hijos con que renovaron la población.
La misma Hipsipile tuvo dos hijos de Jasón.
Cuando los Argonautas se fueron, fue raptada por piratas que la llevaron a vender al rey de Nemea, Licurgo. La esposa de éste la destinó a cuidar a su hijo Ofeltes o Arquemoro. Cuando los de la expedición contra Tebas llegaron a Nemea llevaba a los soldados a mostrarles una fuente para que sacaran el agua necesaria. Dejó al niño por un momento en tanto hacía ese servicio y una serpiente se enroscó en él y lo mordió matándolo. Cuando Adrasto vino a tratar de auxiliarlo era ya tarde. No hizo más que matar a la serpiente y sepultar a su hijo.

Fuentes: Apolonio de Rodas, Argonautas, I, 1 ss. Higinio, Fábula 15, y Fábulas 74 y 273. Apolodoro, 1, 9 y III, 6.

HORAS

Diosas de las estaciones del año. Son las que abren y cierran las puertas del Olimpo. En Hesiodo (Teog. 900), son tres, hijas de la Justicia y llevan por nombre Eunomía (buen gobierno), Diké (justicia) e Irene (paz). En otras regiones llevaban otros nombres y eran cuatro; en Aica se llamaban las tres: Talo, Carpo y Auxo, porque hacen brotar, fructificar y madurar las plantas.

Estaban relacionadas con diversas deidades, como Démeter, Apolo, Pan, Afrodita, Helios, etc. Eran adoradas en Atenas, Argos y Olimpia. Eran huéspedes favorables en bodas y nacimientos, tanto de los dioses como de los hombres.

Fuentes: Hesiodo u. s. Himno Homérifo a Afrodita, 1. Homero, Ilíada, V, 749; VIII, 393.

HORO, HORUS, HARPOCRATES

Deidad de procedencia egipcia. Entre los griegos se halla unido al mito de Osiris y de Isis (vid). Cuando murió Osiris, Isis dio a luz a un hijo. Este hizo muchos esfuerzos para vengar a su padre matando a Set, que se identifica con Tifón. Este se llama Horo, o Harpócrates, que es tanto como Horo niño y fue muy estimado de los griegos por su valentía y esfuerzo para matar al asesino de su padre.

Sus representaciones son numerosas y se da como un niño pequeño que se chupa el dedo, o con una flor de loto en las manos, o una manzana. Fue identificado por los griegos con Hermes, con Apolo o con Eros.

*Fuentes:*Vid. *The Ancient Gods* de E. J. James, Londres, 1960, y las señaladas en los arts. citados.

ICARO, ICARIO

Hijo de Dédalo (vid). Cuando su padre fabricó una máquina para volar y evadir la prisión en que le había puesto Minos, le hizo sus alas de armazón de madera y cera. Y le recomendó que no volara tan alto que el sol le derritiera la cera y viniera abajo, ni tan bajo, que humedeciera el mar sus alas. No hizo caso el joven y se encumbró, con lo cual sus alas se deshicieron y cayó en el mar, llamado más tarde Icario por razón de su historia.

Fuentes: Higinio, Fábula 40. Ovidio Metamorf. VHI, 182 ss.

INCUBACION RITUAL

Se llama a la práctica usual entre griegos y romanos de ir a dormir en los templos con diferentes fines. Son éstos:

Obtener una revelación de parte de los dioses, durmiendo en su templo.

Saber de cosas ocultas, como objetos perdidos, personas desaparecidas y aun tesoros ocultos.

Alcanzar la curación de determinadas dolencias. Por lo cual era muy usada en los santuarios de Asclepio (Esculapio).

La forma ritual era más o menos ésta: El incubante sacrificaba un animal y dormía sobre su piel, después de un período de ayuno, abstención sexual y privación de determinados alimentos, que se creían tóxicos.

En Epidauro se pretendía, que con ola esta práctica se curaba el enfermo sin medicina alguna.

Era un sistema más bien de sugestión, que al enfermo le daba la impresión de ser visitado por el dios. En algunos casos parece que se usaban ciertas drogas secretamente administradas, mientras dormía el incubante. O bien por los sueños que, veía en su estancia colegía él el remedio. Es un hecho digno de estudio como anticipo del psicoanálisis.

Fuentes: Pausanias, III, 39. Plinio HN XXIX, 4. Estrabón, XIV, 2. Ver en los modernos a L. Deubner, *De Incubatione,* 1900.

IDAS

Hijo de Afareo y hermano de Linceo. Era el más valiente de los hombres y tuvo la osadía de lanzar sus dardos contra Apolo mismo. Había Idas alcanzado a Marpesa de su padre Eueno, hijo de Ares, para casarse con ella, pero Apolo se la robó. Lo persiguió Idas a flechazos y al fin Zeus quiso dejar el fallo a la muchacha: el que elija ella, ese será su esposo. Marpesa escogió a Idas.

Es también uno de los Argonautas (vid), famoso por su valentía y fuerza, pero también por su locura. Participó en la Caza del jabalí de Calcedonia (vid). Tuvo una batalla con los Dióscuros y dicen algunos que mató a Cástor.

Fuentes: Homero, Ilíada, IX, 558 ss. Apolonio de Rodas, Arg. I, 152 ss. Apolodoro, 1, 60 ss. Píndaro, Nemea, X, 60.

IDMON

Hijo de Apolo y una ninfa. Fue en la expedición de los Argonautas y era uno de los videntes que regían la marcha. No adivinó que no podía regresar. Perdió a sus compañeros en un bosque y fue devorado por un jabalí.

Fuente: Apol. de Rodas. Arg. 1; 139 ss. II, 815 ss.

IDOMENEO

De la progenie de Minos y uno de los pretendientes de Helena. Fue a la guerra de Troya y sus proezas fueron famosas. Acometido por una tempestad en el mar, prometió a Poseidón sacrificar el primer ser vivo que le saliera a recibir al llegar a su casa. Ese fue su hijo. Cumplió con su voto y emigró a Italia, porque la peste invadió a Creta, que era su patria.

Fuentes: Homero, Ilíada, II, 645. XIII, 210 ss. y 361 ss.

IFICLES, IFICLO

Hermano gemelo de Heraclés. Según el mito, en la noche que Alcmena estuvo en contacto carnal con Zeus, fue visitada también por su marido Anfitrión. De esa actividad nacieron Heraclés, como hijo de Zeus e Ificles como hijo de Anfitrión. Ambos estuvieron unidos en cierta forma, aunque sus destinos difieran mucho. La larga historia de Heraclés (vid), da datos sobre Ificles.

Este tuvo por hijos a varios que no se nombran en forma precisa, o son vagamente insertos en los relatos. El principal fue Yolao, que amó mucho Heraclés y fue compañero en muchas aventuras. Para sus hechos ver las notas sobre Heraclés y sus Trabajos.

Fuentes: Apolodoro, II, 61 ss. y todas las dadas para Heraclés. Homero, Odis. II, 269.

IFIGENIA

En primer lugar, nombre de Artemis, unida a Hermione, que es una vieja forma de calificación.

Como personaje mítico de la tragedia y de la épica, hija de Agamemnón y Clitemnestra. Como los vientos no eran favorables, decidió el oráculo que debía ser sacrificada. Estaba la armada en Aulis y manda el príncipe a pedir a su hija, bajo el pretexto de que va a ser desposada con Aquiles. La leyenda dice que no fue muerta. Al momento de ir a ser inmolada, la diosa sustituyó una cierva, o en alguna versión, una osa en lugar suyo y la llevó a Tracia, para que fuera sacerdotisa en uno de sus santuarios. Allá llegaron Orestes y Pílades que pudieron rescatarla.

Es una de las leyendas más románticas y fue explotada por los trágicos, que con toda libertad modificaron los hechos, o crearon otros nuevos.

Fuentes: Esquilo, Agamemnón, Eurípides, If. en Aulis e If. en Tauris (vid la edición de estos en esta colección).

IFIS

1. Padre de Eteoclo, uno de los Siete contra Tebas (vid).
2. Un joven de Chipre, que enamorado de Anaxárate, bella dama de esa isla, fue desdeñado por ella a pesar de sus muchas instancias, y él de despecho se ahorcó a su puerta. La dama impasible lo estuvo viendo desde su ventana y Afrodita, por su dureza y mal corazón la convirtió en piedra.

Fuentes: Esquilo, Siete contra Tebas. Ovidio, Metamorf. XIV, 698 ss.

ILIONA

La hija mayor de Príamo y Hécabe. Casó con Polimnéstor y salvó la vida a Polidoro, haciendo que pasara por hijo suyo, y alegando a su marido que no podía matar a uno que era su hijo. De hecho ella lo había ciado y lo veía como hermano de su hijo Deifilo, hijo de Polimnéstor. No hay mayores datos sobre ella.

Fuentes: Higinio, Fábula 109. Virg. Eneida, 1, 635, ss.

IO

Hija del río Inaco. Zeus se enamoró de ella y Hera celosa la convirtió en una vaca blanca. La entregó a Argos Panoptes ("que por todo lado ve"), y le mandó que la guardara muy bien en las selvas de olivo de Nemea. Pero Zeus había enviado a Hermes que siguiera sus huellas y se dirigió a su estancia bajo el disfraz de ave carpintera. Pudo engañar a Argos en el sueño y le robó la vaca. Pero Hera inventó un nuevo modo de venganza. Fue el tábano, que picando constantemente a Io, la hacía huir por montes y selvas, sin descanso. Tras largas correrías, llega a las fuentes del Nilo. De ahí sube a Egipto, donde Zeus le devuelve la forma humana y yace con ella. O solamente la toca, como sugiere el nombre que se da a su hijo: Epafo. Este se identifica con el buey Apis y reina en Egipto. Tiene una hija que es Libia, de la cual proceden Agenor y Belo, hijos de Poseidón.

Una versión diferente se halla en otras fuentes: Inaco, hijo de Japeto, reina en Argos y funda la ciudad de Iopolis. Llama a su hija la única con el nombre de Io, que es de la Luna. Un rey del Poniente llamado Zeus la pide y envía a sus criados a traerla. Cuando llega a su palacio la toma para sí. Nace Libia y la madre huye a Egipto, donde reinaba Hermes, hijo de Zeus. De ahí huye y sigue su larga caminata.

Es un mito confuso de origen probablemente astronómico. La Luna errante y sin fija estancia ni manera. Más tarde el ingenio y los hombres imaginativos revisten de adornos la historia. Es además un mito anterior a la invasión griega.

Fuentes: Higinio, Fábula 145. Esquilo, Prometeo Encadenado, *705* y ss. Eurípides, Ifigenia en Tauris, 382.

INX

Más bien Yinx. Es una ninfa hija de Peito, o de Eco (vid). Con encantamientos pudo lograr el amor de Zeus. Otros dicen que no para ella, sino para Io. Pero Hera rencorosa la mudó en ave. Es el torcecuello —¡el quéchol de los náhuas. .!— Esta ave queda más tarde como medio de inhibir los ímpetus amorosos, aunque hay la probabilidad de que en lugar de ave, se trate de una forma de artilugio para esos fines.

Fuentes: Píndaro, Pit. IV, 214 ss. Teócrito, Id. II.

IRENE

Una de las Horas (vid). Es la personificación de la paz. Es mencionada en muchos textos, pero tiene pocos mitos.

En Atenas tenía sus fiestas propias. Se dice que le ofrecían una hecatombe incruenta, acaso por puro símbolo de presentación de las víctimas.

Fuentes: Hesiodo, Teog. 902 ss. Eurípides, frag. 453. Aristóf. Paz, 221 ss. y 1019.

IRIS

Diosa del arco iris. Borrosa en sus datos. Para unos es madre de Eros, que lo tuvo por contacto con el viento del poniente.

Hesiodo la hace hija de Taumas, uno de los Titanes y de Electra, ninfa del mar (Teog. 266 ss.) Alceo la hace madre de Zéfiro por concurso con Eros.

Era vista como mensajera de los dioses, en especial de Hera. Era concebida como un fiel perro que duerme al pie del trono de Zeus en espera de mando. Era la indicada para los mensajes secretos.

Fuentes: Hesiodo, Teog. u. s. Alceo, frag. 13.

ISIS

Aunque pertenece más bien a la mitología egipcia, la incluyo en este libro por haber sido introducido su culto en Grecia y Roma y porque sus mitos tiene mucho influjo en leyendas helénicas. Fue tenida prácticamente como patrona de una gran parte del mundo mediterráneo.

Su culto se estableció en el Pireo por egipcios que residían allí y de esa región se divulgó a otras. Juntamente con ella se introdujo también el culto de Serapis, Anubis, Harpócrates (vid). Las prácticas de su culto se manifiestan en incubación sagrada (vid), en revelación de sueños, banquetes rituales y sociedades en algún grado secretas.

Herodoto la identifica con Démeter, pero más tarde es confundida con Afrodita. En algún himno se la llama "diosa de los innumerables nombres". Lo cual indica que era fácil unirla a esta o a la otra deidad helénica.

Entre sus fiestas había alguna muy famosa, como era la llamada Ploiafesia, que se celebraba para iniciar la temporada propicia a la navegación. Tenía también sus Misterios, que en la época alejandrina adquirieron grande auge. Sus insignias particulares eran el sistro y la sítula, y se usaba revestir a los muertos, en especial mujeres, con atavíos similares a los suyos.

En sus mitos se revela como representación del principio femenino, madre, esposa, reina, autora de la agricultura y protectora de la fecundidad. La más precisa información acerca de su concepción se halla en la genealogía de Heliópolis.

Según ésta, era hija de Geb y Nuy, los dioses del cielo y de la tierra, y acaso con su hermano Osiris (vid), al cual enseñó los secretos de la agricultura. Cuando Osiris fue muerto por Seth, ella anduvo recogiendo sus miembros por todos los campos. Lo hizo reconstruir y momificar por Anubis. De su marido difunto concibió a Horus, el cual resucitó a su padre. Ella obraba como taumaturga, pero el dios Osiris siguió viviendo en Horus y en los faraones. Era juez de los muertos y rey del firmamento. Isis mantiene su posición real, pues en los papiros de Ani la hallamos en el trono y a su marido y a su hijo atrás de ella en pie.

Es fácil percibir la contaminación de este mito con algunos griegos, como la muerte de Adonis y la misma ida de Persefone a los mundos inferiores.

Fuentes: Ver E. J. James. *The Ancient Gods,* Londres, 1960, y de los autores antiguos, Apuleyo, Metamorf. libro XI.

ISMENE

Hija incestuosa de Edipo y Yocasta. Hermana de Antígona, Eteocles y Polinice. Tuvo varia fortuna con sus hermanas y en la tragedia de su casa. Vid. Edipo, Antígona, Eteocles, Polinice y la literatura que se cita con ocasión de ellos.

ISQUIS

Hijo del rey de Arcadia, Elato. Fue amado por Coronis, la que Apolo había fecundado ya con Aseclepio. Ella lo sigue amando y yace con Isquis, estando ya encinta. Había dejado Apolo un cuervo blanco a vigilar a su amante. Regresó de Delfos y sospechó la traición. Reconvino al cuervo por no haber sacado los ojos a Isquis cuando se llegaba a Coronis. Lo maldijo y de blanco que era se tornó negro, como lo son hoy día los cuervos todos.

En cuanto al pobre de Isquis, llamado también Kilo, fue exterminado por un rayo de Zeus, o conforme a otros datos, lo mató el mismo Apolo con su dardo.

Ver Coronis, Asclepio, Apolo.

Fuentes: Apolodoro, III, 10 ss. Píndaro, Pitia III, 25 ss. Higinio, Fábula 202. Astr. poét. II, 40.

IXION

Hijo de Flegias, rey de los Lapitas. Se comprometió a casar con Día, hija de Eoneo. Hizo promesas de grandes obsequios e invitó a su suegro al banquete de bodas. Pero puso antes de la casa una hoguera ardentísima. En ella cayó Eoneo y quedó consumido por el fuego.

Quedó así enemigo de los dioses, pero Zeus lo perdonó y lo purificó de su crimen y aun lo admitió a su mesa. Pero Ixión intentó forzar a Hera. El dios sumo le hizo una imagen de ella, formada de nubes, y el pobre sucumbió al engaño, hallándose dominado por la embriaguez. Zeus lo sorprendió y mandó a Hermes que lo tratara sin misericordia. Y de entonces quedó atado a una rueda que revuelve sin cesar en el Tártaro.

La falsa Hera se llamó Nefele, o sea nube. El en el inundo inferior está revolviendo sin cesar su rueda.

Fuentes: Higinio, Fábulas 33 y 62. Píndaro, Píticas, II, 33 ss. Luciano, Diálogos de los dioses, 6. Eurípides, Fenicias, v. 1185, notas del glosador.

JACINTO

Dios probablemente de procedencia anterior a la invasión griega. La combinación NTH es la que hace pensar en ello (Cf. Tirinto, Amatunta, etc.). El mito lo relaciona con Apolo en la forma que sigue:

Era un príncipe espartano de suma belleza. Se enamora de él el poeta Tamiris, que así resulta el primero que ama a un hombre, siendo él hombre. Pero se enamora también Zéfiro, dios del viento suave y se enamora el mismo Apolo, también entre los dioses el primero en esta rara empresa.

Apolo se venga de su rival Tamiris, haciendo que las Musas le quiten la vista, la voz y la memoria, a título de que el poeta decía que él pudiera competir con ellas. A su vez Zéfiro se enfrenta con Apolo por el joven hermoso. Un día estaba Apolo enseñando a Jacinto a tirar el disco en una contienda atlética, cuando Zéfiro, viento de Occidente, lo arrebata en el aire y lo lanza contra la cabeza del joven y lo mata. Al caer por tierra su sangre, brota la flor que lleva el nombre de jacinto, roja y muy oscura con la palabra "ayay" escrita como lamento eterno.

En otras versiones es el mismo Apolo quien despechado de que el doncel no le corresponde, lo convierte en la flor ya mencionada.

Es probable que se trate entre los Micenos del mismo numen personificado en Narciso (vid). Indicio de su arraigo en esa cultura prehelénica, se halla en que en las islas de Creta, Rodas, Cros y Tera: un monte con su nombre. Y es la misma cosa en Esparta. Se señala su tumba en Tarento y también en Amiclea, de Micenas. Reina por el tiempo de las flores. Tuvo hijas que se sacrificaban en su tumba, lo cual acaba de confirmar la idea. Como las que iban a llorar al jardín de Adonis. Son no hijas en sentido natural, sino devotas del dios de la virilidad, tan alto y tan excelente que a los varones mismos domina.

En otra versión, son éstas más bien las nodrizas y no las hijas de Jacinto. Tenían un santuario en Cnido consagrado a Artemis y llevaba cada una el nombre de *Yacíntrofos:* la que nutre a Jacinto.

Con lo que reincidimos en los mismos: la mujer en plan de fomentar la fuerza del varón (Ver Narciso).

Fuentes: Homero, Ilíada, II, 595 ss. Luciano, Diálogo de los dioses, 14. Apolodoro, 1, 3.

JAPETO

Hijo de Urano y Gea, o sea la tierra y el cielo. Se unió a la océanida Climene y de ella tuvo por hijos a Prometeo, Epimeteo, Atlas y Menecio. Y no hallamos mayores huellas de su persona.

Creen algunos que es un personaje de mitología anterior a la helénica y acaso relacionado con el Jafet del Génesis hebreo. No hay datos para resolver la cuestión (vid los arts. de los nombres incluidos).

Fuente: Hesiodo, Teog. 134, 507 ss.

KER, KERES

Espíritus malignos un tanto vagos. Causan males a los hombres, como impureza ritual, ceguera, vejez, muerte. Como autoras de la muerte en especial aparecen muchas veces, o del destino desgraciado.

El significado de su nombre tal vez es "pernicioso", relacionado con *kerainein, akératos,* etc. Se las identifica con las Furias latinas, aunque parecen de otra procedencia y significación. Se las representa como aves de rapiña, precisamente por esta contaminación.

Fuentes: Euríp. Fenicias, 953. Sóf. Fil. 42. Homero, II. IX, 411.

KORE, CORE

Literalmente: La Joven. Es el nombre que se da a una diosa un tanto vaga identificada con Persefone y relacionada con Démeter (vid) Su bajada al Averno y retorno, verlos en Démeter.

Fuentes: Las mismas que se dan para Démeter, Hécate, Maya, Cibeles.

KRATOS

El Poder, personificado como un servidor de Zeus en la tragedia de Esquilo, Prometeo Encadenado. No aparece en otra fuente y es una de tantas concepciones de los dramaturgos que dan ser a las abstracciones.

LABERINTO

Es un término de lengua anterior a la griega, tal como Tirinto. Era un edificio que Minos mandó construir a Dédalo para que nadie pudiera escapar, por lo complicado de su estructura. Señala la documentación su ubicación en Cnosos, pero los arqueólogos dan otros lugares, como uno en la cercanía de Gortin. El Minotauro fue confinado en este edificio y allí lo mata Teseo. Dédalo pudo escapar de él inventando la aviación (vid. los arts. de los nombres aquí implicados).

Por extensión se llama así todo edificio que tiene muchas complicaciones. Hubo igualmente un baile que por sus multiformes disposiciones lleva este nombre y aun en la poesía de varios pueblos se ha llamado así a poemas de complicada y difícil contextura.

*Fuentes:*Las indicadas en cada art. de los nombres y L. Cottrell, *The Bull of Minos,* 1953.

LACOONTE

Famoso héroe Troyano. Hermano de Anquises, sacerdote de Apolo, o de Poseidón. Se opuso a la entrada del caballo de Troya y en castigo dos grandes serpientes que salieron de la isla de Tenedos, lo mataron a él y a sus dos hijos, envolviéndolos en sus giros. Dicen que Apolo las envió por haberse casado a pesar de su sacerdocio. Más bien conocida en la mitología romana, por obra de Virgilio, y por su estatuaria de los rodios, Agesandro, Polidoro y Atenodoro, del siglo II de nuestra era.

222   ANGEL Ma. GARIBAY K.

Fuentes: Higinio, Fábula 135. Apolodoro, Epit. 5. Virg. Eneida, II, 40 ss. y 199 ss. Plinio, HN. XXXVI, 37.

LAMIA

Nombre difícil en su etimología. Se relaciona con *lámyros,* glotón, y *laimos,* gaznate, gañote. Probablemente es una diosa de los de Libia, más tarde fundida con diversos mitos helénicos. Es la llamada Neith, diosa del amor y la guerra, como tantas en las primitivas culturas.

En el mito griego es hija de Belo y Libia, reyes de la región que lleva el nombre de la mujer.

Zeus la sedujo y le dio varios hijos, pero Hera por celos y despecho los mataba. Quedó solamente fuera de esta venganza Escila. La gracia que le concedió Zeus por sus favores fue darle el poder de sacarse los ojos y volver a colocarlos en su lugar. Lamia en cambio para vengarse de Hera, mataba a los niños de los demás, apareciendo en la noche con horrorosa cara y dejando exangües a los infantes por chuparles la sangre. Se aparecía en los caminos en forma de bella mujer para seducir a los hombres, especialmente a los jóvenes. Los invitaba a su concúbito y los hacía dormir. Ya en el sueño les chupaba la sangre. Es un paralelo de muchas culturas (Cf. nahua Cihuacóatl, la llorona, maya Xtabay, las brujas medievales, etc.).

Fuentes: Diódoro de Sicilia, XX, 41. Estrabón, I, 11. Escolios a Aristófanes, en Avispas, v. 1035 y Paz, 758.

LAPITAS

Mito un tanto confuso. Hallamos:
Gente de Tesalia. Se opone a Heraclés. El principal caudillo era Peritoo, hijo de Zeus y Día. Otro era Ceneo, que comenzó siendo Cenis (vid). Una mujer que se vuelve hombre. Además resulta invulnerable. Ya se dijo en su artículo que la raptó Poseidón y en pago de sus favores pidió volverse hombre. Ya varón fue notable por su maldad y poco respeto a los dioses.

Peritoo casó con Hipodamía o Didamía, hija de Butes, o de Adrasto, que las fuentes varían.

En su boda no invitó a Apolo ni a Eris, con que se consiguió su odio.
Por ese tiempo los Centauros hallan contacto con los Lapitas.

No estaban acostumbrados a beber vino. Llegan y se sienten dominados por el olor. Derramaron la leche agria que en sus ánforas portaban y las llenaron de vino. Quedaron totalmente ebrios.

Peritoo y Teseo se pusieron a buscar a Hipodamía, que había desaparecido. Pudieron vencer a los Centauros y relegarlos a su tierra conocida, y el medio de que se sirven es éste:

Peritoo y Teseo van a rescatar a Hipodamía. Cortan las orejas y nariz a Euritión y lo echan en una cueva, ayudados por los Lapitas.

Los Centauros, que eran adversos, quedan vencidos No sin grave resistencia contra los Lapitas.

En estas circunstancias se encontró Teseo con Heraclés por vez primera. Dicen que lo inició en el misterio de Démeter en Eleusis (vid).

Fuentes: Apolodoro, Epitome, 1, 24. Higinio, Fábula 33. Ovid. Metamorf. XII, 210 ss. Homero, Ilíada, II, 470 ss.

LEDA

Personaje muy famoso en la mitología, y sin embargo, hay versiones diferentes sobre su vida y hechos.

I. Era hija de Testio y esposa de Tíndaro, o Tindareo. Estaba en la ribera del Eurotas cuando Zeus en forma de cisne se llegó a ella y de su trato con él puso un huevo. De ese nacieron Cástor y Pólux y Helena. Esa misma noche tuvo trato con su esposo y de él nació Clitemnestra. O en otros datos, de dos huevos nacen, por una parte los dos hermanos y por la otra las dos hermanas. Hay aún versiones más confusas. Leda fue deificada como Némesis (vid).

II. Zeus, convertido en cisne, era perseguido por un águila y fue a refugiarse a casa de Némesis. La poseyó y de ella nació un huevo que Hermes llevó a depositar entre las piernas de Leda, que las tenía abiertas sentada en un sillón. Dio de él a Helena. Más tarde Zeus puso al Aguila y al Cisne entre las Constelaciones.

III. Zeus, enamorado de Némesis, la iba siguiendo, pero ella se convirtió en pez. El dios se convirtió en castor, que es animal anfibio, y fue en su seguimiento. Ella saltó a la ribera y se fue convirtiendo en diferentes fieras. No pudo, con todo, alejar a Zeus. Al fin se convirtió en cisne salvaje y el dios también y fue en pos de ella. Némesis fue a refugiarse a casa de Leda y ésta halló un huevo morado en la región húmeda cercana a la playa. Lo llevó a casa y lo guardó en un cofre. A poco tiempo de él nació Helena.

IV. El huevo cayó de la luna y se sumergió en el río Eufrates. Lo sacaron a flote los peces y lo picotearon las palomas. De ese huevo nació la diosa del amor.

Hay una vieja base de todas estas versiones. Probablemente el mito es oriental, o de procedencia indogermánica antes de la división de los grupos étnicos. Hay un culto lunar encubierto y lo hallamos entre los celtas, lo mismo que en Creta.

Fuentes: Para I: Homero, Odis. XI, 299. Ilíad. III, 426. Eurípides, Helena, 254 y 1497 y 1680. Píndaro, Nemea, X, 80. Apolodoro, III, 10.
Para II: Higinio, Astronomía, II, 8.
Para III: Ateneo, Apolodoro, III, 10.
Para IV. Higinio, Fábula 197.

LETE

En alguna fuente aparece como madre de Dióniso. Su significado es la olvidadora y hace alusión al efecto del vino en el hombre, que hace olvidar las penas. Es también una sacerdotisa que juntamente con Dione, Io y Démeter lo devoran. Es una figura borrosa en la mitología.

Fuentes: Plutarco, Simposiacas, VII, 5. Frag. Órfico 59.

LETO, LATONA, EN FORMA ROMANA

Una de los Titanes, hija de Coeo y Febe. Famosa por sus hijos, Apolo y Artemis (vid).

Dio a luz a sus hijos en Delos, aunque varían las versiones. Nace primero Apolo y dura en largo padecer antes de que nazca Artemis, por obra de Hera vengativa. Dura nueve días con sus noches para que al fin termine su trabajo y dolor.

Otra versión dice que Hera impide que haya una sola tierra que reciba el fruto de sus entrañas. Delos desobedece, a pesar de las vigilancias de Iris y Ares.

Toma la forma de loba para dar a luz a Apolo (Licos), y viene en larga caminata desde la zona hiperbórea hasta Delos.

Todo lo cual encubre un sentido astronómico y místico, lejano a la mitología.

Fuentes: Hesiodo, Teog. 404 ss. Himnos Homéricos a Apolo, todo. Aristóteles, Historia de animales, 580,

LEUCOTEA, INO

Identificada alguna vez Ino. Fue la nodriza de Baco en su pequeñez. Madre de Melikertes, al cual dejó a un lado para sustentarlo. Atamas quiso vengarse de ella, pero el dios niño lo cegó por algún tiempo. Mató a una cabra en lugar de ella. Ino se arrojó desde una roca al mar y se ahogó. Pero Zeus agradecido por la crianza de Baco, no la mandó al Hades, sino que la convirtió en estrella, con el nombre de "blanca diosa", que es el sentido comúnmente dado a Leucotea. También deificó a su hijo Melikertes, con el nombre de Palemón y lo envió al Istmo de Corinto cabalgando en delfines.

Probablemente es una pareja de los dioses protectores de la vegetación y anterior mito a la venida de los griegos. En honor de ella y su hijo se establecieron. los juegos ístmicos (vid Atamas, Dióniso).

Fuentes: Higinio, Fábulas 2 y 4. Astron. Poét. II, 20.

LEUKE

Ninfa del Averno. Hades se enamora de ella y la persigue, pero ella se resiste. El dios la muda en álamo. La planta junto a la fuente Mnenosine, o sea de la memoria. Cuando Heraclés retorna del Averno, toma una rama de aquel árbol y se limpia. De esta manera las bojas quedaron blancas en la parte superior, en recuerdo del sudor de Heraclés y negras en la parte inferior, por ser el color del mundo de los muertos. Está consagrado al héroe en recuerdo de que tanto pudo laborar en el mundo de arriba, como en el de abajo (ver Dioses del Hades y Heraclés).

Fuentes: Servio, comentario a Virgilio en Eneida, VIII, 276.

LICURGO

Personaje vagamente atestiguado en la mitología. En Homero lo vemos como hijo de Drías, que se enfrenta con Dióniso y lo roba juntamente con sus nodrizas, hasta que el dios se acoge al mar. Queda ciego.

Dióniso no para allí, sino que lo atormenta con largas enfermedades y hace de él un hombre paciente, al t'po de Job.

Fuentes: Homero, Ilíada, VI, 130 ss. Apolodoro, 1, 35. Higinio, Fábula 132.

LINO, 1

Psamate, hija de Crotopo, tuvo un hijo de Apolo, al cual puso por nombre Lino. Para evitar el enojo de su padre, lo abandonó en una montaña, en donde lo hallaron y criaron unos pastores. Un día los perros de Crotopo lo hicieron pedazos. Al saberlo la madre se mostró desolada, con lo cual vino su padre en sospecha de que era la madre de aquel joven y la condenó a morir.

Apolo en castigo de la muerte de su hijo y de la madre de éste, envió contra Argos un monstruo llamado Pene, que arrebataba los niños a sus padres. Los vecinos enviaron a pedir a Delfos respuesta de su destino y a rogar remedio. El oráculo respondió que debían desagraviar los espíritus errantes de los dos muertos. Antes cierto Corebo había matado al monstruo devorador de los niños y vino una nueva plaga: una peste que no parecía ser remediada. Todos los vecinos, en especial las madres, comenzaron a hacer grandes sacrificios y cantar endechas a los difuntos, sin lograr remediar ninguno de sus males. Fue cuando Corebo confesó ser el matador de Pene, la pitonisa le mandó que no regresara a Argos, sino que llevara su trípode y en el mismo sitio en que había matado a Pene edificara un nuevo templo al dios ofendido. Este templo se construyó en el Monte Geranía. También suele llamarse este Lino, Etolino.

Fuentes: Pausanias, I, 43.II, 19. Homero, Ilíada, XVIII, 569 s. Hesiodo, frag. citado por Diógenes Laercio, VIII, i.
NB. Ver el Lino 2.

LINO, 2

Poeta legendario, hijo de Eagro y la Musa Caliope, hermano de Orfeo. En otras fuentes, hijo de Apolo y Urania, o de Aretusa, hija de Poseidón, y aun de Hermes y Urania, o de Anfimaro y Urania. Tal es la vaguedad del mito.

Era un músico y poeta maravilloso y Apolo lo mató por envidia.

Compuso muchos himnos a Dióniso y otros héroes de la remota antigüedad y fue maestro de Tamiris y de Orfeo. Dicen que su sepulcro se hallaba en Tebas, pero Filipo, padre de Alejandro se llevó sus huesos a Macedonia, por haberlo visto en sueños, pero volvió a aparecerle y le mandó que lo regresara a su antiguo sitio.

Fuentes: Apolodoro, I, 3. Higinio, Fábula 161. Hesiodo, citado por Clemente de Alejandría, en Estrómatas, I.
NB. Ver Lino 1.

LOCRIS

Se distinguen entre Opunciana y Ozoliana. La que más se menciona en la mitología es la primera. Sus habitantes eran súbditos de Ayax el Menor. Por haber violado éste a Casandra en el mismo santuario de Atena fueron azotados por hambre y peste que iba acabando con ellos. Consultaron el oráculo de Delfos y dijo que tenían que dar por espacio de mil años dos doncellas para el servicio de Atena.

El régimen de Locris estaba fundado en la oligarquía y Cien Casas eran las que imponían la ley y gobernaban al pueblo.

Eran escogidas las jóvenes por suerte y las enviaban en el peso de la noche a la tierra de Troya. Si acaso las veían los troyanos llegar, las apedreaban hasta matarlas, las quemaban y arrojaban sus cenizas al mar. Pero si lograban entrar al santuario, sin ser vistas, quedaban con vida. Eran rapadas y vestidas de esclavas y duraban en su oficio, que solía ser el más bajo del templo, hasta ser reemplazadas por la pareja siguiente. Sucedió que una vez fue muerta violentamente una de ellas y los locrios decidieron ya no enviar a Troya a sus jóvenes. Volvió a azotarlos la peste y regresaron a su antigua costumbre. Entraban por un conducto subterráneo que iba de afuera de los muros al santuario directamente y del que se habían servido Odiseo y Diomedes cuando robaron el paladión. Ya no se daban cuenta los troyanos de su llegada y eran así libradas de la lapidación.

Fuentes: Higinio, Fábula 116. Polibio, XII, 5. Estrabón, XIII, I.

MACARIA

Hija de Heraclés (vid). Cuando persigue Euristeo a todos los de su prole van con Alcmena y Yolao a refugiarse a Maratón. Demofonte los acoge, pero temeroso de no poder resistir a Euristeo, exige que se sacrificara a una doncella. Esta se ofrece y muere por el fin esperado. Yolao se rejuvenece y triunfa contra los atacantes,. Mata al mismo Euristeo, sea en la batalla, o como represalias.

Fuentes: Principal, Eurípides, Heraclidas, todo. Herodoto, IX, 27. Ovid. Heroidas, II..

MANANTIALES SAGRADOS

En todos los pueblos antiguos hubo veneración para las fuentes de donde ven proceder el agua del interior de la tierra. Es como imagen de la vida que da la Madre universal. En Grecia, en tiempo anterior a la venida de los indoeuropeos, había gran veneración a los manantiales. Ya establecida la nueva raza, se consolida y se difunde. Indico aquí solamente las más importantes de las fuentes que eran veneradas en la región, con su relación a los dioses.

Apolo tenía varias fuentes. En Delfos, la llamada Casotis, en Branquidas, cerca de Mileto, en Claros, en Dafne, cerca de Antioquía, y en Troade, junto a la tumba de una sibila. En todas estas fuentes daba oráculos, de diversas maneras y con diversos sistemas.

Poseidón tenía fuente, entre ellas la que hizo brotar de agua salada en el Erecteo de Atenas.

Fuentes de Dióniso eran las que brotaba cerca de Haliarto, y que era roja, para recordar a los hombres el uso del vino, y algunas más o menos famosas.

Famosa es la fuente Hipocrene, en la cumbre del Helicón, que brotó a una coz del Pegaso.

Había también manantiales dedicados a los héroes, así como la de Aquiles y la de Agamemnón, mencionadas en la Ilíada.

Otras fuentes o manantiales impresionaban al hombre antiguo por desaparecer bajo tierra. Eran por ejemplo, la Estigia, en Arcadia, la Asterion, en Argos, y la ya mencionada Casotis cercana a Delos.

Fuentes: Ver una Geografía de Grecia y los arts. de los personajes mencionados aquí.

MANES, MANIQUEISMO

Es una infiltración cultural y religiosa del mundo persa en el mundo grecolatino. Daré los datos esenciales y me remito a la obra indicada al calce.

Manes predica su doctrina; durante el reinado de Baran es matado y desollado. Había difundido esta doctrina en varios países. Su enseñanza tuvo gran divulgaci6n en el mundo grecorromano en el siglo antes y en unos diez siglos después de Cristo, aunque como es natural, muy modificada.

Por haberse infiltrado en el mundo helénico se da aquí el resumen de su creencia.

Hay dos principios de todo ser: uno es de luz, Ormuz, el otro es de tinieblas, Ahrimán. Reino de luz es reino de paz; reino de tinieblas, reino de sombra. Para regular esta lucha sin término el dios sumo emana de sí emanaciones que se encargan de llevar a sus propios fines los dos principios en contienda.

Cuando aparece el Cristianismo tratan de involucrar sus doctrinas con las propias. No entraré por este camino.

Tenían ritos y grados. Llaman triple sello a cada uno de los que forman las etapas de iniciación: sello de la boca, sello de mano, sello de seno. Aun no es clara la significación de cada sello.

Tenía el maniqueismo tres etapas de iniciación: oyentes, escogidos, perfectos (Cf. Misterios).

Como su forma de pensamiento era un tanto vaga, pero ilusoria y teatral, dejaron poca huella en la mitología propiamente griega, y duraron en forma de sociedad secreta casi hasta los días presentes.

Fuentes: Aunque un poco antiguo es útil *Mani, seine Lehren und Schriften.* de Flügel.

MAR, HIJOS DEL

Muchos dioses o semidioses se hacen hijos del mar. Menciono en general aquí a los principales y de los más importantes se da nota propia.

1. *Nereidas,* que eran cincuenta, hijas de Nereo y Doris. Eran servidoras de Tetis.

2. *Fórcides,* hijas de Ceto y Forcis, eran, según varias fuentes, Ladon, la Equidna, las tres Grayas, las Hespérides, las Gorgonas.

3. Los hombres del mar, Nereo, Forcis.

4. Euribia y Ceto.

Hay suma variedad en la descripción. De algunas de estas entidades míticas se da articulo propio.

*Fuentes:*Homero, Il. XVIII, 36 ss. Hesiodo, Teog. 270, ss. Homero, Od. XX, 77, y las que cito en cada nombre.

MARSIAS

Un sátiro del cortejo de Cibeles, excelente tocador de flauta. Tuvo una competencia musical con Apelo que le costó la vida. El mito es así:

Atena había fabricado una doble flauta con huesos de ciervo y se puso a tocarla en la reunión de los dioses. Mientras todos la celebraban por su habilidad en la música, solamente Hera y Afrodita se reían de ella. Intrigada quiso saber el por que y se fue a una selva a tocar junto a un manantial. Allí vio cuán ridícula se veía con las mejillas infladas y la cara abochornada. Arrojó con furia la flauta y echó una maldición contra quien la recogiera.

Pasó Marsias junto al manantial y recogió la flauta. La llevó a sus labios y ella se puso a tocar sola. Siguió en el cortejo de Cibeles con gran encanto de cuantos lo oían. Todos decían que ni Apolo pudiera igualarlo. Naturalmente a Marsias le agradaba el juicio popular. El dios se irritó y lo retó a una contienda. El que venciera podría hacer del vencido lo que quisiera. Lo consintió Marsias y las Musas fueron los jueces de este singular certamen. Las Musas quedaban también encantadas. Entonces Apolo propuso que se invirtiera la flauta y se tocara y cantara a un tiempo. Marsias dijo que eso era imposible. En seguida el dios invirtió su lira y siguió tocando y cantando. Las Musas le dieron el voto de victoria. Apolo hizo desollar a Marsias y estacar en un pino su piel. Hay quien diga que Midas fue uno de los jueces y por no haber aprobado el fallo recibió las famosas orejas de burro. Es más bien una contienda entre Apolo y Pan (vid Apolo, Midas, Pan).

Fuentes: Diódoro de Sicilia, III, 58 ss. Higinio, Fábula 165. Plinio, HN, XVI, 89.

MARON

Sacerdote de Apolo en Tracia. Hijo de Euantes. Este es el que da a Odiseo el vino con que embriaga a Polifemo. Es probablemente una variante de Dióniso atribuida a un culto local. Muchas veces se torna como sinónimo del vino mismo. Es tenido como hijo de Euantes, el mismo dios del vino.

Fuentes: Homero, Odis. IX, 197 ss.

MARPESA

Hija de Eveno y Alcipe. El era hijo de Ares. Para evitar que su hija se casara, a los pretendientes puso de condición correr con él una carrera de carroza y el que perdía era decapitado y su cabeza colocada en el muro.

Pero Apolo se enamoró de ella y reprendió a Eveno por su bárbara forma de adornar con cabezas sus murallas. El mismo apostó la carrera con Eveno. Pero hubo un nuevo contrincante, Idas (vid Dióscuros), el cual estaba también enamorado de Marpesa y tenía una carroza que Poseidón le había dado, que volaba más que corría. Cuando Apolo se disponía a la carrera, él arrebató a Marpesa y se fue en volandas. Por más que hizo Eveno, no pudo alcanzarlo. Se sintió tan despechado que mató a sus caballos y se echó al río que lleva su nombre.

Llegó Idas a Mesena con su presa. Apolo intentó disputarla. Zeus intervino y dijo que ella era la que tenía que decidir. Ella temerosa de la volubilidad de Apolo eligió a Idas (vid Apolo, Dióscuros). No hay mayores datos sobre esta virgen loca.

Fuentes: Apolodoro, I, 7. Higinio, Fábula 242.

MAYA

Divinidad femenina un tanto borrosa. Su nombre deriva de la raíz indoeuropea MAG, que hallamos en *magnus, megas, mago,* etc. Es la grande por excelencia. Es por tanto una deidad materna, como Démeter, Gea. pero de vaga concepción.

Los mitos más importantes que se hallan sobre ella son:

Es la hija de Atlas y de su trato con Zeus dio a luz a Hermes (Hes. Teog. 938). En los datos referentes a Hermes ver la relación con ellos.

Es una diosa que los romanos asociaron con su Vulcano, que corresponde al Efesto, Ifesto, de los griegos (vid). Era venerada el primer día de mayo, que de ella toma el nombre, con un sacrificio (vid Macrobio, Sat. 1, 12, 18). Más tarde fue asociada a Mercurio, precisamente por ser éste una variación de Hermes. Su fiesta principal era el 15 de mayo.

Probablemente es la concepción cristalizada de la tierra como fuente de la vida y descanso de la muerte, pero se desvanece ante las diosas similares.

Fuentes: Las que señalo en el artículo.

MEDEA, SUS HIJOS

A lo dicho en relación con Jasón (vid Heraclés, Trabajos), hay que agregar el recuento de sus hijos:

El más antiguo es Medeo, hijo de Egeo. También es llamado Polixeno y fue educado por Quirón en el Monte Pelión.

De los hijos que hubo de Jasón solamente conocemos el nombre de la hija: Eriopis.

Otros hijos mencionados son: Mérmero, Feres, llamado también Tesalo, Alquimedes, Tesandro y Argos. A estos los mataron los de Corinto a pedradas.

Eurípides en su Medea contribuye, a la confusión. Tenemos en él que mata dos y uno queda, el cual perece al incendiarse el palacio. Esto lo anota el comentador del dramaturgo. Pero Tésalo huye y va a tierra que se llamará Tesalia. Los dos que quedan, Mérmero y Feres, son brujos, como la madre.

Fuente: Diódoro de Sicilia. V. ss. Anotador, de Eurípides, Medea, 1387. Higinio, Fábula, 25. Homero, Odis. I, 260 y notas.

MELEAGRO

Hijo de Altea y Eneo, o según otros, de Ares. Figura en la guerra de Troya y en leyendas populares.

En los poemas homéricos aparece como un gran guerrero que es llamado a defender su patria Caledonia cuando era atacada por los Curetes. Se rehusa hacerlo por rencor contra la madre que lo había maldecido por haber matado a uno de sus hermanos. Al fin cede a los ruegos de su mujer y entra a la defensa.

En los mismos poemas se habla del famoso jabalí, que puede verse en los Trabajos de Heraclés. Por haber descuidado Eneo sacrificar a Artemis, envía ésta la fiera que hace horrenda devastación en el territorio. Meleagro alza su cuerpo de cazadores y hombres de armas para acabar con esta calamidad

Muere en la guerra, o es matado por Apolo cuando combatía a los Curetes.

Fuera de Homero hay varias leyendas:

Altea había recibido de las Moiras un tizón que fijaba el término de la vida del hijo. Mientras ardiera, viviría.

Cuando la caza del jabalí fue Atalanta la que hirió primero y remató Meleagro, pero le dejó los despojos, porque la amaba.

Fue cuando los tíos intentaron arrebatar al animal de manos de Atalanta y Meleagro los mató, o fue por accidente esta muerte, según otros. Cuando la madre supo tal hecho, arrojó el tizón a consumirse y murió Meleagro.

Aun hay la vaga leyenda de que sus hermanas lo mudaron en pavo de las Indias, o sea guajolote: *meleagris*.

Fuentes: Homero. Ilíada, IX. 533 ss. II.642. Higinio, Fábulas 14. 171. Pausanias X. 31.

MELAMPO

Es también de la cultura mínea este personaje. Importante por sus relaciones e implicaciones mitológicas.

Era nieto de Creteo, vivió en Pilos y se le atribuyen muchas invenciones: el primero que tiene poder profético y saber médico; el primero, también, que supo mezclar el vino con otras especias y con agua principalmente, que era la forma normal de beberlo los antiguos.

Tenía por hermano a Bías. Este se enamoró locamente de una prima suya, llamada Pero. Nereo, su padre, al ver que era muy solicitada, puso de condición que el que sustrajera los bueyes de Filaco, rey de Filace, sería el que la obtuviera. Ese rey los amaba en extremo, casi tanto, o acaso más que a su hijo Ificlo. El mismo los guardaba ayudado de un perro tremendo, que jamás dormía y al cual nadie podía acercarse sin recibir grandes muestras de su fiereza.

Melampo se creyó capaz. Tenía el don de entender el lenguaje de los animales, porque unas serpientes que había defendido y cuyos padres muertos había sepultado le hicieron una limpia mágica de los oídos. Tenía también de Apolo un don muy especial. Un día qué lo encontró en las orillas del río Alfeo el dios le dio la gracia de interpretar el futuro por la observación de las entrañas de las víctimas. Fue como supo la circunstancia de que el que robara una res a Filaco tenía que hacer una ofrenda especial. Se resolvió a ir al establo de este rey en el peso de la noche. Pudo aferrar a una vaca y en el momento el perro guardián le mordió una pierna. Filaco, que dormía en la paja, se levantó y lo llevó a la cárcel por espacio de un año. Era lo que el oráculo le había dicho: tal era la ofrenda que tenía que pagar.

Una tarde antes de que terminara el plazo oyó en su prisión conversar a dos gusanos de los que roen la madera. Uno preguntaba a otro:

—¿Cuántos días nos quedan por roer? El otro respondió:

—Está bien roída la viga; si en lugar de estar hablando ociosamente trabajas, mañana al alba caerá por tierra.

Melampo comenzó a gritar: —Filaco, Filaco, pásame a otra celda.

Pensó Filaco que era un simple capricho y lo pasó, como jugando.

Al día siguiente cayó la viga y mató a una mujer que estaba arreglando la celda. A la vista de eso quedó asombrado el rey y le dijo a Melampo: —Te doy la libertad y además la res, si me curas a mi hijo Ificlo de impotencia.

Consintió Melampo y pidió hacer un sacrificio. Le dieron dos toros. Hizo la ofrenda, quemó los huesos grasosos de la pierna y dejó los cadáveres al lado del altar. Dos buitres que habían acudido al olor se pusieron a conversar:

—¿Recuerdas cuántos años hace —dijo uno— que estuvimos aquí? Fue cuando Filaco estaba castrando carneros y nos dio nuestra buena parte.

Si, bien me acuerdo. Fue cuando el niño Ificlo vino a ver a su padre, y cuando lo vio con el cuchillo ensangrentado sintió un horror tremendo. Es que temía que también a él lo iban a castrar y alzó el .grito cuanto sus fuerzas le permitieron.

Su padre dejó el cuchillo en un peral y corrió a auxiliar al niño. Ese miedo es causa de su impotencia. Mira, Filaco no ha recuperado el cuchillo. Allí lo tienes todavía clavado en el árbol. Todo él está hundido; apenas sobresale el puño.

—El remedio contra la impotencia de Ificlo está claro —dijo el primer buitre—. Que se saque el cuchillo, que le laven los restos de sangre de los carneros y que le den a beber al joven eso en agua por espacio de diez días.

—Eso es —dijo el otro— pero, ¿dónde está uno más inteligente que nosotros que sepa dar tal medicina?

Melampo aprendió bien la lección. Hizo como había oído y el joven quedó curado. Tanto así que a poco tiempo tuvo un hijo a quien llamó Podarces.

Fue a reclamar su res y también a Pero, la cual le fue entregada virgen. Y él la llevó a su hermano Bías que se moría por ella.

Corrió la fama del hecho y vinieron los de Argólida a pedirle la curación de Preto. Este estaba loco por lo que ahora se dice.

Era Preto (vid), hijo de Abas y estaba casado con Estenobea. De ella tenía tres hijas: Lisipe, Ifinoe e Ifianasa.

Había faltado a Diónisto, según unos, o a Hera, según otros, no rindiendo los cultos debidos y fue castigado con la locura. Andaba por las montañas bramando y haciendo estropicios, matando a los pasajeros y perpetrando mil horrores. Consintió Melampo en curarlo, si le daba la tercera parte de su reino.

Pareció muy caro el precio y Melampo se fue. La locura comenzó a propagarse, en los hombres y en especial en las mujeres. Estas mataban marido e hijos y hacían muchos destrozos y se iban a reunir con las tres hijas de Proteo que andaban locas por las montañas.

Espantado Preto llamó a Melampo y consintió en lo que pedía.

—Ya no es igual —dijo Melampo— antes el loco eras tú; ahora son todos. Me das un tercio del reino a mi y el otro a mi hermano, y así sí remediaré el mal. Si no quieres, todas las mujeres de Argos morirán locas.

Consintió Preto y Melampo pidió veinte bueyes rojos para ofrendarlos a Helio. "Yo te diré qué has de decir y todo resultará bien."

Consintió Preto, pero pidió que sus hijos y sus hijas fueran luego curados.

Melampo ayudado por Bías y por un buen grupo de jóvenes fornidos reunió a las mujeres errantes y las llevó a Sición. Llegando allí quedaron curadas. Luego las purificó con aguas lustrales. Pero no estaban entre ellas las hijas de Preto. Volvieron a buscarlas y las hallaron en Arcadia, recatadas en una cueva sobre el río Estix.

Melampo tomó para sí a Lisipe. Bias, que acababa de quedar viudo de Pero, tomó a Ifianasa. Fuera de las hijas, Preto les hizo grandes dones.

Esta larga y compleja historia da para meditar mucho a los psicólogos, psicoanalistas y aun filósofos. Háganlo ellos. Me basta el vuelo imaginativo de aquella edad y de aquel pueblo.

Fuentes: Apolodoro, T, 9. II, 2, 4. Homero, Odis. XI, 281 ss. Diódoro de Sicilia, IV, 68. Pausanias, II, 18. IV, 36. V, 5. VIII, 18.

MELISSA, MELITA

Varios personajes con este nombre. Probablemente con ideas de procedencia semítica.

Es llamada así una de las sacerdotisas de Démeter, de Artemis o de Rea. Todas estas diosas están implicadas en el culto de la tierra, y la abeja, significado del nombre, da una idea de la acción de la diosa que aviva la fecundidad.

Es natural que varias heroínas tomaran su nombre. Indico algunas:

Una hermana de Amaltea, hija de Melisseo, rey de Creta. Fue la primera sacrificada a los dioses. Su hermana daba leche al niño Zeus y ésta daba miel.

Hay también una versión de que fue una bellísima mujer que no condescendió a los deseos de Zeus y fue mudada en abeja por el dios.

Fuentes: Píndaro, Pít. IV, 104 ss. Dídimo, citado por Lactancio, Div. Inst. I, 22. Columella, De Re Rustica, IX, 2 ss.

MEMNON

Rey mítico de Etiopía que entra en la leyenda griega.

Vino a Troya a ayudar a Príamo que era tío suyo. Mató a Antíloco y fue herido por Aquiles, pero Zeus lo sanó y lo hizo inmortal.

Los dramáticos tomaron varios temas de su leyenda, pero son de los desaparecidos.

La historia de su nacimiento es curiosa. Eos, la Aurora, se enamora de Titono, hijo de Laomedonte y hermano de Príamo. Lo ama la diosa por su gran hermosura y lo lleva consigo. Pide a Zeus que lo haga inmortal, pero se olvida de pedir que lo haga siempre joven. Se va poniendo cada vez más y más viejo y encerrado en su cuarto, apenas su voz se percibe. Esta unión dio la vida a Memnón.

En su acción en Troya se cuenta que iba en pos de Pentesilea persiguiendo a Aquiles, pero tanto ella como él murieron antes del héroe. Los compañeros de Memnón que habían venido a la guerra se volvieron pájaros que rodean constantemente su tumba.

Es una curiosa transmisión del Norte y del Sur. En tanto que Pentesilea representa al primero, Memnón representa al segundo.

Fuentes: Himn. Homérico V, 18 ss. Homero, Odis. III, 111 ss. IV, 184 ss. Píndaro, Pitias, VI, 28 ss. Ovid. Metamorf. XIII, 576 ss.

MEN

Dios de Frigia, cuyo culto se divulgó por toda Anatolia. Es probablemente un dios lunar, tanto por el nombre, como porque lleva tras los hombros una luna en creciente y esta misma es su símbolo normal.

Parece estar relacionado con Atis (vid), y ser una variante o un complemento.

Según los santuarios en que era venerado se le invocaba como dios celeste —*uranios*— o como dios del avérnico mundo —*catactonios*—.

Las funciones que se atribuyen son las de curar enfermos, resguardar las tumbas y dar oráculos.

Su culto fue introducido en Atica por metecos desde el siglo IV o III a. C. Llega a Roma en la época de la infiltración de los cultos orientales. No tiene mayor leyenda.

Fuentes: Estrabón, 557, 677, 580.

MENADES

También llamadas Báquides, Tiades, Bacantes. Son las mujeres que se hallan bajo el influjo de la acción dionísiaca. Celebraban el don del dios con atavíos de rara disposición. Vestidas de pieles de animales, lobos, leones, tigres, osos, y con ramas de plantas como hiedra, haya, roble, abeto. Iban cantando y tañendo el sistro y bailando por las montañas y llanuras. Tal fuerza les daba el dios que abatían árboles y mataban fieras. A estas las devoraban crudas, bebiendo con ansia su sangre.

Según los mitos fueron la comitiva de Dióniso en sus viajes por Lidia, Frigia, Tracia y Grecia. A los que se oponían al culto del dios lo acababan, como hicieron con Orfeo y con Penteo (vid). Fueron con Dióniso a su incursión a la India.

Tenían también un aspecto pacífico, como auxiliares de la plantación de la vid y de la producción del vino.

Fuentes: La mejor por su integridad literaria es la de Eurípides en Báquides, toda. Ver también: Teócrito, Id. 26. Ovid. Metamorf. III, 511 ss. XI, 1 ss.

MENELAO

Hermano menor de Agamemnón y marido de Helena. A estos dos títulos, muy famoso en toda la tradición mítica de los griegos. Páris le roba a Helena y ésta es la causa de la guerra de Troya, en la cual intenta rescatar a la mujer (vid. estos arts.). Los más importantes episodios de su vida son:

Páris lo esquiva siempre (Ilíada, III, 96 ss.), y él acepta un duelo con Páris, lo vence pero interviene Afrodita para que no lo mate.

Atena incita a Pandaro a que lo hiera para evitar la guerra. Es defendido y de su herida lo cura Macaon (Ilíada, IV, 86 ss.).

Lucha con entereza para defender y rescatar el cuerpo de Patroclo (Ilíada, XVIII, 1 ss.).

Terminada la guerra, rescata a Helena y va a vivir en su tierra natal (Odis. IV, 1 ss.).

Hay la versión curiosa, que recoge Eurípides de que Helena estaba viva en Egipto y solamente su sombra y ficción se hallaban en poder de Páris. Menelao fue a rescatarla.

Fuera de estos hechos, es más bien una figura incolora.

Fuentes: Ver las señaladas en los diversos arts. referentes a los personajes de su relación y las que he insertado en este artículo. Es muy importante para la versión divergente la tragedia de Eurípides que lleva el nombre de Helena. Ver también las obras citadas en las fuentes del art. de Páris.

MENIPE

Una nereida, madre de Euristeo, o en otras versiones, madre de Orfeo (vid). Una de las musas.

Fuentes: Hesiodo, Teog. 260. Homero, Ilíad, XIX, 116.

MEROPE

Diversos personajes del mismo nombre:
1.   Una de las Pléyades, mujer de Sísifo. Es la más pequeña y casi invisible en el grupo de las siete. La leyenda dice que se esconde de vergüenza de haber sido esposa de un mortal, mientras sus hermanas casaron con dioses.
2.   Una hija de Enopio, que es amada por Orión. Era hija de un hijo de Hióniso (vid Orión).
3.   Esposa de Pólibo, rey de Corinto, en cuya casa se crió Edipo.
4.   Esposa de Crespontes, rey de Mesenia.

Fuentes.. Higinio, Fábula 192. Sófocles, Edipo Rey, 775,

METIS

Una de tantas ideas abstractas personificada por el mito. Es tanto como "discreción, seso; buen consejo". Nace de un huevo que la Noche produjo, y del cual nacieron igualmente Fanes, Eros y Ericapaios. Es esposa de Zeus. Sabía más que dioses y hombres.

Seducido por la Tierra y el Cielo, Zeus la convenció de que debía dejarse tragar, cuando se hallara grávida. Lo hizo así el dios y de su cerebro nació Atena (ver Zeus, Atena, Orígenes, etc.).

Fuentes: Hesiodo, Teog. 886 ss. Píndaro, Olimp. V, 35 ss. Himn. Homérico 28.

MIDAS

Rey de Macedonia, hijo de un sátiro y de la diosa del Monte Ida. Cuando era niño un enjambre de hormigas acarreaba granos de trigo a su cuna y se los ponía en los labios mientras estaba durmiendo. Se dio este hecho como un presagio de su futura riqueza. Ya un poco más grande estuvo bajo la tutela de Orfeo.

Plantó un hermoso jardín de rosas que los sátiros visitaban con frecuencia. Especialmente Sileno, que iba a reposar en la cercanía de la fuente. Un día mandó el rey que echaran vino en las aguas de ésta y el sátiro quedó ebrio y bien dormido. Los jardineros lo ataron con sartales de rosas y se lo llevaron. a Midas. Entre su embriaguez le dijo al rey de la existencia de un gran continente que se hallaba en el mar, lejos de Europa, Asia y Africa. En él había grandes ciudades y muy felices ciudadanos, de gran talla y de larga vida.

Midas armó una expedición y fue a dar a las tierras de los hiperbóreos. Iba con el ánimo de hallar aventuras muy famosas. Una de ellas era la del remolino formado por corrientes que se volvían al encontrarse un enorme vórtice que nadie podía salvar. De un lado crecían árboles cuyos frutos hacían llorar a los hombres, y en el otro, árboles que renovaban la vida a quien los comía y hacía que los viejos se volvieran jóvenes. Estas historias y otras parecidas contó Sileno a Midas durante cinco días y cinco noches. Cuando acabó su narración lo envió el rey a Dióniso. Contento el dios por haber recobrado a su antiguo ayo, preguntó a Midas qué recompensa pedía. Respondió éste: Quiero que cuanto yo toque con mis manos se vuelva oro; Así se le concedió, para su desgracia. Todo lo que alcanzaba a tocar, cosas o personas, se volvía de oro. No pudo ya comer, pues los manjares se volvían oro al tomarlos en sus manos. Desesperado pidió al dios el remedio y él le mandó lavarse en el río Pactolo, que desde entonces arrastra arenas de oro.

En su camino fue a dar a Frigia, en donde el rey Gordio (vid), que no tenía hijos, lo adoptó como tal. Al morir Gordio quedó de rey de Frigia.

Un día estaba contemplando un certamen de música entre Apolo y Pan o entre Apolo y Marsias, según otros, en las cercanías del río Tmolo. El dios del río concedió el premio a Apolo, pero Midas no quedó de acuerdo. El dios lo castigó haciendo que le nacieran dos orejas de asno. Para taparlas usaba el rey una gran gorra, que fue el origen del conocido gorro frigio, que vemos en representaciones de la Libertad. Pero un día su barbero advirtió el secreto y fue amenazado con pena de muerte, si lo divulgaba. No pudo contenerse y fue a la orilla del río y cavó un hoyo enorme y allí comenzó a gritar: El rey Midas tiene orejas de burro. Se fue muy tranquilo, pero las cañas comenzaron a repetir la frase del barbero. Cuando el rey supo que había sido divulgada su enormidad, mandó matar al barbero. Un día bebió sangre de toro y de resultas de ello murió.

Fuente: Higinio, Fábulas 191, 274. Ovid. Metamorf. XI, 92 ss. Muy divulgada la leyenda de trocar en oro y de las orejas de burro en muchos autores antiguos.

MILITA

Diosa de origen semítico, que se confunde con Afrodita en algunos documentos. Introducida a Grecia por extranjeros y de alguna boga. Era una diosa amparadora de los nacimientos y de la fertilidad, por eso relacionada con la prostitución ritual (vid). De Babilonia provino el uso de que las mujeres al menos una vez por la vida fueran a prostituirse al templo de esta diosa, yaciendo en la oscuridad hasta que algún extranjero las poseía. Ganaban algún precio que consagraban a la diosa.

Fuente: Herodoto, Hist. I, 131, 199.

MINOS

Es uno de los complejos mitológicos más ricos en contenido. Sumamente interesante por dar temas de la cultura que precedió a los griegos. Voy a dar los mitos más famosos y muchos quedarán implicados en las diversas personas que aparecen en este relato y de las cuales se hace artículo aparte. Algunos quedarán al aire, acaso, por deficiencia de atención. La misma complejidad de los mitos los hace difíciles de exponer. He aquí lo esencial.

Minos es un héroe cultural en el cual se encarnan ideales y normas de una precedente cultura, llamada por eso Minoa, Minoia, Mínica. Hecho análogo al de México antiguo, que incorpora en Quetzalcóatl todo lo religioso, filosófico y cultural que precede a la invasión de los grupos nahuas. Pero los griegos —como otros pueblos— trataron de introducirlo a sus creencias y de ligarlo con sus propios mitos. En esta forma hemos conocido lo que nos dan de aquel legendario personaje, y la arqueología no ha podido disipar dudas ni hacer mayor claridad en el tema.

Cuando Europa huyó a Creta, Zeus la había hecho madre de tres hijos: Minos, Radamante y Sarpedón (vid).

En Creta casó con Asterio, rey de esa época. No hubo sucesión y el rey adoptó a Minos, juntamente con sus dos hermanos. Hubo entre los tres una gran contienda por el amor de un hermoso adolescente de nombre Mileto. Era hijo de Apolo y de una ninfa, cuyo nombre varía entre Dione y Teia. Mileto eligió a Sarpedón. Pero Minos lo desterró y lo hizo ir en navegación peligrosa. Llegó a Caria en el Asia Menor y fundó la ciudad de su nombre. Era una región dominada por gigantes, cuyo jefe era Anax, hijo de Urano y la Tierra. Al morir éste, reinó su hijo Asterio. Lo destronó y mató a Mileto y lo sepultó en la isla de Lade. Dicen que tenía diez codos de largo, o sea unos cinco metros.

Otros dan como causa del destierro el temor de Minos de que no lo fuera a destronar. Pero no obró contra él por temor a Apolo.

Minos cuando supo la caída de Asterio pretendió el reino de Creta. Daba como prueba de sus derechos el que los dioses le hicieran prodigios al pedirles una señal. Edificó un altar a Poseidón y pidió que apareciera un toro, como víctima del sacrificio. Al momento salió del mar un precioso toro reluciente de blanco. Pero quedó Minos encantado de éste y no lo sacrificó, sino que tomó otro de su propio rebaño.

Su hermano Sarpedón, resentido además por la expulsión de Mileto no quedó conforme, sino que alegó que Asterio quería que se dividiera el reino entre los tres hermanos. Hízolo así Minos y fundó una capital para cada parte. Sarpedón fue desterrado y huyó a Cilicia en el Asia menor. Allí se alió con Cílix y conquistó a los de Mila, declarándose rey suyo.

Minos casó con Pasifea, hija de Helio y la ninfa Crete, o Persis. Poseidón en castigo de la ofensa que le había hecho Minos, encendió en nefando amor a Pasifea por el toro blanco que le debían haber sacrificado.

Pasifea confió a Dédalo su amor al animal y le pidió ayuda. Era Dédalo (vid), un famoso artífice que había sido desterrado de Atenas y vivía en Gnosos. Para divertir a Minos había formado unos juguetes de madera que se movían y aun hablaban —los primeros *robots* de que habla la leyenda—.

Para ayudar a Pasifea fabricó una vaca de madera y la cubrió con una piel de vaca, poniendo en sus patas unas ruedas que la hacían andar. La hizo ir al campo en que pastaba el toro blanco y enseñó a Pasifea a entrar al interior de aquella, vaca de palo. Luego los dejó. El toro vio a la mentida vaca y se prendó de ella. Fue a tomarla y de tal suerte se avino Pasifea en el interior que pudo tener el concurso que deseaba. Cubrióla el toro y de ello quedó preñada. El fruto fue el famoso Minotauro, que tenía cabeza de toro y cuerpo humano.

Esta leyenda tiene variantes. Unos dan como causa de la ira de Poseidón el que Minos habiendo ofrecido sacrificar siempre el mejor toro, sacrificaba el que seguía, reservando para sí el otro. O que a Pasifea la castigó Afrodita con este insano deseo sexual, por haber dejado de practicar sus ritos.

El toro blanco siguió su obra. Asoló a Creta y sus desórdenes fueron sin número, hasta que Heraclés lo cautivó, lo llevó a Grecia y fue matado por Teseo (vid. Heraclés, historia).

Cuando Minos supo todos estos hechos, consultó a los dioses. Ellos le dieron el remedio de que, por obra de Dédalo, se le hiciera un lugar de refugio en Gnosos. Lo fabricó Dédalo y el resto de su vida lo pasó Minos en el famoso Laberinto y en el centro de éste se dio alojamiento a Pasifea y al Minotauro.

Radamante fue más discreto que sus dos hermanos. Se quedó en Creta, vivió en paz con Minos. Sobre él varían los mitos. Para unos es hijo de Efesto. Lo mismo que a Minos se le atribuye serlo de Zeus.

Radamante hizo conquistas en el mar y más tarde llegó a Beocia, por haber matado a un pariente y habitó en Ocalas. Allí casó con Alcmena, madre de Heraclés, a la muerte de Anfitrión. Otros dan este matrimonio en el Campo Elíseo, después de muertos ambos. Lo puso Zeus como juez de los muertos juntamente con Minos y Eaco.

Esta larga y compleja leyenda pide un estudio detenido que no es de este lugar. Puede dar mucho para el conocimiento de ideas, normas y aun prejuicios de los viejos habitantes de la región que más tarde ocuparon los griegos (ver otro artículo sobre Minos, sus amores).

Fuentes: Diódoro de Sicilia, IV, 60. Apolodoro, III, 1. Ovidio, Metamorf. IX, 442 ss. Higinio, Fábula 40, en que el texto es deficiente. Apolonio de Rodas. Arg. III, 997. Herodoto, I, 173.

MINOS, SUS AMORES

Pongo aparte esta sección por desahogar la del artículo general (vid Minos).

Se mencionan varias mujeres que fueron objeto de los amores o violencias de Minos. Puramente reminiscencias de la vitalidad y tiranía de los viejos dominadores. Sin tener seguridad de darlas todas, enumero:

Tuvo amores con la ninfa Paria, cuyos hijos colonizaron Paros y fueron matados por Heraclés.

Con Androgenia, que fue madre del Asterio posterior.

Famosos son sus amores con Britomartis. Era esta hija de Leto. Compañera de Artemis y guardiana de su jauría. La historia de ese trato con Minos fue así:

Minos la había andado persiguiendo largo tiempo. Nueve meses llevaba de asedio cuando se echó ella al mar. Pero un pescador la salvó en su red, ya que ella había inventado las redes para cazar. Artemis la hizo diosa y fue llamada Dictina. Es probablemente un duplicado de la misma diosa.

Naturalmente Pasifea, la mujer de Minos no veía con buenos ojos sus infidelidades y se sirvió de artificios para evitarlas o castigarlas.

Hizo un conjuro sobre él y cuando yacía con otra mujer que no fuera ella, su efusión seminal producía serpientes, escorpiones, ciempiés y alimañas semejantes.

Una de sus hazañas fue para Minos la seducción de Procris (vid). Había huido ella de Atenas y se había refugiado en Creta. Comenzó su juego dándole una jauría que nunca fallaba atrapando la presa, así como unas flechas que no erraban el blanco. Eran ambas cosas dones de Artemis. Procris aceptó los dones, pero pidió a Minos que bebiera cierta pócima confeccionada por ella bajo la dirección de Circe, para evitar que tras el acto quedara llena de reptiles y alimañas venenosas. Hizo el menjurge su efecto y Procris pudo regresar a Atenas disfrazada de muchacho, sin sentir el efecto de la venganza de Pasifea. Nunca volvió a ver a Minos (ver Procris, con mayores datos sobre ella).

Fuentes: Apolodoro, II, 5, III, 1. Calímaco, Himno a Artemis, 189. Euríp. Ifigenia en Tauris, 126. Hesiodo, 986. Higinio, Fábulas, 189, 125. Ovid. Metamorf. VII, 771.

MINOTAURO

Vid. Minos, Pasifea, Poseidón.

El amor insano de Pasifea hacia el lindo toro que Poseidón envió hizo que Dédalo construyera un artificio mediante el cual pudiera unirse en forma generativa al animal. Lo hizo y el fruto fue un monstruo, con cabeza de toro muy bella y cuerpo humano. Se le llamó Asterio y el nombre más común es el de Minotauro, como quien dice "toro de Minos".

Cuando Minos dominó a Atenas exigió al año un tributo de doce jóvenes, por mitad de sexo distinto, para sacrificarlos al Minotauro. Para habitación de este monstruo se construyó el Laberinto (vid). Allí estaba la bestia devorando sus víctimas.

La muerte le vino de Teseo, en la forma que se expone en su art. propio (vid).

Fuentes: Las que se señalan en los arts. aludidos en este.

MIRINA

Reina de Amazonas diferentes de las que habitaban en las cercanías del Mar Negro. Estas vivían en Africa y la reina armó una hueste de treinta mil jinetes y tres mil infantes para atacar a los atlantes, al oeste del río Nilo. Llevaban escudos muy anchos que las guardaban de toda herida y tenían armaduras hechas de piel de serpiente.

En su ataque a los atlantes los derrotó, tomó la ciudad de Cerna, mató a todos los varones, esclavizó a niños y mujeres y arrasó totalmente la ciudad.

Cuando se rindieron los pocos atlantes que quedaron los trató con benevolencia y edificó una nueva ciudad, con su propio nombre. Ellos la tomaron como diosa y los defendió de sus vecinos los gorgones, a los cuales casi exterminó. Una noche estos y los atlantes se confabularon y robaron la espadas de las amazonas mientras celebraban su victoria y se dispusieron a matar a sus vencedoras. Ella pudo escapar y armó un nuevo ejército que vino a vengar la rebelión y, tras sepultar a sus compañeras, arrasó la Libia y siguió hasta Arabia y fue fundando nuevas ciudades. También pasó a expedicionar en las islas y sujetó a muchas, entre ellas a Lesbos, en donde fundó Mitilene, que era el nombre de una hermana suya. Cuando iba a su conquista una tempestad casi destruyó sus naves, pero la madre de los dioses las llevó salvas hasta Samotracia.

Mirina siguió adelante y fue a Tracia, pero allí fue vencida y muerta. Las compañeras regresaron a Libia.

Fuentes: Diódoro de Sicilia, III, 52 ss.

MIRRA, ESMIRNA

Hija de Ciniras (vid), que en un rapto de amor comete incesto con él. Horrorizado el rey se aleja de ella y Afrodita la muda en árbol de mirra. Iba él persiguiéndola y la diosa la auxilia en esta forma. El hijo que nace es Adonis (Vid).

El mito es de procedencia semítica, como el de Adonis y otros que he ido señalando. La confusión con los mitos indoeuropeos exige una indagación especial que en esta obra no puede hacerse.

Fuentes: Vid. las indicadas en los arts. referentes a Adonis, Ciniras y Apolodoro, III, 14. Higinio, Fábulas 58, 164, 251 y Astr. poét. II, 7.

MIRTILO

Hijo de Mirto (vid). Auriga del viento del norte, o sea Boreas (vid). Era hijo de Hermes y Teóbula, o Cleóbula, y aun de una danaide, llamada Fetusa. En otras versiones es hijo de Zeus y Climene. Enamorado de Hipodamía no se atrevió al certamen en que esta fue ofrecida (vid. Hipodamía).

Fue invitado por Pélope a traicionar a su amo, y a tener medio reino y una noche con Hipodamía, como premio. Condescendió, dejando sueltos los ejes del carro de su amo, que hubo de fracasar. En este caso el amo ya no es Boreas, sino Enomao.

Cuando Hipodamía venía a toda carrera huyendo, Mirtilo intentó adueñarse de ella y Pélope le dio una bofetada. El respondió: ¿No me has concedido una noche con ella? Nada dijo Pélope, pero le quitó las riendas y siguió guiando él. Cuando llegaban al borde del mar le dio Pélope tal golpe que lo lanzó a las aguas.

Hermes lo hizo inmortal en la constelación del Carro.

Como era reputado hijo de Hermes, Pélope le construyó un templo en el Peloponeso y edificó un cenotafio al espíritu errante del carrero. Aparece su sombra a espantar los caballos en los juegos.

Confuso mito, da mucho en qué pensar.

Fuentes: Apolodoro, Epitome, II, 5. Pausanias, VIII, 14. Higinio, Fábulas 84, 224. Apol. de Rodas, Arg. I, 756.

MIRTO, MIRTEA, MIRTOSA

Ninfa o diosa del mar, de origen lunar y de procedencia cretense. Es el símbolo de la luna en su variante de creciente y menguante y era expresada con el hacha de doble punta. Se la considera como principio de destrucción. Es la madre de Mirtilo (vid). Decían los de Eubea que ella dio el nombre al mar así llamado.

Fuentes: Higinio, Astr. poét. II, 13. Pausanias, VIII, 14.

MISE

Diosa del odio. Sumamente borrosa, pero con probabilidad de quedar más clara, si se descubren nuevos documentos. Parece ser que era una contraparte de Afrodita: como esta inspira el amor, aquella inspira el odio y la repulsión.

Es una diosa bisexual, y vagamente parece encarnar la doble potencia del universo humano. Puede relacionarse con Dióniso, por el principio activo, o masculino, y con Démeter por la faz femenina.

Fuentes: Herondas, Mimos, 1, 56. Himnos Orficos, 42.

MISTERIOS

En varios artículos se mencionan los misterios de diferentes deidades. Es útil reunir en este la información sumaria acerca de ellos. Daré como siempre la nota de bibliografía para mayor conocimiento.

Eran cultos y suma de ideas que se ligaban con determinado dios y eran solamente conocidos por los iniciados, o sea, las personas que se adherían a la que pudiera llamarse secta mística. Fueron divulgados en Grecia y más tarde en Roma y aun influyeron en la organización, si no en el ideario, de las iglesias cristianas primitivas. Pueden compararse a las sociedades secretas que abundaron en Europa durante la edad media y subsisten en parte en nuestros días. Algunos nacieron de un culto familiar y se requería para entrar en ellos cierta conexión de sangre, que cuando no era real, se hacía por sustitutivos rituales.

Los principales que se mencionan en las fuentes con relación al culto de los dioses son los de Démeter, Dióniso, y los de Eleusis, que eran un complejo de ambos. Hay otros menos famosos que se darán abajo. Muchos tenían enlace con las fiestas antiguas de la fecundidad y eran celebrados para propiciar las siembras. Se piensa, por esto, que son de origen prehistórico. Es sumamente interesante la comparación con ritos de otras regiones del mundo que dan igual base de concepciones, pero no pueden hacerse en esta obra sumaria tal comparación. Para la breve que damos, veremos los misterios de acuerdo con los dioses.

1. *Eleusinos.* De remoto origen, cayeron bajo la dirección del estado ateniense por el 600 a. C. y es de ellos la mayor información que tenemos, aunque vaga, precisamente porque los adeptos no informaban sino a medias. Lo que se sabe de ellos es así:

Se hacía una convocatoria para los que quisieran participar en ellos, que era todo hombre, con tal que no fuera un criminal, ni tampoco el que tuviera por lengua una lengua extranjera. Los que aceptaban venir y aun pretendían entrar a los misterios eran llamados *mistai.*

Había un baño ritual en el mar, tanto de lo pretendientes, como de los objetos sagrados. Regresaban en una pomposa procesión que llamaban Yacos, y que parece ser la personificación de la busca de Dióniso a su madre Cibeles, o a Démeter.

La tarde del día solemne se reunían en Eleusis en una gran sala iluminada por antorchas. Y allí comenzaban los ritos propios que conocemos por puras conjeturas y que no han sido totalmente declarados. Tres puntos o etapas comprendían que los informantes antiguos llaman *legúmena, deiknúmena, drómena,* o sea: lo que ha de decirse, lo que ha de mostrarse, lo que ha de hacerse. Pero qué fuera cada cosa de estas casi no se sabe.

Se llamaban eumólpidas los que recitaban lo que había de decirse. Las cosas que habían de ser mostradas eran ciertos objetos simbólicos que los hierofantes tenían a cargo y daban a conocer.

Las cosas que tenían que hacerse eran bajo la dirección de los sacerdotes, en las que llaman etapas de iniciación, eran:

Mysis, inicio, *telesis,* consumación, y *epopteia,* sublimación.

A esta se llegaba al cabo de un año. En qué ritos consistía no lo sabemos a ciencia cierta. De allí los nombres de *mistes, teletes, epoptes,* como quien dice "iniciado, consumado, sublimado". Algo de este lenguaje toma aun San Pablo para sus enseñanzas.

El nombre del sublimado que tenemos sugiere que "veía" algo, en tanto que los otros solamente oían.

Vagamente sabemos que se exigía el ayuno, al cual seguía una permanencia sobre un sillón cubierto de pieles de carnero, y la bebida de una poción ritual llamada *kikeon.* Estaba hecha de masa de cebada diluída, queso rallado o crema, miel y vino y se supone que alguna hierba alucinante, de la cual no hay nada seguro. Hay rasgo vago de otros ingredientes y alguien ha fantaseado que había semen humano; afirmación muy incierta, siendo tal la vaguedad de los informes.

Mucho más oscura es la información sobre los símbolos mostrados a los que buscaban el misterio. Toda depende de autores adversos, por ser cristianos que atacan estos misterios. Y aunque se ha indagado en tiempos posteriores, todo queda en la penumbra. Eran desde luego símbolos sexuales, que pueden ser imágenes del falo y de los órganos femeninos. Y con ellos otros símbolos que implicaban la correlación de estas bases con todo el universo. Vaga y falaz información, hay que tenerla con cautela. Hay la idea de que la final muestra que se proponía a la vista de los iniciados era puramente una espiga de trigo, que en su simbolismo implica la vida y la fecundidad.

En cuanto a las ideas que se inculcaban nos hallamos igualmente muy a oscuras. Parece que el Rapto de Kore—Persefone era la nota central. Y se hacía teatralmente la reproducción de cómo, arrebatada la hija, iba en su busca la madre. También había sido agregado un nuevo elemento, Triptolomeo, dios agrícola. Eso en fechas posteriores.

La idea de que Kore duraba cuatro meses bajo el mundo y los otros en la tierra, es una clara indicación de que se trata de ritos de la fecundidad agrícola. El mito hace de ella esposa de Plutón, rey del Hades y de la riqueza (vid. estos nombres en su propio art.). En suma, puede decirse que estos misterios eran una supervivencia de viejas prácticas de fecundación agrícola que usaron hombres de muy remota edad en ese mismo suelo.

La vida del más allá parece indicada también, aunque seguimos en la incertidumbre por falta de informes directos.

Eran los misterios de Eleusis más bien fórmulas mágicas que edificaciones morales, sin embargo de que hubo en ellos mucho de mística que ayudaba a la regeneración de los adeptos. No podemos dar sino vagas indicaciones, como de la pureza moral, la abstención de violencia, la mansedumbre para los de abajo y algo más. Lo cierto es que estos misterios se divulgaron mucho en los tiempos en que el Cristianismo nacía y duraron muy adelante, en forma abierta hasta caer el Imperio Romano, y más tarde en forma velada.

2. *Otros Misterios.* En Agrea, cerca de Atenas había misterios dedicados igualmente a Démeter. Se presume que seguían los mismos ritos y procedimientos, aunque la información es escasa.

En Fila, también dedicados a Démeter.

En Andalia de Mesenia. Todos con tendencia a celebrar la diosa madre y con un sentido místico de fecundidad y fertilidad de la tierra.

3. *Dionisiacos.* Difundidos por toda Grecia y posteriormente por el Imperio Romano (vid. Diónisio). Tenían carácter de orgías y eran muy frecuentados por las mujeres. Se mencionan en Lerna y Herois, cerca de Delfos. Fueron algo que influyó en las Bacanales romanas, si es que no se les dio el origen. Hay muchos datos sobre ellos, pero no sobre su contenido, que se deja ver era al mismo tiempo que de embriaguez, de desenvoltura y libertad sexual.

Relacionados con los de Dióniso están los de Sabazio, que se introdujeron en Atenas en los días de Aristófanes.

4. *Orfísticos.* (vid. Orfeo y orfismo) relacionados también al mismo tiempo con los de Démeter y con los de Dióniso. Se han mencionado ya los misterios de Sabazio, que son una derivación de los dionisiacos y que se introdujeron en Atica en los tiempos de Aristófanes.

5. *Cabíricos.* Para honrar a estos númenes (vid), que eran especiales protectores de los navegantes. Estos se fundan en Samotracia y de allí se difunden por la Hélade. Hay una interculturación entre estos y los de Orfeo, en particular en Tebas.

6. *Misterios mixtos.* Tal es el nombre que cabe dar a los de Osiris, Isis, Atis y la Gran Madre, Mitra, en que hallamos una forma de sincretismo místico (vid).

Cuando la religión deja de ser un asunto de familia y del estado, los hombres se entregan a prácticas misteriosas y que atraen su imaginación, al mismo tiempo que llenan en parte sus aspiraciones a lo divino, que no podía saciar ya una forma ritualista y rutinaria. Casi todos estos grupos forman sociedades secretas que mantienen y divulgan la doctrina, más o menos informe, y principalmente modos de atracción por el símbolo y la secreta manera de interpretarlo.

Los dos grandes motivos de preocupación del hombre: su relación con los poderes que rigen el universo y su vida en el más allá de la muerte, norman la tendencia y la intención de alcanzar algo que no se halla por medios comunes. Esta fue la razón de haberse divulgado en vísperas de aparecer el Cristianismo, la diversa categoría de misterios. No hay una obra de conjunto que trate el tema tan complejo y vasto, pero hallamos en muchos libros estudios de esta natural aspiración humana.

Para completar la información deben verse los arts. que dedico a cada una de estas formas en los nombres que dan como título a cada misterio.

Fuentes: Además de las indicadas en cada art. de los personajes mencionados, pueden señalarse estos libros que dan amplia información: P. Foucart. *Les Mystères d'Eleusis.* R. Pettazzoni, *I Misteri* O. Kern, *Die griechischen Mysterien der klassischen Zeit.* E. O. James, *The Ancient Gods,* 1960.

MITRA, MITRAS

No pertenece propiamente a la mitología griega, pero tuvo muchas interferencias con ella y ejerció gran influjo en la elaboración de los mitos.

Es una deidad de origen ario, dada a conocer preferentemente por los iranios, habitadores de Persia en la antigüedad.

Era una de las variantes de la concepción del principio dual, en que había dos númenes fundamentales opuestos: el de la luz y el de las tinieblas. Por esta razón pueblos de menos reflexión filosófica como griegos y romanos, lo identificaron con el sol. Y como tal fue muy venerado.

Al nacer el Cristianismo estaba divulgándose por el Imperio Romano el culto de Mitra. Estacio (Tebaida, I, 719 ss.) y Plutarco, hablan de su influjo (Mor. 369). La fecha misma del nacimiento de Cristo, 25 de diciembre, fue señalada para contrarrestar el culto del dios solar Mitra (Crisóstomo, Hom. a Mt.)

No hay una visión precisa ni de sus ideas, ni de su culto, ni de los modos con que era honrado. Pero puede darse esta breve suma:

Era concebido como un dios intermediario entre los dos principios contrapuestos: el Bien y el Mal.

Divulgaron su culto en el Imperio los soldados y los comerciantes. Novedosos de lo que veían en otra tierra, quisieron arraigarlo en su patria. Las mujeres fueron también grandes divulgadoras del culto de este dios.

En cuanto puede darse datos de sus misterios, había estas etapas:

1. En tiempos primaverales nace de una roca. Es adorado por pastores. Es buscado por nobles (S. Jerónimo. Adv. Joviniano, I, 7).

2. Va en persecución de un toro, que no se ve claro como lo captura y mata. Por eso en sus ritos entra el toro y su sangre, como medio de purificación ritual.

3. Estos hechos eran reproducidos en sus misterios. Estos se celebraban en cavernas y grutas especiales. En Roma y otras ciudades del Imperio se hicieron artificiales por falta de las naturales.

4. Los ritos eran: Bautismo con la sangre de un toro aún caliente.

Coronación con una guirnalda de flores, que debía recibir el iniciado diciendo: Mitra es mi corona.

5. Los grados eran siete para ir ascendiendo de la baja calidad a la más alta. Una manera de masonería, para hablar en términos modernos. Sin gran seguridad señalo los siguientes, de abajo a arriba: Cuervo, Grifo, Soldado, León, Persa, Mensajero del Sol, Padre.

Se escapan los motivos de estas significaciones simbólicas. Fue degenerando el culto de Mitra hasta el siglo IV, en que se extinguió visiblemente, para refugiarse entre magos y hechiceros en cierta medida hasta hoy.

*Fuentes:*Estacio, Plutarco, Jerónimo, u. s. Ver como fuente de mayor información: Fr. Cumont. *Les Mystères de Mithra,* 1913. Eds. inglesa y alemana, y más su *Textes et Monuments.* . . *relatifs aux mystères de Mithra.* 2 vols. 1896 y 1899.

MOIRAS, PARCAS, HADAS

En tiempos homéricos parece un ser sin personalidad. El Fatum latino en su absoluta trascendencia. Se le da el nombre de *moira, aisa, daimon, ker* (vid) y alguno más. Ya Hesiodo (Teog. 901 ss.), da sus nombres y van adquiriendo personalidad. En la época de Pericles y más en la alejandrina, hallamos definidas sus figuras. Vamos a dar un resumen de lo que se halla en las fuentes.

Son tres, hijas del Erebo y la Noche. Sus nombres son Cloto, Láquesis y Atropos —o sea, "hilandera, distribuidora e inflexible, o indomable"—. De éstas, Cloto tenía el cargo del presente; Láquesis, del futuro y Atropes, del pasado. Se las representaba hilando siempre la vida y destino de los hombres.

Cloto está hilando, Láquesis va midiendo y Atropos corta con sus tijeras que no tienen apelación.

En la primitiva concepción ni Zeus podía modificar sus acciones. Más tarde se introducen dioses que ríen de ellas, como Apolo que las engaña para salvar a su amigo Admeto de la muerte.

Hay quien diga que el mismo Zeus estaba sujeto al fallo de las Moiras.

En Delfos se veneraban dos Moiras: la del nacimiento y la de la muerte. Y los atenienses llamaron a Atena la más grande de las Moiras.

Fuentes. Homero, II. XXIV, 49. VIII, 69. IX, 411. Hesiodo, Teog. 217 ss. y 901 ss. Esquilo, Prometeo encad. 511 ss.

MOMO

Lo menciona Hesiodo entre los hijos de la Noche (Teog. 214), pero es una figura vaga, y más tarde se halla en Calímaco, Dian. 113 y frag. 70. Tiene aspectos malignos y se asimila al Satán de la ideología judio—cristiana, Más tarde se ha hecho dios de la alegría desbordada. El mito más interesante es el de que Zeus le mandó hacer crecer los cuernos de un toro más de los hombros y él no pudo ejecutarlo.

*Fuentes:*Hesiodo, u. s. Teog. de Hesiodo, 14.

MOPSO

Es ambigua la identidad de este personaje, que es un adivino.
Hallamos su referencia con los Argonautas y también con los Troyanos.

Uno es hijo de Anfico y muere en la expedición; otro se dice hijo de Manto, hija de Tiresias, y así habría heredado la facultad de su abuelo.

Se halla relacionado con el oráculo de Claros y en este se encuentra con Calcas, y como lo vence, Calcas muere de tristeza.

La figura es borrosa y se atribuyen hechos que son de diversos actores. Lo hallamos en los oráculos tebanos de Anfiarao y Anfíloco, y muere matando a Anfíloco, pero sus espíritus siguen siendo adivinadores.

Interviene en la inhumación de Cenis y Ceneo (vid) y se da cuenta de la duplicidad de sexo de éste.

Toma gran parte en la vuelta de los expedicionarios de Troya (vid).

Fuentes: Píndaro, Pitic. IV. 191 ss. Apolonio de Rodas, I, 1083.

MORMO, MORMOLIKE

Un ser funesto imaginado como las Empusas, o Lamia (vid). La leyenda dice que fue una reina de los Lestrigones y como perdió a sus hijos, anda siempre en busca de los niños de otros para matarlos. Es una de tantas formas de la que en la literatura popular de otros países hallamos como brujas, o en México, la Llorona. Ver los arts. de los nombres insertos aquí.

Fuente: Teócrito, Id. XV, 40.

MUERTOS, SUS MUNDOS

En todas las mitologías el mundo de más allá de la muerte es oscuro y complejo. No puede ser excepción la helénica. Tanto más que está formada en capas sucesivas, de acuerdo con las diversas razas o gentes que fueron formando el acervo legendario. Solamente en una obra dedicada en forma exclusiva podrían tratarse todos los aspectos y mitos que hallamos en la literatura griega y romana, que de ella toma la mayor parte de ellos. Para la índole de esta obra bastar resumir aquí lo fundamental y señalar libros en donde se puede hallar mayor información.

Las almas comienzan su peregrinación al mundo inferior por el Tártaro. La entrada se hallaba en una arboleda de álamos negros, muy cercana al mar. Cada muerto llevaba bajo la lengua una moneda con que pagara el pasaje de la barca de Caronte. El haría navegar por la corriente del Estigio y su laguna a los espíritus. El río de la navegación iba hacia el occidente. Tenía por tributarios o ramales, que no es muy claro al Aqueronte, al Cocito, el Flegetonte, al Averno, y al Leteo. Los que no llevaban la moneda para pagar el viaje se quedaban a la ribera en un banco de negra figura. Algunos podían escapar y regresar al mundo. Una de las salidas era el Tenaro en Laconia o el Averno en Tesprotia. Era difícil la salida, porque Hermes, que había conducido a las almas, las vigilaba sin cesar. Era además muy peligroso, porque a la otra ribera del Tártaro estaba el Can Cerbero, con sus tres cabezas, o según algún testimonio, cinco. Este hambriento y furioso perro devoraba a los que venían sin haber muerto, o a los muertos que deseaban escapar.

Las regiones del Tártaro eran varias. Primera era el Campo de Asfodelos. Era una llanura silenciosa cubierta de esas flores, y en ella andaban vagando los muertos, sin rumbo y sin finalidad, callados y mustios. Los de baja condición tomaban la forma de murciélagos. Y se dice que el único que andaba en perpetua caza de un imaginario ciervo era Orión. La única esperanza que quedaba a estos espíritus es la libación de sangre humana que hicieran en honor suyo en la tierra. Esta los reanimaba y los hacía sentirse casi vivos. En esa llanura de los Asfodelos estaba el Erebo y el palacio de Hades y Persefone. Al lado izquierdo de este palacio estaba la fuente de Lete, formada por una corriente del Leteo. Estaba rodeada de álamos blancos y a ella iban los muertos comunes para olvidar todo. Los de alto rango preferían beber en la fuente de Mnemosine, que les daba alguna dulce memoria del mundo perdido.

En esta región estaban los tribunales de juicio de los muertos. Radamanto, Radamantis, juzga a los de Asia, Eaco a los de Europa y en término final decide el juez sumo, que es Minos. Allí se les da su final destino. Si eran gente sin virtud ni vicio, se quedarán en el Campo de Asfodelos para siempre. Los malos iban al Tártaro para diversos castigos que hallaremos en varios personajes. Los justos y buenos van a los Campos Elíseos.

Estos campos están contiguos al Tártaro, pero no forman parte de los dominios de Hades. Se pasa de una región a otra por la fuente de Mnemosine, o sea la Memoria. Era una tierra feliz. Sin frío, sin calor, con perpetuo día. Todo era canto, bailes, música, diversiones. Los que habitaban allí eran seleccionados para regresar a la vida terrena. Y ellos escogían el rumbo del mundo donde querían volver a nacer.

Al lado de los Campos Elíseos estaban las Islas Afortunadas, aunque .de estas hay varias versiones (vid. Afortunadas). En ellas habitaban los que habían nacido tres veces y regresaban al mundo de abajo.

En todo el mundo inferior reinaba Hades. Este rara vez subía al mundo de los mortales. Se cuentan de él varias leyendas:

Iba un día en su carretela de oro, tirada por cuatro corceles negros y encontró a la ninfa Minta. Sintió deseo de poseerla y se lanzó hacia ella. Pero su mujer Persefone apareció al instante y transformó a Minta en la planta que hoy día llamamos *Menta*. Quedó frustrado Hades. La leyenda está relacionada con dos hechos; tenía el dios infernal un templo en el Monte Minta, en Elis. Y en los funerales era usada la menta en ramos, juntamente con el romero y el mirto. Rito que tal vez tuvo origen en la tendencia a neutralizar el hedor que a veces despedía el cadáver.

En otra ocasión trató de violar a la ninfa Leuque. La diosa del Averno la transformó en álamo blanco y la hizo arraigar junto a la fuente de la Memoria, de que se habló arriba.

Hades ignoraba totalmente lo que en el mundo terreno o en el Olimpo acontecía. Vagas noticias le llegaban por los golpes que daban con los puños en tierra los dolientes y los desesperados (vid Eurípides, Troyanas, por ejemplo). Era como un rudimentario telégrafo para él.

Era el dueño de todos los tesoros enterrados, sea por la naturaleza, como son los metales preciosos o las piedras finas, sea los que hubieran enterrado los hombres.

Tenía como una de sus insignias un yelmo de obra de Cíclopes. Se lo dieron en gratitud por haberlos dejado regresar a la tierra, por mandato de Zeus (vid Cíclopes). Este yelmo hacía invisible al dios infernal.

Persefone, su mujer, le era fiel pero no tenía hijos suyos. El se asociaba mejor con Hécate, la reina de las brujas y magas. Ya se dijo en su lugar que tenía esta diosa tres cabezas: una de leona, otra de perra y la tercera de yegua.

Había en el Erebo otros funestos habitantes que se tratan por separado. Los enumeramos aquí brevemente. Ver su artículo propio.

Las Erinas, Eumenides, o Furias, a modo romano. Son las diosas de la venganza que existen antes de Zeus y los dioses todos.

Las Moiras, que en parte se confunden con las anteriores.

Fuentes: Entre las innumerables citamos: Homero, Ilíada, VIII, 368. IX, 158 ss. *567* ss. 454 ss. Odisea, XI, 539 ss. 572 ss.487 ss. Hesiodo, Teog. 311, 411 ss. Los Días y las Obras, 167 ss. Himnos Orficos, 68, 5. Apolodoro, II, 5. Apolonio de Rodas, Argonautas. II, 5 ss. Eurípides en Heraclés, y. 24. Orestes, 317 ss. Esquilo, Euménides, toda la pieza.

*Nota:*El asfodelo es una lilácea, clasificada por los botánicos como *Asphodelus fistulosus* L. Tiene flores blancas con una raya rojiza en cada pétalo y en forma de espiga apiñadas en racimo. Crece en regiones secas y rocosas y su figura y color sugirió a los antiguos la imagen del campo de los muertos que van sin ventura ni rumbo.

Para mayor información ver:
Farnell, L. R. *Greek Hero—Cults and Ideas of Immortality.* Oxford, 1921.
Frazer, J. G. *The Belief of Immortality and the Worship of the Dead.* Londres, 3 vols. 1913 a 1924. Murray, G. *Five Stages of Greek Religion.* Oxford, 1925.

MUSAS

Diosas hijas de Zeus y Mnemosine. Eran nueve tradicionalmente, desde Hesiodo, que recoge mitos anteriores (Teog. *25* ss.) Los nombres y campos de su actividad y protección son:
Caliope, poesía épica.
Clío, historia.
Erato, poesía lírica y cantos sagrados.
Euterpe, música de flautas y algunos otros instrumentos de viento.
Melpómene, tragedia.
Polimnia, arte mímico.
Talía, comedia.
Terpsícore, música general y baile.
Urania, astronomía.
En general eran veneradas por todos los que se dedicaban a labores intelectuales, filosofía, diálogos, etc.
Estaban bajo la dirección de Apolo y eran las que divertían a los dioses en el Olimpo.
Pocos mitos propios pueden indicarse. Por ejemplo, que fueron jueces en la competencia de Apolo con Marsias; que cegaron a Tamiris, por intentar competir con ellas, etc.
Aunque su culto más antiguo era en Pieria y Ascra, eran veneradas en toda Grecia. De donde pasó su culto a Roma.

*Fuentes:*Hesiodo, u.s. Homero, Ilíada, II, 594. Mencionadas por muchos en diversas obras.

MUSEO

Famoso cantor, hijo de Orfeo y relacionado con los misterios eleusinos. En tanto que Orfeo predicaba los misterios y las abstinencias de carnes, Museo enseñaba a curar enfermedades y daba oráculos. Es llamado así por decir que nació de una musa, o según otros, de la luna misma. No hay mayor información.

Fuentes: Fragmentos Orficos, VIII. Aristóf. Ranas, 1032 ss. Platón, Republ. 364.

MUTILACION RITUAL

Uno de los raros fenómenos de la cultura grecorromana es la existencia de sacerdotes, farsantes, devotos y gente por el estilo, mutilados de sus órganos genitales por razón de culto religioso. Reúno aquí los datos más importantes.

Es un rito de importación oriental con orden a Grecia y Roma. Está enlazado con el culto de la diosa madre y se funda especialmente en el mito de Cibeles y Atis (vid. los dos nombres). La razón puede ser una forma de ayudar a la fertilidad por el sacrificio de la fuente de la fertilidad humana, o más bien, de conservarse puros para el servicio de la diosa.

La mutilación se hacía en los festejos de Cibeles, o su forma siria Agdistis (vid). Los así dispuestos llevaban el nombre de Hieródulos, o sea, servidores del dios, o de Metragirtes, Galos, y alguno más que eran libres de andar por todas partes y generalmente andaban mendigando y haciendo fechorías. Hay sobre estos gran literatura, precisamente por ser más pintorescos. La misma vaguedad de noticias impide concretarlas. Doy este resumen:

Metragirtes era el nombre que se daba a grupos de devotos de Démeter o alguna de sus formas subsidiarias. El término significa "mendicantes de la madre". Iban y venían por las ciudades cantando, danzando y pidiendo. También pretendían profetizar el futuro. Desde el siglo v a. C. se los vio en Atenas y en Roma aún se hallaban en posesión de su oficio en días de Cicerón (De Leg. 2, 22 y 40). Todos eran castrados en honor de la diosa. Había otros que pertenecían a otros cultos orientales. En parte con tendencias e intención religiosa, la mayoría era de vagos, como sucede en todo tiempo y lugar (Cf. Apuleyo, Metam 8 y 9.)

Hieródulos. El nombre significa solamente "siervos sagrados". Lo fueron en su principio y ejercían los oficios que en toda religión ejercita el ministro inferior. En el Ponto y en Corinto, eran jóvenes castrados que servían al desahogo de los devotos en una prostitución religiosa. Estos se hallaban en templos de Démeter y sus coligadas.

Como ellos había las hieródulas, que eran mujeres dedicadas a la prostitución sagrada (ver Afrodita, Démeter, Astarte, etc.).

*Fuentes:*Cicerón, de Leg. 2, 22. Dion. Halic. Hist. de Roma, 2, 9, y consultar H. Graillot, *Le Culte de Cybèle,* 1912.

NARCISO

Hermosísimo joven, hijo del río Cefiso y de la ninfa Liriope.

Cuando nació, el vidente Tiresias dijo a su madre: Narciso vivirá eternamente, si nunca se conoce. Todos se enamoraban de su hermosura y lo buscaban. Desdeñoso él huía.

Una de sus enamoradas era la ninfa Eco, que lo acosaba por donde quiera. Ella no podía decir sino las palabras finales, por castigo de Hera (vid Eco). Intentó así enamorar a Narciso, pero él la repelía, por su falta de palabras.

Otro de sus enamorados era Aminio. Desdeñado se mató él mismo. Pero pidió a los dioses que hubiera venganza. Lo oyó la benigna Artemis y enamoró a Narciso, sin darle correspondencia. Desesperado se echó el joven a vagar por los campos y llegó a un manantial sumamente limpio y cristalino: allí, fatigado por la sed, intentó beber. Pero vio su imagen en las aguas y quedó enamorado de sí mismo. Horas y horas se pasó admirándose, hasta que la muerte lo acabó por inanición. Se fue deshaciendo y de sus despojos brotó una flor blanca con orlas rojas. Útil en la medicina para calmar las dolencias del oído y para hacer cerrar las heridas.

La procedencia del mito es probablemente Creta. La terminación *issos* denuncia una lengua anterior a la griega. Es casi seguro que tenemos un dios de las flores, semejante a Jacinto (vid), que se perpetuó en Grecia, con algunas modificaciones. Hay también vehementes sospechas de que tanto Narciso, como Jacinto, son puras versiones de Dióniso, antes de que su culto se divulgara por la Hélade.

Fuentes: Ovidio, Metamorf. III, 341 ss, Pausanias, 9, 31.
Bibliografía: Para Narciso y Jacinto, ver:
Nilsson, *Minoan-Mycenaean Religion.*
Mellink, *Hyakinthos,* 1943.

NAUSICAA

Hija de Alcinoo y Arete. Fue una mañana a lavar al mar los lienzos de la casa, acompañada de sus esclavas. Cuando hubo terminado y esperaba que se secara la ropa, se puso a jugar a la pelota con ellas. Fue a dar la pelota donde dormía el náufrago Odiseo, que se había salvado del mar. Vino a ella sin ropa, con solo un aderezo de hierbas. Pidió pan, asistencia y ropa, y la princesa se lo concedió. El rey envía a Odiseo a Itaca bien escoltado y en una bella nave.

Fuentes posteriores la hacen casar con Telémaco y darle un hijo que fue Perseptópolis.

Fuentes: Homero, Odis. VI, 15 ss. VII 311 ss. Hubo una tragedia de Sófocles que se perdió, dedicada al asunto.

NELEO

Juntamente con Pelias, era hijo de Tiro, hija de Salmoneo (vid Tiro y Salmoneo), y su padre era Poseidón. Este se acercó a ella con el disfraz del dios del río Enipeo. Expuso a los niños en el campo y fueron recogidos por un criador de caballos. A Tiro la madrastra Sídero trataba muy mal, hasta que los dos niños fueron hombres. Se dieron cuenta de los malos tratos e invitaron a Sídero al templo de Hera y allí Pelias la mató ante el altar.

Neleo casó con Cloris, hija de Anfión, y de ella tuvo por hijos a varios, entre los cuales Néstor.

Cuando Heraclés asaltó y tomó a Pilos, que era el reino de Neleo, porque éste no quiso hacer en él la purificación ritual, tras la muerte de Ifito, mató a todos los hijos de Neleo, menos a Néstor.

Sobre la muerte de Neleo hay muchas versiones.

(Vid Néstor, Tiro, Salmoneo, Heraclés en sus Trabajos, Anfión, etc.)

Fuentes: Homero. Odis. XI, 235 ss. Apolodoro, I, 90. Homero, Ilíada, XI 690 ss. Hesiodo, frag. 14.

NEMESIS

Tanto como Justicia, Venganza. Es una diosa popular y de origen más bien de primitivos mitos que más tarde se asimila y aun se halla confundida con Tije, o con la Moira y aun la Ker (vid).

Tenía su principal mansión en Ramnos de la Atica. Su ídolo tenía allí una rama de manzano en una mano y una rueda en la otra. De su faja pendía un látigo. En Esmirna, en donde era venerada mucho (Paus. 9, 35), sus estatuas tenían alguna insignia de las diosas de la fecundidad y en su templo estaban representadas las Carites, o Gracias (vid). Es probable que sea una forma de sincretismo con númenes de origen semítico.

Los mitos referentes a Némesis son muy complejos. Doy solamente los más importantes y divulgados.

Era hija del mar y tan hermosa como Afrodita. Se enamora de ella Zeus y la persigue por mar y tierra. Ella se va mudando en varias formas no humanas, principalmente de seres marinos, y al bajar a tierra se transforma en ganso y en cisne y al fin la posee Zeus. De ese contacto nace un huevo que fue llevado a Leda por un pastor que lo halló en su camino. De ese nacen Helena y los Dióscuros (hay para esta leyenda la versión más general. Ver *Leda).*

En Beocia estaba en confusión con la ninfa Adrastea (vid). Tenía aun atributos de diosa de la guerra.

Ya en Atica se eleva a dignidad de diosa de la justicia y de la venganza. Los refinados atenienses la invocan para que ampare los fallos y vengue los agravios.

Hay otras deidades que se relacionan con ella y aun se funden. (Ver p.e. Tije, Moira, Diké, Adrastea. Fortuna romana, etc.)

Fuentes: Homero, en Cipria, que cita Ateneo, Apolodoro, Trágicos, en varios lugares. Ver Ifigenia en Tauris, de Eurípides, la relación de los cisnes con la justicia y la rectitud y con la faz femenina del género humano. Aun en tiempo de Teodosio (379—94 a. D.) duraba su culto en el imperio romano. Ver también Pausanias, I, 33.

NEOPTOLOMEO

Hijo de Aquiles y Didamía. Cuando murió su padre fue enviado por los griegos a Troya, ya que el oráculo pedía su presencia para que la ciudad cayera. Fue a traerlo Odiseo. Mostró su valentía en la lucha y fue el matador de Eurípilo, hijo de Télefo. Fue uno de los que urdieron la treta del caballo de madera y en él entró a la ciudad. Fue de regreso a su patria y Menelao lo casó con Hermione.

En su regreso se perdió en el mar llevado por los vientos y fue a dar a la tierra de los Molosos, donde tuvo un hijo de Andrómaca llamado Moloso.

Fuentes: Homero, Odis. XI, 508 ss. III, 188 ss. Cipria, frag. 14.

NEREO

Dios de los mares, probablemente de una mitología anterior a la griega y asimilado por ésta. Es hijo de Ponto, y su mujer Doris dio vida a las Nereidas. Tiene su habitación en las honduras del mar, principalmente del Egeo. Está dotado de gran sabiduría y tiene el don de adivinación. Estas cualidades lo hacen hallarse en relación y muchas veces en disputa con los dioses y héroes, como en la leyenda de Heraclés en que aparece varias veces (vid).

Sus hijas son cincuenta o cien, y él educó a Afrodita cuando nació de las espumas (vid).

A pesar de todo es un tanto confuso y no tiene muchas leyendas directas. Lo hallaremos en referencia con muchos dioses.

*Fuentes:*Homero, Ilíada, O, 358. Hesiodo, Teog. 233 ss. Apolonio de Rodas, Arg. IV, 771 ss. Pausanias, III, 21.

NEREIS

Una de las amadas de Poseidón. Era una Nereida. Significa sencillamente la húmeda. Y una personificación de la luna cuando se sumerge en el mar (vid Nereidas). No hay mayor información.

Fuentes: Hesiodo, Teog. 270 ss. Homero, Ilíada, XVIII, 36 ss.

NESO

Uno de los centauros. El más notable mito referente a él es el que se relaciona con la leyenda de Heraclés (vid). Cuando el héroe llevaba a Deyanira al pasar el río Eueno se ofreció a pasarla. Consintió Heraclés, pero a medio río, Neso intentó violentarla. Se dio cuenta el héroe y le lanzó una flecha que lo mató. Antes de morir dio a Deyanira una parte de la sangre de la Hidra que había matado Heraclés y le dijo que era de efectos mágicos tales que jamás la olvidaría su marido. Cuando Heraclés trajo a Yola a su hogar, la esposa usó de aquella sangre para untar la túnica que dio a su marido, con la cual ardió el héroe (vid Centauros, Deyanira, Heraclés).

Fuentes: Sófocles, Traquinias. Ovid. Metamorf. IX, 101 ss. Apolodoro, II, 7.

NESTOR

Personaje de la guerra de Troya. Hijo de Neleo y famoso por su discreción y prudencia. Vive muy largos años, o sea por dos generaciones, más o menos ciento veinte. Ovidio le da doscientos.

Aparece en la Ilíada con el carácter de un anciano pacato, recto, bonachón y lleno de gracejo. Es una de las mejores creaciones del poeta, o reflejos de la realidad.

Hallamos en el poema homérico los datos principales:

Es el único que acoge a Heraclés amistoso, contra la conducta adversa de sus hermanos (vid Heraclés, Vida).

Pasada la guerra se halla en su casa en Pilos y hace largos discursos a Telémaco.

Ver los personajes relacionados con él.

Fuentes: Homero, Ilíada, I, 250 ss. IV, 301 ss. IX, 179. X, 204 ss. XI, 670 ss. XXIII, 626 ss. 306 ss. Odis. III, 4 ss. 165. XXIV, 50 ss. Ovid. Metamorf. XII, 187 ss.

NICTIMENE

Hija de Epopeo, rey de Lesbos. Este se enamora de ella y contra su voluntad la hace suya. Ella resiste con furia. Y, saciado su deseo, el rey la mata y se mata a sí mismo. La pobre hija es convertida en lechuza, que debe vagar por las noches bebiendo el aceite de las lámparas y espantando a los niños. Es un mito vago y confuso que ha sido unido en algunos casos con el de Harpálice (vid Climeno y Alestor).

Fuentes: Higinio, Fábulas 204 y 242.

NIKE

Niké es una de tantas abstracciones reducida al carácter de diosa. Su significado es Victoria, y con este nombre adoraron los romanos a una diosa similar. En los datos griegos tenemos que es:

Hija del Titán Palas y de Estix. Hermana de Zelos, Kratos y Bía, o sea, Envidia, Poder y Violencia. Era venerada por el mismo Zeus por haber tomado parte junta con sus hermanos en la guerra contra los Titanes (vid).

Fue tomada como diosa protectora de los combates atléticos. También en las guerras era invocada. Es representada en una carroza que a veces guía Heraclés. Hay datos más abundantes de la etapa alejandrina, pero todos van en pos de las ideas anteriores. Son innumerables sus representaciones artísticas.

Fuentes: Hesiodo, Teog. 383. Píndaro, Nemes, 5,. 42.

El interesado puede ver con mayor abundancia *Les Divinités de la Victoire,* de Baudrillart. París, 1894.

NINFAS

Concepto al mismo tiempo vago y complejo. El nombre significa "joven casadera, o recién casada". Por esta razón las ninfas son concebidas como jóvenes, niñas casi. Son personificación del ser misterioso que se supone habita en las montañas, los bosques, los árboles, los manantiales y los ríos. Más tarde hubo ninfas de las casas, los templos y las ciudades. Para algunos son inmortales, pero la generalidad de los testimonios habla de su muerte, aunque de gran longevidad, como Hesiodo dice.

Precisamente por su relación con tanta variedad de seres puede decirse que son innumerables. Hay clasificaciones que ni son exactas, ni muy fundadas. Daré algunas:

Driadas y Hamadriadas, ninfas de los árboles. Ligadas a su vida, de modo que al morir el árbol mueren ellas.

Orestíadas, ninfas del monte, de las laderas y de los collados.

Napeas, ninfas de las vegas y llanuras.

Limoníadas, ninfas de las praderas.

Náyades, Potameidas, Creneidas, Hidríadas, ninfas de manantiales, ríos, corrientes, pozos y en general depósitos de agua.

Nereidas, ninfas del mar, hijas de Nereo.

Algunas ciudades tienen su ninfa especial que toma el nombre de ellas. Otro tanto en cuanto a ríos o montañas. Nisiadas, por ejemplo, son las ninfas del monte Nisa en que nace Baco.

En general son seres benéficos al hombre y amables en sus aspectos. Ellas ayudan al cazador y al que va por la montaña. Están con el pastor y cuidan el río. Pero hay también ninfas malévolas. Asociadas con Pan, participan de la volubilidad de su carácter y son nocivas para el hombre.

Si un hombre llega a verlas queda prisionero de ellas. Sí algún hombre les agrada lo roban y lo llevan consigo, como pasó con Hilas (vid). También castigan al amante infiel, como hicieron con Dafnis (vid).

El culto que se les dio era generalmente en los lugares que se decían relacionados con ellas y en especial en ciertas grutas.

Hay la general creencia de que eran hijas de Zeus, menos las Nereidas, que lo eran de Nereo.

De algunas hay nota especial.

Probablemente esta concepción es de antes de la división de los pueblos indoeuropeos, ya que la hallamos en forma similar en la mitología germánica y en la India.

Fuentes. Casi en todos los autores, principalmente poetas, podrán hallarse referencias a estos míticos seres. Ver, por ejemplo, Hesiodo, *frag.* 171. Ovid. Metamorf. VIII, 771 ss. Himn. Homér. V, 256 ss. Homero, Odis. XII, 356, XVI, 205. Teócrito, XIII, 44.

NIOBE

Hija de Tántalo, hermana de Pélope, casó con Anfión, rey de Tebas. De él hubo seis hijos y seis hijas.

Ella gallardeaba por tan abundante prole y hacía especial alusión a Leto que solamente había tenido dos hijos. En venganza de ese alarde, los dos hijos de Leto, Apolo y Artemis, mataron a todos los hijos de Niobe.

Las mujeres de Tebas estaban aplacando las iras de Leto y ofrecían incienso para hacerla grata. Se presenta Niobe con una gala oriental en el acto religioso. Hace ostentación de sus muchos hijos y se burla de la diosa que, solamente dando dos, es preferida de Zeus. Por más que las Tebanas tantean calmarla tanto a ella, por su loca indiscreción, como a Leto por la ofensa, se ven llegar a Artemis y Apolo armados de arcos y flechas. Los niños andaban cazando por el Monte Citerón. Apolo les lanza saetas. Queda exceptuado Amidas (vid), único que había tenido cuenta de Leto, para rogarle piedad. En otras versiones, nadie sobrevive. Y aun al mismo esposo Anfión alcanza la ira de Apolo.

Nueve días con sus noches estuvo llorando Niobe por sus hijos. Cuando quiso sepultarlos no halló sino piedras. Zeus había dispuesto que en piedras se convirtieran. La misma Niobe que huye al Monte Sipilo, es mudada en estatua que está derramando lágrimas aun en pleno estío. Por Niobe nadie llora, sino es su hermano Pélope.

Los hijos de Niobe eran veinte, según Hesiodo, según Homero, doce y en otras fuentes, varían de cuatro a ocho.

Hay otra versión: El padre de Niobe cayó en amor contranatural con ella. Y como ella se opuso a sus intenciones, él mismo hizo matar a los hijos quemándolos. Su marido fue convertido en oso. Ella, en roca dura.

Es reminiscencia de mitos orientales.

Probablemente es una pura personificación de la nieve (cf. *Nivis* y *niobes*). La leyenda solamente retiene el hecho más impresionante: la mujer y sus hijos mudados en piedras

Fuentes: Higinio, Fábula 9 y 10. Homero, Ilíada, XXIV, 612 ss. Ovíd. Metamorf. VI, 146 ss. y 401 ss.

NISO

Rey de Megara. Tenía un rizo rubio en la cabellera y de su conservación dependía su vida y la existencia de su reino. La hija Escila (vid), enamorada de Minos, se lo cortó, con lo cual cayó la ciudad en poder de los de Creta. Niso fue convertido en águila marina y su hija en el ave ciris.

Fuentes: Higinio, Fábula 198. Virgilio, el poema Ciris. Ovid. Metamorf. VII, 480 y VIII, 6, ss.

OCNO

Personaje legendario y popular, significado de la demora y de la duda en la obra. Es del mundo inferior y está siempre tejiendo una cuerda de esparto, pero conforme la teje, la devora un asno. En otra versión esta cargando al asno de ladrillos, que se caen a medida de que él los pone sobre el lomo de la bestia. Acaso la cuerda ata los ladrillos y la come el asno. Más bien personaje folklórico.

*Fuentes:*Apuleyo, Metamorf. VI, 18. Plutarco, de la tranquilidad del alma, 473.

OCEANO

Hijo de Urano y Gea, o sea, del cielo y de la tierra. Casado con Tetis y padre de las oceánidas, lo mismo que de los dioses de los ríos. Homero lo concibe como un río enorme que cerca al mundo.

La concepción del océano era curiosa entre los griegos comenzaba en las columnas de Heraclés (Gibraltar), iba a dar a las regiones de los Elíseos y el Hades y tenía sus fuentes en el remoto Oeste.

Era un criadero de monstruos, tales como las Gorgonas, los Hecatonquires, las Hespérides, etc. (vid cada una).

En el concepto primitivo era la fuente de la vida universal. La base de generación de los dioses: *theon génesis,* La vista de los astros que parecen surgir y sumergirse en él sugiere que es el asiento y aun la morada natural de ellos. El sol navega durante la noche en una nave de oro para reaparecer en el oriente al día que sigue.

Pronto el concepto cósmico se personaliza en otros seres más precisos, como Poseidón, el anciano de los mares, etc. Océano como tal tiene pocos mitos.

*Fuentes:*Hesiodo, Teog. 133, 364, 786. Homero, Ilíada, XVIII, 607 III, 2. XIV, 201, 246, 302.

ODISEO, ULISES

El nombre es tal cual, en los poemas homéricos. Los latinos dieron la forma Ulises, que en rigor debiera ser Ulixes. Uno de los más famosos Personajes de la antigüedad helénica. Vamos a resumir datos y en ellos daremos la fuente, que es en suma la Odisea.

Es hijo de Laertes, rey de Itaca y lo sucedió en el trono. Padre de Telémaco, por Penélope (vid estos dos arts.).

Los caracteres que le da Homero son principalmente la audacia y la sagacidad. En la Ilíada hubo de tener gran parte (vid X, 242 ss. XIX, 154 ss XI, 312 ss. XXIII, 778 ss).

Pero en la Odisea es la figura principal. Hay que leerla entera para dar la idea de su obra y de su misma persona. Los libros IX a XII dan una completa fisonomía del héroe. Todas sus aventuras, todos sus hechos, están allí resumidos, y es superfluo darlos ahora. Debe el interesado leer la Odisea entera, en particular los lugares indicados.

El hilo general de la narración puede darse así:

Pasados los diez años de asedio a Ilión, y cuando ha caído, va a acometer a los Cicones, pero es sorprendido por una tormenta que lo hace dar en tierra de los lotófagos y llegar al fin a la de los cíclopes (vid. Odis. IX, 39 ss.). De ahí pasa a la tierra de Eolo, va a la casa de Circe, y por su consejo baja al Hades, a consultar con Tiresias que ha de hacer. Regresa de su viaje al Averno y va hacia Ea, pasando entre las sirenas y el escollo peligroso de Escila y Caribdis. Es la ocasión peligrosa, en que pierde a muchos de sus secuaces. Llegan a la tierra en que pastan los toros de Helio y sus compañeros devoran algunos. Helio se venga y el único que escapa es Odiseo. Va a dar a la isla de Calipso. Al cabo de siete años ella lo deja ir, por mandato de Zeus.

Se da a la vela; lo hunde Poseidón en venganza de haberse jactado de su buena suerte y Odiseo va a nado hasta la costa de Esqueria, donde es acogido por Nausicaa. Alcinoo lo envía a su casa con gran ayuda. Entre tanto Telémaco había regresado y esperaba el retorno de su padre. Llega este fingiendo ser un mendigo. Ataca a los pretendientes con la protección de Atena y la ayuda de su hijo y de los fieles amigos Eunomeo y Filotio (Odis. libs. XXI-XXII); Al fin reunido con su esposa, se ve obligado a hacer resistencia a los padres y deudos de los pretendientes que intentan vengar la muerte de ellos. Interviene Atena que hace que se reconcilien, tanto más que Laertes ha matado también al padre de Antinoo (Odis. XXIV).

Esta era la versión de los poemas homéricos. Hubo otro del cual queda el recuerdo y alguno que otro verso errante. En la Telegonia, que es un poema atribuido a Eugamon (siglo VI a. C.), se habla de nuevas aventuras. Vuelve Odiseo a su viajes y ahora quien lo busca es Telógono, hijo suyo en Circe. Lo encuentra y al llegar a Itaca lo mata sin intención. Circe hace inmortales a los que han sobrevivido, se casa ella con Telémaco y Penélope con Telégono. Tal es la versión que se propala, aunque el poema perdido no puede reconstruirse.

Los trágicos griegos tomaron a este personaje y con la libertad del estro dramático, lo modificaron, haciendo más de lo que da la tradicional figura. Lo hacen más sagaz y artimañoso, lo hacen más fétrico y doloso. No entra en el plan de este libro ir por este camino. Lea el interesado las tragedias (dadas íntegras en esta colección), y juzgue por sí mismo, tras un estudio de comparación entre los poemas de Homero y los tres trágicos, en lo que el tiempo nos dejó.

Aunque Odiseo tuvo culto en algunas partes, y no en su misma tierra, no hay que pensar que hubiera sido concebido como dios. Los héroes fueron en mucho acercados a la divinidad en la cultura griega. Se ha creído que es uno de tantos cuentos populares el que dio núcleo a la narración de las aventuras de Odiseo. Habrá algo en esta afirmación digno de tomarse en cuenta, pero es casi seguro que existió el hombre de esta clase y que fue dorado por el arte de la poesía, como sucede en todo tiempo y lugar.

Fuentes: Fuera de las citadas en el texto, ver libros como Bérard, V. *Introduction a L'Odyssée.* París, 1933, 3 vols. y el indispensable Farnell, *Hero-Cults,* 1921.

OFION

Es un ser de la primitiva mitología pelásgica. Se representa como serpiente enorme, que cuando ve a Eurinome (vid), bailando sobre el caos para dar forma a las cosas, se enreda en ella y la posee. Entonces toma forma de paloma ella y va y viene sobre las aguas del caos, hasta que da a luz un huevo. Ofión se enreda siete veces en torno de él y a fuerza de apretar, lo parte en dos. De allí brota el mundo todo: de la parte superior, sol, luna, estrellas; de la inferior, ríos, montes, bosques, plantas y animales.

Junto con su mujer va a habitar en el Olimpo y disputan acerca de la creación del universo. Ella contunde su cabeza con el calcañal, le arranca los dientes y lo arroja a la profundidad tenebrosa del abismo primordial, o a las cavernas de la tierra, según otro (vid. Eurinome, Cosmología Pelásgica).

Nótese el paralelo con la relación del Génesis hebreo, en que la mujer quebranta la cabeza de la serpiente.

Fuentes: La más amplia es Apol. de Rodas, Arg. 1, 495 ss. Higinio, Fábula 197.

OLIMPICOS, JUEGOS

Íntimamente relacionados con el mito, tienen su lugar en esta síntesis. Lo que históricamente puede decirse es:

Fueron establecidos en 776 a. C. Duraron hasta 393 ó 426 a. D. en que fueron abolidos por Teodosio I.

Comenzaron siendo competencias de carrera y lucha libre. Más tarde, por influjo de Feidón, rey de Argos, aumentaron a ser carreras, a pie, a caballo, a carroza, luchas y pugilato.

Tomaron carácter sacro al insertarse en ellos sacrificios iniciales a Zeus. El programa de 472 a. C. que conocemos al pormenor fija:

Primer día: sacrificios y juramentos.

Segundo día: Lista de los competidores registrados. Y después, carrera a caballo y en carro, lo mismo que el llamado Pentatlón (vid).

Tercer día: Competencia de niños y jóvenes no viriles.

Cuarto día: Carreras a pie, salto, lucha libre, pugilato, o boxeo, y pancration (vid). Cerraba la jornada la carrera de hombres armados con todos sus implementos de guerra, entonces tan pesados.

Quinto día: Sacrificios finales y banquete en que eran repartidos los trofeos. El más anhelado era una corona de laurel natural, o una oliva con sus gemas.

Si entramos en la leyenda, fuera de lo dicho en la Vida de Heraclés (vid), hay datos que son útiles, aunque discutibles.

El fundador fue otro Heraclés, el Dáctilo, no el hijo de Alcmena.

268   ANGEL Ma. GARIBAY K.

El auténtico Heraclés reformó los juegos y trajo el olivo, como se dice en ese artículo.

Duraban generalmente los períodos intermedios de cuarenta y cinco a cincuenta meses. Durante ellos se proclamaba armisticio general en Grecia.

Al lado norte del estadio estaba el templo de Sosípolis, una serpiente alojada en el templo de Eritía. La guardaban vírgenes vestidas de blanco y la alimentaban con pasteles de miel y con agua pura. La razón de esta costumbre se da en una vieja historia.

Cuando los arcadios combatían a los de Elis una mujer desconocida entregó un niño de pecho y les dijo que ese tenía que ser su general. Le creyeron, lo colocaron entre los dos ejércitos, y el niño se volvió serpiente. Perdieron los arcadios y ganaron los de Elis.

Fuentes: Ver Gardiner, *Olympia,* 1925, que reúne todos los datos. Y además: Pausanias, V, 7 ss. Diodoro de Sic. V, 64. Píndaro. Odas Olímp. Com. a III, 35 y V, 6.

OLIMPO

1. Montaña de unos 3,200 m. entre Macedonia y Tesalia. Por ser el pico más alto de toda Grecia se asignó como morada a los dioses. En ella se reúnen a hacer sus juntas y sus banquetes. Es la casa propia de Zeus llamado por antonomasia el Olímpico. Sus atribuciones se extienden largamente y fueron una defensa natural de la Hélade. No tenía sino dos accesos practicables: el valle de Tempe y las gargantas de Petra y Volustana.

2. Monte en Chipre, de altura de 2,000 m. Tuvo en su cumbre un famoso templo a Afrodita. Llamada Acrea por su altura, y no era accesible a las mujeres. Tiene en su falda yacimientos de petróleo y hubo minas de oro.

Fuentes: Cualquier geografía de Europa.

ONFALE

Reina de Lidia. Cuando Heraclés mató a Ifito, hijo de Eurito, recibió el oráculo de que para su purificación era necesario que se fuera a poner como esclavo, y que el precio de su esclavitud se pagara a Eurito. Hermes se encargó de pregonarlo como siervo y la reina Onfale lo compró. Dicen los poetas que lo puso a hacer labores femeninas, como labrar, tejer, y lo demás. Duró un año, según Sófocles, o tres, en Apolodoro. Dicen que tuvo hijo de Onfale. No perdió, pues, su tiempo.

Fuentes: Sóf. Traquinias, 248 ss. Ovid. Heroid. IX, 53 ss.

ONFALO

Nombre dado al que se estimaba ser el centro del mundo. Su sentido es el de ombligo. Se hallaban piedras en la región egea que llevaban ese nombre.

La más famosa es la de Delfos, que estaba en la entrada al santuario interior. Mucho más tarde se dijo que era la tumba de Pitón o de Dióniso. Había en el mismo templo otras piedras que también recibieron ese nombre.

Hay una curiosa leyenda acerca de este ombligo de mundo. Zeus quiso saber en dónde se halla el centro del mundo y para ese fin envió a dos águilas de igual potencia y en el mismo momento para que fueran a buscarlo. Una parte del oriente y la otra del poniente y las dos se encuentran en Delfos. Por esta razón había dos águilas de oro junto a la piedra sagrada, pero Filomelo las quitó.

Fuentes: Cualquier manual de arqueología griega.

ORACULOS

Uno de los temas más abundantes y llenos de interés en la religión y mitología griega es el de los oráculos. Resumo aquí lo esencial.

El nombre que daban los griegos era el de *manteia, cresteria,* principalmente. Era la respuesta dada por una divinidad al devoto que se la pedía. Cuando se organizó esta facultad, había adivinos casi oficiales que daban la respuesta, y lo más importante, los santuarios o lugares en que de manera habitual y casi oficial se daba respuesta a los que pretendían saber el futuro, o la manera de salir de un conflicto o resolver un problema angustioso. En estos santuarios había, por lo común, sacerdotes, o sacerdotisas, que se decían dotadas de especiales facultades para formular el oráculo. En cada santuario variaba el ceremonial y solamente en una obra especial a este tema pueden darse pormenores. Las indicaré en la nota bibliográfica.

Voy a dar solamente una relación general de los principales:

1. *Dodona.* Parece el más antiguo. Era un oráculo de Zeus en las montañas de Epiro. Allí hablaba Zeus y su consorte primaría Dione. El origen había sido una paloma que volando vino de Egipto y se posó en un roble y con voz humana invitó a fundar en ese sitio el oráculo del dios. Este roble fue el centro de la adivinación que se hacía mediante el movimiento de las ramas y hojas del árbol. A esta primaria forma se agregaba el vuelo de las palomas, o su rumoroso cantar, el resonar de los ecos en un címbalo de bronce, o los murmurios de la fuente cercana. Los que iban a consultar escribían su pregunta en una tableta de plomo y en ella misma se les daba la respuesta, a veces enteramente boba o ambigua. Los que la hacían eran los encargados del oráculo. Eran estos varones y mujeres, según se interrogara a Zeus o a Dione. Los sacerdotes eran llamados *selios* y andaban con los pies descalzos y sucios. Para dar la respuesta se acostaban sobre el suelo. Las mujeres que eran generalmente viejas, eran llamadas "palomas", por la primitiva leyenda.

2. *Ammón,* en el Egipto, ya descrito en el artículo referente a este nombre (vid).

3. *Delfos,* el más famoso en la época clásica y muy conocido en toda la tierra de esos tiempos. Eran de origen prehelénico, como casi todos, y en ellos se siguió el mismo método de antes.

El que se usaba en Delfos era así:

La mujer inspirada se sentaba en un asiento de tres pies —trípode— en una estancia subterránea, llamada *áditon.* En ese lugar estaba el manantial llamado *kassotis.* Era un acueducto, al parecer, para llevar aguas de una parte a otra del subsuelo.

El santuario primitivamente de Gea y posteriormente de Apolo (vid), estaba en una vertiente del Parnaso y sobre una grieta de la cual salían continuamente vapores de azufre. Decía el pueblo que eran las emanaciones del cuerpo del dragón Tifón (vid), allí sepultado, que se pudría en el abismo subyacente. Lo cierto es que probablemente eran restos de una boca volcánica. De ahí sacan algunos la etimología del nombre de este lugar: de *pitein,* podrirse, que daría el nombre de Pitia, que llevaba la pitonisa, o de *pintánomai,* preguntar, que es el más probable acaso.

Los oráculos se comenzaban en el mes de Bisio, que corresponde a núestro febrero—marzo. Eran el día 7. Algunos piensan que es el día del nacimiento de Apolo. Cuando la afluencia de peregrinos fue mayor se daba el oráculo cada día 7 de cualquier mes. Y aunque en lugar de una hubo tres pitonisas, no daban abasto.

Se pagaba por los oráculos. Los pobres tenían un día asignado, sin paga alguna.

Los sacerdotes eran de familias de cierta nobleza. Las mujeres eran más bien de gente vulgar. Al principio eran jóvenes, pero raptada una de ellas una vez, se estableció que pasaran de los cincuenta años. Tenían que permanecer castas.

Los oráculos eran ambiguos en extremo y requerían intérpretes para ser entendidos. Estos formaron un grupo que vivía igualmente de la paga que por interpretar recibía.

Duró el auge de Delfos unos mil años. Fue decayendo a partir del siglo IV a. C. Uno de sus primeros impugnadores fue Eurípides. Y aunque los romanos intentaron renovar su prestigio, nada lograron. Uno de los sacerdotes de este santuario fue Plutarco, que escribió un libro en defensa de éste y otros.

La explicación científica que se pretende para éste y otros oráculos similares, es que la mujer entraba en trance, gracias a los vapores de azufre y elevaba su mente a la subconciencia. O que era un subterfugio, puramente azaroso, como nuestras loterías. La primera explicación es más aceptable, pues desde Herodoto a Plutarco se habla de *entusiasmo,* que es una exaltación psíquica que proviene de diversas causas, sustraida al razonamiento.

Sobre este notable oráculo de Delfos, Ver H. W. Parke, *A History of the Delphic Oracle,* 1939.

Ya en el campo de la leyenda sobre este oráculo de Delfos cabe señalar los datos siguientes:

Pertenece a Apolo, Febo, Delio, Délfico, precisamente por ello.

Primitivamente era de la Tierra; que cedió sus derechos a Febe, una de la familia de los Titanes y ella a su vez a Apolo. Hay la variante de que Apolo por haber matado a Pitón se hizo dueño del oráculo.

Hubo varios santuarios en el orden que sigue, un poco fantásticos:

El primero fue de cera de abejas y plumas. El segundo de tallos de helecho, perfectamente atados unos con otros. El tercero de ramas de laurel. El cuarto fue construido por Efesto, que lo hizo de bronce, con adornos de pájaros de oro en el techo. La tierra se lo tragó un día. Vino el quinto, hecho de piedra esculpida, pero ardió el año de 489 a. C. Le sucedió el que se halla hoy día en sus ruinas exploradas.

4. *Claros.* Situado cerca de Colofón y también perteneciente a Apolo en la época clásica. Es un santuario de la etapa anterior a la venida de los griegos. Es una derivación del de Delfos, mediante el adivino Calcas, y parece haber comenzado por el siglo IV a. C. En la dominación romana tuvo bastante importancia.

La forma de adivinación era mediante un vidente que oía la pregunta y se retiraba a una gruta a beber las aguas de una fuente sagrada y dictaba las respuestas en verso.

Ver *Ephese et Claros* de Ch. Picard, 1922.

5. *Dídima* o *Branquides.* También de Apolo. Situado a unos 11 kms. de Mileto. Estaba en posesión de los descendientes de Branco (vid). Fue quemado el santuario por los Persas en 494 a. C. Cuando Alejandro conquistó Mileto, en 334, se reorganizó el culto y el oráculo. Se construyó entonces el templo más grande que hubo en Grecia. El vidente era elegido cada año y estaba asistido por dos tesoreros y un grupo administrativo. Había una pitonisa como en Delfos. Se celebraba una fiesta anual con asistencia de todos los grupos griegos, la cual era llamada Didimea.

Ver *Didyma,* de H. Knackfuss, 1939.

Hay otros oráculos de Apolo de menor importancia, como Ismenio, en Beocia, en donde se daba la respuesta viendo las entrañas de la víctima y Telmeso, en donde se esperaba en sueños la respuesta, lo mismo que en lugares menos importantes.

6. *Epidauro.* Es de Asclepio (Esculapio). Está en la península del golfo Sarónico y es una pequeña ciudad independiente. En un valle interior estaba el templo del dios. El culto originado en Tesalia se trasladó a esta ciudad y de ella desbordó por todo el mundo grecorromano.

El oráculo estaba ligado con curaciones. Los enfermos eran llevados a dormir en una sala adjunta al templo y seguían las normas que les daban los sacerdotes. El dios se revelaba en sueños y daba la curación, o la medicina.

Ver R. Herzog, *Die Wunderheilungen von Epidauros.* 1931.

7. *Patras.* Oráculo de Démeter. Sus sacerdotisas daban la respuesta atando un espejo, bajándolo a un pozo y observando desde arriba lo que en él se veía. Esta población se hallaba en las gargantas del golfo de Corinto y tuvo alguna parte en la historia política. Desapareció antes de la ocupación romana. Más tarde Augusto intentó fundar en el lugar una colonia. Un puerto cercano le dio alguna vida, pero el santuario con su oráculo no resucitaron.

8. De menor importancia son estos que menciono:

En *Faras* uno de Hermes. Se hacía la oblación de un óbolo de cobre y se esperaban las primeras palabras que se oyeran en el mercado. De ellas se deducía el oráculo.

En *Pagas,* uno de Hera, sin gran celebridad.

En *Egira* una capilla de la Madre Tierra. En esta las sacerdotisas bebían sangre de toro para ponerse en trance de adivinar.

9. *Oráculos de los héroes.* También, como los dioses, eran consultados. Menciono los más importantes, algunos de los cuales en el propio articulo tienen alguna mayor noticia.

Heraclés tenía uno famoso en Bura de Acaya. Se daba la respuesta mediante los dados.

Asclepio, además del ya mencionado, tenía varios, en que se seguía la misma práctica de dormir en el salón adjunto al templo.

Pasifea tenía el suyo en Talamas de Laconia, en donde por sueños respondía.

En *Tebas* había los de Anfiarao y Anfíloco, con la misma forma que los de Asclepio.

En Labadía estuvo el de *Trofonio,* hijo del argonauta Ergino. Su procedimiento era bastante complejo. Bien es darlo en síntesis.

El consultante tenía que prepararse con varios días de purificación. En ellos se bañaba en el río Hercina y habitaba en la casa dedicada a la Fortuna y al Genio. Tenía que hacer sacrificios a Trofonio y a Démeter Europa. No podía comer sino viandas sagradas, entre las cuales estaba carne de ciervo sacrificada a la sombra de Agamedes, que era hermano de Trofonio.

A la hora del oráculo era llevado al río por dos varoncitos de trece años, que lo lavaban y ungían. Luego bebía de las aguas de la fuente consagrada a Lete. Con eso olvidaba su pasado. Y luego de otra fuente que le traía a la memoria todo lo que había hecho y dicho en su vida y todo lo que había oído. Ya en esta disposición lo vestían con una túnica blanca de lino y le ponían unas botas de las que se usaban en la región. También llevaba cintas y flámulas como las de las víctimas para el sacrificio.

Entraba a la grieta abierta en la tierra en que se daba el oráculo. Era ésta como un horno para cocer pan y tenía más de 7 mts. de profundidad. Era descendido por una escalera de cuerdas. A fin hallaba una hendedura en que metía las dos piernas. En la cabeza llevaba un gorro y en cada mano un pastel de harina de cebada amasado con miel. Un repentino tirón de ambos tobillos le daba la impresión de que todo comenzaba a girar en torno de él. En la profunda oscuridad en que se hallaba sentía caer un fuerte soplo sobre su cabeza, tan molesto que se sentía a la muerte.

Era el momento en que comenzaba a hablar una voz de un ser invisible que le revelaba su vida entera y mil secretos más. Le descubría el futuro de su vida y le daba normas para ella.

En ese momento perdía el sentido al acabar aquella voz. Se hundía luego todo él en la hendedura y era llevado al sillón llamado de la Memoria. Allí le preguntaban lo que había oído y tenía que repetirlo punto por punto.

Casi inconciente era llevado al templo del Genio y allí acababa de recobrar sus sentidos. También comenzaba a reir con una risa nerviosa.

La explicación que le daban era que la voz oída era la de los dioses Buenos Genios, que eran supervivientes de la edad de Cronos. Ellos venían desde la luna a revelar los secretos que les preguntaban. Desde este tiempo eran sus vigilantes, protectores y defensores, pero también sus correctores.

Por fin consultaba al espíritu de Trofonio que se le revelaba en forma de serpiente a cambio de los pasteles de cebada y miel que había llevado.

Todo este complicado y fastidioso ritual era una supervivencia de ritos de la etapa anterior a la venida de los griegos. Una supervivencia de la religión misteriosa de los habitantes anteriores.

Para todo el tema de oráculos ayuda mucho la obra de A. Bouché— Leclercq. *Histoire de la Divination dans l'antiquité,* 1879 ss. y la más reciente de:

Morus, *Die Enthüllung der Zukunft* de la cual hay versión española. La alemana de 1961 y la otra de 1962.

Fuentes: Además de las citadas en el texto ver: Homero, Odis. XIV, 328. Esquilo, Prom. encad. 832. Eumenides, 1 ss. Sófocles, Edip. rey, 900. Herodoto, II, 55. VIII, 134, Pausanias, II, 24. VII, 21. Plutarco, Sobre el demonio de Sócrates, XXII. A la faz de la luna, XXX.

ORESTES

Uno de los personajes más populares, por la tragedia griega. Los rasgos de su vida y obra son complejos y aun confusos. Voy a dar lo que se halla más preciso en las fuentes.

Hijo de Agamemnón y Clitemnestra, fue criado en casa de sus abuelos Tindareo y Leda. Fue con su madre a entregar a su hermana Ifigenia a Aulis. Hay la versión de que se hallaba en casa de Focis por cuidados de Clitemnestra, cuando iba a regresar Agamemnón. Y aun hay otra versión: tenía diez años y su nodriza, que llaman de varios modos, Gilisa, Laodamía; Arsinoe, cuando supo que Egisto intentaba matarlo, envió a su propio hijo a la cámara de los príncipes, y Egisto mató a ese joven en lugar del niño Orestes. Y todavía la versión de que Electra lo disfrazó y lo hizo salir fuera de la ciudad para que no lo matara Egisto.

Fue a refugiarse a casa de Estrofio. Este era su tío por hallarse casado con una hermana de Agamemnón llamada Astioquea, Anaxibia o Cindrágora. En Crisa, donde reinaba este tío, halló a su gran compañero de aventuras y amigo entrañable, hijo del mismo Estrofio, llamado Pílades.

Supo allí la triste nueva. Su padre había sido asesinado y su cuerpo quemado sin ninguno de los ritos que la tradición pedía. Ni siquiera se dejó al pueblo acudir a sus exequias.

Pasan siete años en que Egisto domina en Micenas. Es como el sumo rey. Pero en el fondo era Clitemnestra la que regía y el adúltero y cómplice de su crimen era como esclavo suyo.

Electra su hermana había sido dada como esposa a Cástor de Esparta y el tirano Egisto que por el oráculo sabía que un hijo suyo sería vengador de la muerte de Agamemnón no había querido dar su mano a ninguno de los muchos pretendientes que la solicitaban.

Hay la versión de que Electra fue casada con un campesino, para evitar que un hijo suyo fuera el vengador. Allá vivía en miseria y el esposo no la había tocado. Clitemnestra entre tanto había tenido hijos de Egisto, que se señalaban con los nombres de Erigone, Aletes y una nueva Helena. La única hija que quedaba con Clitemnestra era Crisotemis, que no tenía escrúpulo en convivir con los asesinos de su padre.

Orestes llega a su mayor edad y va a Delfos a consultar qué ha de hacer. Le responde Apolo que tiene que vengar a su padre, o si no será un descastado, a quien nadie habrá de acoger. Lo mandan ir a la tumba de su padre, dejar un rizo de su cabello y ofrecer libaciones. Para protegerlo contra el ataque de las Erinas le da un arco de cuerno con el cual podrá rechazarlas. Y lo obligan a que regrese a Delfos, cuando haya cumplido con la venganza.

Ocho años han pasado —según otras fuentes, veinte— del asesinato de Agamemnón cuando Orestes llega a su casa. Cumple todos los requisitos que se le han indicado y deja el rizo en el sepulcro. Por su parte Clitemnestra ha soñado que una serpiente nacida de ella misma le mordía el pecho y en lugar de leche, sacaba sangre. Llega Orestes y con engaño mata a su propia madre y mata al asesino de su padre y usurpador del trono.

Hay una versión digna de recordarse. Todos estos acontecimientos son en el día en que el pueblo de Argos celebraba a Hera en una de sus más famosas fiestas. Egisto había preparado un banquete para las ninfas frente a la llanura en que debía sacrificar un toro a Hera. Estaba cortando ramas de mirto para adornar a la víctima cuando lo mata Orestes. O bien, cuando lo ha sacrificado al toro y examina sus entrañas, es cuando lo mata Orestes. Electra toma la cabeza del asesinado y va con ella a buscar a su madre. Anuncia que ha tenido un hijo del campesino y con el disfraz de que ella haga el sacrificio de purificación, la mata.

Una nueva versión es ésta: Clitemnestra sueña que Agamemnón ha resucitado y viene a recobrar su cetro. Envía a Crisotemis a hacer libaciones. Se le viene a contar que Orestes murió en un accidente del deporte de guiar carrozas, en los juegos pitios.

Y aun hay la versión de que no mató por su mano a la madre, sino que la llevó ante jueces que la condenaron y ejecutaron.

No permitieron en Micenas que los cuerpos quedaran dentro de la ciudad. Sacaron los cadáveres Orestes y Pílades y los fueron a sepultar lejos. La primera noche lo estaba velando Orestes, cuando las Erinas se presentaron con su cabellera de serpientes, su cara de perro furioso, sus alas de vampiro. No sirvió el arco dado por Apolo en Delfos y, azotado por sus enemigas, el joven yació seis días con sus noches en tierra, sin comer ni beber.

Llega en esos días Tindareo a obligar a los jueces de Micenas a que castiguen al matricida. Se recluye a Orestes y a Electra se les prohíbe el agua y el fuego. La ciudad está guarnecida de soldados para que ni escapen, ni se les dé auxilio a los hijos de Agamemnón.

Por su parte, Menelao, que ha aportado en Nauplia oye la noticia de la muerte de los asesinos de su hermano. Envía por la noche a Helena a que indague; pero en la ciudad la apedrean los parientes de los que murieron en Troya para rescatarla.

Helena quiere dar un tributo a su hermana enviando un rizo de sus cabellos. Electra no acepta ser ella quien lleve tal ofrenda. Sugiere que sea Hermione. Esta desde los nueve años había sido criada en casa de Clitemnestra. Fue a cumplir con la fúnebre oblación.

Entra Menelao y Tindareo le hace cargo de dirigir el juicio. En él hace sus alegatos Orestes. Los jueces no lo condenan a muerte, sino a dársela él mismo.

Sale a la guía de Pílades. Este estaba prometido a Electra. Y sugiere: Si los tres tenemos que morir, castiguemos la cobardía de Menelao y la infamia de Helena.

Orestes y Pílades entran al Palacio. Se apostan junto al altar y llevan dagas ocultas entre las ropas. Llega Helena lamentando la muerte de su hermana. Se echan encima los dos. Pílades mata a las esclavas. Orestes intenta matar a Helena misma. Pero en ese momento interviene Apolo, por mandato de Zeus, y la lleva al Olimpo donde reinará como diosa.

Electra está en guardia del regreso de Hermione. La hace entrar al palacio y cierra las puertas. Viene Menelao a defender a su hija, pero aparece el valiente Orestes y va a matar a Hermione. Una vez más interviene Apolo. Manda que Menelao tome otra mujer, que dé a Hermione como mujer a Orestes. Que se vuelva a Esparta.

Orestes asediado por las Erinas, emprende el viaje a Delfos.

Es visto por la sibila y ayudado. La mejor y más exacta manera es la que pinta Esquilo (vid Coéforas). Tiene que hacer un año de destierro e ir a Atenas y abrazar la estatua de la diosa. Eso hace en el drama esquiliano.

Uno de los episodios más impresionantes en esta historia es el vagabundeo por tierras y mares. Constantemente perseguido por las

Erinas y purificándose a la continua con sangre de cerdos y agua corriente. Una o dos horas lo dejan dormir. Hermes lo va acompañando a mandato de Zeus y lo lleva a Troezen, en donde lo purifica con agua de la fuente de Hipocrene, en un Sitio llamado aún la Cabaña de Orestes. Nueve hombres del país lo purifican y guardan su memoria los descendientes que señalan un laurel plantado en esa ocasión, dicen. Cada año celebran en la cabaña la purificación de Orestes.

Otros puntos de la errante carrera de Orestes son:

La Piedra de Zeus consolador, a unos 200 mts de Gitio, en donde reposa el joven y queda libre por algún tiempo de su locura.

Va a Regio en Italia y, edifica un templo. Se purifica en siete arroyos que por esa región corren. Va a Tracia y se purifica en los tres tributarios del Ebro tracio. Llega hasta el Orontes, cercano a Antioquía y allí también se purifica.

Es evidente que. estas leyendas son de creación posterior para autorizar determinados sitios con la memoria de un famoso personaje. Recursos de turismo, diríamos hoy.

Hay también un santuario de las diosas locas, o sea las Erinas, en el camino de Megalópolis a Mesena. Y así interminablemente.

Va por Arcadia, por el Llano de Parrasio, por la tierra de los Azanes.

Terminado el año, llega a Atenas y se abraza a la estatua de la diosa titular. Sigue la contienda y la defensa que cómo nadie dio Esquilo. Es una autorización del Areópago. Regresa a Argos y se compromete a ser perpetuo aliado de Atenas.

La historia posterior tiene muchos episodios, aunque también confusos. Sean éstos: los más seguros a mi juicio.

Egisto, como se sabe, había usurpado el reino de Micenas, favorecido por Clitemnestra su amante. En la muerte de Egisto quedó Menelao al frente de la casa real.

Al morir Menelao los de Argos invitaron a Orestes a que los gobernara. Había otros pretendientes: Nicostrato y Megapentes, pero eran hijos de Menelao y una esclava. Orestes acepta y toma a Argos como suya, a la cual había incorporado ya parte de Arcadia. Reinó feliz hasta que hubo de emigrar a Arcadia, donde murió a los setenta años, mordido por una serpiente en un lugar que fue llamado Orestia, u Orestio desde entonces.

Fue sepultado en Tegea. Y aun después de muerto tuvo que ayudar a su patria. Reinaba de consuno Aristo y Anaxandrides, el que tuvo dos mujeres legítimas con sus correspondientes casas. Los espartanos desesperados por haber perdido en todas las batallas, mandaron preguntar a Delfos qué debieran hacer. Se les respondió que para triunfar tenían que tener los huesos de Orestes. ¿Dónde estaban? Se les dio igualmente un oráculo. Hallan al fin los huesos y con ellos la dicha de Argos.

Varían las leyendas: Hay quien diga que fue mandado ir a Lesbos, al
cumplir su año de destierro, y que allá, lo mismo que en Ténedos fundó
colonias griegas. Otros dicen que el que conquistó Lesbos fue su hijo
Pentilo.

No seguiremos ya el largo artículo en que tratamos de dar la mítica
silueta de Orestes.

Fuentes: Entre las muy numerosas cito: Eurípides, Orestes, Electra, Ifigenia
en Aulis, todos. Sófocles, Electra, Esquilo, Trilogía de Orestes. Higinio Fábulas
117,119, 122, 123. Apolodoro, Epit. VI, 24. III, 3. Homero, Odis. III, 306 ss.
Pausanias, III, 22. VIII, 34. Píndaro, Nemea, XI, 33 ss.

ORFEO, ORFEISMO

Abundantísima literatura hay sobre este tema. Daré solamente lo
esencial.

Hijo del rey Oafreo, de Tracia y de la musa Caliope. Era poeta y
músico cual ninguno. Hay mucho de fantástico en su leyenda, pero es
imposible dividir lo histórico de lo legendario. Era un don de Apolo su
lira. Las Musas fueron sus maestras para tañerla. Tal era la dulzura de
su canto y son que los bosques corrían en pos de él, los animales fieros
se domesticaban y hay en su región tracia, al decir de los mitos, hayas
y encinas que quedaron dislocadas por seguir su danza.

Fue a Egipto en viaje de estudio y arte. Luego se asoció a los
Argonautas. Fue con ellos a la Cólquide. Tocando su música ayudó a
superar muchos peligros.

Al regresar de la expedición se casó con Eurídice o Agriope, por otro
nombre, y fue a establecerse al país de los Cicones en Tracia.

Andaba Eurídice en los campos cercanos al río Peneo y encontró a
Aristeo. Trató éste de violentarla y al echar a correr mordió una
serpiente su pie. De resultas murió.

Fue Orfeo a buscarla al Hades y mediante su música se abrió paso,
adormeció al Cerbero y a los mismos jueces del Averno. Se le entrega
la esposa, y va siguiéndolo, bajo la condición de que no debe volver el
rostro, sino cuando llegue a la luz del sol. Hace lo mandado, pero al
buscar a su esposa, ve que se perdió para siempre (Vid Eurídice).

Cuando Dióniso fue a Tracia no le hizo gran caso a Orfeo. Le
enseñó, sin embargo, los grandes misterios y le dio la consigna de
hacer sacrificios humanos. Cada mañana se encumbraba al monte
Pangeo para proclamar que el dios único es Helios, confundido aquí
con Apolo.

Dióniso se fue a Macedonia y arrojó a las Ménades en contra de Deyo, su rey. Estaba Orfeo ejerciendo su ministerio en el templo. Entraron los varones y las Ménades esperaron a las mujeres para que enloquecidas mataran a su maridos al salir y al mismo Orfeo lo hicieron pedazos. Su cabeza fue a caer al río Ebro, pero al ir flotando hacia el mar iba cantando aún. Llegó hasta la isla de Lesbos.

Las Musas llorando vinieron a recoger los miembros de Orfeo y a sepultarlos en Libetra, al pie del Olimpo. Todas las noches van los ruiseñores a cantar con una melodía tan dulce que en ninguna otra parte se oye.

Las Ménades trataron de lavar las manchas de sangre de Orfeo y corrieron al río Helicón, pero éste se sumergió en la tierra, para ir a aparecer unos cinco kilómetros adelante. Allí adquirió el nombre de Bafira.

Orfeo dio a las Ménades normas de vida sexual perversa y según algunos recomendó el homosexualismo.

En el Olimpo se desaprobó el crimen de las Ménades al matar a Orfeo, y sólo Afrodita estuvo al lado de Dióniso para pedir la clemencia en favor de ellas. Fueron perdonadas, pero se transformaron en hayas, quedando arraigadas en la tierra.

La cabeza de Orfeo, aunque perseguida por la serpiente de Lemnos, fue a dar a Antisa y reposó en una caverna consagrada a Dióniso. Comenzó a dar oráculos al grado de que decayeron los de Delfos y hubo de intervenir Apolo. Vino y la reprendió y desde entonces quedó muda para siempre.

Su lira fue colocada en el templo de Apolo en Lesbos y era venerada por las musas. Muy adelante se la pone entre las constelaciones.

Hay otra versión de la muerte de Orfeo. Zeus irritado porque había divulgado secretos divinos, le mandó un rayo.

A Orfeo se atribuye la institución de los misterios de Hécate en Egina, de Démeter en Esparta y de Apolo en Tracia.

Aunque no es muy directa la relación, por lo que se dirá, voy a dar algunas notas sobre el Orfeísmo. Es un movimiento religioso muy divulgado en Grecia y Roma, principalmente por los mismos días de la difusión del Cristianismo. Pretende fundarse en principios doctrinales que provienen del famoso personaje. Se suelen señalar algunas etapas y hay quien lo hace tan antiguo como para proceder del siglo VII a. C. Tiene ciertos libros que se suelen llamar Escritos Orficos, de muy diversa autoridad y antigüedad.

Su cosmología difiere en algunos puntos de la griega (vid Cosmogonía Orfica). La parte referente a los dioses es difícil de definir en lo que tenga de original. La principal doctrina es la referente al hombre. De acuerdo con Platón, piensan los orfistas que el cuerpo es una tumba, en la cual el alma está prisionera. Es ella una chispa divina y tiene que evolucionar para hallar su libertad.

Normas de vida moral son abstenerse de carnes y de matar a los animales.

Se atribuye la trasmigración de almas, pero en otros textos se da por cierta la punición de los crímenes en el mundo del más allá.

Orfeo es antagonista de Dióniso, como se ve en su leyenda, pero Dióniso es venerado por los orfistas.

Probablemente hallamos en este hecho cultural una infiltración de ideas y normas de las religiones de Oriente, en especial de Persia y la India.

Fuentes, Píndaro, Píticas. IV, 176 Apolonio de Rodas, Arg. I, 28 ss. Higinio, Fábula 164. Eurípides. Báquides, 561 ss. Alcestes, 357. Esquilo, Agam. 1629 ss. Basar. frag. Ovidio. Metamorf. XI, 1 ss. Luciano, contra los ignorantes. II. Pausanias, III, 14 s. IX, 30.

Para el Orfeismo, ver:

W.K. G. Guthrie, *Orpheus and Greek Religion.* 1935.

M.P. Nilson, *Early Orphism and Kindred Religious Movements.* En Rev. Harvard Theology, 28, 18 ss. 1935.

OKern, *Orphicorum Fragmenta.* 1922 (muy importante).

ORION

Mito de origen estelar. Perpetuado en la constelación de Orión de nuestra astronomía.

La serie de leyendas, como todas las muy antiguas, complicadas y confusas, puede proponerse así:

Hijo de Poseidón y Eurile. Fue el más hermoso de los hombres. Y también el más potente y fuerte. Excedía en tamaño y hermosura a los mismos famosos Aloeides (vid) (cfr. Homero, Il. XVIII, 464 y Odis. XI, 572 ss)

Se dedicó a la caza en la región de Beocia. Un día llegó a Hiria en Quíos y vio a, Merope, hija de Enopio, que lo era de Dióniso. El padre prometió darle a la hija, con la condición de que acabara con las fieras que infestaban la isla. Comenzó su labor el cazador y cada tarde llevaba a Merope las pieles de los animales que había logrado matar. Cuando acabó, su padre le dijo que no, porque aún en los montes se oía el rugir de las fieras. No era sino porque el padre Enopio estaba enamorado de su propia hija.

Enojado Orión, una noche se bebió un odre del vino de Enopio y se enardeció de tal manera que se atrevió a entrar al cuarto de Merope y la forzó. Al día siguiente, fuera de sí, invocó Enopio a su padre Dióniso para que le ayudara a la venganza. El dios envió sátiros para que aniquilaran a Orión, dándole más vino hasta que quedó inerte. El padre de Merope lo hizo llevar a la playa y le cerró los ojos dejando que estuviera como ciego. Había un oráculo que decía que un ciego recobraría la vista y que lograría vencer, si iba al oriente y fijaba sus pupilas en Helio, precisamente en el punto en que emerge éste del mar.

Como pudo, en una barca navegó, guiándose solamente por oído, hasta llegar a Lemnos. La principal señal que tuvo en su camino fue el golpe del martillo de los Cíclopes.

Llega al taller de Ifesto y allí se concierta con un aprendiz para que éste lo ayude como guía. Lo coloca sobre sus hombros y sigue la marcha. Llega hasta el último confín del mar. Pero allí lo ve Eos y queda enamorada de él. Helio le devuelve la vista por amor a su hermana.

Está en Delos unido ya a Eos y quiere vengarse de Enopio, al cual no pudo hallar en toda la isla, porque Ifesto le había hecho una cámara secreta subterránea en que se hallaba refugiado. Fue a buscarlo a Creta donde le dijeron que se escondía. Pero a quien halló fue a Artemis que tenía la misma afición a la caza que él. Lo convenció a que dejara a un lado sus intenciones de venganza y más bien se dedicara a cazar unido a ella.

Cuando Apolo supo que en su misma sagrada Delos había yacido con Eos, le puso como pena que limpiara de fieras la isla. Pero temerosos de que Artemis fuera a protegerlo, por haberse enamorado de él, fue a pedir Apolo a Gea que le diera un gran escorpión que lo fuera acosando. Mas Orión se defendía con sus dardos y aun con su daga, sin lograr matar al monstruo. Como no pudo lograr dominarlo, huyó a nado a Delos, con la esperanza de que Eos lo protegiera.

Apolo engañó a Artemis diciendo que era un gran monstruo el que huía; la diosa fue en su persecución y le hirió la cabeza. Cuando se dio cuenta de quién era, se puso a lamentarse. Llamó a Asclepio (Esculapio), médico hijo de Apolo (vid), para que lo resucitara. Iba a hacerlo, cuando el rayo de Zeus lo hirió. Desde entonces la diosa lo puso en el cielo, seguido perpetuamente por el escorpión. Mítica explicación de la situación de las dos constelaciones: Orión seguido siempre por Escorpión.

Hay variantes de este mito que no carecen de interés. El escorpión le picó la cabeza. Artemis se enojó porque le había quitado a sus siete compañeras las Pléyades (vid).

Otra versión es que Orión es hijo de la Tierra. Había un cultivador de abejas llamado Hireo, que no tenía hijos y estaba llegando a la vejez. Un día lo visitaron Zeus y Hermes disfrazados de caminantes y el campesino les dio muy buen hospedaje. Le dijeron qué don quería en recompensa: —¡Ay, tener un hijo, dijo él, pero ya no es tiempo. Estoy viejo e impotente! Los dioses le dijeron que matara un toro, se orinara en su piel y la enterrara en el sepulcro de su mujer. Lo hizo y, pasados nueve meses, nació un niño, a quien puso por nombre Urión —el que se orina— y dicen que por esa razón la constelación de Orión es propicia a las lluvias. Como se ve, los mitos son diversos y confusos. Prueba de la antigüedad de la leyenda y su gran difusión queda clara cuando sabemos que en los textos de Ugarit hay una versión hitita en que Anat se enamora de Akhat, famoso cazador y le pide su arco, que rehusa él darle. Hace la diosa que Yatpan lo mate y eche el arco al mar.

Fuentes: Homero, Odis. XI, 310. Higinio, Astronomía Poética, II, 34. Partenio, Historias de amor, 20.

ORTRO, ORTO

Perro mítico que aparece en varias leyendas. Era hijo de Tifón y Equidna, hermano del Cerbero; tenía dos cabezas y habiendo tenido trato con su propia madre, de ella engendró la Esfinge y el León de Nemea (ver Trabajos de Heraclés). Era propiedad de Atlas, quien lo cedió a Gerión, y éste lo puso a guardar sus ganados. Cuando Heraclés llegó a tomar estas greyes, se lanzó contra él ladrando y tratando de morderlo, pero el héroe lo mató con un solo golpe de su clava.

Fuentes:. Hesiodo, Teog. 306 ss. Apolodoro, II, 5. Higinio, Fábula 30.

OSIRIS

Personaje de la mitología egipcia que tuvo incursiones en la griega, unido a Isis (vid). Se da a ese título. Es hermano de Isis y casado con ella. Muerto y destrozado, ella reúne sus despojos y los hace revivir mediante la obra de Anubis. Vive en el Averno y es un dios de la fertilidad. Identificado más tarde con Diónisio. Era el dios del Averno entre los egipcios y más tarde asimilado a los faraones. Fue muy popular en los misterios de la Diosa en el imperio romano y en gran parte de Grecia.

Es tenido por introductor de la agricultura en diversos países, como es el Quersoneso Táurico (Crimea de hoy), y es Herodoto, con su general visión, quien lo hace de ello responsable (vid Isis y Anubis).

*Fuentes.:*Herodoto, Hist. II, 104. Apuleyo, Metamorf. XI.
Ver *The Ancient Gods,* de E. O. James, 1960.

PALADION

Palas mató a la Égida y arrepentida de su acto hizo una imagen que
regaló a Troya, como signo de su protección. Era el llamado paladión,
que bajado del cielo afirmaba la dicha de la ciudad.
Fue robado por Odiseo y Diomedes durante la guerra. No hay datos
precisos acerca de su forma y contextura.

Fuentes: Apolodoro, III, 114 ss. Pequeña Ilíada, V, 110.

PAN

Dios prehelénico y aun general. Representa el principio vital, tanto
en la conservación como en la propagación. De ahí que es numen de la
agricultura y también de la unión sexual. Venerado en Arcadia de
tiempo muy antiguo. No es seguro que tenga que ver con el semantema
PAN: todo, sino más bien con el que hallamos en latín: PAN—is,
PA—sco, etc. Es decir, el principio de nutrición.
Era representado como algo salvaje: cuerpo de varón hasta la cintura,
piernas y pies de chivo, y de éste tiene orejas, cuernos y cola. Probablemente en él se simbolizan los poderes de la nutrición y de la
fecundación en forma intensa. No es raro hallar referencia a varios seres
similares, aunque casi siempre se concibe como uno solo.
En cuanto a los mitos un tanto vagos hallamos algunos que se dan
aquí y otros que hallan su sitio entre los artículos referentes a diversos
hechos y personas.
En cuanto a su nacimiento hay varias versiones:
Es hijo de Hermes y Driope, o Eneis, ninfas ambas.
Lo tuvo Hermes en Penélope, la mujer de Odiseo, cuando la visitó
mudado en ciervo. O en Amaltea, la cabra.
Cuando hubo nacido, la madre quedó horrorizada al ver, su figura
sumamente fea, con cuernos, barba, piernas y cola de macho cabrío. Lo
dejó abandonado y corrió lejos de él. Vino Hermes y lo recogió y lo
llevó al Olimpo en calidad de bufón.
En otra versión es adoptado por Zeus y anterior al mismo Hermes en
cuanto al nacimiento.
Era hijo de Penélope que tuvo trato con todos los pretendientes, en
la ausencia de Odiseo, y por eso nació tan deforme.

Aun hay la versión de que es hijo de Cronos y Rea, hermano por consiguiente de los grandes dioses.

Y aun la de que es hijo de Zeus e Hibris.

Esta variedad de relatos solamente prueba que es un dios de difícil entronque con los númenes helénicos y que se hizo una serie de tanteos para adaptarlo a la familia divina.

Vivía en la Arcadia guardando rebaños, ayudando a los cazadores y persiguiendo a las ninfas. Era gran perezoso que no perdonaba la siesta del mediodía, y al que con ruido o música lo despertaba, lo perseguía con furia. Esta es la base del temor pánico de que se habla aún en lenguas modernas. Los habitantes de Arcadia no le tenían miedo y había cazadores que se empeñaban en ir a la puerta de su gruta a tocarle campanillas y romper su sueño.

Entre las ninfas que sucumbieron a su ataque está Eco, la cual más tarde se enamoró dc Narciso con funesto fin (vid). De ella nació Inx. Otra fue Eufeme, nodriza de las Musas, que le dio por hijo a Croto.

El mismo hacía alarde de haber yacido con todas. las Ménades de Baco.

Intentó violar a la ninfa Pitis, la cual se escapó convirtiéndose en abeto. El, en recuerdo, lleva al cuello una manera de collar hecho de hojas o de bayas de este árbol.

Fue persiguiendo a Siringe, que huyó hasta la orilla del río Ladón. Al ir a ser alcanzada se mudó en caña. El no pudo distinguirla entre las otras cañas y cortó un manojo de ellas, las juntó con cera e hizo la siringe, o flauta de varias cañas, propia suya para cantar y tocar en la montaña. Es la famosa flauta de Pan.

Persiguió a Selene, disfrazado de cabrío negro con blancos flecos de pelo. Selene consintió en cabalgar sobre él y la llevó a donde quiso, pero ella accedió a todos sus deseos.

Se atrevió a contender con Apolo en el tañer de la flauta y el dios llamó a Midas como árbitro. Le dio la victoria a Pan y en venganza Apolo concedió a Midas el raro privilegio que pidió (ver Midas).

Era burla de los dioses, pero todos le pidieron alguna dádiva.

Hermes imitó su flauta. Apolo aprendió de él el arte de adivinar. Hermes más tarde vendió la flauta a Apolo.

Un mito curioso es la divulgación de su muerte. Iba el marino Tamús en camino hacia Italia y al pasar su nave por la isla de Paxí, oyó una voz que le decía: Tamús, Tamús, ve a la tierra a donde te encaminas y cuando bayas llegado grita: ¡Ha muerto Pan, ha muerto Pan!

Cumplió u cometido y al llegar a dar su noticia, la playa entera resonó con ayes y gemidos.

Según Esquilo es el vengador de los males que se infieren a las bestias (Agam. 56). Los poetas pastoriles alejandrinos le consagran su música y poemas. Ciertamente es uno de los complejos míticos más digno de estudio.

Fuentes: Homero, Himnos atribuidos a. El dedicado a Pan. todo. Teócrito, Idil. I y sus anotadores, Idil. VII. Higinio, Fábula 224. Astr. poét. II, 27. Ovid. Metamorf. 1, 694 ss. y III, 356 ss. Plutarco. Por qué callan los oráculos, n. 17.

PANATENEA

Dos clases de fiestas en honor de Atena celebradas en su ciudad.

La primera cada año, de menor importancia y la segunda, que era la gran panatenea, cada cuatro. Esta se hacía el 28 de hecatombeon, que corresponde a los meses dc julio—agosto. En ella se celebraba el nacimiento de la diosa.

Consistía en una serie de actos por el orden siguiente:

Un gran desfile o procesión formada por todos los elementos de la ciudad, ancianos y jóvenes, entre los cuales las doncellas llevaban diversos dones a la diosa y los varones a los animales que iban a ser sacrificados. Iban también carrozas y caballos en esta procesión. También los metecos, o sea personas que residían en la ciudad sin ser ciudadanos de ella, tomaban parte en este desfile. El friso del Partenón representa precisamente una de estas procesiones.

Se hacían sacrificios y la carne era distribuida entre todo el pueblo.

Seguían los juegos panantenaicos, similares a los otros (vid Olímpicos, juegos), y el galardón de los que ganaban era un pomo de aceite de los olivos consagrados a Atena. En ese pomo o ánfora estaba grabada la imagen de la diosa. Ella tenía la espada en la mano y en como orla estaban los diversos juegos, representados en forma esquemática.

Eran sumamente concurridas estas fiestas, aun por extraños.

Fuente: Una buena arqueología griega, por ejemplo el trabajo de E. Pfuhl. *De Atheniensium pompis sacris,* 1900.

PANCRATION, PANCRACION

Era una, forma de los Juegos Olímpicos. Una combinación de pugilato, lucha libre, lucha a puntapiés, o golpes del pie. o contra el muslo, apretura del cuello y torcedura del dorso. Era deporte sumamente peligroso. Exhibía la fuerza de todos los miembros. Lo que se prohibía era morder o clavar los dedos al adversario; fuera de eso toda maniobra de manos, pies, cuerpo y aun cabeza estaban permitidos. Un golpe en el estómago, una torcedura de pie, o de codo, una rotura del pecho con los dedos abiertos, no eran falta. La mejor forma era echar por tierra al adversario y montarlo y darle los golpes posibles para domarlo del todo. Se le podían rodear las piernas al estómago, o los brazos al cuello.

*Fuentes:*Vid Gardiner *Olympia,* 1925.

PANDAREO

Figura un tanto borrosa. Aparece como padre de Aedon, y también como padre de dos hijas que la Odisea propone (XX, 66 ss) Se duda si es el mismo personaje. Estas se llamaban Cleotera y Merope.

Pandareo roba el perro de oro de Zeus que estaba en Creta y en venganza el dios sumo lo mata. Las diosas Hera, Artemis, Afrodita y aun Atena, tienen compasión de las huérfanas. Pero cuando Afrodita fue a visitar a Zeus para arreglar su boda, las Harpías se las llevaron y las entregaron a las Erinas para que las sirvieran como criadas (vid Aedon, Harpías, Démeter).

Fuentes: Higinio, Fábula 250. Calímaco, Himno a Démeter.

PANDION Y SUS HIJOS

Rey de Atenas, hijo de Cécrope y Metiadusa, hija de Eupalamo. La historia de su accesión al trono tiene estos datos: Poseidón mató a Erecteo, rey de Atenas. Se suscitó la contienda tocante a la sucesión entre sus hijos, que eran Cécrope, Pandoro, Meción y Orneo. Xuto dio el fallo: el que tenía que reinar era Cécrope, como mayor de todos.

Pero Meción y Orneo hicieron tentativas para matar a Cécrope. Se vio obligado a refugiarse en Megara y Eubea. Muy pronto se unió a él Pandoro y fundaron los dos una colonia. Fue cuando entró a reinar Pandión. Había muerto su tío Meción, que disputaba la realeza, pero quedaban los hijos, de éste: habían nacido de Alcipe o de Ifinoe, según otros testimonios. Estos hijos de Meción eran Dédalo, Eupalamo, Sición. La parentela no es muy clara, porque otros los hacen nietos. Y el nombrado al fin es dado a muchos padres.

Estos echaron de Atenas a Pandión. Huyó él a la corte de Pilos (Pilas, Pilo, que todos estos modos hallamos), y casó con Pila, hija de Lelegian,

rey de Megara. Como Pilas mató a su tío Bías, tuvo que huir a Mesenia
y dejó el mando de Megara a Pandión.

Contra Pilas vinieron los pelasgos y Neleo y lo hicieron huir. Fundó
una nueva ciudad de su nombre.

Pandión de Pila tuvo cuatro hijos:

Egeo, Palas, Niso y Lico. El primero, que aborreció a sus hermanos,
lanzó la especie de que él era hijo de otro padre, un tal Escirio. Por lo
que toca a Pandión, jamás regresó a Atenas.

Los hijos de Pandión al morir él hicieron una expedición contra los
atenienses. Echaron fuera a los hijos de Meción y dividieron la tierra
ática en cuatro partes. Egeo, como mayor, obtuvo la soberanía de
Atenas. Niso tuvo Megara y sus contornos; Lico, Eubea y Palas, la parte
meridional del Atica.

Escirón, hijo de Pilos, casado con una hija de Pandión, disputó su
parte Niso y Eaco. No tuvo resultado.

Egeo estuvo siempre expuesto a conspiraciones en su contra.

Lico fue a habitar a las riberas del Sarpedón y fundó, Licia.

Hay mayores datos, bastante confusos, que omito.

Fuentes: Apolodoro, III, 15. Pausanias, IV, VII, X.

PANIQUIS

Curiosa confusión. La palabra significa "toda la noche".

Se daba a la fiesta nocturna en honor de Démeter, en Aloa, o de
Artemis, en Tauropolia. Más tarde significó a quien espera a Afrodita,
por ser ocasión propicia a la celebración de esta diosa.

Esta misma es la razón de que se llamaran varias mujeres de servicio
general Paniquis: la que da toda la noche.

Se inserta este nombre aquí en obvio a confusiones.

Fuentes: Menandro, Epítome, 234 ss. Luciano, Diálogos, IX. Cfr. también
Attische Feste, de J. Deubner.

PANTOO

Era un sacerdote joven en Delfos y cuando envió Priamo a un sobrino
suyo a consultar el oráculo, se enamoró de él al grado tal que lo llevó
a Troya. Nada hizo Príamo para castigar al sobrino. Lo dejó e hizo a
Pantoo sacerdote en Troya. Este reconstruye a Troya desde sus cimien-
tos, en la misma traza que tenía.

Hijo suyo era Euforbo, que al observar el ataque de Patroclo, lo hirió, pero Héctor, que retornaba de la batalla lo remató de un flechazo.

Fuentes: Apolodoro, III, 59. Homero, Ilíada, II, 831 ss. Virg. Eneida, IX, 176 ss.

PARIS

I.   Uno de los personajes más *famosos* en la mítica griega. Doy los rasgos principales. Se llama también Alejandro, y es el último hijo varón de Príamo y Hécabe. Se burló de Hera y de Atena y cuando andaba pastoreando en el monte Ida, se le presentaron las tres diosas al famoso juicio (vid art. aparte). Lo premia Afrodita dándole a Helena, que era reputada como la más hermosa mujer. La lleva a Troya y ocasiona la guerra para su rescate. Durante la guerra hace sus proezas, entre las cuales es notable la de contender con Menelao, que lo reta después a combate singular para decidir el triunfo. Afrodita lo libra y escapa de morir. No se habla de su muerte en los poemas homéricos

En la *Cipria* hay muchos mayores datos. Tenemos un contrajuicio. Como Páris decide en la famosa manzana de la discordia (ver Juicio de Páris), él está en favor de Afrodita.

En la pequeña Ilíada es muerto por Filoctetes.

tos orígenes también son confusos en los mitos. Hécabe al estar encinta de él sueña que ella lleva una tea de la que brotan serpientes. Pregunta a los agoreros y ellos le dicen que el niño que gesta será ruina y debe matarlo, o abandonarlo.

Manda la reina que lo maten, pero la sierva encargada de hacerlo le tiene compasión y lo deja abandonado en el monte, donde lo recogen unos pastores. Llegado a la adolescencia es cuando tiene poder especial sobre los toros y Príamo le da como condición para su regreso a Troya la ganancia en una contienda. La logra el joven y viene a su misma casa, sin saber su padre que era hijo suyo.

Sigue el mito de la competencia de hermosura de las diosas que por su belleza y gallardía viril lo hacen árbitro en el valor de la belleza de cada una (vid Juicio). El da la gala a Afrodita y sigue el mito como es conocido.

Un día por su belleza y habilidad se juzga que es hijo de un rey y se descubre toda la historia. Estaba como esclavo en casa de Príamo y se enamora de Enone, que lo prefiere a todos. Ella había aprendido de su padre las artes de adivinación y trasformación de las cosas. Todos los días iban a pastorear juntos.

Gustaba Páris de hacer luchar a los toros de Agelao unos con otros y coronaba con guirnalda de flores al vencedor. Al toro que triunfaba varias veces lo declaraba campeón y lo ponía al frente de todos los otros con una diadema de oro. Se cuenta que Ares se convirtió en toro para participar en estas contiendas y naturalmente ganó. Lo coronó Páris y quedó admirado al ver cómo lo celebraban los dioses del Olimpo. Tal fue la razón de que Zeus lo escogiera para que juzgara entré las tres diosas.

II. *El juicio de Páris*. Apacentaba el joven sus rebaños en la cumbre del Monte Gárgaro, cuando se le presentó Hermes con las tres diosas, Hera, Atena y Afrodita. Traía el dios una gran manzana de oro y dijo al boyero: Tú eres un hermoso joven y muy diestro en cuestión de amores. Manda el dios sumo que tú resuelvas cuál de estas tres diosas es la más bella. La forma de darles el fallo será entregar esta manzana a la que juzgues más hermosa.

Páris se excusa al momento: ¿Es posible que un pobre boyero pueda dar fallo como el que dices? Tengo mi solución: voy a partir en tres la manzana y daré a cada una su parte.

—No se hará así; repuso Hermes, porque Zeus manda que se siga su mandato. Dar a la más bella la manzana de oro.

—Obedezco, pero con la condición de que las vencidas no se me vuelvan adversarias.

Las diosas se lo prometen. Páris dice: ¿Basta verlas así, o quieres que se desnuden?

—Tú eres el árbitro, responde el dios, a ti te toca fijar las reglas.

—Que se desnuden, entonces.

Dijo y se volvió, dándoles la espalda. La primera en desnudarse fue Afrodita. Atena le exigió que se obligaba a quitarse su cinto mágico que daba amor a quien lo pudiera tomar, y aun solamente verlo.

—Perfectamente, dijo Afrodita, pero tú quítate el yelmo.

Mientras ellas alegaban, Páris se dirigió a Hera y le dijo:

—Deja señora que sigan alegando: ven y te examinaré a ti sola.

Hera, totalmente desnuda, se presenta ante Páris y da la vuelta a sus ojos. Dice: —Mira y remira, y ve que en mi no hay defecto. Yo te prometo que, si me das la manzana, te haré señor de Asia, que es de inagotables tesoros.

—No me tientan —dijo Páris—, he acabado mi examen y muchas gracias. Vamos a ver si las otras diosas están ya en acuerdo.

Se presentó Atena y le dijo:

—Heme aquí. Mira, Paris, si me das la manzana, te haré vencedor en todas las batallas. Y te ayudaré a ser el más fuerte, el más hermoso y el más sabio de los hombres.

—Oh, señora —dijo Paris— si soy sólo un boyero, ¿para qué quiero batallas y para qué me sirve la fuerza? No, no os daré la manzana. Que venga la que falta.

Se presentó Afrodita. Cuando la vio Páris, se puso todo rojo de emoción y casi se caía. Ella se puso tan cerca que casi lo tocaba con su cuerpo.

—Examina muy bien —dijo la diosa— nada pases sin verlo con calma. Y mira, que tú eres el más precioso hombre que ha producido toda la Frigia. Qué cuerpo, qué rostro, qué gracia, Páris. . . ¡qué bello y qué viril eres! ¿Qué te haces en esta soledad tan bronca, entre toros y bestias? ¡Tú tenias que estar en la mejor de las ciudades, en el más bello de los palacios, con la más perfecta de las mujeres! Hay una mujer en Esparta, de nombre Helena. Es la más hermosa mujer que en este mundo ha habido. Es igual a mí en el cuerpo, no tanto en el arrebato de las pasiones. ¡Ah, si te viera... aunque está casada, créemelo, te seguía y abandonaba al marido. ¿No has oído hablar de ella?

—Nunca, señora —dijo Páris ya fuera de sí al ver la belleza de Afrodita—. Dime cómo es.

Afrodita empezó: —¿Cómo crees que sea, si es hija de Zeus, que la engendró convertido en cisne? ¡Toda blanca, toda suave, toda sutil, toda movediza y amable! Cuando ya fue núbil toda Grecia quería llevarla para el mejor de sus príncipes. Casó al fin con Menelao, hermano de Agamemnón, pero eso no importa: puede ser tuya

—¿Mía? y ¿cómo?

—¡Cándido eres, como buen boyero! En mis manos están todos los negocios del amor: yo puedo hacer que sea tuya. Si quieres darme el premio, yo te enviaré a recorrer Grecia y te irá acompañando mi hijo Eros. Segura estoy de que si llegas ante ella y te mira, se vuelve loca por ti. Eso te lo juro, con juramento de diosa.

Fue cuando Páris le otorgó el premio de la manzana de oro.

Cuando lo supieron las otras dos diosas juraron, a su vez, una acabar con Troya y la otra dirigir las armas con destreza para que eso se verificara.

Por esos días mandó traer Príamo el mejor de los toros para un concurso para celebrar los funerales de un hijo suyo muerto. Fueron y tomaron los siervos el toro campeón de Páris y éste quiso asistir a los juegos. Fue la ocasión de que regresara a Troya.

Era uso en Troya que el que ganara el sexto curso de la carrera hubiera de contender también en el pugilato. Lo hizo y ganó el premio. Ganó igualmente la carrera a pie. Lo hicieron anularla y al fin ganó otra vez el premio. Los hijos de Príamo exasperados decidieron matarlo. Héctor y Deifobo lo atacaron con dagas al salir del estadio. Iban a hacerlo cuando Angelao corrió y gritó ante el trono de Príamo: —¡Es tu; hijo, es tu hijo. . .! ¿van a matarlo sus hermanos? Estupefacto Príamo llama a Hécabe y examina al joven. Tenía una marca y un cascabel en la mano. Era la seña que la madre había dejado al mandar matarlo. Fue llevado al palacio, reconocido por todos como hijo del rey y se hizo una gran fiesta.

Supieron los sacerdotes de Apolo esta circunstancia y mandaron decir a Príamo que debía matar al joven, aun siendo su hijo, porque él iba a ser el causante de la ruina de Troya. Exclamó entonces Príamo: —¡Que Troya se acabe, pero que mi precioso hijo no muera!

III. *Páris y Helena.* Llegado a la edad los hermanos le exigían que tomara esposa. El no quiso a ninguna de las que le proponían y pidió a su padre que le dejara hacer una excursión por Grecia, a ver si hallaba alguna de su agrado. Tenía ya la intención de ir a Esparta en busca de Helena.

En eso llega Menelao a Troya buscando las tumbas de Lico y Quimero. Da la razón de que el oráculo de Delfos ha exigido que se los honre para librar a Esparta de una peste que la agobiaba. Es cuando pide Paris que lo lleve a Esparta y lo purifique en su misma tierra, con que la peste cesará. Dijo que él había matado a Anteo, hijo de Antenor, con una daga de juguete.

Consintió Menelao y Paris, ya asesorado por Afrodita, hizo que la flota que lo iba a llevar a Grecia fuera construida por Perecleo, hijo de Tecton. En, esa flota se puso como emblema la imagen de Eros. Eneas, primo de Paris, se ofreció a acompañarlo.

Casandra y Heleno, los dos videntes de Troya, se oponían al viaje, diciendo que en éste estaba la ruina de la ciudad. No les hizo caso Príamo. Enone con lágrimas rogaba a Paris que desistiera. Todo fue en vano. Inició su correría.

Emprendieron el viaje las naves, con viento favorable procurado por Afrodita. Llegó Paris a Esparta. Menelao celebraba una fiesta. En el banquete entregó Páris a Helena las joyas y demás dones que de Troya llevaba, y ella quedó al momento prendada del joven. Dio a beber a Helena en su propia copa, en la cual había escrito con vino:

—Helena, yo te amo.

Ella estaba espantada de ver esto y temía por su marido.

Menelao anunció que iba a Creta a celebrar las exequias de su abuelo Catreo. Mandó que atendieran a los huéspedes en su ausencia.

No bien se embarcó y cerró la noche, Helena se escapó con Páris. En su barco llegaron a la isla de Cranea. Fue donde la hizo suya, y en memoria del hecho fundó el santuario de Afrodita la unidora.

Hay quien diga que Helena no iba por su gusto, sino raptada por Páris. Otros que la sedujo, porque la diosa del amor le dio la presencia y ropas de Menelao.

Al irse con Páris, Helena deja abandonada a la niña Hermione, que solamente tenía nueve años. Sin embargo, se llevó a Plistenes, aun pequeño, y gran parte de los tesoros del palacio de Menelao. Aun dicen que saqueó el templo de Apolo para dar sus riquezas al amante. Se llevó como séquito a seis mujeres, de las cuales dos eran antiguas reinas. Etra, mujer de Teseo, y Tisadie, hermana de Peritoo.

Llegaron a la costa cercana a Troya. Hera desató una terrible tormenta que los obligó a refugiarse en Chipre.

Fueron a dar a Sidón y el rey de allí los acogió. Pero pérfidamente, los robó y mató a los que pudo en el banquete que les ofreció.

Cuando regresó Menelao se echó a perseguir a Páris. Este con sus naves y con Helena se refugió en Fenicia, Chipre y aun Egipto, durante varios meses. Llega al fin a su Troya y hace sus bodas en forma solemne con Helena.

Cuando la vieron llegar los troyanos la creyeron una diosa. Tan bella era. Toda Troya quedó enamorada de ella. Y hubo un hecho raro. Dos piedras que entrechocaban sacaban sangre una de otra, que significaba, al juicio de los adivinos, que Helena era el núcleo del amor, pero también de la muerte. Príamo mismo quedó encantado de su nuera y juró que por nada del mundo podría devolverla a sus padres.

Hay la versión que hallamos en la Helena de Eurípides, de que Hermes la robó y llevó a Egipto y solamente dejó a Páris un fantasma de a mujer más bella.

Helena dio a Páris como hijos a Bunomo, Agano e Ideo, todos de funesta fortuna, pues fueron muertos en la guerra de Troya. Y eran niños aún. También una hija llamada como la madre, Helena.

Paris había engendrado en Enone, que le querían dar por mujer, un hijo llamado Corito, y ella en venganza lo hizo que fuera a guiar a los griegos contra Troya.

En esta historia que he tratado de resumir hay cabos sueltos que solamente en una obra especial podrían quedar atados.

Tal es la suma de la larga serie de mitos en el relato de los amores de Páris y Helena, que provocan la guerra de Troya.

Fuentes: Muy abundantes, apunto las principales: Apolodoro, III, 10, 11, 12, etc. Higinio, Fábulas, 78, 81, 91, 92. Homero. Ilíada, III, 175, 1, 5. en sus escolios. Trágicos: . Eurípides, Orestes, Andrómaca, Ifigenia en Aulis, Electra, Helena. Ovidio, Heroidas, XVII, XVI. Herodoto, Hist. II, 112 ss. Cipria, poema perdido, citado por los escoliastas en diversos lugares. Hesiodo, Catálogo de las mujeres, frag. 68. Pausanias, III, 20.

PARNASO

Montaña que figura en muchos temas mitológicos.
Es una saliente de la cordillera del Pindo, en dirección de SW y tiene de altura unos 2,600 mts. Separa el valle de Cefiso del de Anfisa y corre hacia el golfo de Corinto. Tiene crestas de calcárea piedra y muchas fuentes en la parte inferior.

Montaña sagrada para los Dorios y morada especial de las Musas.

Fue cubierta su cumbre cuando el diluvio de Deucalión y Pirra.

Hubo un hijo de Poseidón llamado Parnaso, que fundó la ciudad de su nombre. Este inventó el arte de agorar. Los habitantes de esta ciudad cuando el dicho diluvio (vid), fueron despertados por el aullido de los lobos y fueron siguiendo sus gritos hasta llegar a la cúspide. Allá fundaron una nueva ciudad, llamada Licorea, por razón de los lobos.

Fuentes: Geografía de Grecia. Pausanias, 1, 40 y X, 6. Ovidio, Metamorf. VII, 352 ss.

PASIFEA Y SUS HIJOS

(Para la información completa acerca de este personaje, vid los dos artículos dedicados a Minos).

Además del monstruoso Minotauro hijo del toro blanco de Poseidón, tuvo Pasifea las siguientes de diversos padres:

De Minos son Acacalis, Ariadna, Androgeo, Catreo, Glauco y Fedra, en orden alfabético.

De Hermes tuvo a Cidón.

De Zeus a Ammón de Libia (vid). Resumo las noticias principales, comenzando por las mujeres.

Acacalis fue amada por Apolo. Había venido el dios junto con Artemis a Tarra para una purificación y halló a la joven en casa de un pariente de su madre, llamado Carmanor. La poseyó con gran enojo de Minos, que la expulsó a la Libia en donde, según algunas fuentes, fue la madre de Garamas.

Ariadna casó o tuvo amores con Teseo y con Dióniso. En los artículos correspondientes se dan mayores noticias sobre ella.

Fedra casó con Teseo y es famoso por su amor a Hipólito (vid Teseo e Hipólito en que damos noticia).

De los varones tenemos a:

Androgeo, fue a contender a los juegos panatenaicos y venció a todos los contendientes. Sobre su muerte hay dos versiones: que lo mataron traidoramente los vencidos, o que el rey Egeo lo envió contra el toro de Maratón, que acabó con él. Cuando llegó la noticia de su muerte, su padre estaba ofreciendo un sacrificio a las Gracias y mandó cesar la música, aunque terminó el sacrificio. Para vengar la muerte de su hijo, puso asedio a Atena y solamente pactó la paz con la condición de que le dieran anualmente siete varones y siete doncellas jóvenes anualmente para el Minotauro. Tuvo culto Androgeo en algunas regiones de Grecia.

Catreo fue el sucesor de Minos en el trono. Padre de Altemenes, Aerope, Climene y Apemosine. Había un oráculo de que uno de sus hijos tenía que matarlo. Dio a sus hijas que alcanzaron brillantes casamientos, solamente Aerope y Climene, porque Apemosine fue matada por su hermano Altemene, que no quiso creer que la gravidez que advertía era obra de Hermes, sino de un mortal.

Este mismo cumplió el oráculo. Para evitar caer en el triste sino de matar a su padre se fue a establecer en Rodas. Pero Catreo en su busca fue años más tarde, y el hijo tomándolo por un pirata, le quitó la vida (vid Catreo).

Más larga historia tiene Glauco (que no hay que confundir con el que tiene su artículo propio en esta obra), pues hay varias vicisitudes que se reseñan ahora.

Siendo aun niño jugaba en el palacio de Gnosos con su pelota o corría tras los ratones. Desapareció de repente y por más que se lo buscó no pudo ser hallado. Sus padres enviaron a consultar el oráculo de Delfos, que respondió que buscaran al recién nacido que más prodigios manifestara. Se halló una becerrilla que mudaba de color tres veces al día. Al comenzar el día era blanca, a mediodía roja, y al atardecer negra. Se quedaron sin entender el símil. Solamente apuntó un argivo descendiente de Melampo que el símil significaba el fruto de la mora que va madurando. Lo mandó Minos que fuera a buscar a Glauco.

Se puso a recorrer el Laberinto hasta que encontró a una lechuza a la puerta de un sótano rodeada de abejas. Ya creyó hallar un agüero. Bajó al sótano y halló una gran jarra de las que se usaban para almacenar miel. La abrió y halló a Glauco encerrado en ella, con la cabeza para abajo.

Consultó Minos qué hacer y se le dio el consejo de que dijera al que lo había hallado, llamado Pólido, que así como lo había descubierto lo restaurara a la vida. Pólido respondió que no era Asclepio para resucitar muertos, pero Minos insistió y mandó que juntamente con el niño muerto y un puñal se encerrara en una tumba.

Lo hizo así y a poco de estar en la tumba pudo ver entre las tinieblas una serpiente que se acercaba al cadáver. Al momento le dio una puñalada. Pronto apareció otra serpiente, pero al ver el cuerpo de su compañera tendido muerto en tierra, se regresó y al poco tiempo vino trayendo una hierba mágica que dejó caer sobre el cadáver de la otra serpiente. Esta se comenzó a mover y quedó viva de nuevo. Pólido hizo lo mismo con el cuerpo del niño y obtuvo el mismo resultado. Comenzaron a dar voces los dos. Un viandante pudo al fin oírlos y fue a dar la noticia a Minos. Vino apresurado éste y abrió la tumba y, al hallar vivo a su hijo, se desmayaba de alegría. Dio a Pólido grandes regalos como pago de su obra, pero lo obligó a estarse en Creta hasta enseñar al niño el arte adivinatorio. Lo hizo de mala gana, y cuando se iba a su patria, Argos, llamó a Glauco y le dijo: Escupe dentro de mi boca. Lo hizo el niño y olvidó todo lo que le habían enseñado.

Crecido Glauco hizo una expedición al poniente. Lo rechazaron en Italia por verlo tan de gran estatura. Hizo algunas importaciones a la gente de esa región, tales como el cinturón de los guerreros.

El interés de este largo mito, además de la imaginación en él desplegada, es el de la constante Interculturación de grupos prehelénicos y helénicos. No podemos seguir por esos rumbos el análisis.

Fuentes: Apolodoro, III, 2, 3, 15. Higinio, Fábula 136. Diód. de Sicilia, IV, 60. Ovid. Metamorf. XIII, 924 ss. Pausanias, VIII, 53. IX, 22.

PATROCLO

Uno de los famosos héroes de la Ilíada. Hijo de Meneceo. Mató por accidente a un colega de contienda en los juegos y fue a refugiarse a casa de Peleo, el cual lo dio como compañero a su hijo Aquiles. Era un poco mayor que éste y fue su amartelado amigo. Como las hazañas de ambos están tan enlazadas, me remito al artículo referente a Aquiles (vid).

Fuentes: Homero, La Ilíada, passim. en especial, XXIII, 85 ss. XI, 787.

PEDERASTIA

Perversión sexual que se halla muchas veces en los mitos. Y de ella damos la breve nota que sigue.

Se atribuye su invención a Layo, a Tamiris y a Minos (vid). Es la triste condición por la cual el amor es del varón maduro al niño, o al efebo, que es el joven al borde de la adolescencia. Esta práctica se desbordó por toda Grecia y contaminó a los romanos.

En Tebas se formó toda una sociedad de esta clase de personas, llamada la Sacra Unión, en la que formaban los amantes y los amados solamente.

Fuentes: Higinio, Fábula 85. Plutarco, Vidas Paralelas, 33.

PEGASO

Es un caballo alado que lleva los rayos de Zeus. Medusa al morir le dio la vida. Mientras bebía el caballo en la fuente Pirene, Belerofonte, ayudado por Poseidón, o por Atena, según otros, se adueñó de él y lo amansó. Le ayudó a la lucha contra la Quimera, las Amazonas y alguno otro. Pero cuando intentó que lo condujera al cielo, el caballo lo arrojó de sí. En otra versión la que montaba el caballo era Estenobea y Belerofonte la echó abajo.

Una vez que el Monte Helicón se alzó tanto que llegaba casi al cielo, Poseidón mandó a Pegaso que se parara sobre él para detener su crecimiento. Ver los demás nombres que aparecen este artículo.

Era un ser mítico anterior a la invasión griega y se halla en muchas representaciones artísticas de la primera época. El sufijo —*ssos* sugiere igualmente ese viejo origen. Hay quien piense que procede de Siria o de la Mesopotamia, en donde hay tantos seres alados en el conjunto de sus mitos.

Fuentes: Hesiodo, Teog. 280, 325. Euríp. Estenobea, frag. Píndaro, Olímpica, 13, 86.

PEITO

Una personificación de algo abstracto. Es la Persuasión. Los romanos la llamaron *Suada.* Sin embargo, Hesiodo la hace hija del Océano, y más tarde fue tenida como diosa de los matrimonios. Se la contrapone constantemente a Afrodita, como si la pasión desbordada fuera enemiga de la pasión discreta y regulada:

Por parte del culto, es tardía y casi incolora en los mitos.

Fuentes: Hesiodo, Teog. 349. Plutarco, Cuestiones romanas, II.

PELEO

Hijo de Eaco (vid). Sus principales aventuras acontecen en las cercanías de Pelión, de donde parece derivar el nombre. Junto con

Telamón (vid), mata a su hermano Foco y es expulsado por su padre, también con él. Fue a dar a Ftía, donde Euritión lo purifica y le da a su hija Antígona en matrimonio. Pero en la caza del jabalí de Caledonia (vid), mata a Euritión por accidente y es nuevamente desterrado. Va a Yolco, donde su rey Acasto lo purifica y, al morir Pelías, el padre de Acasto, toma parte en los juegos fúnebres.

La mujer de Acasto, Astidamea, se enamora de él. Como rehusa sus amores, ella envía a Antígona el falso mensaje de que Pelco intenta casarse con Esterope. La mujer despechada se ahorca. Astidamea hace la misma treta de Fedra contra Hipólito (vid), fingiendo que ella es la solicitada y ha puesto resistencia. Acasto lo invita a una cacería en el monte Pelión, esconde su puñal mientras duerme, y deja que los Centauros lo ataquen.

Quirón le devuelve el puñal y Peleo corre a tomar venganza de Astidamea. Llega a Yolco, lo asedia, lo toma y a ella la hace cuartos.

Su valor le merece a Tetis como mujer. Pero tiene que ganarla luchando con ella misma. Esta toma diversas figuras en la lucha. Ella lo deja cuando trata de hacer inmortal a Aquiles matando la parte mortal mediante el fuego. Al fin se vuelven a unir y la diosa lo hace inmortal a él mismo (vid Tetis).

Fuentes: Apolodoro, III, 60, 73, 170, 171. Pausanias, V, 18. Eurípides, Andr. 1253 ss.

PELIAS

Hijo de Poseidón y Tiro, sobrina y esposa de Creteo. Hermano de Neleo, que funda la dinastía de Pilos. Interviene mucho Pelias en la aventura de los Argonautas. Para captar toda su historia hay que leer el largo artículo que dedico a esta aventura y los que se dedican a los nombres arriba mencionados. En la parte dedicada a los Argonautas damos las fuentes para quien se interese por un estudio especial acerca de este personaje.

PELOPE Y SUS HIJOS

Hijo de Tántalo, heredó el trono de Paflagonia y reinó también en los lidios y frigios. Echado de su reino por los bárbaros, vino a residir en Sipilo, sitio de Lidia. Ilo, rey de Troya, no quiso que en ese lugar residicra. Entonces Pélope trató de hacer su hogar en otra parte, llevando sus riquezas, que eran enormes, a través del mar Egeo. Pidió antes la mano de Hipodamía, hija del rey de Arcadia, llamado Enomao. Este rey era de linaje divino, hijo de Ares, y de una madre que varía mucho en las versiones: Harpina, hija del río Asopo, Asteria o Asterope, una de las Pléyades, o Euritoe, hija de Dánao. En otras fuentes es hijo de Alxión ó de Hiperoco.

Enomao casó con Esterope, o Euarete, que era hija de Acrisio. Tuvo de ella los hijos Leucipo, Hipódamo, Disponteo, y la hija Hipodamía (vid). Los nombres de sus hijos dan indicio de su grande amor a los caballos. Este rey mandó que no se aparearan yeguas con asnos.

Cuando intentó casar a su hija Hipodamía, hizo el concurso de corredores de caballos para darla al vencedor. Fue cuando Pélope vino a tomar parte. Era amante de Poseidón y le rogó que lo ayudara. Le proporcionó el dios del mar una carroza con alas de oro que aun por los mares podía correr. Era además arrastrada por caballos inmortales también con alas. Probó su carroza Pélope llevándola por el mar Egeo. Cuando llegó a Lesbos su carrocero Cilo, murió a causa de la velocidad de la carrera. Durmió allí Pélope y vio en un sueño al carrocero muerto que le pedía su sepelio y honores de héroe. Le dio ambas cosas y partió guiando él mismo su carroza.

Llegó a Pisa y vio espetadas las cabezas de los que habían concursado por la mano de Hipodamía. Rogó a Mirtilo que le concediera triunfar, haciendo una treta a la carroza de su amo y con la promesa de darle una noche a Hipodamía. Y a punto de emprender la carrera hizo un sacrificio a Atena. Echó a correr y la hija del rey, ya enamorada de él, fue su mejor auxiliar. Ganó la carrera y se hizo dueño de Hipodamía. La tomó y también a Mirtilo que le había auxiliado en su juego. Huyeron por el mar. Al caer la tarde, se quejaba de sed Hipodamía. Fue Pélope a traer agua en su casco. Y al regresar la mujer se quejaba de que Mirtilo había querido violentarla. Fue cuando éste alegó los derechos de una noche, de acuerdo con la promesa (vid Mirtilo).

Pélope fue en su travesía y llegó a la corriente occidental del mar, en donde Poseidón lo purificó de sus manchas de sangre.

Fue a dar a la región llamada Apia o Pelasgiotis, y la dominó. Hizó gran fortuna y tuvo numerosa prole. Con lo que se ganó la estimación de todos los griegos. Hizo intentos de adueñarse de toda la región. No podo vencer a Estinfalo, rey de Arcadia y lo invitó a singular combate. Pero lo mató y esparció sus miembros por toda la región.

Hizo un templo a Mirtilo (vid), para apaciguar su errante espíritu.

Al morir se le hizo un santuario en Tirinto, y sus huesos fueron guardados en un cofre de bronce.

Los hijos de Pélope e Hipodamía son en las diversas versiones los siguientes:

Piteo, Atreo, Tiestes, Alcato, Hipaleo, Hipalcimo, que fueron argonautas. Copreo, Escirón, Epidauro, Plistenes, Días, Ciboro, Corinto,
Hipaso, Cleonte, Argeo, Elino, Astidamía, Lisícide, Eurídice, Antibia y
Arquipe. Acaso hay mucho de legendario en tan numerosa prole. Y fue
el intento de hacerse nobles por la. progenie el que inventó tan abundante descendencia. Y aun se mencionan otros más, como Crisipo,
Alcato y alguno otro.

Cuando Layo fue expulsado de Tebas lo recibió Pélope en Pisa y el
rey de Tebas se enamoró de su hijo Crisipo. Le enseñó el arte de guiar
la carroza y se lo llevó a Tebas, después de hacer que triunfara en los
juegos olímpicos. Como lo presentaba como su amante en forma des-
carada, el muchacho se mató. Otra versión afirma que la matadora fue
Hipodamía para que Crisipo no sucediera en el trono a Pélope. O que
indujo a Atreo y Tiestes a que lo mataran. Ellos se rehusaron para no
violar el derecho del huésped. Crisipo fue llevado por Layo a Tebas y
Pélope hizo una expedición para recobrarlo. Pero al llegar a Tebas halló
a Layo prisionero de Atreo y Tiestes.

Hipodamía huyó a la Argólida en donde ella misma se quitó la vida.
(Ver Hipodamía, Atreo, Tiestes). En esa complicada historia hay
muchas variantes. Me atengo a lo más común.

Fuentes: Higinio, Fábulas 250, 84, 14, 5, etc. Apolodoro, Ep. II, 4. Pausanias, VIII, VI, y otros lugares.

PENELOPE

Hija de Icario, hermano de Tindareo, y por tanto, ella, prima de
Helena. Casó con Odiseo, Ulises, como lo llaman los latinos. Cuando
su marido fue a la guerra de Troya quedó con su hijo Telémaco. Como
tardaba el regreso de su Odiseo y más por sus andanzas, pasada la
guerra, fue asediada por pretendientes a su matrimonio, encabezados
por Antinoo. Ella astutamente no los rechaza, sino que les pide que
esperen que acabe de tejer una tela que está elaborando para un ropaje
a Laertes, padre de Odiseo. Nunca la acaba, porque lo que de día trabaja
ante los que la asedian, de noche lo desteje. Como han pasado veinte
años de la partida de Odiseo, se resuelve a conceder su mano. Llega un
mendigo que le habla de Odiseo y le cuenta su ruina final. Es la razón
de que ella mude de parecer. Ella pone una nueva prueba para condescender: que doblen el arco de Odiseo. Nadie puede hacerlo. Y el
mendigo, que era Odiseo disfrazado, con facilidad lo dobla y se lanza
contra los pretendientes y acaba con ellos.

Hay datos variantes posteriores a los poemas homéricos, pero no parecen muy fundados. Los anoto: Que al morir Odiseo se casa con Telégono. Que era ella la madre de Pan. Nace de ella y de Hermes. La versión fundamental es la que hay que tener en cuenta. Ver Odiseo. Telémaco.

Fuentes: La primaria es la Odisea, en especial en II, 93 ss. XIX, 137 ss. XXIV, 128 ss. XXI, 1 s. Para las otras versiones, Apolodoro, Epit. VII, 38.

PENIA

Una personificación de la pobreza. Parece no haber tenido ningún culto. Fue más bien invención alegórica de poetas y del pueblo. Discute con la riqueza, también abstracción personificada, en Aristófanes (Pluto, vv. 489 ss). Unida a la abundancia fue madre del amor, o sea de Eros. Es la que vigila y guarda la casa de los pobres. Hay algunas consejas que más que a la mitología pertenecen al folklore.

Fuentes: Herodoto, VIII, 111. Aristófanes, u.s. Platón, Simposio, n. 203. Antología Palatina, IX, 654.

PENTATLON

Era una serie de competencias deportivas en los juegos Olímpicos, y consistía en carrera a pie, salto, lanzamiento de la jabalina o venablo, lanzamiento del disco, y al fin lucha libre. Pero no se premiaba solamente a la fuerza, sino la destreza y gallardía del contendiente. Al que no había destacado en los cuatro primeros intentos no se le admitía al quinto.

*Fuentes:*Vid Gardiner, *Olympia,* 1925.

PENTEO

Hijo de Equión y Agave (vid). Al regresar Dióniso de sus conquistas por el Oriente, Penteo lo desconoce y se burla de él, por la forma en que aparece. El dios seduce a las mujeres, comenzando por la madre de Penteo, Agave, y las hace ir a la montaña en forma exaltada. El rey de

Tebas, que es Penteo, pretende ir a enfrenarlas. En su locura lo toman ellas por un león, o una fiera que las asalta, y es hecho pedazos por su propia madre, ayudada de las demás.

Tal vez el mito encubre la mística de alguna manera de sacrificio humano.

Fuentes: Eurípides, Báquides, todo; Ovidio, Metamorf. III, 511 ss. y las que se dan en los artículos citados.

PENTESILEA

Hija de Ares, reina de las Amazonas (vid). Fue con su ejército a Troya al morir Héctor. Era de extraordinaria belleza y valentía y combatió con gran brío, hasta que sucumbió a manos de Aquiles. Cuando le hubo dado muerte, lloró sobre su cadáver y Tersites le reprochó estar enamorado de ella. El capitán griego irritado lo mató también.

Otra versión hay que afirma que vino a Troya a buscar purificación por la sangre que había derramado. Cuando Teseo casó con Fedra, su hijo Hipólito convocó a las Amazonas para atacarlo. Y en la refriega la reina mató al joven. Iría a buscar de Príamo la purificación. Hay otras narraciones acerca de la muerte de Hipólito (vid).

Fuentes: Apolodoro, Epit. V, 1. Quinto de Esmirna, L, 18 ss. y las que se dan en Amazonas.

PERICLIMENO

Al menos tres personajes de este nombre entran en juego en los mitos y sagas de los griegos.

1. Hijo de Poseidón y Cloris, que era hija de Tiresias (vid). Es probable que sea el mismo que damos en n. 2.

2. Un defensor de Tebas contra Partenopeo (vid Siete sobre Tebas), y que persiguió a Anfiarao.

3. Un hijo de Neleo y Cloris, como se dijo, o de Poseidón. Lo mata Heraclés, al ver que en forma de mosca lo andaba asediando, porque Poseidón le había concedido tomar la forma que le agradara (vid Trabajos de Heraclés, Siete sobre Tebas).

Fuentes: Eurípides, Fenicias, 1157 Apol. de Rodas, Arg. 1, 156 ss. Píndaro, Nemea, IX, 26, y las que se dan en los artículos citados.

PERSEO

Hijo de Zeus y Dánae, hija de Acrisio y Aganipe. Los antecedentes de su historia son:

Abas, rey de la Argólida casó con Aglaia y de ella tuvo por hijos a Preto y Acrisio, gemelos (vid). Determinó que los dos compartieran el reino alternativamente. Estos no lo cumplieron, sino que lucharon uno contra otro, como es fama que lo habían hecho aun antes de nacer. Creció la división y el odio cuando Preto yació con Dánae, hija de Acrisio. Preto tuvo que ir a la corte de su suegro Yobates y casó con Estenobea, hija suya, en Lidia. Regresó con nuevo ejército y al fin hizo un convenio con su hermano (vid Acrisio).

La única hija de Acrisio era Dánae, que su tío había seducido. Cuando preguntó al oráculo cómo tendría él un hijo varón se le respondió que no lo tendría, sino que un nieto suyo lo tenía que matar. Para evitarlo encerró en una torre a Dánae y puso como guardianes a fieros mastines. Zeus pudo llegar a ella en forma de lluvia de oro y la hizo concebir a un niño. Ese fue Perseo.

Cuando supo su estado su padre no quiso creer que ella había concebido de Zeus, sino de su hermano Preto, que por modo artificioso había tenido trato con ella.

No la mató, sino que la encerró en una caja juntamente con su hijo y la echó al mar.

El arca fue a dar a la isla de Serifos, donde un pescador de nombre Dictis pudo atraparla con su red. Los halló vivos y los llevó al rey Polidectes, con quien el niño se crió.

Ya siendo hombre Perseo, se enfrentó contra el rey que a fuerza quería hacer su esposa a Dánae. El rey fingió una expedición para ir a pedir la mano de Hipodamía, hija de Pélope. Pidió a Perseo que contribuyera con un caballo. El respondió que no lo tenía ni con qué comprarlo. Pero que él iría a buscar a Hipodamía y aun la cabeza de, Medusa la Gorgona, si desistía de casarse con su madre.

Atena, que supo esta historia, se comprometió a ayudar a Perseo para que fuera a buscar la famosa cabeza. Lo llevó a Dicterión en Samos, en donde estaban las tres hermanas, las Gorgonas (vid). Le dio las señas para distinguir a Medusa de sus dos hermanas, Esteno y Euriale. Le recomendó que no la viera directamente, sino reflejada en su escudo brillante que ella le dio.

Hermes vino también a ayudar a Perseo. Le dio una guadaña de diamante con que cortara la cabeza a Medusa. Perseo pidió aún unas sandalias con alas, una alforja mágica para llevar la cabeza y el yelmo de la invisibilidad que era de Hades. Tuvo que ir a solicitarlas a las ninfas del Hades, que eran las tres Graias, hermanas de las Gorgonas (vid Graia). Las halló al pie del Monte Atos y haciendo que las reverenciaba, les arrancó el ojo único y los dientes, y las dejó inutilizadas para perseguirlo.

Ya con todos esos implementos se dirigió a la tierra de los Hiperbóreos, donde halló a las Gorgonas dormidas, todas ellas rodeadas de hombres, lo mismo que bestias, que habían quedado petrificadas por ver a Medusa. El la vio reflejada en su escudo, conforme el consejo de Atena. Y guiada su mano por la diosa, corto la cabeza al monstruo.

Acudieron al momento Pegaso y el guerrero Crisaor, hijos de Medusa y Poseidón, que intentaron restaurar la cabeza a su cuerpo ya sin vida. Pero Perseo la arrebató y echó a su alforja, sin preocuparse de ellos. Despertaron las otras dos Gorgonas y pretendieron perseguirlo. El se hizo invisible con el yelmo de Hades.

Llegó al caer la tarde al palacio del Titán Atlas y le pidió hospedaje. Se lo negó el otro. Entonces Perseo le mostró la cabeza de Medusa y lo convirtió en montaña.

Al día siguiente entró al desierto de Libia y Hermes le fue ayudando a cargar la pesada cabeza de Medusa. Cuando pasaba por el lago Tritón algunas gotas de la cabeza cayeron en él y se llenó de gusanos y serpientes venenosas. Allí murió Mopso el argonauta (vid).

En su camino encontró a una mujer encadenada a un árbol. Era Andrómeda, hija del rey Cefeo. Corrió a librarla, pero sus padres estaban a la playa en vigilancia y vinieron a decirle que lo hiciera, con tal de convertirse en su esposo. Iba por allí el monstruo que Poseidón enviaba a devastar Filistia y le mostró la cabeza de Medusa, con lo cual lo hizo huir al mar. Se convirtió en coral.

Cuando se celebraba la boda provino Agenor, hermano de Belo, y pretendió que le entregaran a Andrómeda. No hallaban otro medio que matar a Perseo. Se le echaron encima. Sacó su cabeza de Medusa y convirtió a más de cien en rocas.

Se volvió violentamente a Serifo con Andrómeda.

Estaba el rey Polidectes cuando se le anunció su llegada. Le dijo que traía el prometido obsequio. Se burlaron de él y les mostró la cabeza de Medusa, con lo cual todos se volvieron piedras.

Allí entregó la cabeza a Atena, que la colocó en su escudo y devolvió los mágicos implementos que le habían prestado las ninfas de Hades.

Instaló a Dictis en el trono de Serifo y se fue a Argos. Se unió a Acrisio para sepultar a su abuelo.

Fuentes: Homero, Ilíada, VI, 160. Apolodoro, II, 2 ss. Higinio, Fábulas 63, 64, 244. Astr. poét. II, 12. Ovid. Metamorf. IV, 780. V, 1 ss.

PERSEFONE

Nombres múltiples de esta deidad:
Persefasa, Persefata, Koré. Y en la forma latina, Proserpina.
Era una diosa anterior a la inmigración de los griegos. Está asociada y confundida con Koré, o Coré, que es la diosa joven de la agricultura. En Démeter se da la historia del rapto y rescate de Proserpina, o Persefone (vid). Unida a su madre Démeter casi se confunde con ella. Los mitos más precisos y de alguna importancia son:
Zeus en forma de serpiente se acerca a ella y procrea a Zagreo (vid). (Fragmentos Orficos, nn. 209 ss. Nono, Dion. 6, 155 ss.) El rey de los dioses intenta dar todo el poder sobre el mundo a su hijo.
Los Titanes, por instigación de Hera, embaucan al chico con juguetes, lo hacen pedazos y lo devoran. Pero Atena puede escapar su corazón. Lo da a Zeus, se lo traga y así engendra a Dióniso. Acaba con los Titanes (vid), con sus rayos y sus cenizas.
Persefone fue venerada junta con Démeter, bajo el nombre de Koré, como lo era en Eleusis.

Fuentes: Citadas en el texto que precede.

PIGMALION Y GALATEA

Hijo de Belo y rey de Chipre. Se enamoró de Afrodita, pero rechazado por ella, hizo una estatua de marfil de la diosa y dormía con ella, prodigándole todos los cariños que destinaba a su representada.
Compadecida Afrodita le dio vida, o se introdujo ella misma bajo la estatua. Tomó el nombre de Galatea. De esta unión nacieron Pafo y Metarme. El primero sucedió a su padre en el reino y fundó la ciudad de Pafos, en que tan gran culto había de tener Afrodita.
Se hizo tradición que los reyes guardaran la imagen de la diosa consigo en su cama. El sucesor de Pafo fue su hijo Ciniras.

Fuentes: Apolodoro, III, 14. Ovid. Metamorf. X, 243 ss.

PILADES

Amigo de Orestes (vid). Hijo de Estrofio y una hermana de Agamemnón. Fue muy fiel amigo de Orestes y al fin casó con Electra, que le estaba prometida. Es el modelo del amigo fiel y toda su historia está en conexión con la de Orestes, por lo cual debe verse el art. dedicado a éste y las fuentes que se señalan allí.

PIRAMO Y TISBE

Mito de origen babilónico, pero la difusión que hace Ovidio supone divulgación en el mundo griego.

Se amaban mucho ambos, pero sus padres eran renuentes a la unión conyugal de los jóvenes. Por un resquicio de sus casas, que eran vecinas, resolvieron hallarse en la tumba de Nino. Llegaron ya en la noche cerrada. Un león vino a espantar a Tisbe. El león mandó la túnica de Tisbe y dejó la impresión de su muerte. Llegó Píramo más tarde y al hallar la túnica tinta en sangre pensó que el león la había devorado. Se suicidó.

Llega más tarde Tisbe y halla muerto a su amante, y ella misma se mata. Su sangre corre. y va a impregnar la. planta de la mora. Era blanca y se vuelve roja.

Fuentes: Ovid. Metamorf. IV 12 ss.

PIRITOO

Hijo de Zeus y Día, hija de Ixión. Amigo de Teseo, con el cual se halla muy enlazado en los mitos atenienses. Casado con Hipodamía. En la fiesta de su boda se olvidó de Ares, por hallarse ebrio, por obra de los Centauros. Los mismos trataron de violentar a su esposa y surgió una gran batalla. El con sus vasallos resultó vencedor.

Tomó parte en la guerra de Troya y en la guerra contra las Amazonas. Bajó al Averno con Teseo y allá procuró que se le concediera a Persefone, por su trabajo en Troya. Por lo demás, su figura es bastante borrosa.

Fuentes: Homero, Ilíada, XIV, 317 s. 1, 263 ss. Odis. XXI, 295 ss.742. Ovid. Metamorf. XII, 210 ss. Higinio, Fábula 79.

PITIOS, PITICOS, JUEGOS

Los segundos en importancia, después de los Olímpicos (vid). Eran celebrados el tercer año de cada olimpíada. Primitivamente, cada ocho años. Consistían en contiendas de orden literario y artístico, más que de carácter atlético. Un himno dedicado al dios, canto, música y drama, recitaciones en prosa y verso eran los temas del certamen. Más tarde se agregaron carreras a pie y en carro. El trofeo era una corona de hojas de laurel cortadas en el valle de Tempe.

Fuente: Cualquier manual de Arqueología Griega.

PLANTAS SAGRADAS

En todas las mitologías hallamos algunas plantas relacionadas con los dioses. Sin pretender dar todo, indico aquí las siguientes con su referencia a la divinidad y su razón probable.

Trigo, don de Démeter, o de Ceres entre los latinos. Está consagrado a la diosa y es la razón de que ella lo nutre, lo cuida y lo hace llegar a punto. Es la base alimenticia de los pueblos de la zona que hemos estudiado.

Vid, uva, vino, como es fácil ver, dedicado a Dióniso, o Baco. El hace que se conozca y que se cultive y su fruto da al hombre una mutación de vida que lo hace aparecer diferente (vid Dióniso).

Olivo, dedicado a Atena, por dar el don del aceite, que era al mismo tiempo alimento, medicina y combustible. Ella que da la sabiduría y es nutridora de la fuerza, necesita la luz. La más divulgada en esta cultura era el óleo o aceite.

Laurel, árbol sagrado de Apolo; que con él se corona y en el que se convierte su amada Dafne.

Tenía además la fama de ser un vegetal muy propicio para la salud.

Artemisa, que son varias plantas bajo el nombre. Consagradas a Artemis, como dadora de salud. Y son medicinales en especial con orden a enfermedades femeninas, provenientes del alumbramiento.

Mirto, consagrado a Afrodita, y que se creyó tener cualidades afrodisíacas.

Pino. A veces asociado a Zeus, aunque muy vagamente.

Hay otras de menor importancia que no cabe ya mencionar.

*Fuentes:*Ver los dioses y personajes aquí mencionados y las que se dan en los arts. correspondientes.

PLEYADES

Mito de origen astral. Nombre de una constelación. En la leyenda son hijas de Atlas y Pleyone (vid). Son siete, cuyos nombres son:

Maya, Taigetes, Electra, Alcione, Asterope, Celaino y Merope. Su nombre significa "navegante" o "bandada de palomas".

En la leyenda eran compañeras de Artemis, y Orión las hizo huir. Andaban corriendo por los campos de Beocia. Los dioses las mudaron en palomas y después pusieron sus imágenes en los cielos.

No eran doncellas. Tres habían yacido con Zeus, dos con Poseidón, una con Ares y la séptima casó con Sísifo de Corinto. Dicen que ésta no llegó a estar en el cielo, por ser mortal el consorte. Eso explica por qué a veces solamente se ven seis estrellas.

La leyenda de la persecución que hace Orión de las Pléyades es un buen indicio de la forma en que todos los pueblos antiguos transmitían conocimientos en vestidura de símbolos. De hecho, las Cabrillas, como llamamos en español a esta constelación, van antes de Orión. Este las persigue y es perseguido por el Escorpión.

Fórmulas científicas reducidas a símbolos.

*Fuentes:*Apolodoro, I, 4. Himnos Homéricos, Hermes. Hesiodo, Teog. vv.938 ss. Ijneutai, Sófocles, fragm. .

PLEYONE, PLEYONA

Variada concepción de este numen borroso, que se da como esposa de Atlas, y madre de las Pléyades. Tendría además a una hija Alcione, que era la que iba guiando a las hermanas.

Probablemente sólo hay trasposición de fórmulas astronómicas y meteorológicas dadas en lenguaje simbólico de los mitos.

*Fuentes:*Ver Atlas, Pléyades, Alcione y los datos que se citan allí.

PLUTO

Dios de la abundancia, asociado con Démeter. Aparece como hijo suyo. Hubo una confusión con Plutón (vid), que es rey del Hades. Y se presume que también con Pluto, una ninfa madre de Tántalo. Es un dios que Koré y Démeter envían a los seres que intentan favorecer.

También es el dios que arrebata la riqueza que se usa mal. Ciega a los ricos que no saben usar sus bienes. Los lleva al Hades, con lo cual queda bien clara la confusión con Plutón.

La leyenda de su nacimiento es así: Cuando Cadmo y Harmonía se casaban (vid), Démeter se enamoró de Yasio o Yasón. Enardecidos por el vino del convite, los dos amantes salieron a ocultas y fueron a yacer en un campo tres veces barbechado. Cuando regresaron vio Zeus las huellas de tierra en brazos y piernas de ambos y enfurecido contra Yasón, lo fulminó con un rayo. Hay la versión de que el que mató a Yasón fue su hermano Dárdano, celoso de sus amores. Después de muerto, esparció sus miembros por el campo en que había yacido con la diosa. Para destrozarlo lo ató a cuatro caballos, uno en cada miembro superior e inferior e hizo que corrieran, con lo cual quedó descuartizado.

Pluto unido a Tijé dio a Heraclés el cuerno de la abundancia (vid Heraclés, Trabajos y Cornucopia).

Es un viejo mito de la fertilidad de la tierra por el concúbito humano y procede de una cultura anterior a la helénica.

Fuentes: Hesiodo, Teog. 969 ss. Aristof. Ranas, 338. Himnos Orficos, LI. Himn. Homérico, Ceres, 486 ss. Esquilo, Persas, 163. Aristóf. Pluto, todo.

PLUTON

Es un nombre dado a Hades (vid), y no hay que confundirlo con Pluto (vid), aunque de esta corfusión no se libró el vulgo.

La confusión se nota en la gran corte que se le concede al dios del Averno, que es Hades, y que aparece como rico de gran cortejo. Están a su servicio Tesifone, Alecto, Meguera, que son las Erinas o furias. Están también las Euménides y algunos otros seres que hay que ver en Hades y en sus nombres aquí mencionados.

Fuentes: Apolodoro I, 1 ss. Himnos Orficos, 68. Homero, Odis. II, 135 ss. Ilíada,lX, 454 ss. XV. 204.

POLIBO

Personaje legendario muy mencionado en la leyenda de Edipo y en alguna más. Era rey de Corinto o de Sición. Como no tenía hijos, adoptó a un niño que le trajo el pastor que lo había hallado. Adrasto era su nieto y heredó su reino (vid). Un oráculo le dijo que sería matado por su hijo y deja a Edipo que vaya a preguntar al de Delfos y viene todo el resultado largo y complejo de todos los dramas del ciclo de Edipo. La figura de Pólibo se pierde en la sombra.

Fuentes: Trágicos griegos, en especial Sófocles, Edipo Rey, 1016 ss. Píndaro, Nemes. IX, 30. Herodoto, V, 67. Eurípides, Fenicias, 28.

POLIDAMAS, POLIDAMANTE

Héroe de la Ilíada. Es hijo de Pantoo (vid). Es un gran guerrero y consejero de Héctor, que no quiere seguir sus consejos. Es uno de los que no se refiere la muerte y parece haber sobrevivido al desastre final.

Fuente: Homero, Ilíada. XVIII, 249 ss.

POLIDORO

Muchos personajes con este nombre. Noto los más importantes.
1.   Un hijo de Príamo y Laotoe, que era el más joven y amado de su padre. Fue muerto por Aquiles.
2.   Otro hijo de Príamo, por su mujer Hécabe, que fue enviado a Tracia para escaparlo de la muerte, con grandes tesoros que debía guardar para su regreso y para auxilio de su casa. Se le encargó su crianza a Iliona, mujer de Polimnestor, pero Agamemnón, que quería acabar con la prole de Príamo, envió recado al rey tracio, prometiéndole a Electra como mujer y una buena cantidad de dinero, para que lo matara.
Equivocadamente mató a su hijo Deifilo en lugar de Polidoro.
Polidoro fue a Delfos a consultar el oráculo, al ver el desvío de su padre hacia la que creía su madre. La pitonisa le respondió: Tu padre ha muerto, tu madre es esclava, y tu ciudad es un montón de cenizas. Regresa a Tracia y halla todo igual y queda perplejo ante el oráculo. Es cuando Iliona le revela el secreto de su origen.
Otra fuente dice que Polidoro fue apedreado por orden de Agammemnón. Y aun la más divulgada de que Polimnestor lo mata para apoderarse de sus tesoros. Su espíritu errante aparece a Hécabe y le cuenta la triste historia.

Fuentes: Homero, Ilíada, XXII, 48 y XX, 405 ss. Higinio, Fábulas 109 y 240, 111. Eurípides, Hécabe. Ovid. Metamorf. XIII, 536 ss.

POLIFEMO

1.   Un cíclope (vid). Monstruoso en todo, con un solo ojo en la frente y de fuerza descomunal. Enamorado de Galatea, trataba de ganarla con cantos y hechizos. El contraste entre el bronco sujeto y la ninfa delicada tentó a los poetas. Ella no hizo caso de sus incitaciones. Otros dicen que

estaba enamorado del hijo de la ninfa, llamado Aquis. Despechado por no haber sido correspondido, lo azotó contra una roca. De ella brota un río que lleva su nombre. En otra versión, Galatea condesciende con el cíclope y vive en paz dándole hijos, como fue Galas.

En la Odisea y en la tragedia de Eurípides, llamada el Cíclope, tiene gran parte. Odiseo lo ciega y se libra de sus ataques.

2. Uno de los Argonautas, compañero de Heraclés, que le ayuda a buscar a Hilas, cuando éste se ha perdido. Van en busca de él toda la noche y como no regresan, los navegantes los dejan en la soledad (ver Argonautas).

Fuentes. 1. Homero, Odis. I, 68 ss. y varios lugares más. Eurípides, El Ciclope, toda la tragedia. 2. Apolodoro, I, 12. Apolonio de Rodas, Arg. I, 1164 ss. Orfica, Arg. 639 ss.

POLINICE

Hijo de Edipo y Yocasta. Reció la maldición paterna por haberlo ofendido, juntamente con su hermano Eteocles. Entre ambos hubo contienda por el dominio de Tebas. Fue expulsado por su hermano y vino a atacar a la ciudad. Murió en el ataque y fue destinado a quedar sin sepultura, pero su hermana Antígona heroicamente lo defiende y sepulta, a pesar delas sanciones.

Ver Edipo, Eteocles, Yocasta, Antígona y las fuentes citadas en estos artículos.

POLIXENA

Hija de Príamo y Hécuba. Homero la ignora, pero la hallamos en otras fuentes como herida en Troya y sepultada por Neoptolomeo. En otras es sacrificada al espíritu de Aquiles, al cual había sido prometida. Hay quién llegue a decir que tuvo amores con ella. Por lo demás, es borrosa.

Fuentes: Higinio, Fábula 110. Eurípides, Hécabe Hécuba, 220 ss.

PRETO

Rey de Argólida, hijo de Abas, hijo de Dánao. Era hermano de Acrisio y padre de Lisipe, Ifinoe e Ifianasa, marido de Estenobea. La historia de la locura de sus hijas y la curación por Melampo se narran largamente en el artículo dedicado a éste (vid).

Tuvo una gran contienda con Acrisio su hermano, que debe verse en el artículo dedicado al mismo.

Fuera de lo dicho nada queda seguro.

Fuentes: Apolodoro, II, 24, y las que se citan en los dos artículos referidos.

PRIAMO

Hijo de Laomedonte y rey de Troya, al tiempo de ser destruida. Tal como Homero lo presenta es un anciano que ha tenido cincuenta hijos, unos de Hécuba, su esposa, y otros de muchas concubinas. Es una figura más bien de tinte oriental y se muestra amable y comprensivo. Trata de implantar la paz y cuando Héctor sale quiere obligarlo a regresar a la ciudad. Cuando ha muerto va a rogar que le den su cuerpo. Se impone por su majestad. No sobrevive al desastre de Troya y va a refugiarse en el altar de Zeus, donde lo mata Neoptolomeo. Es como el tipo de quien probó varia fortuna: la dicha más alta y el mayor infortunio. Personaje casi histórico, está implicado en todos los hechos que canta Homero en su Ilíada y es como la figura que pervive en el dominio de la sombra.

Vid Troya y los nombres de los principales héroes, como Héctor, Aquiles, Agamemnón, etc.

Fuentes: Homero en fundamental forma, Ilíada principalmente: XXIV, 495 ss. 159 ss. III, 162 ss. 105 ss. XX, 183. XXII, 38 ss. Virg. Eneida, II, 506 ss. Aristóteles, Etica a Nicómaco, 1101. Juvenal, X, 338 ss.

PRIAPO

Dios de la fecundidad también anterior a la venida de los grupos helénicos. Fue amalgamado con Hermes (vid).

Es hijo de Dióniso y Afrodita, ya en la leyenda griega. Tenía enormes los órganos genitales, por castigo de Hera que así quiso penar la promiscuidad de Afrodita. Es el guardián de los jardines y anda siempre con su podadera y el falo muy erecto. Hay una variante que hace su padre a Adonis y no a Dióniso. Un día intentó violar a Hestia, pero tuvo que huir ante la defensa que ella hizo de su integridad.

En el mundo romano tuvo gran culto. Hay una colección de poemas dedicados a él que se llaman *Priapea*.

Fuentes: Pausanias, IX, 31. Anotador de Apolonio de Rodas, al I, 932. Himnos Drficos, LV, 10. Apolonio de Rodas, Arg. IV. 914 ss.

PROCNE Y FILOMELA

Pandión, rey de Atenas, tenía dos hijas, las del título del artículo. Casó a la primera con Tereo, rey de Tracia, aliado suyo.

Tereo alega que ha muerto Procne y que en su lugar se le ha de mandar a Filomela. Cuando llega, la hace suya y le corta la lengua para que nada diga. Pero Filomela se da sus mañas para enviar a su hermana un relato de sus aventuras bordado en una tela. Procne la halla al fin y se venga de Tereo. Le da a comer la carne de su propio hijo Itis que de él concibió.

Los dioses intervienen: mudan a Procne en ruiseñor y a Filomela en golondrina. O en la versión latina, al revés: Filomela es el ruiseñor y la golondrina es Procne (vid Tereo).

Fuentes: Apolodoro, III, 193 ss. Ovid. Metamorf. VI, 424 ss.

PROCRIS

Hija de Erecteo, rey de Atenas, casada con Céfalo, que la abandonó. Ella se fue a Creta. La causa de su abandono había sido Eos, que amaba a Céfalo y quiso quedar libre con él. Había rehusado Céfalo sus amores, pues amaba a Procris, pero mañosamente Eos le dijo que los juramentos de su mujer provenían de puro interés. La diosa lo mudó en un supuesto Pteleón y le dijo que hiciera la tentativa de seducir a su propia esposa a ver qué pasaba. Dijo que le prometiera una corona de oro por sus favores. Lo hizo él y se logró su intento. Entonces ya condescendió con Eos.

De esa unión resultó un hijo que fue Faetonte (vid Eos). En la más tierna infancia lo raptó Afrodita y lo llevó a sus santuarios más escondidos. Los de Creta lo conocen con el nombre de Adimino y creen que es el lucero del alba y del crepúsculo.

Huyó Procris a Creta y tuvo su aventura con Minos (vid). Regresó a Atenas disfrazada de muchacho, con el nombre de Pterelas.

En esta forma se unió a una partida de caza de Céfalo, que no la había reconocido. Cuando vio sus perros tan certeros y sus dardos tan seguros en dar al blanco, quiso adquirirlos y ofreció una gran cantidad de dinero. Ella dijo que la paga única fuera participar de su lecho. Consintió él y al fin ella le descubrió que era su misma esposa en esta aventura. Se reconciliaron y pudo él gozar como propios la jauría y los dardos.

Artemis, irritada por la profanación de sus dones pasados a mano ajena, quiso tomar venganza. Infundió a Procris la idea de que Céfalo seguía visitando a Eos. Se levantaba dos horas antes de amanecer y se iba a verla para ir de caza.

Una noche se puso Procris a observar, vestida con una túnica negra. Oyó una campanilla y un ruido especial a su lado. Era Céfalo que salía al frente de sus perros. Enristró el arco y le dio a ella un flechazo y quedó muerta. Presentado al Areópago, se le impuso como pena por el asesinato un destierro perpetuo. Céfalo fue a refugiarse a Tebas y Anfitrión, reputado padre de Heraclés, le tomó la jauría en alquiler para ir a acabar con las raposas que infestaban la región. Estas raposas no podían ser ni atrapadas ni muertas y solamente se aplacaban con el sacrificio mensual de un muchacho. Pudo la jauría de Procris atraparlas con auxilio de Zeus y éste al fin irritado mudó a los perros y a las raposas en piedras.

Al fin murió Céfalo herido por un dardo que le dirigió el espíritu de Procris. Cuando moría invocaba a Pterelas, forma en que Procris se le había presentado y en la que la amó mas.

Otros datos sobre este personaje son más bien confusos y prefiero omitirlos (ver Minos, amores. Artemis, etc.).

Fuentes: Hesiodo, Teog. 986. Apolodoro, II, 4. Higinio, Fábulas 189, 125. Calímaco, Himno a Artemis, 209.

PROMETEO

Es contado entre los Titanes. Hijo de Eurimedonte, o de Yapeto, con la ninfa Climene. Fueron hermanos suyos Atlas, Epimeteo y Menoecio.

En la rebelión contra Cronos peleó al lado de Zeus y trató de llevar a su lado a Epimeteo. Era Prometeo sumamente diestro en todo arte. Zeus que lo dejó presenciar el nacimiento de Atena, le enseñó astronomía, arquitectura, medicina, metalurgia, navegación y en general todo lo necesario para]a vida humana. El en su bondad trasmitió sus conocimientos a los mortales.

Irritado Zeus ante el progreso humano, quiso acabar con todos los hombres. Se interpuso Prometeo en su defensa.

Se hizo un sacrificio en Sición y había una discusión acerca de las partes de la víctima que tocaban a los dioses y las que tocaban a los hombres. Fue invitado como árbitro Prometeo. Hizo él de un cuero de toro dos bolsas, y puso en dos partes la víctima. En una bolsa puso la carne y los intestinos; en la otra, la grasa y los huesos, escondidos bajo una gruesa capa de grasa. Llevó las dos bolsas ante Zeus y le propuso elegir. Naturalmente, el dios eligió lo que creyó era la grasa, y resultó ser puros huesos bajo una cubierta de ella. Enojado Zeus dijo a Prometeo. "Vaya, que sea suya la carne, pero que la coman cruda. Fuego no hay para ellos."

Prometeo calló y se fue a buscar a Atena pidiéndole ayuda para subir al Olimpo. Lo dio la diosa y él encendió una tea en el Sol mismo y con ella una brasa que arrebatadamente llevó a guardar en un hueco del tallo de un gigantesco hinojo. Apagó la antorcha, tomó la vara y huyó al mundo. Entregó a los mortales en esta forma el uso del fuego.

Cuando Zeus lo supo, juró vengarse. Llamó a Efesto y le mandó que hiciera una mujer de barro y por los cuatro costados le soplara la vida, y a las diosas del Olimpo, que la cubrieran de adornos. Era la mujer más hermosa que existió jamás y la llamaron Pandora. La mandó regalar Zeus a Epimeto y a Hermes que la fuera custodiando. Pero ya Prometeo había prevenido a su hermano del engaño y le dijo que rechazara el falso don. Lo hizo así Epimeteo.

Al ver Zeus frustrado su plan, mandó encadenar en las rocas del Cáucaso a Prometeo y mandó a un buitre que le royera sin cesar las entrañas. No había límite para cesar, porque el hígado de Prometeo que era la parte más vulnerada, se renovaba cada noche. Y aun para dar excusa a los dioses por la ausencia de Prometeo, corría la voz de que había salido en aventura de amor con Atene.

Cuando Epimeteo advirtió que su hermano no aparecía, y llegó a sospechar lo que pasaba, se casó con Pandora. Era ella tan perezosa, frívola y perversa como hermosa. La primera en todo. Había Prometeo pedido a su hermano que le guardara una caja, sin abrirla nunca. En ella había encerrado todos los males humanos: enfermedad, vejez, iras, guerras, locura, vicios, muerte. Pandora abrió la caja y todos esos males se evadieron y fueron a derramarse en la tierra, antes que todo, hiriendo a los dos. La Vana Esperanza los persuadió a suicidarse.

Este curioso mito implica muchas cuestiones de comparación de culturas y de complejos psicológicos, que no puedo atender ahora. Es probablemente de origen prehelénico, por el lado de los indoeuropeos, ya que hallamos algo similar en la India. Tiene muchos puntos de convergencia con mitos de otros rumbos. Dejo solamente la indicación del hecho.

*Fuentes:*Hesiodo, Teog. 507 ss. Apolodoro, I, 2, 5. Homero, Odis. 1, 52 ss. Esquilo, Los Tres Prometeos, de que sólo queda el encadenado y frag. Higinio, Fábula 150. Ovid. Metamorf. IV, 630 s.

PROSTITUCION RITUAL

Se habla aquí de este fenómeno cultural por sus implicaciones con diversos seres míticos y con sus cultos particulares.

En resumen adaptado a la índole de este libro se puede hablar de dos clases: Femenina y natural, y masculina o antinatural.

La prostitución femenina originada entre pueblos semíticos ofrece dos aspectos:

1. Defloración de las vírgenes por un extranjero. Se usaba en Babilonia, en Baalbek, y se introdujo a Lidia, a Chipre, etc. Era llevada la doncella con cierto ritual y se dejaba en un sitio apartado del templo, en la oscuridad. El extraño que llegaba tenía acceso a ella y le dejaba algunos dones, que eran a veces tomados como parte de la dote de la joven, o entregados al numen del santuario, que era generalmente femenino, Milita, Anahita, Cibeles, etc. A veces por devoción a la deidad permanecían algún tiempo ejercitando aquel oficio.

2. Estado permanente de ciertas mujeres, generalmente esclavas de condición, para que todos los que llegaban hallaran medio de realizar su unión sexual. Esta tenía carácter místico, como rito propiciatorio en favor de la fecundidad, ya sea de los hombres, ya sea de la tierra misma Estos cultos eran famosos en Babilonia en honor de Ashera; en Israel se propagaron y fueron muy combatidos por los profetas. En Comana del Ponto, en honor de Ma y en Corinto, en honor de Afrodita. También había esta práctica en Egipto y en algún templo de Atenas. En Biblos tuvo auge especial en honor de Adonis.

La prostitución masculina se halla en el culto de Cibeles principalmente. Hay los metragirtes, que eran más bien devotos de Cibeles no ligados a los templos y que recorrían calles y plazas mendingando, bailando, profetizando, y cedían a los deseos de quien los solicitaba. El origen fue el culto a la diosa, pero degeneró en vagabundeo y aun en delincuencia. Eran eunucos por lo general y caminaban en bandas. Tenemos en la novela de Apuleyo buenos cuadros de sus actividades (Metamorfosis, libros 8 y 9).

Los hiérodulos, o esclavos sagrados, eran una institución de los templos. En Comana del Ponto, además de los oficios menores del servicio del templo, se ofrecían como prostitutos. Otro tanto en Corinto, en honor de Afrodita. También en su mayoría eran eunucos.

La explicación de esta extraña costumbre está, fuera de la natural perversión del instinto, en la idea de que se propiciaba a los dioses autores de la vida, en especial a los concebidos como masculinos. Y lo curioso es que estos seres honraban a Cibeles, o a alguna otra diosa materna con tales prácticas.

Fuentes: Cf. H. Graillot, *Le culte de Cybele,* 1912. L. R. Farnell, *Greece and Babylon,* .1911. Herodoto, Hist. 1, 199. Y, 93. Eliano, VH. 4, 1. Estrabón 378, 816, 559.

PROTEO

Un dios multiforme. Está en relación con el mar y probablemente, de origen prehelénico. Homero lo hace auxiliar de Poseidón. Tiene el don de mudar de forma a su albedrío. De donde el adjetivo proteico, usado en casi todas las lenguas modernas.

Ciñendo los datos hallamos que es. Un ser que muda de apariencia, como el mar que preside.

Un rey de Faros que sabe de toda adivinación.

Un rey de Egipto, que acoge a Helena, forjada por un fantasma en Troya, real en su región.

Interviene en mitos que se ven en sus lugares correlativos.

Fuentes: Las que daré en cada articulo, más Homero, Odis. IV, 385 ss. Eurípides, Helena, 4. Herodoto, II, 112 ss.

PSAMATE

Una de las nereidas (vid), que perseguida por Eaco se mudó en roca, según algunos, o en foca, lo cual es más creíble, por el efecto. El perseguidor la alcanza y se une a ella y de esta unión nace Foco, que con sus padres habita en la isla de Egina.

NB. Hay otra Psamate, que aparece en la historia de Lino, que engendró en ella Apolo (vid Lino).

Fuentes: Apolodoro, III, 12. Píndaro, Nemeas, V, 13.

PSIJE

Primariamente "mariposa"; Se usa el término para denotar al alma humana o parte superior del hombre, según varias concepciones.

Tardíamente da base a mitos. Y aunque Homero ya da alguna descripción de ella como ave, como hálito, como imagen, no perdura su símil.

De los mitos atribuidos es el más preciso y accesible, aunque tardío, el de Apuleyo.

*Fuentes:*Homero, Ilíada, XXII, 66. 101 ss. Odis. XI, 23, 206 ss. Apuleyo, Metamorf. IV, 28.

QUIMERA

Monstruo fabuloso, que tenía cuerpo combinado de tres bestias: por delante, león, por detrás, serpiente, y en medio cabra. Era hija de Tifón y Equidna (vid). Vomitaba fuego y fue matada por Belerofonte (vid).

Es probablemente una mala inteligencia popular por un símbolo esotérico de los astrólogos.

Era hermana de la Esfinge y de la Hidria (vid), lo mismo que del león de Nemea (vid. Heraclés, Trabajos).

Fuentes: Hesiodo, Teog. 306 ss. y los artículos citados con sus fuentes.

QUIRON

Un centauro. Es hijo de Cronos y Filira (vid). Muy diestro en la medicina y en otras diversas artes. Fue el que recogió y educó a varios niños expósitos, como Aquiles, Asclepio, Jasón, etc. Fue auxiliar de Peleo en su cortejo de Tetis.

Es curiosa la forma en que lo engañó su hija Tea, llamada también Tetis. Era compañera de caza de Artemis. y Eolo la sedujo. Temerosa de que su padre lo supiera, no quiso decir nada, ni siquiera a Artemis, pero Poseidón, que era amigo de Eolo, halló un recurso: la transformó temporalmente en yegua y le dio el nombre de Euipe. Cuando hubo dado a luz, la convirtió en niña de nuevo y la llamó Melanipe. Todo esto quedó oculto al padre Quirón.

Este centauro fue el que enseñó a Asclepio (vid), el arte de curar. Apolo se lo llevó recién nacido y él lo formó hasta que fue hombre. En su trato aprendió todo lo que toca a la medicina.·

Tiene gran intervención en algunas de las Hazañas de Heraclés (vid).

(Ver Heraclés, Hazañas de H. Piritoo, Centauros, Asclepio, Jasón, Peleo, Apolo.)

Fuentes: Píndaro, Pit. III, 8 ss. Higinio, Fábula 202. Ovidio, Metamorf. II, 612 ss. Higinio, Astronomía, II, 40.

RADAMANTIS, RADAMANTO

Hijo de Zeus y Europa (vid). No murió, sino que fue llevado al Hades vivo y es allí juez de los muertos. Es hermano de Minos (vid) y Sarpedón. Su leyenda es confusa. Se queda en Creta y toma su parte del reino, juntamente con Minos. Se dice que reinó con gran rectitud y cada noche iba a consultar a Zeus.

En otras versiones es hijo de Efesto. Conquistó el Asia Menor para su hijo Entro y la isla de Quíos para Enopio.

Fue a habitar a la Beocia y allí casó con la madre de Heraclés, Alcmena, viuda ya de Anfitrión. Según otros, esta boda fue en el Hades.

Fuentes: Diódoro de Sic. IV, 60. Homero, Odis. IV, 564.

RESO

Probablemente un dios tracio introducido al mito griego. Es aliado de Príamo y se decía que hubo un oráculo según el cual, si los caballos de este rey de Tracia comían de los pastos de Troya y bebían del río Escamandro, la ciudad no caería. La primera noche en que se halló frente a Troya, Odiseo y Diomedes lo mataron y robaron sus caballos. Con él mataron doce de sus capitanes.

Hijo de Eoneo, o del río Estrimón y la musa Euterpe. Vino a auxiliar a Príamo y pereció. No fue llevado al Hades, sino que su madre lo hizo un semidiós.

Fuentes: Homero, Ilíada, X, 435 ss. Eurípides, Reso, toda la tragedia, en particular, 279, 293 s. 962 ss.

RIOS, DEIDADES DE LOS

Es una creencia casi universal la de pensar que los ríos tienen un dios que los ampara. Es difícil precisar si entre los griegos proviene de ellos, o se hallaba en vigencia al llegar a tierras que serían suyas. Lo más probable es que pertenezca a las dos culturas: la llamada pelásgica y la primitiva helénica.

Aunque todos los ríos nacen del mar, o caen del cielo, según diversos testimonios, son seres benéficos a todos. Hay un dios en cada río que se personifica y puede tener contacto con los humanos, al grado de engendrar hijos. Pueden verse en esta serie muchos hijos que se pretende haber sido engendrados por el numen fluvial de tal o cual río. El río Inaco, por ejemplo, es padre de Io. Y casi todos los primitivos jefes de tribu alegaban ser hijos de un río.

Es notable que se dé carácter y figura de toro a los ríos. Como si la potencia experimentada por los hombres en la vida ordinaria se cifrara en el toro y se comparara con la del torrente impetuoso. Hay ríos que adquieren figura humana, como el Nilo.

De cada río habría que hacer un estudio especial que aquí no es oportuno. Baste haber indicado la idea general. Ver los nombres de ríos y sus relaciones en la producción de seres.

Fuentes: Muchas y diversas. Señalo: Hesiodo, Teog. 337 ss. Homero, Ilíada, XXIII, 46 ss. III, 276 ss. Esquilo, Coef. 6.

RIOS DEL AVERNO

En la concepción mítica de los helenos —y aun de otros pueblos—la separación entre los vivos y los muertos es mediante el agua.

En los mitos de Grecia eran cinco los ríos o corrientes del más allá que interceptaban el paso de los vivos hacia los muertos y que por pura excepción eran salvados por uno que no hubiera muerto. Son por su orden:

Estigia, Estigio. Una laguna y un río. El significado del nombre parece ser "aborrecible". En ella bogaba la nave de Caronte (vid), que había de conducir a las almas.

Aqueronte (temible, espantoso) (vid). Río negro y tortuoso, que seguía de la Estigia.

Periflegeton, o sencillamente *Flegeton, Flegetonte,* es un río de fuego, y recuerda a la pira en que los muertos eran consumidos. Es en algunos testimonios lugar de tormentos.

Cocito, sitio de lamentos, un tanto borroso en los testimonios, que a veces lo confunden con el Estigio.

Leteo, Lete. Río del olvido. Las almas bebían allí un mágico menjurge que las hacía olvidar el pasado para siempre y estar en disposición de retornar a la vida. Había otra fuente en su proximidad que se llamaba de la Memoria, para recobrar el sentido del pasado.

El Cocito y el Flegetonte son puras ramas o corrientes derivadas del Estigio. Con excepción del Flegetonte y el Cocito, los demás ríos tienen base geográfica. El Estigio es un río de Arcadia, el Lete o Leteo es una de las dos corrientes que brotan de la gruta de Trofonio en Lebadia. El Aqueronte se halla en varias partes. En Trespotia, el Trifilia, y aun otro cerca de Cumas.

Fuentes: Muchas en varios autores. Cito las más famosas: Eurípides, Alcestes, 443. Homero, Odis. X, 513. Virgilio, Eneida, VI, passim. Ovid. Metamorf. V, 539. Estrabón, VIII, 3.

RODE

Hija de Poseidón y Anfitrite. Poco hay sobre ella. Lo más notable es que al hacer salir del mar la isla de Rodas, que lleva su nombre, Helio se la atribuye y en la ninfa engendra siete hijos y una hija.

En otros mitos Rode es hija de Poseidón y la ninfa Helia, no de Anfitrite. Juntamente da vida a seis varones hermanos suyos.

Aun aparece como madre de Faetonte, hijo de Helio (ver Helio, Poseidón). Sus relaciones con Helio, el Sol, se explican por su carácter lunar, como hija de una diosa lunar. Su nombre Rosa, o Rosea, habla de la aurora en relación con el Sol.

Fuentes: Apolodoro, II, 5. Higinio, Fábula 52. Ovid. Metamorf. 1, 755 ss.

SABAZIO

Deidad de origen tracio o frigio. Fue identificado con Dióniso. Sus principales lugares de culto estaban en Frigia y Lidia. Se divulgó a Atenas, en donde había sociedades para su veneración desde el siglo V a. C. Se piensa en relaciones con el dios de los judíos. El Sabaoth sería el origen del Sabazio. Muy dudosa conjetura.

Se le representa con una serpiente que también tenía parte en los misterios. Aparece a veces con los mismos atributos de Zeus, o sea el rayo y el águila.

Lo hallamos en Atenas como un dios de la cebada, confundido con Cronos y cada año celebrado con lamentaciones, similares a las que se hacían por Osiris.

Fuentes: vid. las dadas para Dióniso.

SALMONEO

Hijo, o nieto, de Eolo y Enarete. Casado con Alcidice, dejó una hija, Tiro, de dramática historia (vid). Reinó en Tesalia y luego llevó una colonia de eolios a Elis. Dio en la locura de asemejarse a Zeus. Mandó que le hicieran a él los sacrificios que le hacían al dios. Hizo una carroza reluciente y en la parte trasera llevaba unos grandes toneles de metal que, al ser azotados por un martillo, repercutían como el trueno. Hacía tremolar. antorchas en el aire para simular el rayo. Algunas, arrojadas al viento, iban a quemar a sus vasallos. Estos estaban hastiados de su orgullo y tiranía y rogaron a Zeus la remediara. El dios envió un rayo auténtico y acabó con él. No solamente los abrasó a él y a su carroza, sino a toda la ciudad.

Fuentes: Apolodoro, 1, 7 y 9. Higinio, Fábula 61. Astr. poét II, 20.

SARPEDON

Este personaje tiene dos aspectos: en los poemas de Homero aparece con una forma y posteriormente se diluye en varios mitos.

Es comandante de los Licios, aliados de Príamo en la guerra de Troya (Ilíada, II, 876). Hace grandes ataques y logra triunfos, algunos de importancia bélica, como abrir la primera brecha en la muralla de Troya (Il. XI, 101 ss.). Muere a manos de Patroclo, y viene Zeus a su funeral, llorando porque era hijo suyo (XVI, 426 ss).

Datos posteriores lo hacen hijo de Zeus y Europa y le dan una gran longevidad.

Aparece como hermano de Minos y Radamantis (vid).

Fuentes: Las citadas de Ilíada y Apolodoro, III, 6.

SATIROS

Es una serie de genios, númenes o dioses de menor calidad. Borrosos y confundidos con los Silenos (vid). Son hermanos de las Ninfas (vid), pero llegan a tener contacto sexual con ellas.

Sus caracteres son de un ser humano, con algunas características caballunas. Otras veces tienen atavíos caprinos, tales como cuernos, patas de cabra, largas orejas.

Son los que dan cortejo a Dióniso en forma tradicional. Viven en bosques y montañas. Son los dueños de toda fertilidad. Amantes de la danza y el juego y principalmente de la obra sexual. En la región latina se confunden con los Faunos (vid). En muchos mitos aparecen como actores. Es digno de notar el drama, de Eurípides, Cíclopes.

Fuentes: Eurípides, Cíclopes. tot.

SELENE

Diosa lunar. Parece que no tuvo gran culto, y hay otras deidades en conexión con ella. Varía mitológicamente su nacimiento. Nace de Teia, una de los titanes. O nace del sol mismo. Con Seleno, o mejor la Luna, están relacionadas Hera, Artemis, Hécate, Io. Pasifea es como la encarnación de Selene, y tiene los mitos que a esa persona corresponden (vid Pasifea).

La luna era en los pensamientos de los griegos gran influidora de todos los modos humanos. Influía en la vida orgánica y en especial en la vida sexual.

El tiempo de creciente era próspero, en tanto que era funesto el de menguante. La luna llena era la más favorable al amor y a la generación. La luna era también la morada de las almas en alguna etapa de la vida helénica.

Mitos referentes a Selene hay varios, un tanto cuanto confusos. Cito algunos.

Su relación con Pan. Este para seducirla se disfraza mudando sus negras guedejas de chivo en blancas. Selene se monta en él y va a donde la lleva y le cumple los deseos.

Tuvo cincuenta hijas de Endimión, que la amaba con especial vehemencia.

Fuentes: Luciano, Diál. de los dioses, XXII. Ovid. Metamorf. 1, 694 ss. Apolodoro, I, 7.

SEMELE

Llamada también Tione. Es hija de Cadmo y madre de Dióniso. Probablemente es una deidad anterior a la invasión griega, y tiene grandes implicaciones en la mitología. Está relacionada con Zeus y con Dióniso.

Enamorado Zeus de ella, suscitó la ira de Hera, que se propuso arruinarla. Se le apareció disfrazada como una anciana y le dijo que exigiera a su amante aparecer en todo su esplendor: Eso pidió a Zeus y él en sus glorias lanzaba rayos y tremendas fuerzas del cielo, con los que ella quedó consumida. Tomó Zeus a su hijo aún no nacido el dios y lo llevó al Olimpo refugiándolo en su propio muslo. Cuando hubo nacido bajó al Hades en busca de su madre y, la sacó para llevarla al cielo.

En tiempos posteriores se confunde con Cibeles y es venerada en toda Grecia (vid Cibeles, Tione).

Fuentes: Higinio, Fábulas 167, 179. Eurípides, Báquides, 6 ss. Obid. Fastos, III, 715 ss. Metamorf. III, 259 ss. Píndaro, Olim. II, 25 ss.

SEMIRAMIS

Una persona del mundo babilónico, pero pasó a la leyenda griega. Era hija de la diosa asiria Serceto, que confunden con Atargatis (vid). Cuando nació fue arrojada a los campos y las palomas estuvieron cuidando de ella hasta que llegaron los pastores que la recogieron. Llega a ser grande y por su belleza impresiona a los reyes. Casa primero con Ones y después con Nino. Cuando él muere, reina ella por muchos años. Cuando muere se transforma en paloma.

La leyenda se funda en una persona histórica que fue Sammuramat, mujer de Shamshi Adad, que reina de 810 a 805 a. C.

Fuentes: Los datos que tienen los griegos los deben a Beroso, en varios de sus fragmentos.

SERAPIS, ZARAPIS

Pertenece a la mitología egipcia, pero tuvo muchas incursiones en la griega. Está relacionada con Isis, Osiris, etc: cuyos artículos hay que ver. Su culto se propagó entre los militares y unos cuantos civiles que estaban relacionados con ellos.

Se confunde con Zeus en muchos casos, y se le representa con una gran barba y una diadema que simboliza la fertilidad. De hecho es el dios del principio viril. Toma caracteres de Osiris, y entre los dioses griegos, con Hermes, Apolo, además de Zeus, como se dijo ya. Una de sus características es que tiene al can Cerbero en su rodilla derecha atado.

Se le tenía por sanador de males, revelador de secretos y en muchos casos independiente al Hado.

Se asocia con Doliqueno y con otros dioses menos conocidos, y su culto se divulga por sus relaciones con Isis. Llegó a grado de tener muchas sociedades que celebraban banquetes rituales en honor suyo. Más tarde, Isis ofusca su culto. No hay muchos mitos que interesen en el campo de la mitología griega.

Fuentes: Tácito, Hist. IV, 81. Plutarco, Mor. 361. Modernos casi sin fin: Ver vgr. F. Cumont, *Les Religions orientales dans le paganisme romain* 1929. A. Rusch. *De Serapide et Iside in Graeciae Cultis,* 1906.

SIETE CONTRA TEBAS

Famoso mito o leyenda, que debemos resumir. Adrasto, rey de Tebas, tenía una hija que llaman Egea o Deipila. Muchos príncipes pidieron su mano. El rey consultó a Delfos. Y la respuesta fue: Unce a tu carro al oso y al león que luchen en tu puerta.

Estaban entre los pretendientes Polinice y Tideo. El primero, hijo de Edipo y gemelo de Eteocles, que juntamente con él heredó el reino. Aunque habían consentido en reinar alternativamente un año uno y otro, el otro, no lo cumplió uno de ellos y Polinice andaba errante.

En cuanto a Tideo, había matado en una gira de caza a su hermano Melanipo. Y aunque lo hizo sin intención, el oráculo le dijo que Melanipo tenía que matarlo a él.

Tebas tenía como emblema un león y Calidón tenía un oso. Cada uno de los dos pretendientes llevaba en su rodela su propio emblema de la tierra natal.

Se encontraron en la puerta de Adrasto y se pusieron a disputar acerca de la primacía de su ciudad propia. Estaban a punto de matarse, cuando el rey sale y los pacifica. Cae en cuenta del oráculo cuando ve los emblemas de los escudos, los admite a su hospedaje y casa a sus dos hijas —ahora resultan dos las que parecían una— en esta forma: Polinice obtiene a Egea y Tideo a Deipila. Promete además que restaurará en el reino de Tebas a los pretendientes, ahora yernos.

El rey organiza su armada y dispone como capitanes a Capaneo, Hipodemonte, Anfiarao, Partenopeo, y algunos otros.

La expedición emprende su marcha. Los cinco argivos y los dos ya mencionados, yernos de Adrasto. Otros dicen que Polinice no entre en la cuenta, sino Eteoclo, hijo de Ifis.

Marcharon los siete hacia Nemea. El rey de esta tierra era Licurgo y tenía por hija a Hipsipile. La tropa pidió que le dieran licencia de tomar agua para sus caminos. La hija del rey los condujo a la fuente más cercana. Mientras los encaminaba a la fuente, dejó al niño Ofeltes, que una serpiente vino a devorar. Nada se pudo hacer para su defensa y solamente pudieron matar a la serpiente y sepultar al niño. En honor de éste se fundaron los juegos Nemeos, que habría instituido Anfiarao para propiciar su espíritu.

Cuando llegó la expedición a Citerón, Adrasto envió mensajeros para que dijeran a Eteocles que entregara la ciudad de Tebas. Se rehusó él. Tideo organizó su hueste y asignó a cada capitán el ataque de cada una de las puertas. Tras muchos episodios que los trágicos narran en versiones varias, la suerte de los Siete fue así:

Capaneo estaba subiendo por una escala de cuerdas a los muros de Tebas, cuando un rayo de Zeus lo mató.

Tideo fue herido por Melanipo, defensor de la ciudad, con una flecha que le atravesó el abdomen. Atena pidió a su padre una medicina para aliviar su dolor, pero antes de aplicarla, ya Anfiarao había decapitado a Melanipo.

Solamente quedaron con vida Polinice, Anfiarao y Adrasto. Inventó el primero un combate singular con su hermano Eteocles: de resultas murieron ambos.

A ver el fin de la batalla Adrasto tomó su caballo Arión (vid) y huyó.

Los cadáveres quedaron insepultos. Y Antígona se propuso sepultar el de su hermano Polinice. Con dramáticas maneras logró hacerlo. Los trágicos se apoderaron del tema y los forjaron a su placer.

Fuentes: Higinio, Fábulas 69, 74, 72, 273. Apolodoro, III, 6. Esquilo, Siete contra Tebas, todos. Eurípides, Fenicias, Suplicantes, Antígona (frag.). Sófocles, Electra, 836 ss.

SILENOS

Confundidos o relacionados con los Sátiros (vid). Aparecen como seres humanos, pero con gran barba, orejas de caballo y a veces también, con piernas y cola del mismo animal. Van siempre en persecución de las Ninfas y se distinguen por su excesiva salacidad.

Hay varios mitos relacionados con ellos, por ejemplo, Midas que atrapa a un sileno después de haberlo embriagado. En otra ocasión, los pastores mismos lo cautivan y le hacen contar largas historias.

En el siglo vi a. C. ya se hallan asociados al culto de Baco. Van con él como cortejo.

Se hizo destacar un solo personaje: Sileno, y se le dieron los atributos de viejo, abuelo de sátiros y silenos.

No son divinidades sino comparsas de ellas estos númenes. Dan la nota de pintoresco, en especial en los cómicos.

Fuentes: Him. Homér. Afrodita, 262. Ovid. Metamorf. XI, 90 ss. Píndaro, frag. 143.

SINIS

Bandido famoso que vivía en el Istmo de Corinto y a todos los caminantes los retaba a lucha con él. Vencidos, ataba a cada infeliz de un pino que doblaba, en una pierna, y de otro pino en la otra. Después soltaba los árboles y los así atados morían descuartizados. Le dieron el apodo de Atapinos (Ptiocamptes).

Teseo (vid), en su viaje hacia Atenas contendió con él, lo venció y lo ató en la misma forma, dando cuenta de su vida. De paso se llevó a Perigune, hija de Sinis y la hizo su amante. Luego la dejó a Eurito en Ecalia.

Fuentes: Apolodoro, III, 218. Diód. de Sic. IV, 59 y las dadas en Teseo.

SINOPE

Ninfa hija del río Asopo. Zeus se enamoró de ella y prometió darle el don que ella escogiera, si se entregaba a su amor. Ella mañosamente le dijo que, si la amaba, le concediera el don de ser virgen perpetuamente. Lo concedió Zeus y le edificó una cabaña en un sitio cercano al río, en donde ella paso solitaria y virgen el resto de su vida. Más tarde se dedicó a su nombre una ciudad que se llama como ella y que por su situación en el Euxino es de gran utilidad.

Es un mito lunar antiguo que tiene la particularidad de ensalzar la virginidad, algo insólito en el paganismo.

Fuentes: Higinio, Fábula 15.

SIRENAS

Seres de muy compleja naturaleza. Para unos son hijas de la Tierra, pero habitan en las regiones del Hades y sus cantos son los de esa tremenda melodía, por la cual matan a quien los oye. Si hay un mortal que pueda resistir su canto, las que mueren son ellas.

Dos hechos famosos son la escapatoria de Odiseo. Habitan estas raras divinidades entre Escila y Caribdis en una isla aislada. Tienen cuerpo de mujer de la cintura para abajo y de ave de ahí arriba. Su canto es sumamente melodioso, pero mortífero. Los navegantes que lo oyen quedan muertos. Cuando Odiseo pasa por ese rumbo, ya con el consejo de Circe, se tapa con cera los oídos y resiste el canto. Quedan muertas las sirenas.

Otro hecho es el de Orfeo que salva a los Argonautas compitiendo con ellas y escapando sin ofensa con aquellos.

Eran conocedoras de todos los secretos y con su canto podían aplacar o levantar los vientos.

Se dijo que eran aves en que habitaban espíritus de los muertos y a ello se debe que vayan cantando en los cortejos fúnebres.

Ya en tiempo de la comedia se les dio el sentido de seres ávidos de experiencias sexuales que por eso intentan atraer a los marinos y pescadores. No son como las sirenas de las mitologías nórdicas, porque éstas tienen cuerpo de pez y mujer.

Se hallan varios nombres de Sirenas en diversas fuentes:

He aquí éstos: Aglaope (linda cara), Aglaófonos (linda voz), Leucosia (blanca), Ligeia (voz penetrante), Molpe (melodía), Partenope (cara de virgen), Peisinöe (persuasiva), Raidne (perfecta), Teles (completa), Telxepeia (voz deliciosa), Telxiope (rostro delicioso).

Fuentes: Homero, Odisea, XII, 39 y 184. Apol. de Rodas, 4, 893. Higinio, Fábula 141. Hesiodo, frag. 69. Sófocles, frag. 861.

SIRINGA

Ninfa amada y hostigada por Pan. No condescendía a su deseos. Huyó y quedó presa en la tierra. Se convirtió en carrizo acuático. Como el dios no supo cuál era la caña, cortó varias y de tres hizo la famosa flauta tritubular que le era propia (vid Pan).

Fuentes: Ovid. Metamorf. 1, 689 ss. Notas de Servio a Virgilio, Egloga II, 31.

SISIFO

Hijo de Eolo, casó con una de las Pléyades, Merope. De ella tuvo tres hijos: Glauco, Ornitio y Sinón. Era gran poseedor de un ganado de bueyes en el Istmo de Corinto.

Había un famoso ladrón de ganado de nombre Autólico; que poco a poco iba hurtando los bueyes de Sísifo. El con varios ardides, entre ellos el de la marca de fuego en las ancas de los bueyes, dio con el ladrón. Cuando se convenció de la felonía de su vecino, se vengó violando a su hija Anticlea, que fue más tarde mujer de Laertes. De esa acción nació Odiseo, o Ulises, que es llamado con frecuencia el hijo de Sísifo.

Cuando su padre Eolo murió, el trono fue usurpado por Salmoneo. Sísifo, heredero legítimo, fue a consultar el oráculo de Delfos, que le respondió: Procrea hijos en tu sobrina y ellos te vengarán. Lo hizo con Tiro, hija de Salmoneo, pero ella mató a dos hijos que de él había tenido.

Como se dio cuenta del robo que hizo Zeus de la ninfa Egina y contó a su padre el hecho, el dios lo mandó al Tártaro para que fuera castigado con duros tormentos.

Pero aun en dominio de la muerte fue astuto: Mandó a Merope que no quemara su cadáver, como era usual. Y cuando llegó al Hades se fue a ver a Persefone y le dijo que, como no estaba sepultado, no tenía derecho a hallarse allí; que lo dejara retornar al mundo. Que iba a reclamar sus funerales y regresaría a los tres días. La diosa lo permite y cuando llegó a la tierra, se hizo el desobligado y no regresó hasta que lo hizo volver Hermes.

El castigo de sus delitos fue penado en forma terrible. Los jueces infernales resolvieron que estuviera dando vueltas constantemente a fuerza de empujones a una enorme roca, haciéndole rodar hacia la altura y que ella volvía a caer y su obra interminable era la mayor fatiga. En esa forma dura eternamente.

Cuando Merope supo que su marido estaba en el. Hades y con tal castigo, se separó de sus demás hermanas y ya nadie la volvió a ver. (Vid Pléyades.)

*Fuentes:*Higinio, Fábula 200, fáb. 38, 201. Ovidio, Metamorf. VII, 153; IV, 496. Herodias, XII, 203. Fastos, IV, 175 s. Comentadores de la Eneida VI, 616. Comentadores de Sófocles al Ayax, 190. Pausanias, 2, 4 55. X, 31.

TAFIO

Hijo de Poseidón, que arrebató a Hipotea y la llevó a las Islas Echinadas, donde nació. Era ella hija de Lisídice, que es una de las hijas de Pélope e Hipodamía (vid). No hay mayores noticias de este personaje.

*Fuentes:*Ver las indicadas en los arts. citados.

TALTIBIO

Famoso heraldo de Agamemnón, que con mayor fortuna que su colega Euribates, ha pasado a las letras griegas, saltando desde la Ilíada.

Fue el que unido a Ulises, u Odiseo, fue a buscar a Ifigenia para llevarla a Aulis, so pretexto de que iba a ser casada con Aquiles. Aunque retracta su voluntad el rey, Menelao su hermano intercepta el mensaje y se cumple la triste fortuna (vid Agamemnón, Ifigenia, Aulis y en general los hechos de la Ilíada).

Fundaron sus pretendidos descendientes en Esparta un clan llamado de los Talitibíades, que tenían especial inclinación a ser heraldos y embajadores.

Fuentes: Homero, 1, 320 ss. Herodoto, VII, 134. Eurípides, Troyanas y las dos Ifigenias.

TAMIRIS, TAMIRAS

Bardo de la región tracia. Se ufanaba de poder vencer aun a las Musas. Estas en una contienda lo cegaron y lo hicieron perder todo su arte de tañer y cantar. El encuentro fue en Dorión, al poniente del Peleponeso. Se le atribuyen a este bardo muchos poemas y canciones de las cuales es dudosa la autenticidad.

Fuentes: Homero, Ilíada, II, 594 ss. y los escolios.

TAMUZZ, TAMMUZ, DAMUZI

Dios de varias mitologías, sumeria, babilónica, egipcia, que halla acogida en el mundo griego, bajo la forma de Adonis principalmente (vid).

Es el símbolo de la potencia viril, como imagen de la que fecunda a los campos en la primavera. Se le concibe joven. En los arts. dedicados a Adonis y Afrodita puede verse lo que en Grecia dio. Hago ahora el resumen de su mito en otras culturas.

Inana, diosa madre en la Mesopotamia, cada año celebraba sus bodas primaverales con Dumuzi, Damuzi o Tamuzz.

Aparece éste como dios nacido de las aguas, que cada año surge a la vida y cada año muere. Como lo ama Inana, ella baja al Averno a rescatarlo. Llega y va ataviada con sus joyas, pero se le impide el paso. Ella hace sus artimañas para lograrlo. Pasa siete puertas hasta llegar al templo de Ereshkigal, diosa del Averno. Allí muere y queda hecha carroña. Pasan cuatro días y un dios hace que resucite mediante dos criaturas sin sexo que envía a su cuerpo. Abandona el país de la muerte y regresa al mundo. Pero traía a Tamuzz consigo. Era la gran conquista lograda por la muerte. Va errante por Sumeria.

El resto del mito es fragmentario y en la parte que hallamos entre los griegos está ceñido a la ida y el regreso a los mundos inferiores y la representación simbólica de la renovación de la vegetación anualmente.

Fuentes: Ver E. O. James. *The Cult of Mother Goddess,* 1959. *The Ancient Gods,* 1960 y la liteatura que cita.

TANAIS

Era hijo de la amazona Lisipe y ofendió a Afrodita por desprecio a sus obras, enamorado de las de la guerra. La diosa como castigo hizo que se enamorara locamente de su propia madre. El ante tal conflicto prefirió arrojarse al río de las Amazonas, que desde entonces mudó el nombre por el suyo propio. La madre huyó avergonzada y fue a fundar un nuevo reino de amazonas en las cercanías del río Termodonte, en las costas del Mar Negro. Tres tribus de amazonas fundaron cada una, una ciudad.

El río Tanais ha sido identificado con el Don, que es como el límite natural entre Europa y Asia. Fue una vía natural ara la comunicación entre ambas. Fue fundada la ciudad de su nombre hacia el 500 a. C. y destruida, fue reedificada en las cercanías de la moderna Rostov.

Fuentes: Apolonio de Rodas, Arg. II, 976 ss. Comentarios a Virgilio de Servio, a Eneida, XI; 659.

TANAIS 2

Es el llamado hoy día río Don, que en la antigüedad se tuvo como límite natural entre Europa y Asia. Fue vía de intercambio, que de los Urales traía oro y de Grecia llevaba elaborados de tela que llegaban por ese camino a la misma Mongolia. En las riberas de este río se pensaba que habitaron las Amazonas.

Hubo una ciudad del mismo nombre, fundada hacia el 500 a. C. por Canticapeo, la cual logró auge comercial. Decayó varias veces y se hallan restos de su sucesiva reedificación en las cercanías de Rostov.

Fuentes: Historia de la geografía griega, general o particular, como el *Scythians and Greeks* de E. H. Minns. 1913.

TANATOS

La muerte personificada. Es hija de la Noche y hermana del Sueño.

Es más una abstracción que un ser preciso. Ella cura todos los males (Euríp. Hipólito, v. 1373), custodia los sepulcros (Sóf. Edip. rey, 942), es el único dios que no admite dádivas (Aristof. Ranas, 1392), etc.

Los trágicos hacen de ella una figura ya concreta. En Alcestes de Eurípides es un personaje bien caracterizado.

El folklore la toma constantemente como personal. Esopo en varias fábulas, por ejemplo, y en esta historia que guardó uno de los anotadores de la Ilíada en VI, 153. Zeus manda a la Muerte contra Sísifo y éste le dice que no puede nadie morir si no se lo lleva Ares y éste solamente lleva muertos. Como se dice en su propio artículo, al morir manda no ser enterrado y lo hace su mujer. Puede volver al mundo. No regresa cuando debe y al llegar es sujeto al tormento que allí se dice.

Fuentes: dadas en el curso del artículo.

TANTALO

Leyendas confusas sobre este personaje mítico. Se le hace hijo de Pluto y Rea, o de Océano y Tetis. Otras versiones lo hacen hijo de Zeus.

Su casamiento es tan vago como su origen. Unos dicen que casó con Eurinasa, hija del Pactolo. O con Euritemista, hija del río Xanto. O con Clitia, hija de Andidamantes. O con la pléyade Dione. Fue padre de Pílope, Niobe y Broteas (vid).

Amigo de Zeus, fue su comensal constante. Pero reveló los secretos del dios, y robó la ambrosía y el néctar para darlo a los mortales.

Por estos y por otros delitos, fue penado con durísima pena.

Como Ixión, Sísifo, Titio y las Danaides, está sujeto a un tormento interminable. Está consumido por el hambre y la sed. Tiene a su vista manjares y bebidas excelentes, pero no puede gustarlos, porque escapan de su mano. Siente a veces que le llegan a la boca, pero su movimiento los aleja.

En otros testimonios hallamos que hay una gran piedra que amenaza caer sobre su cabeza. Ese es el castigo por su robo y por su traición al divino secreto.

Hay una versión más famosa. Cuando Zeus era niño y se criaba en Creta mamando de la cabra Amaltea, Efesto le hizo a Rea un mastín color de oro para que guardara al niño. Pandareo, o Mileto, según otros, robaron el mastín y lo llevaron a Tántalo para que lo guardara en el monte Sipilo. Cuando vino un día a recobrar al perro Pandareo, Tántalo se negó a devolverlo y juró por Zeus que nunca en su vida había visto ni menos tenido animal semejante. Zeus dio a Hermes orden de averiguar el hecho. Pero Tántalo siguió negando, aunque el dios se dio cuenta de su falsedad. Pudo recobrar al perro y Zeus mandó que Tántalo quedara oprimido por un enorme peñasco del mismo monte Sipilo.

Y aun en otra versión, el ladrón del perro fue el mismo Tántalo y su instigador fue Pandareo. Por eso éste y su mujer fueron destruidos y convertidos en piedras.

Tántalo fue padre de Pélope, que fue descuartizado y comido por su propio padre (vid Pélope). Zeus mandó a Hermes que lo restituyera a la vida. Lo hizo hirviendo sus miembros en el mismo caldero y diciendo un conjuro mágico.

Otro hijo de Tántalo fue Broteas. Era feo en grado sumo, cazador famoso, que despreciaba a Artemis y ella lo volvió loco. Pretendía que ningún fuego podía quemarlo y se arrojó a una hoguera que lo consumió en un momento. Otros afirman que se mató por verse tan repudiado de todo el mundo a causa de su fealdad. Dejó un hijo del mismo nombre de su abuelo Tántalo.

Esta leyenda es de origen frigio, según Estrabón (XII, 21). Es uno de tantos mitos formados con datos prehelénicos y con elaboraciones de poetas posteriores.

Fuentes: Higinio, Fábulas 124, 82, 83, etc. Ovidio, Metamorf. II, 156. VI, 6 s. 406, IV, 456. Homero, Odisea, XX, 66 ss.

TAUROBOLIO

Lit. Matanza, inmolación del toro. No era precisamente una muerte del animal, sino su castración. De resultas de la cual casi siempre morían los toros.

Ha de fijarse su origen en el Asia Menor. Se halla atestiguado en Puteoli, por el año de Cristo 134. Fue para celebrar a Venus Coelestis.

Este rito había sido practicado en el culto de Cibeles. Era para conmemorar la muerte de Atis (vid), que era celebrada el 24 de marzo.

Los órganos arrancados al animal eran llevados en procesión ritual en una gran vasija llamada *kernos* y transportados a la parte subterránea de los templos, a que no tenían acceso sino los iniciados y eso de cierta graduación.

Se mantuvo este rito hasta muy entrada la época cristiana, en especial en las Galias, en que se hallan testimonios de su práctica entre 370—390 d.C.

Con la sangre del toro era bañado el iniciado al culto de Démeter o de Venus, según el caso.

Se tenía como provechoso para la fertilidad tanto de la tierra como del hombre mismo que lo recibía.

Fuentes:Inscriptiones latinae selectae, publicadas por H. Dessau, 1892-1916. Y lo citado en Démeter.

TELAMON

Hermano de Peleo. Hijos de Eaco y Endis. Tenían un hermano más joven, Foco, que era hijo de la ninfa Psamate, que se volvió foca, para evadir los tratos con Eaco. Foco era muy diestro en los juegos atléticos. Lo cual suscitó la envidia en sus hermanos. Eaco envió a Foco a Focis, para evitar conflictos. Pero Telamón y su hermano Peleo le tendieron insidias. Los dos lo mataron, en forma que varía en los documentos. Telamón huyó a Salamina, cuyo rey era Cicreo. El rey lo acogió y Telamón envió un mensaje a su padre, dando cuenta de los hechos. Su padre le prohibió regresar, si no era por mar. Telamón navegó una noche y mandó una escuadrilla de albañiles que le construyeran una torrecita para escalar la muralla. Se presentó a su padre y alegó que la muerte de Foco había sido accidental. Luego regresó a Salamina y casó con Glauce, hija del rey y lo sucedió en el mando.

Cuando ella murió casó con Peribea de Atenas. De esta unión nació Ayax (vid). Más tarde con la cautiva Hesione, hija de Laomedonte. De ella nace Teucro.

Otros datos vagos y legendarios se omiten.

Fuentes: Eurípides, Helena, pass. Apolodoro, III, 12.

TELEFO

Hijo de Auge y Heraclés por violencia (vid Heraclés, vida). Abandonado en el monte fue amamantado por una gama. Los pastores que lo hallaron lo llevaron a Corito, su rey. Y en ese mismo tiempo otros pastores llevaron al hijo de Atalanta (vid), es decir, a Partenopeo.

Cuando creció Télefo fue a Delfos a preguntar quiénes eran sus padres. Le respondieron: Ve en tu navío, sigue a Teutras. Llegó a Misia y halló a Auge, que estaba casada con Teutras. Este le dio a su hija Argiope en matrimonio, así como lo instituyó heredero de su reino.

Hay diferente versión: Télefo había matado a sus tíos maternos Hipotoo y Nereo. Se marchó silencioso a buscar a su madre en Misia. Estaba atacando a Misia Idas el Argonauta, y Teutras ofreció el trono y su hija al que lo librara de sus intentos. Lo hizo Télefo retando a Idas y reclamó su don. Era Auge la hija adoptada por Teutras. No reconoció a Télefo y se entregó a él. Cuando llegó Télefo a la cámara nupcial, recordando a Heraclés quiso serle fiel y matar al nuevo marido. Los dioses intervienen enviando una serpiente que se halla en el lecho nupcial. Auge implora a Heraclés y cuando Télefo irritado por la negativa de su esposa, va a dar el golpe, comienza a gritar:

—¡Madre, madre mía!

Por inspiración de Heraclés la había reconocido.

Al día siguiente se fueron a su tierra natal, unidos hijo y madre.

Fuentes: Apolodoro, III, 9. Higinio, Fábulas 99, 244, 101. Pausanias, VIII, 48. X, 28.

TELEGONO

Hijo de Odiseo y Circe, que tendría otros dos hermanos, Agrio y Latino. Otros lo hacen hijo de Calipso.

Cuando Odiseo hubo llegado a Itaca, el joven se puso a buscarlo. Llega a la isla y piensa que era la de Corcira. Ataca y trata de penetrar a ella. Al parecer Odiseo para defender su hogar, una flecha lo hiere y mata, y esa flecha provenía de su mismo hijo Telégono. Estaba guarnecida por una punta del pez llamado raya.

Sigue diciendo la leyenda que Telégono casa con Penélope, y que Telémaco casa con Circe y ambas familias se hallan unidas en la serie de los siglos siguientes como descendientes de Odiseo.

Fuentes: Apolodoro, Ep. VII, 26 ss. Higinio, Fábulas 127. Fragmentos de los Epicos griegos, 57 ss. Ed. de Kinkel.

TELEMACO

Hijo de Odiseo y Penélope. Uno de los mejores caracteres homéricos. Joven y dudoso de su destino, cuando ve que su padre no regresa, parte a buscarlo, interroga a Néstor y a Menelao. Atena lo aconseja y proteje y lo hace regresar al hogar por otra ruta, ya que los pretendientes de Penélope intentaban matarlo. Al fin halla a su padre y regresan, primero él a ejercer poder en su casa, y luego Odiseo a hacer justicia (vid Odiseo, Penélope).

Fuera de los poemas homéricos, casi nada se dice de él Hay uno que otro episodio, como que Palamedes para ver si Odiseo está loco, o se finge, pone a Telémaco, aún niño, en el surco que va arando el héroe. Otro es que, al morir Odiseo, se casa con Circe.

Fuentes: Primaria, Homero, Odis. I-IV libros, XV, 15 s. 153. XXI, 343 ss, 91 Ss. Higinio, Fábula 95. Telegonia, en Proclo.

TELQUINES

Seres míticos que habitan en Rodas y son sumamente diestros en la elaboración y aprovechamiento de los metales. Son hijos del mar y fundaron la ciudad de Camiro en Rodas. También Yalso y Lindo, según otros.

Fueron los primeros que habitaron la isla, emigrando de Creta.

Rea los protegía y le fabricaron el tridente a Poseidón.

Un día se irritó Zeus contra ellos, porque alteraban la atmósfera, provocando tempestades. Artemis le sirvió echando a todos al mar. Huyeron como pudieron y fueron a dar unos a Beocia, otros a Sición, otros Orcomenos y en cada sitio, edificaron un templo. Unos que estaban en Teumeso fueron destruidos por Zeus con una inundación. Los que se hallaban en Licio fueron devorados por Apolo, convertido en lobo. Los pocos que quedaron se refugiaron en Sición.

Esta confusa leyenda solamente nos habla de los primeros artífices del metal. Pueden ser residuos del culto lunar a Danae.

Hallamos una curiosa coincidencia entre su nombre de *telquines* y la raíz germánica *telghein,* que significa encantar.

Fuentes: Ovidio, Metamorf. VII, 365 ss. Calímaco, Himno a Delos, 31. Wervio, Com. a Virg. Eneida, IV, 377.

TEREO

Hijo de Ares y rey de los Tracios. Fue árbitro en una disputa de límites con Pandión, rey de Atenas y padre de los gemelos Butes y Erecteo. Casó con la hermana de estos dos, llamada Procne, de la cual tuvo por hijo a Itis. Pero estaba enamorado también de la otra hermana de Procne, Filomela, a causa de su preciosa voz. Para lograrla, recluyó a Procne en una cabaña y dijo a su padre que había muerto. En consecuencia, pidió a la otra hija para esposa. Accedió Pandión y envió a su hija a la boda, acompañada de una escolta. Cuando llegaron los guardas los mandó matar Tereo y, llegada Filomela, la forzó. Para evitar denunciar, cortó la lengua a Procne, que había sabido los hechos, al igual que la recluyó en la parte destinada a los esclavos. Procne halló medio de comunicarse con su hermana contando toda la historia, por medio de un bordado, en que se hallaban representados todos los hechos.

Dicen que solamente tenía el bordado esta frase: Procne entre los siervos.

Tereo recibe un oráculo según el cual, tiene que morir su hijo Itis a mano de un pariente muy cercano. Piensa Tereo que podrá ser su propio hermano Drías y lo hace matar de un hachazo.

Filomela ha leído el mensaje de su hermana y corre al departamento de los esclavos. Halla un cuarto bien encerrojado, rompe los cerrojos y se une con su hermana Procne. No podía hablar sino con voces no articuladas y andaba dando vueltas por todo el cuarto. Promete Filomela venganza, por la felonía con que ha ido tratada su hermana y por el engaño a ella misma. Procne nada puede responder, pero toma a su propio hijo Itis, lo hace pedazos y lo pone a hervir en un caldero. Manda que se le lleve a Tereo como alimento. De repente se da cuenta el rey de la infamia que está cometiendo, al comer el cuerpo de su propio hijo. Toma el hacha con que había sido muerto Drías e intenta matar con ella a las dos hermanas. Pero ambas huyen. Va casi alcanzándolas, cuando los dioses intervienen. Todos quedan mudados en aves: Tereo, en abubilla *(Upupa epops L);* que anda diciendo siempre: Pu, pu. . . ¿en dónde, en dónde? Filomela es mudada en ruiseñor y Procne en gorrión. Y es conseja de los tracios que nunca anida un gorrión en su tierra, ni canta un ruiseñor, por miedo de que Tereo los devore. En otras versiones, el ave en que se muda Tereo es el halcón.

Filomela emigra a Atenas y todas las noches anda dando lamentos.. en que llama a Itis, a quien, sin pensarlo ella, fue causa de muerte: Itis, itis.

Es notable la forma en que los trágicos hacen uso de esta leyenda en los coros, recordando la emotiva historia.

Fuentes: Apolodoro, III, 14. Higinio, Fábula 45. Sófocles. Tereo, frag. Ovid. Metamorf. VI, 426 55.

TERSITES

Un famoso charlatán patituerto que aparece en la Ilíada, y es tipo de todo hombre que habla y hace alardes, sin tener base para sostenerlos. Ataca a Agamemnón y es puesto en silencio por Odiseo, hasta que logra hacerlo mudar.

Borrosa figura fuera de Homero, tiene alguna historia: hijo de Agrio, hermano de Eneo, pariente de Diomedes. No era un plebeyo cualquiera desde luego. Lo mata Aquiles, pero tiene que ir a purificarse del crimen a Lesbos.

Fuentes: Ilíada, II, 212 ss. Etiopeida, varios lugares.

TESEO

Uno de los mitos más complicados y abundantes, acaso tanto como el de Heraclés. Daré la parte simplemente cierta y precisa, dejando datos de pormenor.

Es hijo de Poseidón, según unas fuentes, o de Egeo, como cualquier mortal. Pero es el héroe por excelencia de Atenas. Lo cual explica su importancia en toda la literatura ática y aun fuera de ella.

Hay en su leyenda muchas interferencias con la de Heraclés y algunos datos convienen a ambas por modo semejante. Solamente un estudio especial y, aun ese, con grave oscuridad, daría nota de cada hecho o creencia. Al grado de que haya habido quien piense que es un puro mito creado, sin base de persona real.

Tocante a su nacimiento: Egeo, se había casado con Melita, hija de Hoples, y con Calcíope, hija de Rexenor, pero ninguna de las dos le dio sucesión. Era, decían, por ira de Afrodita, que estaba airada por no tener culto en Atenas. Alcanzó su desdicha a Procne y Filomela, hermanas de Teseo (vid).

Egeo mandó consultar a Delfos y la respuesta que obtuvo fue, que no atara la boca de su odre hasta no llegar al punto más alto de Atenas. De otra manera, moriría en día de angustia.

Se dirigió a Corinto. Se encontró con Medea y ella le hizo jurar que la salvaría de sus enemigos, si alguna vez iba a pedir refugio a su casa. En cambio, mágicamente le iba a procurar un hijo.

Siguió Egeo su camino. Llegó a Troezen y dio con dos viejos amigos: Piteo y Troezen, hijos de Pélope. Piteo era famoso por su sabiduría y cordura. Se le atribuyen muchas sentencias que corren en labios de escritores posteriores. Uno muy citado es: "No vituperes la esperanza que la amistad concibe: esfuérzate en cumplirla en su más alto grado (vid Piteo).

Cuando llegó Egeo a pedirle hospedaje, halló un medio de deshacerse de cierto compromiso. Belerofonte había pedido a su hija Etra en matrimonio. Tuvo que ir a Caria y dejó no terminado su matrimonio y no había esperanza de su regreso. Piteo tenía dolor por la hija intacta y para evitar que lo fuera, embriagó a Egeo y en su lecho le dejó a Etra. La misma noche Poseidón vino a tener parte con ella.

Cuando despertó Egeo y halló en su cama a Etra, le dijo que si nacía un hijo de aquella unión, no lo expusiera, ni lo diera, sino que en secreto lo enviara a Troezen para que allí fuera criado.

Regresó a Atenas. En el santuario de Zeus Poderoso hizo un voto: si el niño nacía y era capaz de mover una roca, en cuya grieta él dejaba su puñal y sus sandalias, ese tenía que ser enviado á Atenas. La madre guardó el más absoluto silencio, y aunque los sobrinos de Egeo, los cincuenta hijos de Palas, conspiraron contra ella, jamás dijo nada.

Etra dio a luz a Teseo a la orilla del camino que va al puerto de Troezen. Fue llevado a la ciudad y Piteo propaló que era hijo de Poseidón.

Curiosa es la anécdota de la niñez de Teseo: tenía siete años y un día estuvo a visitar a Piteo el gran Heraclés. Cenaban y para ello, dejó su piel de león sobre una silla. Entraron los niños de la casa y al verla, corrieron despavoridos dando gritos. Solamente Teseo fue a tomar un hacha que estaba en una pila de maderos y regresó animoso a matar al león, según él decía.

Al cumplir los dieciséis años fue a hacer una visita al oráculo de Delfos y allí hizo a Apolo la ofrenda de su cabello juvenil. Tuzó toda su cabellera, menos la parte cercana a la frente, con que dio origen a la llamada tonsura tesea. Es una reminiscencia de usos extraños y se halla entre árabes y abantes de Eubea.

Fue cuando Etra lo llevó a la roca en que había escondido Egeo su puñal y sus sandalias y le contó la palabra de aquél. El joven no tuvo dificultad en remover la roca. Sacó los dos objetos de prenda y desde entonces llevaba la roca el nombre de Roca de Teseo. No quiso llegar a Atenas sino por mar, e insistió en emular a su primo Heraclés.

Hay quien mencione en este sentido los Trabajos de Teseo, a semejanza de los de Heraclés. Sin llegar a tanto, daré la relación de sus más importantes hazañas.

La que se da por primera hazaña fue la de la liberación de piratas que infestaban las costas. Cuando llegó a Epidauro, el cojo Perifeto intentó ponerle asechanzas en su camino. Era, según dicen, hijo de Poseidón, o de Efesto y Anticlía. Portaba una enorme clava de bronce con la cual asaltaba y mataba a los Viajeros. De allí su apodo de Corunetes, que es tanto como "el hombre del garrote". Se enfrentó con Teseo, pero éste en rapidez le arrebató la clava y con ella misma lo mató. Desde esa ocasión la tomó como su arma favorita. Era tan tremenda que a un golpe que daba, dejaba tendido al adversario.

En la parte más estrecha del Istmo habitaba un bandido famoso. Llamado Sinis, que era bastardo de Poseidón, según él, pero en voz pública hijo de Pemón, o de Polipemón y Silea, hija del rey de la región. Tenía por apodo el de Atapinos (Pitocamptes), porque tenía tal fuerza que doblaba los árboles, los ataba por sus puntas y los tenía a ras de tierra. Cuando se le antojaba ataba a un pobre caminante y después soltaba el amarre de los dos árboles. Estos recobraban su forma natural y, al lanzarse al viento, precipitaban al infeliz y del golpe moría.

Llegó Teseo, se dejó atar y cuando menos se lo pensaba Sinis, se arrojó contra él y lo ató y obró como el otro había obrado, quedando Teseo sin lesión. De esta voltereta murió Sinis.

En eso estaba cuando vio a una hermosa muchacha que se escondía entre las plantas. La fue a buscar y con gran trabajo dio con ella, que iba huyendo de tramo en tramo. Teseo le prometió no hacerle daño, si salía por su cuenta: Vino la chica, que resultó ser hija de Sinis. Se llamaba Perigune. Ella tan pronto como lo vio, quedó enamorada. Se entregó al matador de su padre y dio a Teseo el primer hijo, que fue Melanipo. Más tarde la dio Teseo en matrimonio a Dioneo de Ecalia. El hijo de Melanipo, llamado Yoxo, emigró a Caria y fundó una colonia de donde proceden los yóxidas. Dicen que tienen el rito de no quemar nunca ni zarzas, ni espárragos silvestres, porque entre tales plantas estaba escondida la joven cuando la vio Teseo.

Sigue en sus andanzas y en Cromio fue en persecución y asedio de una monstruosa puerca salvaje que infestaba los campos y mataba a los campesinos. Se decía que ese monstruo era hijo de Tifón y Equidna (vid). Teseo acabó con esta plaga.

En las rocas escarpadas de la costa se hallaba la madriguera del bandido Escirón. Era, decían, hijo de Pélope, de Poseidón, o de Canto y Henioque. Tenía el malvado la costumbre de detener a los pasajeros. Los hacía que le lavaran a él los pies en el mar y, cuando estaban en la obra, les daba un empellón y una enorme tortuga, que él había enseñado, los tragaba, o al menos los hería gravemente. Teseo llegó, se negó a lavar los pies de Escirón, le dio un empellón y lo arrojó al mar, donde acabó ahogado.

Sobre esta parte de la leyenda hay variantes. Los megarenses decían que Escirón no era bandido, sino uno de sus nobles, que fue padre de Endeis, que casada más tarde con Eaco, dio la vida a Peleo y Telamón.

Siguió su marcha hacia Atenas. Llegó a casa de Cerción en Arcadia. Era este hijo de Branco y la ninfa Argiope, o de Efesto y aun de Poseidón. Este tenía la costumbre de retar a lucha a los viajeros y cuando los tenía en sus brazos, los retorcía hasta matarlos. Pero Teseo antes que todo lo abrazó de las rodillas y le dio tal azotón contra el suelo, que decían que la diosa Démeter que estaba presenciando la pelea, se deshacía de risa. Naturalmente, quedó allí muerto. Con esta ocasión se reveló la habilidad de Teseo, que no solamente tenía fuerza, sino mucha maña para los combates, tanto de guerra, como de atletismo. Cerca de Eleusis se señalaba un campo de lucha llamado el Campo de Cerción.

Agrega la leyenda que Teseo se robó a la hija del vencido, llamada Alope.

Cuando llegó a Coridalo, mató al padre de su vencido Escirón. Este, como se dijo, era Polipemón, o por apodo Procustes, por lo que se dice en seguida. Tenía un alojamiento para viandantes y en ese se servía de un raro subterfugio para acabar con ellos. Hay variantes en las tradiciones. Unos dicen que tenía una cama larga y otra corta. Que a los chicos de estatura los ponía en la cama larga y luego la iba plegando hasta que los hacía papilla. Y en la cama corta ponía a los largos, que tenían que sobresalir en sus piernas. y se las cortaba al estar dormidos. Hay una versión más aceptable. Era una cama de mecanismo que hacía que se estirara y aflojará a gusto del actor. Era un tormento mortal, en todo caso. Tal es el llamado lecho de Procusto.

Llegó Teseo, aceptó el alojamiento e invitó a entretenerse con él por unos minutos a su huésped. Cuando estaba descuidado, saltó, movió el mecanismo y lo hizo papilla.

Cuando al fin llega a Atica, encuentra a los hijos de Pitalo, que lo purificaron de las manchas de sangre derramadas, en especial la de su pariente de ellos, Sinis. Luego lo invitaron a ser su huésped. Entró a Atenas, revestido de una gran túnica que le llegaba a los pies y con el cabello muy bien peinado. Cuando pasó cerca del templo en construcción de Apolo, un grupo de albañiles lo tomó por mujer. Nada respondió, sino que desunció los bueyes del carro de los albañiles y arrojó a uno de estos bueyes tan alto, que cayó en el techo del templo.

Egeo había cumplido su promesa a Medea de casarse con ella y la tenía en su palacio. Reconoció ella a Teseo a la primera vista y dijo a Egeo que era un espía que venía a matarlo. Por esta instigación ofreció una copa de vino envenenada con acónito, para matar al que venía a matarlo. Este derramó la copa. Y a poco fue reconocido por su padre. Reunió una asamblea pública y lo dio a conocer a todos. Teseo quiso vengarse de Medea, pero ella se ocultó bajo una nube que sus artes mágicas forjaron. Huyó de su presencia.

Palas y sus cincuenta hijos se levantaron contra Egeo, alegando que no era de la raza real. Hicieron tres escuadrones para atacar la ciudad por tres rumbos. Pero Teseo acabó con sus fuerzas.

Poco duró en Atenas. Sea por consejo de Medea, sea por otra razón, se dirigió a Creta a combatir con el toro blanco (vid Minos).

Este había hecho tremendos estropicios: había matado cientos de hombres, entre ellos se dice que a Androgeo, hijo de Minos. El toro fue atrapado por Teseo. Lo aferró de ambos cuernos y lo paseó por toda Atenas. Al llegar a la Acrópolis lo sacrificó a Atena, o a Apolo, según otros.

Como pena por haber matado a Androgeo, pidió a los atenienses un tributo de siete mancebos y siete doncellas, cada año. Eran para entregarlas al minotauro del Laberinto.

En una de la muchas versiones, algunas muy confusas, se dice que vino Minos a requerir su tributo. Vio en la multitud a Teseo y lo llamó. Le dijo que, si él podía con sus propias y solas marlos domar al Minotauro, cesaría el tributo.

Catorce víctimas cada año producían lágrimas sin límite en catorce madres. Teseo se comprometió a hacer que cesaran. Teseo usó uno de sus trucos: cambió dos doncellas por dos afeminados. Les dio instrucciones de tomar baños tibios, con mucha frecuencia, de no exponer sus cuerpos al sol, perfumarlos así como su cabellera con ricos perfumes, y tomar todos los modales de una mujer. En esa forma, Minos los tuvo por mujeres.

Al partir, hizo a Afrodita, que le había prometido su ayuda, el sacrificio de una res cabrina. Intentaba darle una cabra y resultó macho. Partió Teseo en su viaje. Cuando llegó su barca, salió a la playa Minos para admirar sus victimas. Cuando vio a las atenienses doncellas, se prendó de una. No se ponen de acuerdo sobre su nombre. Es Peribea, Eribea, Feribea. Quiso tomarla al momento, pero Teseo lo impidió. Alegó que, si Minos era hijo de Poseidón, tenía que respetar a las doncellas. Rió Minos y replicó: ¿Es que acaso él las respeta?

—Tú dices ser hijo de Poseidón, dijo Minos. Debes probarlo. Anda, saca del mar esto que arrojo. Lanzó su anillo de sellar.

Riendo dijo Teseo: Prueba antes que eres hijo de Zeus.

Minos se puso a imprecar al dios sumo. Y resonó un trueno, seguido de un rayo.

Teseo se echó al mar y vinieron a escoltarlo muchos delfines. Lo fueron llevando al palacio de las Nereidas. Coronaron a Teseo con una corona de oro y se esparcieron a buscar el anillo sello.

Sea lo que fuere, cuando salió del mar, llevaba la corona y en su mano el sello en forma de anillo.

Afrodita había sido protectora y favorecedora de Teseo en este viaje. Hizo que Peribea lo llevara a su lecho, y Ariadna, hija de Minos, quedó enamorada hasta la locura. Le envió un mensaje: He de ayudarte en todo; mataré al Minotauro, aunque sea mi medio hermano. Pero es con la condición de que me lleves a Atenas convertida en tu esposa.

Aceptó Teseo la promesa y juró cumplirla. Antes de que Dédalo se fuera a Creta dio a Ariadna una gran madeja de hilo. Ella le dio a Teseo y le hizo instrucciones sobre su uso. Ella abriría la entrada del Laberinto y fijaría la cuerda. La cuerda en manos, o pies, de Teseo, iría corriendo por todos los vericuetos del misterioso edificio. Entró al Laberinto, mató al Minotauro, con la mano simple, con la espada, con su clava: hay discrepancia en las fuentes. Pero lo seguro es que lo mató.

Cuando salió al día siguiente, en pos del hilo de Ariadna, encontró a ella a la puerta. Lo abrazó con gran ternura y lo guió con los suyos hasta la playa.

Entre tanto aquellos dos afeminados habían quebrado las cárceles en que estaban las jóvenes, con las cuales iban ellos confundidos. Dejaron libres a las muchachas y aun saquearon lo que pudieron.

Días adelante Teseo fue a desembarcar en Naxos. Allí estaba Ariadna. Se embarcaron ambos le hicieron una gira por el mar, que nadie sabe en qué la hayan empleado. Allí en Naxos la dejó dormida y siguió Teseo su camino.

Más adelante alcanza a ser amante de Egle, hija de Panopeo.

Iba en su navío durmiendo cuando se la apareció Dióniso y le pidió a Ariadna. El se negaba, en sueños, y cuando despertó, vio cómo la nave iba llegando a Día. Arribó a la playa lleno de terror y era que Dióniso le hizo un encanto por el cual olvidó a Ariadna y aun su existencia Ariadna se halló solitaria en la playa y se puso a llorar, pensando en las penas que había pasado para ayudar a Teseo en la muerte de su monstruoso medio hermano y maldijo a Teseo por haberla hecho dejar a su patria y a sus padres, para quedar así en tierra extraña y sin amparo.

Llegó entonces Dióniso acompañado de sus sátiros y la consoló. Se caso con ella y puso en su cabeza la corona de Tetis, y de ella tuvo varios hijos (vid Dióniso). Solamente Toas y Enopio son hijos de Teseo.

Varían mucho las leyendas acerca de estas cosas, pero las dejo por muy complicadas.

De Naxos navegó Teseo a Delos, donde hizo sacrificios a Apolo y celebró juegos en su honor. Introdujo la costumbre de coronar al vencedor con ramas de palma y darle en la mano una palma como trofeo.

Había convenido con Egeo en poner una vela blanca cuando llegara a sus costas, pero se olvidó de hacerlo. Egeo vio la vela negra y desesperado se echó al mar. De allí el nombre de Mar Egeo.

Teseo en la playa ofreció a los dioses su sacrificio y al fin cuando se supo la muerte de Egeo, le dio sepultura, lleno de dolor.

Edificó varios templos, instituyó varias fiestas y se dispuso a reorganizar a Atenas y sus contornos.

Como todo tirano, comenzó por matar a sus adversarios. Solamente excluyó a Palas y a los que quedaban de sus cincuenta hijos. A esos los fue matando poco a poco en el curso de los años.

Federalizó al Atica. Quedó dividida en doce comunidad es, hasta cierto punto autónomas, que solamente habían de estar al mando del rey en caso de emergencia Estableció un gremio u orden de siervos. que estaban a su mando.

Puso así, con paradoja no rara en la historia. centralizar con confederaciones. La soberanía de cada comunidad resultaba más de fórmula que de realidad. El sumo gobernante era el rey de Atenas, en este momento Teseo. Hermoseó y engalanó la ciudad misma con santuarios y edificios públicos.

Para. engrandecer la ciudad invitó a los príncipes convecinos a que vinieran a establecerse en sus bordes. o enviaran colonias. Lo hicieron así varios.

Fue el primero que acuñó moneda en Atenas y puso en el troquel un toro. Discuten si es el toro de Poseidón, o el de Minos, como emblema. Y hay quien diga que es puramente simbólico de su intención de fomentar la agricultura. Esta moneda corrió mucho tiempo y servía para las transacciones, de modo que se decía cinco toros, veinte toros, como decimos nosotros cinco pesos,. veinte pesos.

Heraclés hizo a Zeus patrón de los juegos olímpicos: Teseo hizo a Poseidón, su padre, patrón de los juegos ístmicos.

Tenemos que dar ahora alguna noticia de sus relaciones con la. expedición de Heraclés contra las Amazonas, en la que se le suele relacionar.

Tomó parte, según unos, y su botín de guerra fue la reina Antiope, llamada también Melanipe.

Hay la otra versión: Teseo hizo su propia expedición en unión de Piritoo. Tanto les agradaron los guerreros a las mujeres guerreras que se entregaron a ellos espontáneamente. Allí conoció a Antiope y la hizo su amante.

Entró en alianza con Deucalión de Creta y se casó con su hermana Fedra. Antiope trató de interrumpir la boda en forma violenta. Pero Teseo y sus compañeros cerraron las puertas. La hicieron huir. .Le había dejado como hijo a Hipólito (vid Hipólito y Fedra).

La historia de los amores de Fedra y su locura por Hipólito deben verse en dicho artículo.

A la muerte de Hipodamía (vid Piritoo), y la de Fedra (vid), Piritoo para disipar su angustia lo invitó a una visita a Esparta.

Hicieron esa expedición y se apoderaron de Helena, cuando ella estaba ofreciendo un sacrificio a Artemis. Echaron a correr al galope con ella.

Huyeron violentamente de sus perseguidores y en las cercanía de Tegea echaron suertes. La suerte favoreció a Teseo, pero él pensó que siendo aún inúbil Helena en vano se conciliaba contiendas con los Dióscuros. La envió a cargo de su amigo Afidno para que se la guardara con gran secreto. Fue con ella Etra, madre de Teseo.

Esta parte de la leyenda tiene variaciones: Unos atribuyen el rapto a Idas y Linceo, que solamente encomendaron a Teseo la guarda. Otros dicen que el mismo Tindareo, padre de Helena, la tenía prometida a Teseo y había peligro de que Enaréforo la raptara.

Pasados los años y ya madura Helena, Piritoo recordó a Teseo su trato e intento. Fueron los dos a consultar a Apolo en Delfos. O a Zeus, según otros. El oráculo dijo: ¿Cómo no va a visitar el Hades y a pedir a Persefone como novia de Piritoo? Ella ciertamente es la más noble de las hijas de Zeus.

Se burló Piritoo de Teseo, diciendo que no era capaz de tal cosa. Pero este se dispuso a bajar al Hades. Lo hizo con el puñal en la mano.

Comenzó a entrar por el Ténaro, huyendo de la puerta del Lete. Pronto llegó a las puertas del Hades. Entró y Hades lo oyó con alguna atención. Lo invitó a sentarse. Se sentó en la que llaman silla del olvido. Lo rodearon varias serpientes y las Furias y el Cerbero lo atormentaban. Hades reía de ver eso.

Este tormento, dicen, duró cuatro años, hasta que vino Heraclés a rescatarlo (vid Trabajos). Persefone recibió bien a Heraclés y le dio permiso de desatar a Teseo, si era capaz de hacerlo. Lo tomó Heraclés con ambas manos y le dio tal arrancón que lo pudo sacar libre en medio de gritos y dejando parte de su carne en la silla. Los que dicen que Piritoo estaba también allí hablan de una liberación similar.

Tocante a esta estancia de Teseo en el Hades hay discrepancias. Omito aquí todo eso, por la calidad de esta obra que es más bien un sumario.

Mientras se hallaba en el Hades Teseo, los Dióscuros, tras reunir una hueste de laconios y arcadios, emprendieron el ataque contra Atenas, con el fin de rescatar a Helena. Los atenienses negaron saber la estancia de Helena entre ellos. Los atacantes se pusieron a hacer estragos en las ciudades de Atica. Pero los habitantes de Decelía; que no estaban de acuerdo con lo hecho por Teseo, indicaron que Helena estaba en casa de Afidno. Arrasaron su ciudad para rescatar a la hermana. Helena fue al fin restituida a su bogar. Intacta, según unos; con un hijo de Teseo en las entrañas, según otros. Hay quien diga que ese fruto fue Ifigenia.

Cuando llegó Teseo a Atenas erigió un altar a Heraclés. Halló tan revuelta la ciudad que ya no pudo restituir el orden de antes. Sacó a sus hijos de ella y los confió a Elpenor. El se puso en camino hacia Creta, donde Deucalión le había prometido darle hospedaje y aun compartir la soberanía con él. Una tormenta lo hizo arribar a Esciros, donde el rey Licomedes lo acogió suntuosamente.

Por este tiempo se sitúan las aventuras con Anaxo de Troezen, que se robaría, y de Yope, hija del rey de Tirinto, Ificles, con la cual habría yacido.

La versión más común de su muerte es por obra de Licomedes. Los honores rendidos a sus huesos y el culto posterior, lo dejamos a la historia.

Fuentes: No hay una obra de conjunto sobre la complicada leyenda de Teseo. Como más importantes bases cito: Pausanias, I. II.. III.. etc. Higinio, Fábulas 37, 38, 41, 40, 244, 241, 33, 79, Apolodoro. Epítome, I II.

TESTIO, TESPIO

Rey de Pleurón y padre de Idas y Linceo (vid Dióscuros). Fue de los expedicionarios a la aventura de Argos. También de los que cazaron el jabalí de Caledonia. Era también padre de Altea, que fue mujer de Eneo.

Fuentes: Ovid. Metamorf. VIII, 304 ss. y 446 ss.

TETIS 1

Una de las Nereidas. El Hado determina que tenga un hijo más grande que su padre. Esto lo descubre Temis a los dioses.

Zeus y Poseidón, que la ansiaban, desisten en su empeño. En lugar de tomarla para ello, la dan a Peleo, (vid). Todos los dioses asisten a su boda y le ofrecen muchos dones.

Da a luz un hijo que resultó ser Aquiles, el héroe famoso de la Ilíada. Para quemar la parte inmortal lo sostiene de un talón, por lo cual, siendo la única parte que no estuvo sometida al fuego, es la única vulnerable en Aquiles.

En otra versión tiene hasta siete hijos, pero a todos los mata quemándolos en el afán de hacerlos inmortales (vid Peleo, Aquiles, Temis). (vid sgte. art.)

Fuentes: Píndaro, Ist. VIII, 34 ss. Pit. III, 92 ss. Homero, Ilíada, XVIII, 55. ss. Y las citadas en los artículos mencionados.

TETIS 2

Ninfa hija de la Tierra y el Cielo, hermana del Océano. La idea fundamental pertenece a una mitología anterior a la griega. Es esposa de su hermano el Océano y es la madre de todos los demás dioses. De ella y su esposo nacen las tres mil oceánidas. Estas sostienen los ríos y son auxiliares de Apolo para dar la debida virilidad a los jóvenes. Tocó a Afrodita su dominio y por eso interviene en las funciones del amor. En alguna versión es abuela de Afrodita, que nace de Zeus y Dione, hija de Tetis. ver Tetis. 1

Como acontece con los viejos mitos, hay gran confusión.

Fuentes: Homero, Ilíada, XIV, 201. Hesiodo, Teog. 136 y 337. Ib. 188 ss. Homero, Himno a Afrodita, II, 5. Apolodoro, I, 1.

TIDEO

Uno de los Siete contra Tebas, (vid) Marido de Deipile, hija de Adrasto, y padre de Diomedes. El era hijo de Eneo. Pequeño de cuerpo, pero valiente de alma. Cuando fue a Tebas como embajador, fue retado a los deportes y en todos venció a los demás. Le pusieron una trampa para matarlo, pero fue matando uno a uno de cincuenta que habían intentado hacerlo. Solamente perdonó al último. Murió en el ataque a Tebas.

Fuentes: Homero, Ilíada, V, 801. Apolodoro. 1, 75. Esquilo, Siete contra Tebas, 377 ss.

TIESTES

Hermano gemelo de Atreo (vid). Cuando murió Euristeo, el oráculo declaró que uno de estos dos tenía que ser el rey.

Unido a su hermano se niega a matar a Crisipo (vid).

Sedujo a la mujer de su hermano, llamada Aerope y le robó un precioso carnero de oro que los dioses le habían dado. Atreo indignado lo echó del país, pero después fingió reconciliarse con él y lo invitó a su casa a comer. Le sirvió como manjar en la mesa los miembros de sus mismos hijos que había matado y mandado guisar. Cuando Tiestes se dio cuenta de esta infamia maldijo la casa de Atreo. Fue Egisto (vid), el que cumplió la tremenda amenaza.

Ver Egisto, Atreo, Agamenón, Euristeo.

Fuentes: Apolodoro, Ep. II, 3 ss. Higinio, Fábula 83 y ss. Esquilo, Trilogía de Orestes, toda. Sófocles, Electra. Eurípides, Orestes, Electra. Séneca, Tiestes.

TIFON, TIFEO

Enojada la Tierra (Gea), por haber sido los gigantes destruidos, se mezcló con Tártaro. De su unión dio a luz en la Cueva Coricia de Cilicia, al más joven de sus hijos. Este es Tifón. Es un horrible monstruo: tiene cien cabezas, cuerpo de dragón; en lugar de piernas, tiene serpientes en manojo, y en lugar de manos, cabezas de serpiente. Sin embargo, cuando extiende los brazos, alcanza a cien leguas. Su voz puede imitar la de todas las bestias. Tiene una cabeza de asno que saca a veces y con ella toca las estrellas. Sus alas pueden opacar al sol. De sus ojos brota fuego y de su boca salen rocas encendidas. Cuando quiere lanzarse al Olimpo todos los dioses se van a refugiar a Egipto, pero Zeus lanza su rayo y lo domina. Los dioses para huir de su mala acción, se trasforman en bestias: por ejemplo, Hera se convierte en vaca blanca, Artemis en gato, Afrodita en pescado, Ares en oso, Hermes en ibis, Apolo en cuervo. Dióniso en chivo, y el mismo Zeus en carnero.

En la lucha contra los olímpicos solamente Atena le hizo frente. Se enfrentó con su padre Zeus y lo trató de cobarde. El dios se volvió a mostrar como es. Hirió a Tifón con el rayo y lo hizo huir herido al Monte Casio. Desde allí tendió sus innumerables garras y aferró a Zeus y se lo llevó a la Cueva Coricia. El rey de los dioses no pudo hacer nada y el monstruo le quitó los tendones para inmovilizarlo. Los puso envueltos en una piel de oso y se los dio a guardar a Delfina, un monstruo con cola de serpiente, que era hermana suya.

Los dioses se espantaron ante tal hecho. Pero Pan fue junto con Hermes y en secreta forma se introdujeron. Con una tremenda voz aterraron a Delfina y Hermes sacó los tendones de Zeus de su prisión y restituidos a su padre, ya este pudo moverse.

Regresó Zeus al Olimpo y unció su carroza tirada por caballos alados. o pegasos (vid), y una vez más acosó a Tifón con sus rayos. Huyó el monstruo al Monte Nisa y allí fue alimentado con frutos ordinarios, intentando restituir sus fuerzas. Estos frutos tenían más bien la virtud de amenguar la vida. Se pudo arrastrar hasta el monte Hemo en Tracia y desde allí volvió a emprenderla contra Zeus, tomando en sus garras la montaña entera y lanzando horrorosos alaridos. Pero el rey de los dioses al fin lo venció con sus rayos. El monte se llama Hemo, "sanguíneo", precisamente por haber sido regado con las corrientes del monstruo Tifón. Pudo aún refugiarse en Sicilia, pero Zeus le echó encima la montaña de Etna y de su quema interior está brotando ahora la llama y el humo.

Uno de los más grandiosos mitos y con suma complejidad de datos. Fue recogido por mil textos y repetido en mil formas. La interpretación filosófica nos llevará muy lejos. Basta para la índole de esta obrita hacer las reflexiones siguientes:

1. Guarda memoria fantástica de los grandes cataclismos telúricos y de la existencia de las bestias de los primeros tiempos de la vida en el mundo.

2. Es una simplificación del gran principio del dualismo cósmico que hallamos por tantos rumbos de la tierra, y en manera especial en las culturas de nuestra patria mexicana, antes de la venida de los conquistadores.

3. Es una trasposición de la lucha eterna de los dos elementos de la psiké humana. La de elevarse y sublimarse y la de depresión y aniquilamiento.

Sabemos ya que Equidna se apareó con él y los hijos que de ella tuvo (ver Echidna y sus hijos).

Fuentes: son en general abundantísimas. Señalo las más destacadas y primitivas (ver además los artículos Equidna, Titanes, Gigantes, Gea, Zeus, etc.): Hesiodo, Teog. 819 ss. Píndaro, Pítica I, 15 ss. Apolodoro, I, 6. Nono, Dionisíaca, I, 481 ss. etc.

TIJE, TIKE

Su nombre significa "necesidad, fuerza, fortuna, hado", aunque no corresponde exactamente a ninguno de estos conceptos. Es la personificación que hacen filósofos y poetas de aquella fuerza oculta que se impone a dioses y hombres y regula la existencia y acontecimientos.

Popularizado el concepto y reducido a ser concreto, da algunas leyendas y mitos propios:

Es hija de Zeus, que le dio el poder de regir el mundo y aun a él mismo. Ella misma está sujeta a la variable fortuna. Tiene el don de corregir y castigar: si ve a un hombre favorecido por ella que se enorgullece (cae bajo el dominio de la *ibris*). (vid), lo despoja de dones y fortunas y lo hunde en la desgracia.

Fuentes: Herodoto, I, 34, III, 40. Píndaro, Olimpíada 12. Trágicos en muchos lugares, y en especial Sófocles en Filoctetes, V. 518.

Tiene similitud este numen con la Moira, la Fortuna de los Romanos, y con Némesis, y debe compararse con ellas.

TILO, TILON

Héroe sin gran relieve, pero su mito es curioso. Una serpiente lo mordió en el calcañal y su hermana Moira apeló al gigante Damasen para que lo vengara. Otra serpiente se lanza contra la flor de Zeus. Muerde en los labios a la consorte muerta, la primera que había mordido a Tilo, y la serpiente resucita. Moira imita la treta y resucita a su hermano, Tilo. El mito encierra una lección de orden sexual. Tilo significa nudo, pero también, falo. Hay un indicio de ciertas prácticas de orden sexual que no quiero tratar aquí.

Fuentes: Plinio, HN. XXIV, 14. Nono, Dionisíaca, XXV, 451 ss.

TINDAREO, TINDARO

Usado más el segundo nombre. Es el padre de Helena, al menos en forma oficial. También de Clitemnestra y los Dióscuros. Fue rey de Lacedemonia. Varía su parentela. Hermanos suyos se dan a Leucipo, Afareo e Icario.

Estaba haciendo sacrificio a los dioses y se olvidó de Afrodita. Ella en venganza le dio hijas infieles y perniciosas: Helena, que fue la causa de la ruina de Troya, y Clitemnestra, que mató a su marido y fue muerta por su hijo.

El dominio sobre Lacedemonia es un don de Heraclés, que peleó contra Hipocoon y sus hijos y los mató, por haber reclamado su entrada al país. A su muerte lo dio a Tíndaro.

Fuentes: Apolodoro, II, 143 ss. y I, 87.

TITANES

Uno de los mitos más complejos de la cultura griega. Es nombre cuya etimología no acaba de ponerse en claro. Probablemente el nombre viene de una lengua anterior y parece significar "señores, dominadores".

Entran en muchas formas en las leyendas helénicas. Doy en este artículo generalidades que serán aclaradas en los artículos que corresponden a cada nombre.

De acuerdo con Hesíodo (Teog. 132 ss.), son enumerados como tales: Océano, Coeo, Crío, Hiperión, Japeto, Teia, Rea, Temis, Mnenosine, Febe, Tetis y Cronos, que como es fácil ver, ni es completa y da para muchos seres.

Casi todos ellos se ven mezclados en la posterior mitología, como parte de las actividades. La general concepción hace de ellos seres superiores, de gran potencia y actividad. Los nombres denuncian etimológicamente una fusión de culturas anteriores a la helénica. En cada nombre de los incluidos aquí se dará la significación, cierta o probable, y se darán los datos correspondientes.

(Ver cada uno de los nombres puestos y la cita de sus fuentes informativas.)

Fuentes: Hesiodo, Teog. 132 ss.

TITIO

Gigante, hijo de la Tierra. Intentó raptar a Leto y fue castigado por Zeus, o por los dos hijos de aquella, Apolo y Artemis. Está en el Hades con su cuerpo llenando una inmensidad de suelo y atado por brazos y piernas, de modo que no puede defenderse de dos buitres que le están devorando constantemente el hígado.

Varían mucho sus leyendas.

Fuentes:. Homero, Odis. XI, 576 ss. Higinio, Fábula 55. Apolonio de Rodas, Srg. I, 759 ss. Apolodoro, I, 23. Píndaro, Pitia, IV, 90.

TIRESIAS

Famoso adivino que aparece en los poemas homéricos y en los trágicos. Hay diversas versiones de su historia.

Un día vio dos serpientes copulando y les pegó con su bastón. Al momento quedó convertido en mujer. Un poco más tarde vio el mismo caso e hizo lo mismo y se volvió a convertir en hombre. Lo llamó Zeus para dirimir una disputa que tenía con Hera, tocante a quién gozaba más en el acto carnal, si el varón o la hembra. El respondió que la mujer. Y Hera en castigo lo dejó ciego. Pero Zeus en compensación le dio el don de adivinación.

La otra versión es que un día vio Atena bañándose y ella le tapó los ojos con la mano dejándolo ciego, pero en cambio, le dio el privilegio de la profecía.

Era llamado a dar sus oráculos y aun su espíritu, ya muerto él, era invocado. Murió en Tebas de donde era oriundo, cuando la expedición de los Epígonos, por haber bebido de la fuente Tilfusa.

Fuentes: Higinio, Fábula 75. Apolodoro, III, 84. Calímaco, Lav. Pal. 57 ss. Homero, Odis. X, 493 ss.

TIRO

Hija de Salmoneo y Alcidice. Murió la madre al darla a luz. Quedó a cargo de Sídero, su madrastra. Esta la trataba cruelmente. Fue la familia expulsada de Tesalia y muertos dos hijos de la madrastra. Ella llevó a Tiro a casa de Sísifo, que la trató con mayor crueldad. La joven iba a las riberas del río Enipeo y día y noche lloraba, pidiendo ayuda al genio del río para aliviar su soledad. El río se mostraba desdeñoso.

Pero Poseidón se disfrazó como el dios del río y apareció a Tiro invitándola a ir a la confluencia del Enipeo y el Alfeo. Allí la gozó y luego la durmió en sueño profundo. Hizo que una enorme ola la llevara a la cumbre de la montaña.

Cuando ella despertó y se dio cuenta de lo que le había sucedido, empezó a desesperarse. Apareció Poseidón y la llevó sonriendo a su propia casa, consolándola por lo pasado. Le dijo que su premio iban a ser unos gemelos muy hermosos, pues procedían del mejor padre y de la mejor madre habidos en el mundo.

Nacieron los gemelos, pero ella temerosa de su madrastra, los abandonó en la montaña. Un pastor de caballos que pasaba los recogió, pero no alcanzó a evitar que una yegua pateara al mayor en la cara. La mujer del pastor los crió. Al mayor lo hacía lactar de una yegua y le puso por nombre Pelias; al segundo, lo dio a criar a una perra y lo llamó Neleo.

Un día los dos gemelos iban en una barca o arcón de madera flotando en el río. Se fueron y pronto indagaron quién era su verdadera madre y los malos tratos que de la madrastra habían recibido. Decidieron vengarse.

Sídero se refugió en el templo de Hera, pero Pelias fue a arrebatarla del altar. Con eso creyó empezar a cubrir su deuda.

Tiro, por su parte, se casó con Creteo, fundador de Yolcos. Le dio por hijo a Eson, padre de Jasón, el jefe dc los Argonautas (vid). Creteo adoptó a los gemelos.

Cuando murió Creteo, ellos pelearon por el mando. Pelias expulsó a Neleo y aprisionó a Eson.

Neleo se fue en una expedición a Mesenas con nietos de Creteo, Melampo y Bías. Se casó con Cloris, y tuvo doce hijos. Todos fueron matados por Heraclés, menos Néstor (vid Heraclés, historia).

Fuentes: Apolodoro, 1, 9. Higinio, Fábula 12. Hesiodo, Teog. 996. Homero, Odis. XI, 235 ss. Ilíada, Xl, 682.

TMOLO

Dios prehelénico del río de su nombre. Se enamoró de la cazadora Arripe. Ella lo hizo morir por la ira de Artemis. Lo lanzó al aire en una rara máquina de madera y al viento lo flechó. El hijo de Tmolo, llamado Teoclimeno, recogió los restos de su padre y los quemó. Fundó la ciudad que lleva el nombre paterno.

Tmolo fue marido de Onfale y le dio como hijo a Tántalo, aunque se dice que éste es hijo de Zeus. Tmolo muere enredado por las ramas de un roble.

Probablemente hay confusión de mitos gracias al mismo nombre.

Fuentes: Ovid. Metamorf. XI, 146 ss. Hesiodo, Teog. 355.

TRIAS

Maestro de Hermes. Lo enseñó a agorar mediante los guijarros arrojados en una vasija llena de agua. Inventó el juego de huesos nudosos, o de la taba, y mediante éste la adivinación. Algunos atribuyen el invento a Hermes mismo. No hallo mayor información acerca de este personaje.

Fuentes: Himnos Homéricos, a Hermes, 1 ss. Fragmentos de Sófocles. Apololoro, III, 10.

TRIPTOLEMO

Es una borrosa figura. Probablemente un dios anterior a la invasión de los griegos. Era venerado en el sitio cercano a Eleusis, en donde se instalaron los misterios de Démeter. Lo hicieron intervenir en su leyenda. Sin embargo, pocos datos hay acerca de sus mitos. Los más dignos de retenerse son:

Vaga por el mundo en un carro que llevan volando, o por tierra, dragones alados. Es una dádiva de Démeter, por haber sido él uno de los que la informaron acerca de su hija perdida. El ayuda a introducir en Eleusis los misterios de la diosa.

Platón lo pone entre los jueces de los muertos. Y Ovidio hace toda una novela de su vida. Fue a la Escitia y el rey Lincos intentó matarlo. Cuando iba a hacerlo, interviene Démeter y lo trasforma en lince.

Fuentes: Ver Démeter, Eleusis, Misterios y además: Ovid. Metamorf. V, 646 ss. Fast. IV, 507 ss. Higinio, Fábula 147. Apolodoro, 1, 32. Platón, Apol. 41.Sófocles, frag 604.

TRITON

Nombre oscuro aun mitológicamente. Es una idea anterior a la Cultura griega. En ésta se da como hijo, y algunas veces hija, de Anfitrite, habido con Poseidón (vid. los dos nombres). Es la personificación de la Sirena (vid). Acaso el elemento TRI en ambos nombres nada tiene qué ver con el griego. Hay quien opine que significa "agua" en una lengua anterior. De donde Tritón sería tanto como "acuático", y Anfitrite, "la que ciñe las aguas". En todo caso el Tritón queda muy borroso en las leyendas.

Vemos que aparece a los Argonautas en forma humana y les indica el rumbo por donde han de navegar, o se da por padre de Escila, como madre a Equidna. También en Virgilio (Eneida, VI, 171 ss.), lo hallamos anegando a Miseno que quiso emular su canto, al son de su propia trompeta.

Fuentes: Apolonio de Rodas, Arg. IV, 1537 ss. Pausanias, IX, 20.

TROILO

Hijo de Hécabe y Príamo, o según otros, de Apolo.

Había un oráculo, según el cual la ciudad de Troya no caería, sino cuando él hubiera alcanzado sus veinte años.

Cuando lo conoció Aquiles, quedó tan prendado de él que se dice que, en medio del combate que libraban, le dijo: —Yo te mato, si no te rindes a mi amor. El muchacho corrió a refugiarse al templo de Apolo Timbreo. Lo cual nada importó a Aquiles, que corrió tras él y allí mismo, como el joven persistiera en su esquividad, le cortó la cabeza ante el altar, en el mismo sitio donde él también habría de perecer un día.

Hay otras versiones: Aquiles le dio lanzadas en tanto que el joven estaba ejercitando los caballos en el recinto sagrado, o que lo sedujo con el regalo de unas palomas, y cuando al rehusar quedó muerto, con las costillas rotas y todo lleno de palidez, aun así el héroe sació sus deseos.

Hay aun otras versiones:

Que no era tan joven, sino casi maduro y con una gran barba y tez morena, y que así provocó el amor de Aquiles. Un día salió a combatir y se encontró con éste y lo mandó matar el hijo de Peleo.

Se le hizo tanta pompa y dolor en sus exequias como si hubiera sido el mismo Héctor.

Era amante de Briseida, que su padre Calcas dejó en Troya y fue tratada con gran miramiento por la corte. La mandó pedir su padre por medio de Agamemnón para que no fuera a caer prisionera en la final ruina de la ciudad que él había sabido cercana por el oráculo. Condescendió Príamo en entregarla y aun mandó que fuera llevada con una buena escolta. La joven olvidó a Troilo y se entregó a Diomedes, que por evitar que regresara al amor de su antiguo amante mandó que lo mataran, apenas se presentara en el campo del combate.

Tan gran variedad de versiones acerca de la muerte de esté hijo de Príamo muestra la madeja de leyendas que corrían en las viejas tradiciones. Los hechos de guerra en que toma parte verlos en *Troya*.

Fuentes: Homero, Ilíada, XXIV, 251 ss. com. de Eustacio. Virgilio, Eneida, I, 479 com. de Servio. Mitografía del Vaticano, I, 210.

TROYA

Tema abundantísimo, del cual damos líneas generales. La fuente fundamental de información es la Ilíada y en parte menor la Odisea. Se citan abajo otras fuentes. La suma de los hechos es así:

La fundación de la ciudad y el reino está adornado ya de leyendas. Hubo una gran hambre en Creta, y Escamandro capitaneó un grupo que iba en busca de mejor fortuna.

La primera mansión que hicieron los nuevamente arribados a Frigia fue la cercana a Hamastio, que llamaron Ida en recuerdo de Zeus nacido en Crete. Dicen que Apolo les había dado este oráculo: Moren en donde enemigos salidos de la tierra los ataquen durante la noche. Y esa misma noche una bandada de ratones hambrientos invadió el campamento.

Allí casó Escamandro con la ninfa Idea, que le dio por hijo a Teucro. Tal era la versión general, pero en Atenas había otra. En esta ciudad quieren que Teucro fuera uno de los suyos y que emigra a Frigia en busca de espacio (vid Dárdano).

Se consolida el reino bajo; el poder de Príamo (vid).

La historia de Páris, Helena y sus adjuntos dan los antecedentes de la guerra de Troya (vid estos arts.) No es posible dar aquí todos los episodios de ella, pero intentaré dar el hilo' general.

Agamemnón encabeza el ataque. Va a defender el honor de su hermano Menelao. Requiere a los demás príncipes, en especial a Odiseo, a que se reúnan con él. Pero Odiseo había recibido un oráculo: Si a Troya vas, solamente habrás de regresar veinte años más tarde, sin poder y sin fortuna.

Cuando llegan a él Agamemnón y los demás, finge locura. Para sacarlo de su engaño le hacen una prueba con el niño Telémaco. El al fin se une a la expedición.

Menelao y Odiseo visitan a Ciniras, rey de Chipre, para invitarlo, a unirse a la expedición. Lo hace él dando un joyel a Agamemnón y prometiendo enviar cincuenta naves. Pero manda una real y las otras de barro, como juguetes (vid Ciniras).

En esta ocasión Calcas predice que Troya no será tomada, si no toma parte en el ataque Aquiles. Este, hijo de Peleo y Tetis, ha sido criado por el centauro Quirón (vid Aquiles y Quirón).

Interviene Tetis, qué sabe que si Aquiles va a Troya, o muere pronto, con gloria, o regresa viejo y sin gloria al hogar. Lo esconde, por tanto, en casa del rey Licomedes de Esciro y allí él se enamora de Didamía por obra de la misma Tetis. De la unión nace Neoptolomeo. Saben Odiseo, Néstor y Ayax que Aquiles está escondido allá y se dirigen al palacio de Licomedes. Este les permite registrarlo. No dan con el que buscan, hasta que Odiseo pone en una sala un cúmulo de regalos, joyas, telas, cintos, y llama a todas las mujeres del palacio para que escojan su obsequio. Mientras ellas están escogiendo, suena la trompeta y se oye el ruido de armas de atacantes. Una de aquellas muchachas da un salto y toma escudo y lanza, que se hallaba también entre los regalos de Odiseo. Ese era Aquiles que estaba disfrazado y se da a conocer. De ese momento se compromete a ir a Troya y llevar a sus mirmidones.

Hay otra versión diferente. Andaban Néstor y Odiseo reclutando gente por Ftía y llegaron a la casa de Peleo. Le pidieron al hijo; que entonces tenía quince años. Lo deja ir bajo la tutoría de Fénix, y la madre Tetis lo guarniciona con mil dones de protección y adorno.

Como sea, emprende la marcha con los expedicionarios y va acompañado por su inseparable Patroclo, primo suyo mayor que él, que se hallaba refugiado en la corte de Peleo por haber matado a Clitonimo, hijo de Anfidamas; en un juego de dados.

Habían llegado a Aulis, una bien protegida costa en la Eubea, cuando reciben el mensaje del rey de Creta, Idomeneo, que ofrece agregarse a la expedición llevando cien naves, con la condición de que Agamemnón comparta el mando con él. Se convino en ello y fue desde entonces con su lugarteniente Meriones, que era hijo espurio de Minos. Con esta circunstancia la expedición era de helenos, comandados por Agamemnón, y de cretenses, al mando de Idomeneo.

Queda como consejero primario del jefe de la expedición el sabio Néstor, de voz dulce como miel y de sabiduría sin igual, que era ya muy anciano, pero de vigor juvenil.

Llega de Salamina Ayax, que es el segundo en valor y fuerza, después de Aquiles. Hay otro Ayax que es el menor, hijo de Eleo. Con él llega su hermano Medón.

Así van llegando uno a uno los capitanes: Diomedes, de Argos; Tlepolemo, hijo de Heraclés, que aporta nueve naves, viene de Rodas.

Allí en Aulis les llegan provisiones de trigo, vino, carne seca y otras que envía el rey de Delos; Anio.

Estaba sacrificando Agamemnón en Aulis cuando acontece un prodigio profético. De bajo el altar salta una serpiente azul, con manchas color de sangre en el dorso. Se lanza hacia un árbol que había en la llanura y sube a la rama más alta, donde había un nido con ocho gorriones y la madre. Los devoró al momento y se enroscó en el árbol, donde quedó petrificada. Calcas dio la explicación del augurio. nueve años han de pasar para que Troya caiga, pero habrá de caer.

Se dieron a la vela; pero Hera levantó una tempestad que les impidió el viaje. Hubieron de regresar a Aulis. Hubo en seguida una calma e muchos días y las naves quedaron estancadas. Calcas predijo que era necesario de Agamemnón sacrificara a la más bella de sus hijas a Artemis. Le manda que pida a Ifigenia bajo el pretexto de que la va a casar con Aquiles. Lo hace y cuando va a sacrificarla, Artemis la sustrae y en su lugar deja una cervatilla. La había querido defender Aquiles, cuando supo que su nombre había sido tomado a cuenta de su venida, pero ella noblemente se inmola para que la expedición continúe (vid Ifigenia, Aquiles, Calcas).

Hecho el sacrificio, hubo vientos favorables. Llegan a Lesbos, donde, Odiseo fue obligado a luchar a fuerzas con su huésped el rey Filomeleides, al cual fácilmente venció en forma vergonzosa. De ahí navegaron a Ténedos, ya a vista de Troya. La ciudad estaba al régimen de Tenes, hijo de Cicno, o de Apolo, según otros. La madre de Aquiles, Tetis, le había dicho que no matara a un hijo de Apolo, porque Apolo por su misma mano lo mataría a él. Pero cuando vio a Tenes que disponía una roca enorme para arrojarla al barco de los griegos, no se contuvo, se echó a nado y le dio un saetazo en el corazón. Bajaron los griegos y devastaron a Ténedos.

Se llega a la cercanía de Troya. Envían una embajada pidiendo el regreso de Helena. Dicen que la embajada partió de Ténedos y estaba constituida por Menelao, Odiseo y Palamedes. Príamo se negó a entregar a la mujer. Estaban resueltos a matar a los embajadores los troyanos, a no ser por Antenor, que los había recibido en su casa y que se opuso a ello.

Se iniciaron las hostilidades. Los troyanos al ver las naves y el desembarco de los ejércitos trataron de defenderse con piedras. Los griegos estaban en reservada disposición y más cuándo se supo que Tetis había dicho que el primero que desembarcara sería el primero que moriría. Protesilao no se contuvo, fue el primero en saltar a tierra y Héctor lo mató, no sin que él matara a muchos troyanos. Varía en cuanto al matador, porque otros dan a Euforbo o a Acates, amigo de Eneas.

El segundo en bajar fue Aquiles, que mató a Cicno. Se replegaron los troyanos. Entre tanto desembarcaron todos los griegos y marcharon hacia Troya.

Había en Troya la versión de que no sucumbiría sino cuando Troilo hubiera llegado a la edad de veinte años (vid Troilo).

Aquiles cautivó a Licaon una noche en que éste cosechaba higos en el huerto de su padre. Lo llevó Patroclo a Lemnos y lo vendió á Jasón, hijo de Euneo, a cambio de una buena provisión de vino.

Fue Aquiles a hacer incursiones por todo el territorio y llegó al Monte Ida. Hizo huir a Eneas y se apoderó de los rebaños. Eneas había permanecido neutral, por ser hijo de Afrodita. Quiso ahora vengarse y fue de los más ardientes guerreros, con juicio y sensatez, ayudando a Héctor a la defensa.

Eneas tuvo la asistencia de los dioses durante la guerra, en modo especial de su madre Afrodita y de Poseidón.

Aquiles siguió sus incursiones y logró conquistar varias ciudades, de las que estaban aliadas a Troya. En estas expediciones adquirió a Briseida, en tanto que Criseida fue asignada a Agamemnón (vid estos nombres).

Por su parte el Ayax grande fue a dar al Quersoneso tracio y entre sus cautivos trajo a Polidoro; hermano de Licaón.

Cuando se llega el año décimo de la guerra, los griegos se concentraron ante Troya. Fue Odiseo a rebuscar víveres a Tracia y como no los logró, en su lugar fue Palamedes, con mejor resultado. Esto ocasionó un conflicto entre ambos, que vino a terminar con la muerte de Palamedes.

Siguió el receso de invierno. En él ensanchan su campo los griegos y se ponen a ejercitar el arco. Regresa Aquiles y al ver a Polixena, que acompañaba a Hécabe su madre en un sacrificio, queda prendado de ella. Manda a Automedonte a preguntar a Héctor con qué condición pudiera casarse con ella. El responde que la condición es entregar por traición el ejército griego a su padre Príamo. Se niega Aquiles y espera la primavera para renovar el combate. Busca a Héctor para atacarlo. Pero Heleno le traspasa una mano con un dardo que era don de Apolo.

Llega el padre de Criseida a rescatarla y Zeus mismo persuade a Agamemnón a que la entregue. Y Apolo a quien invoca ella, acomete a la armada griega con dardos inclementes. Mueren muchos hombres. Agamemnón entrega a Criseida, pero en su lugar quita a Aquiles su esclava Briseida. Aquiles se irrita al extremo y anuncia que no tomará ya parte en la guerra. Los griegos se dan cuenta de que él y sus mirmidones ya no quieren pelear.

Agamemnón propone una tregua, en la cual deben contender cuerpo a cuerpo Páris y Menelao por la posesión de Helena. No tuvo efecto el duelo, porque Afrodita intervino y cubrió con una nube a Páris llevándolo a Troya en secreto. La contienda se continúa bajo el amparo de Hera.

Héctor reta a combate singular a Aquiles, pero como se sabe que Aquiles está en receso, se envía a Ayax el grande. Se ponen a luchar los dos héroes, y ninguno puede ganar, cuando llega la noche. Los heraldos mandan suspender la lucha. Se dan mutuos dones.

Ayax da a Héctor el cinto con que será ceñido más tarde al morir; y Héctor da a Ayax una espada de plata, con que él mismo habrá de suicidarse. Dones románticos a la verdad.

Aprovechan la tregua los troyanos para guarnecer mejor la ciudad. Y los griegos hacen diligencias para convencer a Aquiles a que retorne al combate. Le ofrecen dones, le ofrecen el retorno de su amada esclava. Ella se rehusa, porque está grávida de Agamemnón.

Odiseo no se contiene más. Van él y Diómedes a espiar en los campamentos troyanos y hacen todo lo que bellamente dio Eurípides en su Reso (vid Reso y sus fuentes).

Sigue una ruda lucha en que resultan heridos los principales héroes griegos. Héctor fortifica sus muros y está dispuesto a mayores combates. Acomete a los griegos y está a punto. de vencerlos. Pero Hera pide a Afrodita el cinto de amor y duerme con Zeus, con ello inclina él destino de la guerra a favor de los griegos.

Zeus se da cuenta del engaño y da nuevos bríos a Héctor para la defensa. Medón hace grandes estragos en los cuerpos griegos. Ayax es obligado a sucumbir en parte. Aquiles con Patroclo acometen furiosos. Héctor es herido por Ayax. Menelao mata a Euforbo.

Es cuando interviene Tetis para auxiliar a su hijo Aquiles. Le trae una nueva armadura, en la cual van incluidas unas grebas de estaño, recién forjadas por Efesto.

Aquiles y Agamemnón hacen las paces, y el gran capitán vuelve a la lucha. Tras una serie de escaramuzas, llega el combate singular de Aquiles y Héctor. Este se pone a dar vueltas a la muralla para cansar a su adversario, pero a la tercera lo domina Aquiles. Lo mató y lo ata a su carroza y lo arrastra por la misma ruta de sus anteriores paseos.

Ya muerto, pide a Príamo que viene suplicante a rescatarlo, su peso en oro. Algo faltaba para completarlo y Polixena echó por la muralla sus pulseras para completar el peso. Cuando lo vio Aquiles dijo a Príamo: —Cambio el oro por Polixena. Cásame con ella. Dale a Menelao su Helena y yo haré la paz entre los dos bandos. Príamo acepta, pero dice que le dará a Polixena cuando los griegos consientan irse sin Helena. Aquiles promete hacer lo posible para persuadir a los suyos y Príamo se lleva el cuerpo de Héctor. Se le hacen exequias solemnísimas y con tantos clamores que se cuenta que las aves caían muertas al estrépito de los lamentos.

Llegaba la hora de Aquiles. Pentesilea (vid), había tomado refugio en Troya. Iba en busca de purificación por haber matado a una hermana: En agradecimiento a Príamo combate en defensa de la ciudad.

Muchas veces hizo retroceder a Aquiles y aun hay la leyenda de que lo mató y fue resucitado por Zeus, a ruegos de Tetis. Que él la mata y se enamora del cuerpo muerto y aun lo profana. Llama. a los griegos para que la sepulten y Tersites (vid), lo denuncia. Aquiles mata a Tersites. Diomedes, pariente de Tersites, además de ensañarse contra el cuerpo de Pentesilea, se lanza contra Aquiles. El puede escapar, pero lo asechan los dioses Poseidón y Apolo, enemigos de los griegos, y Apolo hiere la parte vulnerable del héroe que era el talón. Muere en grandes angustias.

Hay la versión de que Polixena fue la que falsamente hiere el talón de Aquiles y que lo hace por venganza de la muerte de sus hermanos. Está con ella en dulce calma, cuando sus hermanos Deifobo y Páris fingen amistad y entre tanto que uno lo abraza, el otro le hunde un estilete en el talón vulnerable. Ya moribundo, mata varios troyanos.

La muerte de Aquiles desalienta a los griegos. Le hacen grandes funerales. Y la muerte del héroe entra a la leyenda. Muchos datos variantes hay que no pueden recogerse aquí en obra tan sumaría. Por ejemplo, que tuvo trato con Helena un poco antes de morir, en un sueño que su madre Tetis dispuso. Sobre su destino en el inframundo hay también muchas variantes: va paseando por el campo de los asfodelos, se casa con Medea y vive en los campos Elíseos, o en la Isla de los Afortunados.

Tras la muerte de Aquiles sobrevienen varios episodios.

El primero es la locura de Ayax. Se ha dispuesto que las armas de Aquiles se le den a él. Pero se le escatiman y se dan a Odiseo. El héroe se disgusta, al grado de quitarse la vida (vid Ayax de Sófocles.).

Otra es la situación, muerto Aquiles, pues Calcas dice que solamente será tomada si se tienen las flechas y el arco de Heraclés. Van Odiseo y Diomedes a buscar a Filoctetes, que es quien ahora posee esas armas (vid Eurípides, Filoctetes).

Entre tanto, en Troya hay desavenencia entre Deifobo y Heleno por la posesión de Helena.

En esta coyuntura hay que poner la construcción, introducción y triunfo del proverbial "caballo de Troya". El resumen de la historia es así: Epeo, diestro trabajador de la madera, bajo el auxilio de Atena, hace un gran caballo. Lo llevó a Troya Odiseo fingiendo que es un don hecho a la diosa tutelar. Dentro iban hombres. Ya entrado a la ciudad, los troyanos discuten qué hay que hacer sobre este ofrecimiento doloso. Unos decían que se echara al mar, otros que se hiciera pedazos, y otros que fuera conservado como don hecho a la diosa. Este fue el parecer que se impuso. Pero, al mediar la noche, los griegos que estaban ocultos en aquel caballo, abren su escondite y van a saquear a Troya. Ya Lacoon había dicho a los troyanos que era una trampa; pero no creyeron sus palabras. Dos serpientes lo ahorcaron con sus hijos en Ténedos (vid Lacoon).

En el saqueo de aquella noche murió Príamo. Eneas y unos cuantos escaparon al desastre final.

El que construye el caballo es Epeo (Ilíada, XXIII, 664), que era hijo de Penopeo, y habilísimo en el arte de la madera labrada. Nada valía como. guerrero, pero si como pugilista. Atena fue su maestra y guía en esta obra. En el caballo iban Menelao, Odiseo, Diomedes, Estenelo, Acamas, Tosa y Neoptolomeo.

Llega la hora del derrumbamiento de Troya. Se funda el relato en la Ilíada, pero hay muchos datos fuera qué no podemos sino mencionar de paso.

Odiseo había ofrecido a Helena y Hécabe que nada se haría a quien hiciera resistencia. Entraron los griegos a la luz de la luna e invadieron los hogares. Fueron matando a los pobres troyanos que dormían. Hécabe y sus hijas se habían reunido junto a un viejo laurel que se alzaba al lado del altar familiar a Zeus. Querían retener a Príamo a su lado. Lo hizo él por un tiempo, pero vio llegar a Polites, hijo suyo ya herido, que fue acribillado a sus ojos. Lanzó su dardo contra Neoptolomeo, que era el autor del crimen, pero él mismo cayó muerto por el arma del griego. Luego éste llevó el cuerpo al promontorio de Sigeo y allí lo dejó insepulto, decapitado, para que se pudriera o fuera devorado por las aves o las fieras.

Menelao y Odiseo fueron a dar a casa de Deifobo y lo mataron. Hay quien diga que Helena misma lo apuñaleó. Y allí Menelao iba a matarla a ella, pero ella se desnudó los pechos y con ello aplacó la ira de su marido. El cuerpo de Deifobo fue, horrorosamente mutilado.

Odiseo dejó ir libre a Antenor con sus hijos y su mujer. Esta familia y la de Eneas, según la versión romana, son las únicas que pudieron escapar de la ruina de Troya.

Cuando los griegos entraron a Troya, Casandra corrió al templo y se abrazó a la imagen de la diosa, hecha de madera y sustitución de la venerable que había sido robada (vid Paladión). Allí la encontró Ayax el menor y trató de llevársela, pero ella se aferró a la imagen y con todo y ella fue arrebatada. Agamemnón reclamó a Casandra y la llevó consigo a su casa, con el fin que, puede verse en los respectivos arts. Dicen que Ayax la había violado en el santuario mismo y fue, una razón de odio de parte de Atena. Se determinó lapidarlo, pero él se refugió en el mismo templo de la diosa, alegando que todas eran ficciones de Odiseo. Fue castigado por Poseidón, que hundió el navío en que regresaba a Grecia, en la cercanía de las rocas de Gireo, contra las cuales hizo chocar al barco. Otros dicen que Atena misma pidió prestado el rayo de Zeus y lo fulminó.

La ira de Atena llega a la tierra de Locris, por haber sido feudo de Ayax y el oráculo de Delfos dijo que en pago de su falta tenían que dar dos doncellas cada año a Atena, por espacio de mil años (vid Locris).

Terminada la matanza, los griegos al mando de Agamemnón, derribaron los muros de Troya y quemaron sus casas, y arrasaron sus edificios. Hicieron sacrificios a los dioses y se repartieron despojos y personas, en especial mujeres y niños. La suerte de las personas reales quedó decidida, lo mismo que la del niño Astiánax, que tuvo diverso fin, según las fuentes (vid su art.). Igualmente se resolvió la suerte de Polixena, Andrómaca, Hécabe (vid arts.).

Entra aquí la historia de Polidoro, que Eurípides da en su Reso (vid),.

Esta fue la hora final de Troya, Eneas emigra a tierras lejanas y funda la ciudad de Roma (vid Eneas). Antenor; otro salvado, funda la nueva Troya en las ruinas de la antigua. Ya se ve en el art. dedicado a él que Astiánax fue tenido por nuevo rey de Troya.

Jamás recobró su gloria y fue y es en a historia un nombre que evoca la sombra de la ruina humana: *magni nominis umbra.*

Daré datos acerca del regreso para cerrar este art.

A punto de partir, Agamemnón propone un sacrificio a Atena. Menelao se niega, porque dice que ella protegió a Ilión muchos años. Resentidos se separan y no se verán nunca más. Menelao fue dominado por una tormenta y perdió sus naves, menos cinco. Anduvo errante largos años y sufrió muchas aventuras (vid Menelao). Agamemnón regresó a Argos para su muerte (vid Agamemnón).

Una buena parte de las naves fueron a encallar en el cabo de Eubea. Anfíloco, Calcas y algunos más fueron a dar a la tierra de Colofón, donde murió el famoso adivino (vid Calcas).

Neoptolomeó navegó hacia su tierra, tras los sacrificios a los dioses y al espíritu, de su padre Aquiles. Al fin, pudo llegar a Yolcos. Heredó el reino dé su abuelo Peleo. Allí en la costa quemó sus naves. Murió de muerte sin gloria (vid Neoptolomeo).

Demofonte fue a dar a Tracia. Se cansó de vivir allí y emprendió nuevos viajes. Tuvo sus aventuras (vid Demofonte).

Diomedes sintió el odio de Afrodita. Naufragó en la costa de Licia. El rey iba a matarlo, pero Calirroe lo defendió (vid Diomedes).

Pocos griegos retornaron a su hogar. Con varia fortuna que ya no es posible seguir en estas notas.

Néstor, el justo y el discreto, llegó sano y salvo a Pilos. Vivió aún largos años, sin temores ni penas, gozoso de sus hijos y lleno de gloria (ver los arts. de los personajes mencionados).

Fuentes: Las que apoyan este artículo son infinitas. Señaló las más importantes: Homero, Ilíada, toda. Base fundamental, Higinio, Fábulas, 78, 81, 91, 95, 102, 105, 107, 108, 112, 116, etc. Apolodoro, Epitome, III, 8 ss. V. 101 ss. Pausanias, I, 34 ss. V, 1 ss.

URANA

Femenino de Urano (vid). Es un residuo de la primitiva mitología indoeuropea. Corresponde a Varuna. Era tenida como reina de los montes, de los vientos y del estío. También de los bueyes salvajes. Era la Madre Tierra como fecundada y fecundadora. Sus fiestas durante la estación calurosa tomaban carácter de orgías con un aspecto sexual muy marcado, y no tenía gran auge entre los griegos.

Vid. Urano y las fuentes que en ese art. se citan.

URANO

Unido a Gea, numen de la tierra, él que es el numen del cielo, dio la vida a los Titanes. Antes había lanzado al Hades, a los Cíclopes, por haberse rebelado contra, él. El Tártaro es una hondura sin fondo casi: dista de la tierra tanto como ésta del cielo. Está invadido por las tinieblas y, en su inmensidad dura un yunque cayendo nueve días y nueve noches.

Para vengar la dureza del padre, la Tierra soliviantó a sus siete hijos los Titanes y los animó a atacar a Urano con crueldad. Fueron bajo la dirección de Cronos, que era el más joven; Este llevaba una gran hoz o navaja de pedernal.

Llegaron cuando Urano dormía y con felona acción Cronos castró a su padre, y arrojó sus órganos mutilados al mar.

Cuando iban cayendo algunas gotas de sangre rodaron sobre la tierra y de ellas nacieron las Erinas, o vengadoras de todo derramamiento injusto de sangre humana (vid). También brotaron las ninfas llamadas Melias de aquellos residuos de sangre.

Los titanes sacaron del Tártaro a los Cíclopes y dieron a Cronos el dominio sobre la tierra.

Cronos restituyó la libertad a los Cíclopes, pero a poco tiempo hubo de volver a confinarlos en el abismo. Después se desposó con. su hermana Rea y dominó en Elis (vid Cronos).

Este mito oscuro y confuso es anterior a la venida de los pueblos helénicos y fue incorporado a su mitología, tratando de darle enlace con los númenes indoeuropeos.

Fuentes: Hesiodo, Teog. 133 ss. Apolodoro, I, 1.

URION

Mito popular relacionado con el de Orión (vid).

Hierio, un pobre cultivador de abejas y labriego no tenía hijos y estaba ya viejo. Pero un día Zeus y Hermes disfrazados vinieron a pedirle hospedaje. Le preguntaron qué deseaba como paga de su hospitalidad. ¡Sólo tener, un hijo! —dijo él.

Los dioses le dijeron que sacrificara un toro, que hiciera aguas en su cuero y lo enterrara en el sepulcro de su mujer. Lo hizo tal cual y a los nueve meses nació el niño Urión, el cual es presagio de lluvias, primaverales y estivales.

Fuentes: Higinio, Astr. poét. II, 34. Ovid. Fastos, V, 537 ss.

XENOCLEA

Una de las pocas pitonisas de Delfos de quien nos ha llegado el nombre. Está ligada a la leyenda de Heraclés. Cuando éste fue a buscar la purificación de la sangre de Eurito, Neleo y sus hijos se negaron a darla. Fue el héroe a Delfos y la vidente le dijo:

—Has matado a un huésped. Para ti no hay oráculos.

—Vaya —dijo Heraclés—, yo también puedo fundar un oráculo.

Y dicho esto, arrebató los dones y preseas ofrecidas al santuario y aun el mismo trípode en que la pitonisa decía el oráculo.

La pitonisa dijo con tristeza —Hubo otro Heraclés que no me trató así. Fue el de Canopos.

Apolo persiguió a Heraclés por el desacato y el, robo. Ya se dijo en su lugar que Heraclés, ante el tribunal de Zeus, restauró el sacro trípode y dedicó tres imágenes: Apolo, Dióniso y la suya propia.

Xenoclea dio este oráculo: —Para librarte de males habrás de hacerte esclavo por un año.

—¿Esclavo yo —dijo él— ,y de quién?

—De Onfale, reina de Lidia.

—Bien va eso —repuso el héroe— pero a mi tiempo haré esclavo al que me hizo serlo. Y no sólo a él, sino a su familia entera.

Y ya no se vuelve a hablar de esta pitonisa.

Ver Heraclés en sus propios arts.

Fuentes: Apolodoro, II, 6 ss. Higinio, Fábula 32. Pausanias; II, 21 ss.

XUTO

Hijo de Heleno, que fue de Deucalión. Casó con Creusa y anheloso de tener prole, fue a consultar a Apolo en Delfos. El dios respondió que sería su hijo el que primeramente viera venir, y dio con el joven Yon, que era hijo de su misma esposa y del dios Apolo, que la asaltó en una gruta del Partenón. Al nacer fue abandonado allí mismo por ella y transportado por Hermes a Delfos, donde se crió.

Cuando fue a implorar prole Xuto lo recuperó y lo llevó a su hogar.

Fuentes: La más importante y completa, la Tragedia de Eurípides llamada Yon (verla íntegra).

YACO

Una deidad que aparece en los misterios de Eleusis. Más tarde identificado con Baco o Dióniso. Se le hace hijo de Démeter o Persefone y de Dióniso. También a veces se da como consorte de Démeter. Se le representaba como un guía de los iniciados, con su antorcha en la mano.

Hay quien crea que solamente es la personificación de la cantinela de esos misterios de Eleusis, que comenzaba *Yaje o vaje.*

Fuentes: Aristóf. Ranas; 316. Eurípides, Cíclope, 69. Estrabón, X, 3.

YAMO

Hijo de Apolo y Evadne. Al nacer se hallaba sola y lo dejó abandonado en un campo de flores no identificadas, que algunos creen eran violetas. Supo Epito, guardián de Evadne, por el oráculo de Apolo, que estaba el niño abandonado y fue a buscarlo. Lo habían alimentado las serpientes con miel. Cuando llegó a su adolescencia, hizo ruegos a Zeus y Apolo y fue llevado a Olimpia. Estaba dotado por su padre con el don de adivinación y fue el tronco de los yámidas, que aún en el siglo tercero vivían en esa población (vid Evadne).

Fuentes: Píndaro, Olimp. VI, 55.

YEMBE

Hija de Celeo y Metanira, que era además coja. Cuando Démeter estuvo en casa de ellos y fue dedicada a nodriza de Demofonte, para consolar a la diosa se puso a bailar y a decir cantos y versos obscenos. Es confundida a veces con Baubo (vid). Deidad femenina en aspecto lascivo que pertenece a la vieja mitología prehelénica.

Fuentes: Apolodoro, I, 5. Himno Homérico a Démeter, 398 ss. y 445 ss.

YOCASTA, EPICASTA

Homero llama Epicasta a esta mujer de Layo, que fue madre de Edipo y más tarde, por mal fallo del Destino, su propia mujer. Es una figura que aprovecharon los trágicos en buena forma. Sus hijos habidos en su unión con su hijo Edipo, son Eteocles, Polinice, que mueren en contienda fraternal, y las hijas Antígona e Ismene, que con suerte muy diversa, van también llevando el fallo de su destino.

Sobre la muerte de Yocasta vid. los trágicos (vid. Edipo y sus hijos).

Fuentes: Las que se señalan en el artículo de Edipo.

YOLAO

Hijo de Ificles, hermano gemelo de Heraclés. Fue fiel amigo suyo y participante de muchas de sus aventuras. Cuando Heraclés mata a sus hijos en una locura que le envía Hera, se lleva a Megara, la esposa, y casa con ella (ver Heraclés, vida y trabajos, lo mismo que Ificles).

Era un héroe tebano y se conecta con Heraclés por razones más bien misticopopulares. Se hacían en Tebas unas fiestas llamadas Yoleya y eran una celebración de los muertos, en particular de los niños. Se recordaba en ellas la muerte de los hijos de Heraclés.

Fuentes: Píndaro, Nemea, III, 79 ss. y las fuentes citadas en los arts. que menciono arriba.

YOLE, YOLA

Hija del rey de Ecalia. Cae en un amor loco por Heraclés así que lo mira. Su padre rehusa darla. Pero ella hace lo posible por escapar. Para lograrlo mata a su padre y a todos los parientes y se lanza por la muralla, con unas enaguas de campana que le sirven de paracaídas.

Es llevada como esclava entre sus botines de guerra, pero es su amante. Cuando llega a casa de Deyanira su mujer, la introduce como esclava. La esposa sabe el secreto y con el artificio de una sangre que recibió del centauro Neso, envenena la túnica que da a ella y a Heraclés.

Fuentes: Ver Heraclés. Hay además: Higinio, Fábula 35. Sófocles, Traquinias, 283 ss. y 44, ss.

YON

Según el mito, Apolo tuvo acceso carnal con Creusa en un antro cercano al Propileo. De él nace el niño Hermes, por encargo de Febo, lo lleva a Delfos. Crece allí y se logra ver quién sea su padre y su madre. Toda la historia está resumida en el drama de su nombre, dado en la ed. de Eurípides.

Después de terminada la acción de este dramaturgo, se hallan estos datos:

Yon casa con Helice, hija de Selino, rey de Egialo, y lo sucede en el mando. Cuando muere Erecteo, es rey de Atenas. Se vanagloriaban de ser sus descendientes los granjeros, sacerdotes y soldados de Atenas.

Fuente principal: la preciosa tragedia de Eurípides, dada en su edición en esta misma colec. Puede verse *Pausanias VII, 12, s.*

ZAGREO

Hijo de Zeus y Persefone, antes de que ésta fuera robada por su tío Hades. Fue deshechado del Olimpo. Hay un fantástico banquete en que interviene la misma Atena.

Probablemente es mito de Micenas y aun de Creta, no comprendido por los griegos.

Fuentes: Diódoro de Sicilia, V 75 ss. Eurípides, Cretenses (fragmentos, el n. 475).

ZEFIRO

Personificación divina del viento del Oeste. Hijo de Astreo y Eos según el mito. Está relacionado con Iris. En el mismo autor hallamos noticias confusas. Es esposo de ella, o es su propia madre, por obra de Eros (Alceo, frag. 8 y frag. 13). (Ver Iris.)

En algunas leyendas aparece como rival de Apolo en el amor a Jacinto. Tan airado se mostró por la preferencia, que golpeó a Jacinto en la cabeza (vid Jacinto).

Fuentes: Hesiodo, Teog. 379. Alceo, u.s.

ZALMOXIS, SALMOXIS

Era un dios de los Getas, pero se halla mencionado en autores griegos. Era un dios de los muertos. Creían ellos, al parecer, que los muertos duraban en ese estado solamente cuatro años, pasados los cuales, volvían a la vida. Tuvo sus doctrinarios en el dominio helénico, pero los datos son confusos. Es probablemente una variante del dios, que los griegos llamaban Cronos (vid).

Fuentes: Herodoto, IV, 94 ss. Platón, Carmides, 156.

APENDICE I

DIOSES ROMANOS

No entra en la intención de este libro hablar de mitología latina. Pero hay que dar algunas nociones acerca de ella en forma sumaria.

Dos hechos hay que tomar en cuenta: Primero, que tanto romanos como griegos proceden de un mismo tronco racial y es natural que haya comunidad de concepciones entre sus ideas. De ellas las más arraigadas son las religiosas. Por esta razón hallamos muchos númenes similares en su simbolismo. Haré una lista de cotejo al fin de esta nota, al hablar de la semejanza de dioses helénicos y dioses latinos.

El segundo hecho que debe tenerse presente es la íntima conexión de las dos culturas. Grecia influyó grandemente en Roma y muchos de sus conceptos pasaron a ésta. Muchos dioses, mitos y ritos son de importación helénica, de diversas etapas y en diversos grados. Y solamente en una obra dedicada directamente al asunto puede discutirse y determinarse, lo mismo la época que el grado de interculturación religiosa. Está visto que no es éste el lugar de hacerlo. Al señalar la semejanza de dioses romanos con dioses griegos algo podrá agregarse. Y estas noticias darán alguna luz a lo que en esta modesta obra se dice.

Pero hay otro aspecto qué considerar: Hay dioses de Roma y sus pueblos dominados que no tienen ninguna similitud con los de Grecia. Es que, o son una importación ajena, o de remota conservación tradicional. Y también algunos que creó el pueblo latino en su propia forma popular de concebir los seres del mundo sobrehumano.

Dividiré esta nota en dos partes: 1. Dioses de correspondencia con los griegos, y 2. Dioses peculiares de los latinos. Y a las escasas notas agrego la bibliografía indispensable para quien intente estudiar más a fondo estos hechos.

I. *Dioses similares a los griegos*

Doy la lista de los principales en comparación con los griegos.
Júpiter, corresponde a *Zeus.*

Uno y otro están relacionados con el cielo, la luz, la dominación universal y el reino sobre los otros dioses.

Juno, similar a *Hera.*

Esposa y hermana al mismo tiempo del dios supremo, se manifiesta en forma muy semejante en ambas culturas.

Neptuno, es todo semejante a *Poseidón.*

Dominio del mar y nutridor de la vida que del mar procede.

Ceres, de la cual es similar *Démeter.*

Ambas tienen el dominio de la vida y son nutridoras de las mieses, aunque en mucho difieren sus atributos e historia.

Apolo conserva su mismo nombre de Grecia. Como en ella es el dios de la ley, la belleza, la poesía, el arte y la adivinación.

Diana, asimilada y confundida con *Artemis.* Cuida de la caza, la virginidad de las mujeres y el nacimiento de los niños. La palabra no es sino una derivación hecha del nombre de Zeus, dios.

Mercurio, casi igual a *Hermes* en sus oficios y representación general. Hay datos propios de que aquí no cabe hablar. Fue protector muy especial del comercio.

Minerva, también asimilada a *Atena* y en muchas cosas como ella. Tiene el patrocinio de la sabiduría, de la guerra y de la recta justicia;

Vulcano, igual en sentido y atributos y aun en relaciones con otras deidades a *Efesto.* Señor del fuego, de las artes que de el fuego nacen y en general de todo arte manual o servil, como decían antes.

Venus asimilada en todo a *Afrodita,* aun en muchas de sus aventuras que no sabemos si son de un fondo común anterior a la división de los grupos indoeuropeos, o debidas a infiltraciones posteriores. No hay que decir que el amor es su atributo en toda forma.

Marte, que corresponde al *Ares* griego y obtiene todos sus atributos. Dios de la fuerza viril, del amor, de la guerra. Fue muy famoso en Roma.

Baco, nombre del mismo dios que conocemos como *Dióniso,* y que tiene la misma esfera de acción: embriaguez, vida suelta, renovación de la vida, tanto vegetal y animal como humana.

Estos son los dioses que forman la familia sacra dentro de lo divino, o sea los Doce que hemos estudiado en la primera parte.

Hay otros que debemos comparar también, por ser de valor, aunque menos importantes.

Amor, que no es sino la versión de *Eros,* y en muchos datos y mitos con él se confunde.

Luna, que corresponde a *Selene,* y que a veces es *Luno,* masculinamente considerado (como en la mitología nórdica, vid Ap. II).

Esculapio, pura traslación de Asclepio (vid), como dios de la medicina.

Hércules, que es la forma de dar el nombre griego *Heraclés* y es un dios o semidiós muy famoso en ambas culturas.

Ope, madre de Júpiter que corresponde a *Rea.*

Pan, exactamente el mismo numen que hallamos en Grecia.

Plutón, que corresponde a los dos dioses que hemos visto con nombre de *Pluto* y *Plutón.* Dios del Averno y dios de la riqueza.

Proserpina, que en muy poco difiere de *Persefone* y es acaso una pura variación de pronunciación, ya que hallamos también el modo de Persefesa.

Saturno, que es una forma latina del *Kronos* de los griegos.

Urano, que es el mismo dios así llamado en Grecia.

Es natural que haya otros dioses similares de menor importancia y que los mitos varíen, pero no es posible en obra sumaria como ésta bajar a mayor pormenor.

II. *Dioses peculiares de los latinos*

Anotó los más importantes, por orden de apreciación que de ellos hacían.

Jano. El primero en las menciones sacras y en algo similar a Júpiter. Es el principio de todo (cf. *ianua, ianuarius,* o sea puerta y mes inicial, que decimos enero), y se manifiesta como residuo de la concepción dual del mundo. Tenía dos caras y estaba colocado a la puerta, viendo hacia adentro y hacia afuera. De ahí que sea el dios de las cosas dobles y de las puertas.

Flora. Diosa de la vegetación, de la vida y comparte de Jano, al parecer. Dicen que es de procedencia etrusca y corresponde a la diosa Flusia. Su culto fue muy antiguo en Roma y tenía sus juegos florales. En ellos había una exaltación de los instintos, en especial de la procreación y se celebraban el 28 de abril. Fuera de contiendas deportivas, estaban constituidos por farsas y comedias indecentes a veces a un extremo excesivo.

(De Flora y sus fiestas, ver a Plinio; HN. XVIII, 286. Ovid. Fastos, V, 239 ss.)

Fortuna. Llamada también *Fors, Sors.* Posteriormente fue identificada con Tijé (vid), pero es obra de los eruditos ya helenizados. Primitivamente era una deidad popular de la suerte, del azar y en cierta manera del "a ver qué sale", como diríamos en México. Naturalmente, por su mismo modo, los jardineros, los criadores de ganado y las mujeres la veían como patrona, por ser el fruto de todos ellos aleatorio. Tenía varios templos en Roma y su culto se extendió por toda Italia.

También tenía oráculos, en forma curiosa, que sugiere la de las loterías de nuestro tiempo: Un niño iba sacando cédulas con distintas frases y a la hora fijada, la frase que salía era la respuesta del oráculo.

Bona Dea. Diosa buena. Era venerada peculiarmente por las mujeres y el nombre más antiguo es *Fauna,* que es un arcaísmo por joven, o esposa (cf. masculino Fauno). Era como personificación del vigor femenino, como Fauno del masculino. Le hacían una fiesta anual en la casa del magistrado principal de la ciudad, pero dirigidas por la esposa de éste y excluidos todos los hombres. Se adornaba el salón con ramas de vid y otras plantas, menos mirto. Llevaban vino, pero lo llamaban leche y lo mezclaban con miel. Tenía un templo famoso en el Aventino.

Ana Perena. Diosa popular a quien celebraban el 15 de marzo. Es probablemente una diosa lunar antigua, por ser celebrada en esa fecha, que da el primer plenilunio del año. (En Roma comenzaba al principio el año con marzo.)

Es probablemente una diosa protectora del año, o como otros piensan, una simple sustitución de Ceres. Hay leyendas bordadas sobre su naturaleza, pero en obra sumaria como ésta no podemos atender a ellas.

Además de estos dioses hay otros importados de Etruria, de los que no cabe hablar aquí, así como algunos de popular divulgación, pero de mucho menos importancia. Por ejemplo, Orbona, que protegía a los huérfanos; Deverra, diosa de la escoba; Intercidona, diosa de la segur, o del hacha; Pilumno; que presidía el matrimonio, junto con su hermano Picumno, y Viriplaca, que intervenía en los disturbios conyugales. Estos parecen ser puros seres abstractos que el pueblo concibe y nombra como encarnación de sus anhelos.

Al caer Roma bajo el influjo cultural de Grecia, entraron de lleno los dioses helénicos y decayeron los nacionales, que solamente quedaron en la posesión de las clases populares: esclavos y campesinos.

Fuentes: Muy abundantes. Para una visión general ver Rose, *Ancient: Roman Religion.* Londres, 1949 y su *A Handbook of Greek Mythology,* 1953.

APENDICE II

DIOSES NORDICOS

Mucho menor interferencia hay entre estos númenes y los de Grecia. Mucho menor es también la información acerca de ellos. Daremos una sumaria referencia a las semejanzas de los dioses griegos y los que llamamos germánicos, pero que se hallan en todos los textos de pueblos del norte de Europa. La fuente primaria es el Edda, que es un códice de doctrinas y prácticas religiosas de los pueblos de esta clase. Y el Nuevo Edda, que se redactó en 1240.

A base de éstos y de algunos otros documentos hacemos el cotejo de dioses de Grecia con dioses del Norte germánico.

Como los germanos son de cepa indoeuropea, nada raro es hallar a los mismos dioses que florecerán en Roma. En breve recuento doy ahora esta lista:

Wotan (Odín), con *Friga* o *Fraya,* forman la dualidad inicial, de la cual procede el hijo que es *Thor.* Esta Triada corresponde a la helénica de Zeus, Hera y Apolo, o Marte.

Frega es la diosa de la vida y del amor en todas sus formas.

Thor es similar a Marte, o a Ares, y tiene los atributos del poder y de la guerra, pero principalmente del vigor masculino.

Nada más útil que una comparación entre los dioses que presiden el ritmo semanal:

Solis dies, o más tarde domingo, corresponde al *Sontag* germánico: día del sol.

Dies lunae, corresponde al *Monday* inglés, o al *Montag* alemán que dan la misma fuente: los númenes honrados en primer término son el sol y la luna.

El dios protector del tercer día de la semana era Marte en Roma, y es igualmente su sustituto en los pueblos nórdicos. Se llama el día *Dienstag,* que en inglés es *Tiusday.* Es un dios vago en la correlación *y* parece corresponder a una forma anterior la deidad llamada Ares por los griegos y Marte por los romanos. Se le llama *Tir,* o *Tuiz, Tiuz.* Es hijo de Odin, muy lleno de valor y bríos. Era el que guiaba a los guerreros y daba la victoria al bando que le simpatizaba.

No hallamos divinidad protectora para el miércoles. El vago nombre inglés no da luz suficiente.

El jueves está consagrado a Zeus, en su forma romana de Júpiter. En los germánicos está consagrado a *Thor, Donar* en el lenguaje primitivo, de ahí *Donerstag.* Es el numen del trueno y el rayo. Tipo del guerrero y lleno de argucias. Hay algunas atribuciones que se equiparan a las de Zeus. Su esposa Sif es la personificación de la fidelidad.

El viernes, como en Roma, está consagrado a la diosa del amor. Si en Roma es *dies Veneris,* en los pueblos germánicos es día de *Fraya.* La distinguen de Fraga la esposa del dios supremo, pero parece ser la misma. La madre y la dadora de amor. *Freitag* es el nombre de este día y en el solo nombre hallamos la vaga idea de un coincidencia en los primitivos pensamientos.

Para el último día de la semana no tienen hoy día los germanos nombre propio, salvo los ingleses que lo llaman *Saturday.* Día de *Saturno* era en Roma y sólo en influjo judeocristiano hizo que se le llamara *sábado,* o día de reposo.

Puede parecer pueril esta comparación, pero tiene mayor fondo del que se piensa. En ella hallamos una lejana unidad de atribuciones entre los númenes de Grecia y los de los pueblos nórdicos.

No dejaré de notar que Fraya es a veces dada como varón, *Freir,* igualmente dios de la fecundidad y de vida. Y no falta en Grecia la creencia en una Venus hermafrodita, como que es encarnación del poder dador de la vida, que viene de ambos principios, masculino y femenino.

Podríamos ampliar esta comparación, pero para la índole de este libro creo suficiente lo dicho.

Hay una serie de nombres que poco dicen, aun a los eruditos. Tales como Hludana, Haeva, Sandraudiga, etc. La infiltración romana hizo un sincretismo que no es para estas notas estudiar.

Fuentes: Dan buenas noticias Tácito, Germ. IX y XL. César. de Bello Galico, VI, 21. Y de obras modernas puede el interesado consultar a C. Clemen. *Fontes historiae religionis germanicae.*

INDICE

Esta obra se acabó de imprimir
el mes de agosto de 2009, en los talleres de
EDITORIAL PENAGOS, S.A. DE C.V.
Lago Wetter No. 152 Col. Pensil
11490, México, D.F.